COLLECTION

COMPLÈTE

DES MÉMOIRES

RELATIFS

A L'HISTOIRE DE FRANCE.

Jean Choisnin. — Mathieu Merle. — Palma Cayet, première partie.

LEBEL, IMPRIMEUR DU ROI, A PARIS.

COLLECTION

COMPLÈTE

DES MÉMOIRES

RELATIFS

A L'HISTOIRE DE FRANCE,

DEPUIS LE RÈGNE DE PHILIPPE-AUGUSTE JUSQU'AU COMMENCEMENT
DU DIX-SEPTIÈME SIÈCLE;

AVEC DES NOTICES SUR CHAQUE AUTEUR,
ET DES OBSERVATIONS SUR CHAQUE OUVRAGE,

Par M. PETITOT.

TOME XXXVIII.

PARIS,
FOUCAULT, LIBRAIRE, RUE DE SORBONNE, N° 9.
1823.

MÉMOIRES

DE

JEAN CHOISNIN,

OU

DISCOURS AU VRAY DE TOUT CE QUI S'EST FAICT ET PASSÉ POUR L'ENTIERE NEGOCIATION DE L'ELECTION DU ROY DE POLONGNE.

NOTICE

SUR

CHOISNIN ET SUR SES MÉMOIRES.

Jean Choisnin naquit à Châtellerault, en 1530, de parens assez obscurs. Ayant reçu une excellente éducation, il essaya d'abord d'entrer au service de la reine de Navarre, Jeanne d'Albret, mère de Henri IV, à laquelle son frère aîné étoit attaché; puis, au commencement du règne de Charles IX, il vint à la cour de Catherine de Médicis, où son mérite fut apprécié, et où il parvint à devenir le principal secrétaire de Jean de Montluc, évêque de Valence, qui jouissoit d'un grand crédit.

Il avoit déjà aidé ce prélat dans plusieurs missions importantes, lorsqu'en 1570 les circonstances donnèrent lieu à une négociation qui offroit en apparence les plus grandes difficultés. Charles IX, âgé de vingt ans, se croyoit en état de régner par lui-même : il supportoit avec peine la tutelle de Catherine de Médicis sa mère; et il étoit surtout tellement jaloux du jeune duc d'Anjou son frère, qu'il vouloit, à quelque prix que ce fût, l'éloigner de son royaume.

Catherine, par des motifs bien différens, avoit les mêmes vues sur ce prince qu'elle chérissoit. Les astrologues lui avoient prédit qu'elle verroit tous ses fils sur le trône, ce qui sembloit annoncer qu'ils mourroient jeunes, et qu'elle leur survivroit. Pour détourner ce présage, qui s'étoit déjà réalisé par la mort prématurée de François II, elle cherchoit à procurer au duc d'Anjou une couronne étrangère. Des démarches avoient été faites pour le marier avec Elisabeth, reine d'Angleterre, et elles n'avoient été suivies d'aucun succès; mais une idée beaucoup plus singulière occupoit depuis quelque temps la Reine-mère : c'étoit d'obtenir du sultan Sélim II, pour le duc d'Anjou, l'investiture du royaume d'Alger, auquel on auroit joint les îles de Corse et de Sardaigne [1]. L'évêque de Valence qu'elle consulta lui fit sentir l'extravagance de cette idée, et lui soumit un plan plus raisonnable, quoique l'exécution en parût très-difficile.

Il lui représenta que Sigismond II, roi de Pologne, étoit attaqué d'une maladie mortelle, et qu'il ne seroit peut-être pas impossible de lui donner le duc d'Anjou pour successeur. La Reine accueillit avec empressement cette ouverture, et elle fut flattée dans ses espérances par un gentilhomme polonais nommé Jean Crasoski, qui, étant sur le point de repartir pour sa patrie, promit l'assistance de tous ses amis. Il fut décidé que Balagny, fils naturel de l'évêque de Valence, iroit en Pologne avec Choisnin pour disposer les esprits en faveur du nouveau candidat.

Comme le prélat dirigea seul cette négociation, qui fait l'objet des Mémoires de Choisnin, il convient d'entrer dans quelques détails sur sa vie, qui offrit les contrastes les plus singuliers.

Jean de Montluc étoit frère du fameux Blaise de

[1] Pierre Mathieu, *Histoire de Charles IX*, liv. II.

Montluc, dont nous avons déjà donné les Mémoires; et jamais deux frères ne se ressemblèrent moins, soit par le caractère, soit par les mœurs, soit par les goûts. Le maréchal fut le persécuteur le plus acharné des protestans, tandis que l'évêque s'en montra le partisan et le soutien; le premier, d'un caractère inflexible, ne connoissoit que la force; le second, doué de l'esprit le plus fin et le plus délié, arrivoit presque toujours à son but par l'adresse et par la ruse; l'un, endurci par les fatigues de la guerre, menoit volontairement la vie la plus austère et la plus dure; l'autre, malgré son extrême activité, recherchoit toutes les jouissances. Il en résulta que, dans une lutte où presque toujours les sentimens de la nature furent étouffés, ces deux frères ne se trouvèrent jamais ouvertement opposés l'un à l'autre, et que, sans être amis, ils ne s'écartèrent point des égards qu'ils se devoient.

Jean de Montluc, qui devoit jouer en Europe un si grand rôle, fut d'abord destiné à passer ses jours dans la retraite la plus profonde. Ayant pris très-jeune l'habit de dominicain, il fut remarqué par Marguerite, reine de Navarre, sœur de François I, qui visita son couvent. La princesse goûta son esprit, se l'attacha, et le fit connoître à son frère, qui le chargea d'une mission à Constantinople. Henri II lui témoigna la même confiance; et ses succès dans diverses cours, ainsi qu'un talent fort distingué pour la chaire, lui firent obtenir en 1553 l'évêché de Valence. Ce fut aux fêtes de Pâques de cette année qu'il prononça, dans la chapelle de la Cour, un sermon qui excita le plus vif enthousiasme, et que Castelnau, par un effort extraordinaire de mémoire, retint au point de pouvoir, quelques jours après, le réciter tout entier, avec l'accent et les gestes de l'orateur (1).

Le nouveau prélat profitoit de ses talens oratoires pour servir une cause entièrement opposée à celle qu'il étoit appelé à défendre. Attaché secrètement au parti protestant depuis qu'il avoit eu des relations avec la reine de Navarre, mais condamné à une grande réserve, tant par la dignité dont il étoit revêtu que par la sévérité de Henri II à l'égard des sectaires, il cherchoit à préserver ces derniers de la persécution, en affectant le langage de la charité et de la tolérance. Malgré sa circonspection, sa conduite privée étoit conforme à ses principes : il vivoit avec une jeune personne fort belle, nommée Anne Martin, et il en avoit eu un fils, qui, comme nous l'avons dit, fut envoyé en Pologne avec Choisnin, et qu'il étoit parvenu à faire légitimer quatre ans auparavant.

Cependant sa dextérité n'empêcha pas que vers la fin du règne de Henri II, au moment où une grande fermentation agitoit les esprits, sa doctrine ne devînt suspecte aux catholiques; il fut dénoncé au pape Pie IV par le doyen de Valence, et condamné à Rome comme hérétique. Cette condamnation ne l'effraya point, parce qu'elle offroit quelques défauts de forme; il traduisit le doyen devant le parlement de Paris, et gagna son procès [14 octobre 1560].

Cette affaire n'étoit pas encore terminée, lorsque, sous le règne de François II, le chancelier de L'Hôpital, effrayé de l'ascendant que prenoient les Guise, convoqua une assemblée de notables qui se réunit à

---

(1) Voyez la Notice sur Castelnau, tom. XXXIII, pag. 5, première série de notre collection.

Fontainebleau [janvier 1560]. Là, Montluc, voyant que les protestans, secrètement protégés par la Reine-mère, prenoient l'attitude d'un parti redoutable, ne craignit pas de laisser entrevoir ses sentimens. Il prononça un discours très-remarquable, par lequel, après avoir demandé, comme les protestans le désiroient, un concile national, il insista pour que préalablement on rassemblât les plus savans des deux partis, *afin de disputer et conférer ensemble.* « Si l'on tombe d'accord, ajouta-t-il, « le peuple ne fera puis après plus de difficulté de se « réunir à une mesme religion, ou, pour le moins, ceux « qui viendront au concile trouveront les matières pré- « parées à y mettre une bonne fin [1]. » Cette idée, qui mettoit sur la même ligne les évêques catholiques et les ministres protestans, fut réalisée l'année suivante, sous le règne de Charles ix; mais le colloque de Poissy n'eut pour effet que d'augmenter l'animosité des deux partis.

Pendant la première guerre civile, qui suivit de près cette assemblée, Montluc fut le principal agent de Catherine de Médicis près du prince de Condé : il eut un moment l'espoir que les protestans, soutenus par la Reine-mère, prévaudroient; mais la résistance opiniâtre des catholiques lui ayant donné la certitude que l'ancienne religion seroit maintenue malgré les efforts désespérés de ses ennemis, il tint dès lors la conduite la plus circonspecte, évita soigneusement de se compromettre, et fut souvent appelé aux conseils secrets de Catherine, jusqu'au moment où elle le chargea de l'importante négociation dont les Mémoires de Choisnin nous présentent toutes les particularités.

[1] Ce discours a été conservé dans les Mémoires de Condé, tome 1, page 319.

Choisnin, qui, comme on l'a vu, avoit précédé son maître en Pologne, lia des relations avec plusieurs seigneurs de ce pays; et, sans déployer aucun caractère public, il prépara fort habilement les esprits à la proposition officielle qui devoit bientôt être faite. Lorsqu'il apprit la mort, depuis long-temps prévue, du roi Sigismond, il dépêcha Balagny en France pour hâter l'arrivée de son père, et resta seul chargé de la négociation. Mais la nouvelle du massacre de la Saint-Barthélemy, qui parvint en Pologne sur ces entrefaites, pensa rompre toutes ses mesures. Il fit ses efforts pour en diminuer l'horreur, et surtout pour disculper le duc d'Anjou de la part qu'on l'accusoit d'y avoir prise.

Cependant Montluc s'étoit mis en route pour la Pologne sept jours avant ce massacre, où il eût été probablement compris s'il se fût trouvé dans la capitale. Ayant prévu cette catastrophe, il avoit saisi avidement l'occasion de s'éloigner, et il avoit en vain conjuré ses amis d'en faire autant. Il courut de grands dangers avant de pouvoir sortir de France, et il eût été assassiné à Saint-Mihiel si des ordres de la Cour n'eussent forcé le gouverneur de cette ville à le laisser partir. Arrivé enfin à sa destination, après avoir éprouvé bien des obstacles dans son passage par l'Allemagne, il servit les intérêts du duc d'Anjou avec un zèle qu'on devoit difficilement attendre d'un homme qui venoit d'échapper à la plus affreuse proscription.

Les candidats pour le trône de Pologne avoient la plupart de puissans moyens de succès : c'étoient l'archiduc Ernest, fils de l'empereur Maximilien II, et frère de la reine de France; Jean Basilovitz, czar de Moscovie; Jean, roi de Suède; le duc de Prusse et le prince de Transilvanie. Le premier soin de Montluc fut de faire sentir aux Polonais que les trois premiers pouvoient menacer leur liberté, que les deux autres n'avoient pas en Europe une consistance suffisante, et qu'un prince français pouvoit seul leur convenir. Mais le plus grand obstacle qu'il eut à vaincre fut d'effacer la terrible impression que le massacre de la Saint-Barthélemy avoit produite sur les esprits. Les adversaires du duc d'Anjou faisoient répandre avec profusion des peintures où toutes ces horreurs étoient représentées, et où le prince paroissoit diriger les poignards des assassins. Montluc leur opposoit des portraits de ce prince, dans lesquels il étoit offert avec toutes les grâces de la jeunesse et tous les traits de la douceur et de la bonté. Il publioit en même temps des relations où il ne se faisoit aucun scrupule de déguiser une grande partie de la vérité.

L'élection ne devant avoir lieu que dans quelques mois, il eut le temps de disposer tous ses moyens. C'est dans ses relations avec les gentilshommes de toutes les classes qu'on peut remarquer son adresse et son habileté. Il ménage toutes les opinions, se prête à tous les préjugés nationaux, ne prend que les engagemens qu'il est assuré de pouvoir tenir, fait sans s'abaisser une cour assidue aux sénateurs et aux grands, mais ne néglige rien en même temps pour se concilier la multitude qui doit en définitive décider l'élection.

Quoiqu'il eût chargé Choisnin d'une grande partie de sa correspondance, son travail fut immense pendant l'intervalle qui s'écoula entre son arrivée en Pologne et la réunion de la diète. Il calcula que dix rames de papier avoient été employées à des lettres écrites de sa main ; et cet effort dut lui être d'autant plus pénible, que, ayant perdu depuis plus de quarante ans l'habitude d'écrire, il dictoit ordinairement ses dépêches à des secrétaires. Ce qu'il y a de très-remarquable dans cette négociation si importante, c'est que Montluc n'eut besoin de se servir d'aucun moyen de corruption : des offres d'argent eussent révolté des hommes tels qu'étoient alors les Polonais ; et la preuve que Choisnin donne de cette assertion, qui a été contredite par quelques historiens, c'est que l'ambassadeur n'avoit emporté avec lui que quatre mille écus, et que les négocians polonais sur lesquels il avoit un crédit n'auroient pu tout au plus lui en procurer que dix mille.

Le discours qu'il devoit prononcer à la diète d'élection avoit été principalement l'objet de tous ses soins. Quelques-uns de ses adversaires, tels que les ambassadeurs de Moscovie et d'Autriche, avoient, à cet égard, un grand avantage sur lui, parce qu'ils pouvoient s'exprimer dans la langue du pays. Réduit à ne parler que le latin, langue qui étoit généralement entendue en Pologne, mais dont la majorité des gentilshommes étoient loin d'apprécier les délicatesses, il employa toutes les ressources de son esprit, très-fécond en expédiens, pour obtenir du moins que son discours eût toute la publicité possible.

Dans ces occasions, l'usage étoit que les ambassadeurs des prétendans à la couronne ne distribuassent à la noblesse que trente-deux exemplaires de leurs discours manuscrits. Montluc résolut de faire imprimer le sien en latin et en polonais, et d'en faire tirer un grand nombre d'exemplaires. Choisnin, chargé de cette opération, prit des arrangemens avec un libraire de Cracovie, et l'édition fut faite, dans le plus profond secret, bien long-temps avant l'ouverture de la diète.

Mais un incident que Montluc n'avoit pas prévu, pensa rendre cette combinaison inutile. Il fut tout à coup décidé que les ambassadeurs ne seroient entendus qu'une seule fois à la diète, et qu'ils le seroient le même jour, afin qu'ils ne pussent prévoir les raisons alléguées par leurs adversaires. Montluc, qui sentoit l'importance de se trouver en état de réfuter d'avance les argumens dont on ne devoit pas manquer de se servir contre le duc d'Anjou, feignit d'être malade le jour où les ambassadeurs furent appelés; et dès le soir même il trouva le moyen de se procurer des copies de leurs discours. Heureusement ils contenoient très-peu d'objections qu'il n'eût prévues, mais il n'en fallut pas moins faire quelques changemens à l'édition imprimée de sa harangue. Il y employa vingt copistes qui travaillèrent jour et nuit. Lorsque tout fut prêt, il déclara qu'il étoit rétabli. Admis à la diète, il prononça son discours, qui produisit le plus grand effet, et aussitôt après il en fit distribuer les exemplaires, qui furent lus avec avidité par toute la noblesse.

Ce discours, qui valut au duc d'Anjou la couronne de Pologne, ne se trouve pas dans les Mémoires de Choisnin. Il parut à Paris en 1573, imprimé séparément, chez Jean Richer, in-8°. Nous allons en donner une idée.

L'orateur commence ainsi : « J'ay délibéré de n'user
« point de fraudes et tromperies, ny de petits messages
« secrets, ny de paroles feinctes accomodées au temps
« seulement, ny de calomnies faulcement et impudem-
« ment controuvées, ny de prieres ambitieuses, ny de

« libelles diffamatoires et détractions semés à l'encon-
« tre des autres competiteurs, ny de vaines promesses
« difficiles ou du tout imposibles à tenir; mais estant
« françois de nation, et conséquemment franc, simple
« et ouvert de nature, j'ay proposé de traicter avec vous
« rondement, véritablement et sincerement. »

Il compare les Polonais à de bons pères de famille, qui, lorsqu'ils veulent marier leurs filles, prennent beaucoup de renseignemens sur les prétendans; et il annonce qu'il leur en donnera de satisfaisans sur le duc d'Anjou.

Avant de traiter ce point, il fait un parallèle des deux nations polonaise et française : toutes deux ont porté très-loin la gloire des armes, toutes deux sont nobles et généreuses, toutes deux sont libres; et à cette occasion l'orateur s'étend sur les prérogatives et l'indépendance du parlement de Paris, qui a été plus d'une fois pris pour arbitre par des princes souverains.

Il rappelle que la famille royale de France est la plus ancienne de l'Europe, et il fait surtout l'éloge de la branche des Valois, qui a produit des monarques tels que Charles v, Charles viii, Louis xii, François i et Henri ii. Passant ensuite à son candidat, il représente qu'étant à peine âgé de 23 ans, il est chargé depuis long-temps de presque toute l'administration militaire du royaume de France, et qu'il s'est déjà illustré par deux victoires.

On a objecté que ce prince ignore le polonais; mais il sait très-bien le latin, langue fort répandue en Pologne; et, avec ses heureuses dispositions, Montluc ne doute pas qu'en moins d'un an il ne parvienne à parler facilement l'idiome national.

Il développe les raisons politiques qui doivent faire préférer un prince français à tout autre prétendant. Si les Polonais choisissoient un monarque voisin, ils pourroient craindre pour leurs libertés; et si ce prince a été autrefois leur ennemi, comment espéreront-ils se soustraire aux vengeances qu'il ne manquera pas d'exercer? Le duc d'Anjou est étranger à tous les partis; il n'aura aucune prévention en montant sur le trône, et il rendra une égale justice à tous ses sujets. On n'a pas à craindre qu'il donne à ses compatriotes les grands emplois de la Pologne : les Français sont trop attachés à leur beau pays pour consentir à le quitter, et l'on a toujours remarqué qu'ils aimoient mieux y avoir l'existence la plus médiocre, que de faire fortune en s'expatriant. Le duc d'Anjou a en France de riches apanages; il les conservera, et en dépensera le revenu dans son nouveau royaume. Il l'emploiera surtout à doter une université dans la ville de Cracovie : cet établissement sera formé sur le modèle de la célèbre Université de Paris; les hommes les plus savans de l'Europe y seront appelés; et la jeunesse polonaise, jusqu'alors obligée d'aller étudier chez les étrangers, trouvera désormais dans sa patrie tous les trésors de l'instruction. A ces raisons, tirées des circonstances locales, Montluc joint les avantages qui peuvent résulter d'une alliance offensive et défensive entre la Pologne et la France.

Il arrive enfin au point le plus délicat de son discours, celui où il est obligé de parler de la Saint-Barthélemy. On voit son embarras. Il cherche d'abord à justifier Charles ix, en entrant dans le détail des trois premières guerres civiles, et en s'efforçant de prouver que ce monarque s'est toujours montré indulgent envers ses sujets révoltés. Il ajoute ensuite :

« Ce qui est advenu à Paris, certainement c'est par
« un cas fortuit qui l'a fait souldainement naistre,
« sans que personne l'ait sceu prévoir contre l'espé-
« rance et opinion de tout le monde : car, combien qu'ils
« eussent (les protestans) très-griefvement offensé le Roy,
« et qu'ils fussent, lors mesme, par aulcuns accusés de
« leze majesté pour avoir conjuré, toutefois le Roy, qui
« estoit de sa nature plus enclin à clémence, eust mieux
« aimé les faire prendre au corps que non pas les mas-
« sacrer ; tel estoit son avis, que l'on informast diligem-
« ment de tout le faict, et cependant que tout le négoce
« fust réservé à la cognoissance du parlement de Paris ;
« mais comme il a accoustumé d'advenir aux tumultes
« souldains que la populace, poussée de fureur, excite,
« aussi eschut lors la chose autrement que l'on ne dé-
« siroit, dont le Roy fut fort courroucé et troublé. »

Montluc avance ensuite avec hardiesse que le duc d'Anjou a été contraire au massacre : « Requis, dit-il,
« de donner son opinion sur ce faict, il n'en voulut
« jamais opiner, disant qu'il réputoit que celui seroit
« deshonneur s'il estoit d'avis de faire mourir hors de
« la guerre ceux que par tant de fois il avoit rompus
« et défaicts en bataille, estant fort malcontent que
« ceux à qui la fortune de guerre avoit pardonné
« fussent ainsi meurtris par des bourreaux, et par une
« lie de populace, ayant toujours esté fort éloigné,
« non seulement de cruauté, mais de trop grande sé-
« verité. »

L'orateur, en altérant ainsi la vérité, obtint le résultat qu'il désiroit ; et son candidat fut élu roi, le 9 mai 1573, par plus de trente mille gentilshommes.

Il revint en France avec Choisnin, et ils trouvèrent Charles ix attaqué d'une maladie mortelle. Le duc d'Anjou, qui craignoit que son élection au trône de Pologne ne lui fît perdre le trône de France, ne leur témoigna pas la reconnoissance qu'il devoit à leurs services. Montluc, dégoûté de la Cour, se retira en Languedoc, où il rentra bientôt dans la religion catholique, et où il mourut le 13 mai 1579, assisté par un jésuite (1). Choisnin, traité comme son protecteur, ne reçut d'autre récompense que le titre de *conseiller du Roy en son privé conseil.*

Aussitôt après son arrivée en France, Choisnin s'étoit occupé de rédiger la relation de cette célèbre ambassade. Il entre dans les détails les plus circonstanciés sur les moyens qu'employa Montluc pour parvenir à son but. « Ces petites particularités, dit-il, ne m'ont
« point semblé inutiles pour faire cognoistre que ledit
« sieur évesque n'obmettoit rien qui pust servir à l'ad-
« vancement de la négociation, et peut estre aussy que
« les jeunes gens qui seront employés pour le service
« du Roy, par cet exemple apprendront qu'une négo-
« ciation ne peut estre bien conduite, si l'ambassadeur
« n'est actif et diligent à inventer tout ce qui peut lui
« servir. » Il peint parfaitement le caractère, les mœurs et les habitudes des Polonais du seizième siècle, et l'on

(1) Il est à regretter que Jean de Montluc, qui connut à fond toutes les affaires de son temps, n'ait pas laissé de mémoires. Le maréchal Blaise de Montluc, son frère, disoit de lui : « Je ne crois pas qu'un
« homme si savant, tel qu'on dit qu'est mon frere, veuille mourir sans
« escrire quelque chose, puisque moy, qui ne sçai rien, m'en suis voulu
« mesler. »

trouve dans son ouvrage, écrit avec beaucoup de clarté, plusieurs traits intéressans qui ont échappé à la plume élégante de Rulhière.

Ce livre, imprimé à la fin de 1573, ne parut qu'au mois de juin 1574, parce que l'auteur auroit voulu, avant de le rendre public, le présenter à Charles IX, qui étoit attaqué de la maladie dont il mourut. Il est intitulé : *Discours au vray de tout ce qui s'est faict et passé pour l'entiere négociation de l'élection du roy de Polongne, divisé en trois livres; faict par Jehan Choisnin de Chatelleraud, secretaire du roy de Polongne, dédié à la Royne mere des roys. Paris, Cheneau*, 1573, in-8º. Il est très-rare, et n'a été réimprimé que par les éditeurs de l'ancienne Collection des Mémoires relatifs à l'Histoire de France, qui se sont permis d'y faire quelques altérations. Nous le donnons tel qu'il a paru en 1573.

Depuis l'époque de la publication de ce livre, on n'a aucun renseignement sur Choisnin, qui, après avoir eu un moment l'espoir d'une grande fortune, retomba dans la plus profonde obscurité. On ignore même la date de sa mort.

A TRÈS-HAUTE, TRÈS-PUISSANTE ET TRÈS-VERTUEUSE PRINCESSE,

CATHERINE DE MEDICIS,

PAR LA GRACE DE DIEU ROYNE DE FRANCE,

MERE DES ROYS,

JEHAN CHOISNYN DE CHASTELLERAUT, SON TRÈS-HUMBLE ET TRÈS-OBEYS-SANT SERVITEUR, DESIRE TOUT HONNEUR ET FELICITÉ.

MADAME,

Quand M. l'evesque de Valence revint de Polongne, il estoit resolu de n'escrire ny de parler que fort sobrement du service qu'il avoit fait à Vos Majestez, tant audict pays qu'à son passage par l'Allemaigne, et pensoit par ce seul moyen pouvoir surmonter l'envie qui en ce temps regne en ce royaume plus qu'en nul autre. Il avoit sagement preveu que ceux qui volontiers s'occupent à controller les actions d'autruy chercheroient par tous moyens luy oster, ou, pour le moins, diminuer la louange qu'il avoit acquise, et eust desiré (et de cela j'en suis tesmoing) qu'après avoir rendu compte de sa negociation, la memoire, en ce que luy concernoit, en eust esté ensepvelie; et, pour ceste cause, deffendit à nous qui avions esté avec luy de ne communiquer à personne ce que ja nous avions escript de son voyage. Mais il est advenu que quelques malins esprits, les uns, poussez de quelque mauvaise volonté qu'ils portent audict sieur, les autres, qui sont les estrangers mal affectez à ceste couronne, ont par divers moyens calomnié l'election qui avoit esté faicte. Les uns ont dit qu'il y avoit eu de la corruption et de la force ; les autres ont calomnieusement rapporté le bon et heureux succez de ladite election à la recommendation et commandement que le Turc avoit faicte à la noblesse de Polongne. C'estoit autant à dire que le nom du Roy n'y avoit de rien servy; que la vertu du roy esleu n'avoit esté mise en aucune consideration; que les gentilshommes pollacs sont comme serfs et esclaves dudict Grand-Seigneur. Et enfin c'estoit une invention pour rendre ladicte election odieuse et suspecte à toute la chrestienté. Et encore que ce fust chose si notoirement faulse qu'elle ne meritoit qu'on y fist aucune response, toutesfois le Roy, comme prince sage et advisé, prevoyant que ce faux bruit prendroit telle racine que ceux qui escrivent l'histoire de nostre temps, comme mal informez, pourroient authoriser et confirmer ladicte calomnie, il voulut et commanda audict sieur de Valence, pour esclaircir un chascun de la verité, de mettre ou faire mettre par escript le discours de toute sa negociation. Qui fut cause que ledict sieur me donna congé de publier ce que j'avois recueilly, tant de ses memoires que de ceux qu'il avoit employez audict pays. Par lequel discours l'on verra que le Roy n'a esté aydé ni secouru d'homme vivant que de son seul nom, et de celuy dudict roy esleu son frere. Et pour autant, Madame, qu'on *ne peult nier que, pour le singulier et extreme desir que vous avez tousjours monstré à la grandeur de ceste couronne, vous n'ayez esté la premiere et seule occasion d'envoyer demander et poursuivre ledict royaume de Polongne, l'on sçait aussi que vous choisistes ledict sieur de Valence pour ministre de vostre grande et louable entreprinse, il m'a semblé ne devoir addresser mon petit labeur à autre qu'à Vostre Majesté, qui, avecques plus seur et plus sain jugement, en pourroit juger mieux que nul autre sçauroit faire : et serez peult estre bien ayse de mettre ce petit recueil en vostre librairie, afin que ceux qui viendront apres ayent cognoissance du soing que vous avez eu de l'advancement et de la grandeur de nos seigneurs voz enfans, lesquels furent dès leur enfance privez du secours et de l'assistance du roy leur pere. Mais Dieu, qui les print souz sa protection, vous a donné la force et la prudence pour leur servir non seulement de mere, mais de bon, sage et provident pere. Je vous supplie donc, Madame, ne trouver mauvais si, faisant publier ce petit traicté, je l'ay dedié à Vostre Majesté. Et n'ayant autre moyen de vous faire service, je prieray Dieu, Madame, pour vostre santé et prosperité.*

A Paris, ce 16 de mars 1574.

  Vostre très-humble et très-obeyssant serviteur,

    JEHAN CHOISNIN.

MÉMOIRES

DE

JEAN CHOISNIN.

~~~~~~~~~~~~~~~~~~~~~~~~~~~~~~~~~~

LIVRE PREMIER.

[1571] Comme M. l'evesque de Valence fut adverty que, pour quelques difficultez qui semblerent mal-aisées à desmesler, il n'y avoit plus d'esperance du mariage, dont avoit esté bien avant parlé, entre le très-illustre duc d'Anjou, à present roy de Polongne, et la serenissime royne d'Angleterre, il proposa à la Royne mere du Roy deux moyens qui lui sembloient faisables, pour faire tomber la couronne de Polongne (1) entre les mains dudict seigneur.

Le premier estoit d'envoyer un gentilhomme vers le roy de Polongne, pour parler du mariage d'entre sa sœur l'Infante et le susdict seigneur; en cas qu'elle ne

---

(1) *La couronne de Polongne.* Catherine de Médicis pensoit, depuis quelque temps, à procurer cette couronne au duc d'Anjou. Un gentil-homme polonais, nommé Jean Crasoski, étoit venu à sa cour : ayant été comblé de bienfaits par elle, il étoit retourné dans son pays, rempli d'enthousiasme pour le duc d'Anjou. Il ne cessa de le présenter à ses compatriotes comme le prince le plus accompli; et comme un jeune héros qui avoit déjà remporté deux victoires signalées.

fust trop aagée, à telle condition qu'il le feroit recevoir par les estats pour son successeur, attendu qu'il estoit hors d'esperance d'avoir enfans.

L'autre moyen estoit que, si ledict seigneur Roy, qui estoit attaint d'une maladie fort dangereuse, venoit à mourir, qu'en ce cas le gentilhomme qui auroit jà esté envoyé, mettroit peine de gaigner la faveur de quelques-uns des seigneurs, soubz l'advis et conduite desquels l'on pourroit puis après y envoyer des ambassadeurs de marque.

La Royne-mere, qui tousjours a infiniement desiré la grandeur de ceste couronne et du roy de Polongne son filz, bien qu'avec son bon jugement elle recogneust qu'en ces deux moyens il y auroit des difficultez qui seroient mal-aysées, ou peut-estre du tout impossibles à surmonter, toutesfois, vaincue de l'esperance, elle print resolution de faire tout ce qu'elle pourroit, remettant au surplus l'evenement et l'issue de ceste entreprinse à Dieu, qui dispose des royaumes selon sa volonté. Mais quand ce vint sur l'election du personnage elle se rendit quelque temps irresoluë, bien que ledict seigneur evesque de Valence luy eust nommé le sieur de Lanssac le jeune (comme elle le sait), et depuis luy nomma un jeune gentilhomme, nommé le sieur de Renthy, de qui on luy avoit rendu fort bon tesmoignaige.

[1572] Autres affaires qui survindrent reculerent cestuy-là pour un an entier, et jusques à ce que le Roy fust à Bloys, qui fut l'an 1572, en fevrier, auquel lieu ladicte dame, ayant ouy nouvelles que ledict seigneur roy de Polongne empiroit quant à sa santé, rappella ledict sieur evesque, et luy dist que son intention estoit de poursuivre vivement l'entreprinse dont autrefois elle luy avoit parlé. La difficulté de l'election du personnage l'arresta quelques jours, parce qu'elle ne vouloit pas que celuy qui seroit envoyé allast de pleine venue en Polongne, de peur qu'estant descouvert, si l'affaire ne succedoit selon son desir, il y eust de la mocquerie. Enfin sagement elle advisa d'employer un homme duquel l'on ne se pourroit jamais doubter; et de telle condition estoit le sieur de Balagny (1), tant pour l'aage que pour le peu d'experience qu'il avoit aux affaires publiques, et qui jà avec plusieurs autres gentilhommes françois estoit à Padouë, pour apprendre la langue et s'exercer aux armes.

On lui envoya homme exprès, avec memoires bien amples; et, pour dissimuler le but de son voyage, lui fut commandé de passer par les cours des autres princes, pour lesquels le Roy lui avoit donné lettres de recommendation; et, outre ceste depesche, ledict sieur evesque lui envoya des lettres qu'il escrivoit audict seigneur roy de Polongne, de qui il estoit bien cogneu: et fusmes avec lui, un gentil-homme de Dauphiné nommé Charbonneau, homme de moyen aage, et un autre appellé du Belle, baillif de Valence, et moi.

(1) *Balagny*. Jean de Montluc, sieur de Balagny, étoit, comme on l'a vu dans la Notice, fils naturel de l'évêque de Valence. A son retour de Pologne il s'attacha au duc d'Alençon, qui lui procura le gouvernement de Cambrai. Il figura ensuite dans la Ligue. Sa femme, Renée de Clermont, sœur du fameux Bussy d'Amboise, fit son traité avec Henri IV. Il obtint en 1594 le bâton de maréchal de France, et la principauté de Cambrai. S'étant fait haïr, il fut chassé par les habitans, et sa femme, très-ambitieuse, mourut de chagrin. Il épousa en secondes noces Diane d'Estrées, sœur de la duchesse de Beaufort, maîtresse du Roi, qui le couvrit de ridicule par sa conduite. Il mourut en 1603.

Il commença son voyage par l'archiduc Ferdinand, qui estoit en une maison de plaisance auprès d'Isprug (1), au comté de Tyrol, lequel, pour le respect du Roy, le recueillit et lui fit fort bon visage.

Semblable recueil lui fit l'Empereur (2) : et comme ce prince est humain et gratieux, lui demanda s'il passeroit plus outre ; et après avoir entendu qu'il verroit la cour du roy de Polongne, du roy de Suede et du roy de Dannemarc, ledict seigneur loua sa deliberation, luy usant de ces mots : « Vous avez passé vostre hyver en un lieu où la rigueur du froid ne vous a pas beaucoup travaillé ; vous passez le printemps en Austrye, qui est sa meilleure saison, et allez faire l'esté ès provinces où les chaleurs ne sont que de bien peu de durée ». Et ne veux obmettre à dire que ledict seigneur Empereur examina de si près ledict de Balagny, que M. de Vulcob, agent pour les affaires de Sa Majesté près ledict seigneur Empereur, escrivit à la Royne qu'il ne l'avoit point veu tant parler à gentilhomme françois qui fust venu vers Sa Majesté sans avoir quelque chose à negocier. Lui demanda par deux fois s'il ne passoit pas en Hongrie ; à quoi ledict sieur de Balagny respondit que, bien que la Hongrie soit une province qu'il desiroit infiniment veoir, toutesfois il n'avoit pas encore pensé d'y aller, que ce ne fust à quelque bonne occasion pour lui faire service ; et sembloit que ledict seigneur eust quelque opinion que ledict de Balagny allast en Turquie.

Au partir de là nous allasmes en Polongne, et y arrivasmes en telle saison que la peste estoit universelle par tout le royaume, pour laquelle peste ledict sei-

---

(1) *Isprug* : Inspruck. — (2) *L'Empereur* : Maximilien II.

gneur Roy (1), qui pour lors, et deux ans devant, n'avoit bougé de Warsovye, bien qu'il fust malade, avoit esté contraint de desloger sans rien deliberer des affaires du pays, pour lesquels il avoit fait assembler une convocation generalle, et pour cest effect s'estoit acheminé vers la Lithuanye, en un sien chasteau appellé Knichin, qu'il aimoit fort, où il delibera de recouvrer sa premiere santé, ou bien d'y finir ses jours si Dieu l'avoit ainsi ordonné; et avoit quelque inclination à ceste province, parce que ses predecesseurs estoient descendus des Jaguellons, ducs de Lithuanye : et ont depuis lesdicts seigneurs roys pour ceste cause eu ledict pays en singuliere recommendation.

Ce bruit du voyage et de la maladie dudict seigneur Roy, empescha que nous ne fismes grand sejour à Cracovye, et n'y arrestames que pour aller veoir les salines, qui sont à deux lieues de là, chose bien digne d'estre veuë; car, outre la valeur qui est grande, et un thresor fort rare, c'est un lieu dans terre où l'on met demye heure à descendre avec des grands et fort gros chables, avec lesquels cinquante hommes peuvent descendre à chacune fois; et nous feit le bourguemestre ceste courtoisie d'y descendre avec nous, et tenoit entre ses bras ledict sieur de Balagny. Comme nous fusmes descendus, nous trouvasmes de grandes cavernes voultées et disposées comme les rues d'une ville, et en divers endroits plus de trois cens personnes qui tiroient le sel par grosses pieces, ne plus ne moins qu'on tire en ces quartiers la pierre des carrieres; et ne peult-on y travailler ni s'y promener qu'avec des flambeaux.

(1) *Ledict seigneur Roy* : Sigismond III. Il fut le dernier de la race des Jagellons, qui avoit régné près de deux cents ans en Pologne.

Nous fusmes en ce temps advertis que le Roy s'en alloit en Lithuanye, audict Knichin, auquel lieu nous acheminans, rencontrasmes à sept lieuës près un gentil-homme du pays qu'on appelle le seigneur Sarnikoskri, chevalier de Malte, referendaire seculier, et frere du capitaine-general de la grande Polongne, lequel, nous cognoissant estrangers, s'offrit à nous faire tous les plaisirs qu'il pourroit; ce qu'il fist, et n'eut pas moins de soucy dudict sieur de Balagny, et de nous qui l'accompaignions, que si nous eussions esté ses propres enfans.

Le premier acte d'humanité fut qu'il nous mena à trois lieuës près de la Cour, en un lieu appellé Ticouchin, qui est une forteresse bastie dans des marais, qui, pour quelque froid qu'il face, ne gellent jamais, comme font la pluspart des autres marais, rivieres et estangs de ce pays-là : et est ladicte forteresse de cinq boulevars grands et beaux, au milieu desquels y a un fort beau chasteau basti de bricque, dans lequel est conservé le thresor du Roy et du royaume, que l'on estime estre de grande valeur. Et parce que le Roy estoit fort malade, il avoit esté defendu au capitaine qui le gardoit de n'y laisser entrer personne, et par ce moyen l'entrée nous fut desniée. Bien nous fut-il permis de le veoir et contempler par dehors tant que nous voulusmes, et de si près que c'estoit presque autant que si nous y fussions entrez. Et quant au thresor, je ne sçaurois dire que c'est; bien veismes-nous en un monastere qui est près de ladicte forteresse, trois mil corseletz que l'on disoit avoir esté faits exprès pour la personne dudict seigneur Roy.

Ledict refferendaire nous laissa audict lieu, jusqu'à

ce qu'il auroit esté en cour pour faire entendre nostre
venue au Roy et faire apprester logis, ce qu'il feist : et
estants là arrivez, ledict sieur de Balagny fist supplier
Sa Majesté de permettre qu'il lui presentast les lettres
du Roy; mais le mal le pressoit si fort qu'il ne lui put
donner audience : bien lui fist-il dire que, si son mal
lui donnoit quelque relasche, il le verroit et escoute-
roit voluntiers pour l'amour du prince qui l'avoit
envoyé; et cependant le recommanda de fort bonne
sorte à tous les seignèurs de sa cour, lesquels n'estoit
besoing d'admonester à recevoir humainement un gentil-homme estranger; car il fault confesser que ceste
nation surmonte en civilité et courtoysie toutes les autres; et de faict nous y receusmes tant de faveur et tant
d'honneur que de plus n'en eussions nous peu desirer;
car il n'y eut evesque, il n'y eut palatin, il n'y eut
seigneur de marque, qui ne traictast ledict sieur de
Balagny, qui ne le receust avec tel et si favorable
recueil comme s'il eust esté personnage d'aage et d'authorité; et fusmes entre autres festoiez par l'evesque
de Cracovye, vice-chancellier de Polongne, par le
vice-chancellier de Lithuanye, par le palatin de Wratislavie, par le sieur Radzivil, mareschal de la cour de
Lithuanye, par le sieur Troski, grand-tranchant.
Nous fusmes amenez par le maistre de la chambre
dudict seigneur Roy en la maison d'un sien neveu, qui
est à une lieue de Knichin, où nous fusmes traictez comme en la maison d'un prince, la maison bien
meublée, accompaignée de jardins, parc, estangs, bois,.
et de toute autre chose qui pouvoit donner plaisir. Et
bien que ce fust en un lieu si avant au royaume, et
esloigné de tout commerce de marchandises, si est-ce

qu'outre la malvoysie et le muscat de Candye, l'on nous donna de cinq ou six sortes de vins; et diray plus: que je ne sçay si en ville de France l'on trouveroit plus de diverses sortes de confitures qu'on nous donna à la collation : qui est pour monstrer que ceste noblesse vit splandidement et commodement. Mais ce que plus nous contenta, fut qu'il avoit l'escurie bien fournie, et garnie de beaux et bons chevaux, outre le haras qui estoit grand. Et en un grand poile il y avoit armes pour mener cent hommes au combat : à peine trouvera-on en France, en Italie et en Espaigne, un gentilhomme si bien fourni que cestuy-là; et si il n'avoit point plus haut de trois à quatre mil florins de revenu. Ceste bonne chere fut accompaignée d'une grande demonstration d'amitié; et, à ce que j'ai depuis entendu, l'oncle et le neveu ont esté tousjours de nostre parti; aussi parloient-ils aussi bon françois comme s'ils eussent esté nez dans Paris.

Ledict sieur referandaire, le fils du palatin de Rava, les sieurs Erasme, doyen de Cracovye, et Gaspard de Binski, enfans du grand-chancellier de Polongne, nous festoioient quasi tous les jours, et prenoient un merveilleux soing de nous, avec lesquels ledict sieur de Balagny contracta une grande et estroicte amitié.

Le Roy, après avoir longuement languy, mourut le septiesme de juillet : et à ce que nous veismes, il ne fut pas fort regretté (1), parce que, selon qu'on di-

---

(1) *Il ne fut pas fort regretté.* Cependant on lui sut gré d'avoir entretenu la paix entre ses sujets catholiques et protestans. Dans ses dernières années, il eut une maîtresse qui le gouverna entièrement. On dit qu'il mourut des excès auxquels elle l'entraîna.

soit, il avoit autrement vescu avec ses subjects que n'avoient faict ses predecesseurs.

Le susdict sieur de Balagny, voyant son premier desseing rompu, delibera d'essayer le second, qui estoit de gaigner quelques seigneurs de la Cour, et continua, comme il avoit jà commancé, de publier par toutes les compaignies les rares vertus du très-illustre duc d'Anjou; et ayant, s'il lui sembloit, fait quelque bon fondement, il s'en descouvrit ouvertement ausdicts seigneurs Erasme et Gaspard de Binski, enfans dudict chancellier: il ne se voulut toutes fois fier audict seigneur referandaire, parce que l'abbé Cyre, ambassadeur de l'Empereur, luy avoit dit et asseuré qu'il l'avoit gaigné pour l'archiduc Ernest.

Et faut noter que ledict Cyre, durant six ans qu'il avoit esté là ambassadeur, avoit fait soigneusement et dextrement commancé la praticque de parvenir audict royaume, si bien qu'il pensoit l'emporter pour ledict seigneur archiduc. Et parce qu'il n'eust jamais pensé que ledict sieur de Balagny fust là pour les mesmes affaires, il luy en contoit tous les jours comme s'ils eussent esté à un mesme maistre; qui fut cause que ledict sieur de Balagny fut quelques jours irresolu, asscavoir s'il devoit entamer la negociation ou non. D'un costé, il craignoit de n'arriver pas assez à temps en France pour faire envoyer les ambassadeurs; de l'autre costé, craignoit aussi que, pour peu qu'il descouvrist l'occasion de sa venue, l'Empereur feroit tous ses efforts d'empescher qu'aucun ne peust arriver de la part du Roy.

Sa resolution fut de publier le plus qu'il pourroit la valeur dudict seigneur duc, et de prier les enfans dudict seigneur chancellier de vouloir estre des nostres, leur remonstrant combien d'honneur ce leur seroit d'avoir fait service à un prince si grand et si vertueux que cestuy-là : et avec ceste resolution il se mit en voyage pour s'en retourner en la plus grande diligence qu'il pourroit; et, estimant qu'il auroit moins d'empeschement par mer que par terre, et que un bon vent l'apporteroit en dix jours à Dieppe, il print son chemin vers Dantsie (1); mais ce fut après avoir veu toute la ceremonie qui fut faite à l'endroit du corps dudict seigneur Roy, qui est telle :

Qu'estant le lieu de Knichin, où il mourut, dans les bois, esloigné des bonnes villes où l'on eust pu recouvrir les aornemens et autres choses necessaires pour lui faire ses funerailles, les seigneurs ne peurent faire qu'une partie de ce qu'ils eussent bien voulu, d'autant que leur coustume est, incontinent après que leur roy est mort, de luy rebailler les aornemens royaux, et avec iceux l'inhumer, et qu'ils estoient loing de Cracovye pour avoir la grande couronne, que celui qui gardoit le thresor à Knichin, de peur que, soubs pretexte de prendre une couronne pour servir à ceste ceremonie, l'on luy fist esguarer quelque autre chose, ne voulut jamais consentir qu'on y entrast, furent contraincts lesdicts seigneurs à ladicte ceremonie se servir de la couronne sans diademe du roy Jehan de Hongrie dernier mort, duquel il avoit herité, et des autres aornemens royaux qui se trouverent dans son coffret, et luy furent baillez lesdicts aornemens le jour après qu'il mourut, en la sorte que s'ensuit :

Le corps du Roy fut mis dans une grande salle ta-

(1) *Dantsie* : Dantzick.

pissée de drap noir de tous costez, sur un grand lit royal couvert d'une couverture de drap d'or frizé, traynant de tous costez par terre. Le Roy estoit vestu de chausses et pourpoint de satin cramoisy, et par dessus avoit une robbe longue de damas cramoisy, un bonnet de nuict fait en calotte de satin cramoisy, et des bottines aux pieds, de toille d'or, le visage et les mains nues. Au bas du lict, de chasque costé, il y avoit une picque, des gantelets et une rondelle d'acier, le tout bien doré, damasquiné, et richement garny. En un coing de ladicte salle près le lict, y avoit une grande banniere de damas cramoisy, sur laquelle au milieu estoit depainte une aygle blanche à une teste, les aisles estendues, qui sont les armes de Polongne, qui avoit deux lettres entre-lassées sur l'estomach, *S. A.*, qui signifioit *Sigismond Auguste*; et autour des armes estoient depaintes particulierement toutes les armoiries des autres provinces de Polongne.

Dessus une petite table couverte d'un tapis de velours cramoisy, qui estoit entre le lict et la table, sur laquelle on chanta la messe, y avoit un oreiller de mesme velours, sur lequel estoient la couronne, l'espée royale, avec la ceinture, le sceptre et les gantelets, le tout d'or massif, enrichy de pierreries richement elaborées, et une pomme d'or avec une petite croix dessus, telle que les empereurs portent, qui monstre que les roys dudict pays s'estiment empereurs.

Tous les seigneurs qui estoient à la Cour, tant d'une religion que d'autre, se retrouverent à ceste ceremonie, à laquelle ils avoient invité le sieur de Balagny; et, bien qu'ils fussent près de commancer, ils eurent ceste patience de l'attendre, afin, comme il est vraisemblable, qu'il en feist le rapport au Roy.

L'aumosnier ayant dit la messe, l'evesque de Cracovye, qui estoit là avec une chappe de velours noir, telle qu'on porte à l'office des morts, recevoit les aornemens royaulx qui luy furent apportez de dessus la petite table sur l'autel; l'espée par ledict seigneur refferandaire; la couronne par le vice-chancellier de Lithuanie; le sceptre par le seigneur Radzivil, mareschal de la cour de Lithuanie, et le globe par le seigneur Troski, grand-tranchant du feu Roy, et les gantelets par le premier gentilhomme de la chambre : lesquels à mesure que ledict evesque les mettoit sur le corps du Roy mort, il lisoit dans un livre ce qu'estoit signifié par lesdicts aornemens. Et ainsi demoura ledict seigneur Roy sur ce lict environné de force cierges et flambeaux, gardé jour et nuict par des prestres qui chantoyent, et quelques gentilshommes qui souloyent avoir la garde du corps jusques au troisiesme jour, où chacun le pouvoit veoir. Auquel temps ils furent contraints, pour la chaleur, de l'inhumer, et le mettre dans une biere de bois, ne pouvant recouvrer du plomb. Et avec le corps ils mirent semblablement les aornemens royaux qu'ils avoient fait faire d'argent doré : et est leur coustume d'en user ainsi.

Le sieur de Balagny, après avoir veu toute ceste ceremonie, eut congé de tous les seigneurs, et laissa tel nom qu'il emporta l'amytié de beaucoup de gentilshommes. Et pour continuer ce qu'il avoit si bien commancé, me laissa audict pays, et avec bien peu d'argent, car il n'en estoit gueres bien garny; mais les amys qu'il avoit acquis, et principalement les sieurs

Erasme et Gaspard de Binski, et leurs parens, me receurent si volontiers, que je n'euz faute de rien jusques à la venue dudict sieur de Valence, et en leur compaignie fuz receu en beaucoup de bonnes maisons, où souvent estoit tenu propos dudict seigneur à present Roy; et par ce moyen plusieurs gentilshommes commencerent à aymer celuy duquel ils n'avoient ouy que bien peu parler.

Toutesfois, après que la nouvelle de la Sainct-Barthelemy fut apportée audict pays, j'euz bien affaire à respondre, tant par paroles que par escript, à ce que l'on en disoit : et quelques-uns m'estimoient menteur pour avoir tant dict de bien dudict seigneur.

Mais, d'autant que j'estois bien adverty de tout ce qu'estoit advenu durant nos guerres civiles, je gaignai ce poinct en la pluspart des compagnies, qu'on rejettoit toute la coulpe sur le peuple et sur quelques inimitiés particulieres : pour le moins m'accorderent-ils qu'il falloit attendre, comme l'on dit, le boyteux, c'est-à-dire que le sieur evesque de Valence fust arrivé; car je les asseurois que ce seroit luy qui auroit la charge d'y venir, et duquel l'on pourroit sçavoir la verité du faict.

Je reviens au sieur de Balagny, qui departit de Knichin sur la fin de juillet, et le quatriesme jour de son partement arriva à Poltoz, belle ville assise sur la riviere de Boug, qui est un fleuve qui vient de Lithuanie, et va descendre dans la Vistulle, à quatre lieues de Warsovie, et appartient ladicte ville de Poltoz à l'evesque de Plosko; lequel sieur evesque le receut fort humainement, le retint deux jours à luy faire la meilleure chere dont il se pouvoit adviser, et lui parla de telle façon que ledict sieur de Balagny en emporta meilleure parolle de lui que de nul autre à qui il eust parlé.

Dudict lieu il despescha Charbonneau et Gloscoski (1), qui est un jeune gentilhomme pollac (2), qu'il emmenoit en France vers l'Infante (3) qui estoit à Blonie, à quatorze lieuës de là, avec une lettre par laquelle il la supplioit très-humblement luy permettre de luy aller faire la reverence. Ladicte lettre fut leuë devant les evesques qui la gardoient, et commanda à son grand-maistre-d'hostel luy escrire de sa part. La response ne contenoit autre chose, sinon qu'il excusast le temps si miserable, et qu'elle estoit comme soubz la tutelle des senateurs, sans lesquels elle ne vouloit parler à personne, et le prioit de la tenir pour excusée, et que, s'il fust venu en un autre temps que cestuy-là, elle luy eust fait cognoistre combien elle estimoit les serviteurs du roy de France.

Ledict Charbonneau eut grands propos avec ledict maistre-d'hostel, et avec un medecin, pour raison de l'affaire qui depuis a succedé, et les trouva de si bonne volonté, qu'ils lui promirent de faire entendre le tout à leur maistresse, avec asseurance que ce propos ne luy desplairoit point; et de fait ils ont tousjours suivi nostre party.

Ledict evesque de Plosko conseilla audict de Balagny se mettre par eau pour eviter les villes pestiferées; et, pour ce faire, l'accommoda de sa barque, qui es-

(1) *Gloscoski*. C'est probablement ce Crasoski dont il est parlé dans la note première.
(2) *Pollac*: Polonais. — (3) *Vers l'Infante*. C'étoit la sœur de Sigismond qu'on avoit d'abord eu le projet de faire épouser au duc d'Anjou.

toit fort bien accoustrée, avec laquelle il continua son voyage : et arrivé qu'il fut à Plosko, qui est une belle petite ville sur la riviere de la Vistulle, M. le refferendaire, dont cy-dessus a esté faite mention, et qui est capitaine dudict lieu, le pria d'y sejourner quelques jours pour l'envie qu'il avoit de le caresser et de le festoyer : à quoy il s'accorda volontiers, parce que depuis là jusques à Danski (1) il n'y avoit point de lieu nect où il peust s'arrester pour attendre Charbonneau, qui arriva bientost après. Au partir de là ledict refferendaire lui bailla une barque garnie de tout ce qu'il luy falloit, et plusieurs lettres de recommandation ; mais il ne s'en ayda pas beaucoup, parce que, pour ne perdre temps, il ne voulut point descendre à terre, et aussi qu'en tous les lieux où il eust peu descendre il y avoit grand danger de peste, pour lequel il ne voulut entrer à Cujavie, mais envoya Charbonneau vers l'evesque, qui est un très-digne personnage, pour s'excuser et luy presenter une lettre dudict refferendaire.

Ledict sieur evesque fut si courtois, qu'il envoya en grande diligence dix gentilshommes après lui, pour lui faire entendre combien il estoit marry de ce qu'il ne l'avoit peu veoir en sa maison pour le festoyer; mais, puisque cela n'avoit pas esté, il le prioit d'aller loger à une sienne maison qu'il avoit hors la ville de Danski, où il seroit bien venu et recueilly.

Il arriva audict Danski le 5 d'aoust 1572. Et le soir Messieurs de la ville le firent visiter, et puis sur l'heure du soupper luy envoyerent douze grands vases d'argent plains de douze sortes de vins. Le lendemain deputerent un d'entre eux, qui est un gentilhomme

(1) *Danski* : Dantzick.

espaignol, lequel s'est habitué là, qui parle fort bon françois, pour lui faire compaignie, et luy monstrer et faire veoir ce qu'il estimoit estre digne de monstrer à un estranger. Et, à ce que je luy ay ouy dire, il remarqua que la ville est fort grande et bien peuplée, et où les marchands profitent autant qu'en quelque autre ville que ce soit. C'est un magazin de tous les bledz de Polongne, desquelz tous les Pays-Bas sont ordinairement secourus et nourris, et bien souvent le Portugal, et quelquefois une partie de la France. On s'y fournist aussi de miel, de cires, de cendres et de fourreures, qui sont marchandises dont la Polongne abonde autant que nul autre pays qui soit. Là se descharge grande quantité de marchandises qui viennent de Moscovie, d'Allemaigne, de France et d'Espaigne; au reste la ville est bien bastie, belle et fort peuplée, et seroit forte s'il n'y avoit deux montaignes qui luy commandent, dont l'une est assez loing, et ne peut pas faire grand mal; pour l'autre qui est fort près, les seigneurs luy ont approché un bastion beau et grand, qui peult servir de citadelle. Il y a de plus un port qui est des plus beaux du monde : car estant la Vistulle de soy fort large par tous les autres endroits de son cours, elle vient à se restrecir à une lieue de la mer, qui est le port dudict Danski, sans qu'elle y soit contrainte de montaigne aucune; là où estant demourée en sa largeur, elle n'auroit pas le fondz d'eau pour porter les navires et vaisseaux dudict port, comme elle faict. Là il fut festoié par les seigneurs de la ville, en la maison du sieur Constantin Ferber, et ne veit jamais, à ce qu'il racompte, tant de vaisselle d'argent ensemble comme il fist en ladicte maison; parmy laquelle il veit six grandes couppes d'ambre, avec le pied d'or, garniz de dyamans, rubiz et perles : et luy en fut presentée une qu'il refusa, et ne la voulut point accepter.

Le jour après, celuy qui tient le second lieu en ladicte ville luy vint offrir de la part des seigneurs tous secours, ayde et commodité, voire d'argent, s'il en avoit besoing. Et tout cela se faisoit pour le respect et l'honneur qu'ils portoient au nom du Roy. Le convia aussi de s'aller tenir au chasteau; qui est à l'emboucheure du port, attendant que son navire fust appresté, de peur qu'il ne luy vint mal pour la peste qui jà commençoit fort à s'eschauffer. Mais ledict de Balagny, qui ne pensoit qu'à son retour, bien qu'il fust caressé, honoré et visité par les plus grands, y sejourna seullement autant qu'il estoit besoing pour faire apprester son embarquement : il estoit conseillé d'achepter un navire pour soi, armé et équippé ; et pour ce faire luy estoit offert de l'argent par les agens du referendaire, qui avoient charge de le pourveoir de toutes choses necessaires. Mais, considerant que ce seroit faire trop de fraiz au Roy, et aussi que le roy de Dannemarc en pourroit prendre quelque jalousie, il s'embarqua dans un navire françois, appellé *l'Ange*, de Fecamp.

Jusques icy ay-je voulu raconter du voyage dudict sieur de Balagny ce qui pouvoit servir au faict de la negotiation, qui depuis a esté heureusement achevée ; j'ay aussi touché quelques particularitez des villes où il passa depuis qu'il partit de la cour du feu roy de Polongne. Et pourra-l'on dire que cela ne servoit de rien à ladicte negotiation ; mais je l'ay faict affin que les lecteurs de ce traicté entendent que la noblesse de la Polongne surmonte toutes les autres en courtoisye et humanité; que les estrangers y sont mieulx receus, caressez et honorez qu'en aucun endroict de la chrestienté, et qu'il y a beaucoup de belles et bonnes villes, et qu'à Danski, qui est une des principalles, tous estrangers y sont favorablement recueilliz, et singulierement les François, bien que durant l'interregne, et après l'election, ceux qui gouvernent ladicte ville ne se soient pas si bien portez envers quelques-uns comme ils avoient accoustumé. Et m'asseure qu'estant arrivé le Roy par delà, ils luy seront aussi obeissans qu'ils ont esté à ses prédécesseurs, et redoubleront l'amitié qu'ils ont si longuement entretenue avec les François, parce que le commerce y sera plus grand qu'il n'a esté par le passé. Et quant à ce qu'il luy advint à son retour, tant en Dannemarc, où il fut favorablement recueilly par le roy dudict pays, et depuis en Suede, Novergue (1) et Angleterre, il n'a voulu que j'en feisse aucune mention. Et s'il fust esté creu, son nom n'eust point esté inseré en ce discours, esperant que quelques jours il fera plus de service au Roy qu'il ne feist audict voiage. Bien diray-je en passant qu'il rendit si bon compte de toutes choses à Leurs Majestez, que par leur commandement il fut incontinent despesché pour s'en retourner en Polongne, et y continuer à leur faire service, comme il avoit commencé.

(1) *Novergue :* Norwége.

LIVRE DEUXIESME.

Je viens à la negotiation, qu'on peult dire longue et penible, faicte par ledict sieur evesque de Valence, qui fut despeché cependant que nous estions audict pays, en la maniere qui s'ensuit :

Le Roy estant à Paris vers la fin du mois de juillet, fut adverty de la mort du roy de Polongne, et de la poursuite que faisoit l'Empereur pour faire eslire l'archiduc Herneste (1) son filz, comme aussi faisoient le Moscovite (2), le roy de Suede (3), le duc de Prusse et le Transsilvain : le Roy donc ne voulut perdre ceste belle occasion qui se presentoit, et delibera, avec la Royne sa mere, d'y envoier quelques notables personnages qui eussent et l'entendement et l'experience pour conduire selon son desir une si grande entreprise. Ceci dis-je pour respondre aux calomnies qui ont esté semées en Polongne et en Allemaigne, parmy lesquelles il y estoit contenu que le Roy avoit fait un mauvais tour à l'Empereur son beaupere, d'avoir couru sur sa fortune et sur la praticque qu'il avoit faicte long-temps auparavant. Ceste doleance avoit quelque apparence de raison, et les ambassadeurs de l'Empereur sçavoient bien s'en ayder et par parolle et par escript, si bien qu'aucuns gentilhommes pollacs, quelque temps fut,

(1) *L'archiduc Herneste.* Ce prince étoit fils de l'empereur Maximilien II, et frère de la reine de France.—(2) *Le Moscovite* : Jean Basilovitz, czar de Moscovie.—(3) *Le roy de Suede* : Jean, frère d'Eric : déposé en 1568.

en parlerent en fort mauvaise sorte; mais ledict sieur evesque de Valence estant par delà, sceut très-bien et à propos remonstrer que chacun estoit tenu de faire son profit; que la poursuite d'un royaume, pourveu qu'elle soit faicte par les moyens legitimes et approuvez, ne peult estre blasmée, quand ce seroit de frere à frere, j'entends quand c'est d'un royaume qui n'appartient ne à l'un ne à l'autre. Mais nous n'en estions pas en ces termes; car, comme dessus a esté dit, avant que le Roy se mit de la partye, il y avoit quatre competiteurs, dont les deux y avoient aussi bonne part comme pouvoit avoir ledict seigneur Empereur. Et doit-on tenir pour certain que, si le Roy eust veu l'Empereur seul poursuivant, il ne luy eust voulu donner aucun empeschement.

La difficulté fut sur le choix de ceux qui devoient estre envoyez. Bien recognoissoient Leurs Majestez qu'il falloit que ce fust un homme de robe longue, et qui sceust, comme l'on dit, aller et parler; car, puisqu'il falloit demander le royaume à cinquante ou cent mil gentilshommes, ils ne pouvoient estre gaignez que par oraisons publiques et autres discours semez par le pays, et en langue cogneuë (1) et entenduë par la pluspart des eslecteurs. Ledict sieur evesque proposa M. l'advocat Pybrac (2) et M. Truchon, premier president de Grenoble, qui, à la verité, sont des plus rares personnages de France; mais Leurs Majestez ne se vouloient passer pour lors de la presence ne du service dudict sieur de Pybrac. Et quant audict president

---

(1) *En langue cogneuë* : en latin. C'est pour cela qu'il falloit, comme dit Choisnin, un homme de robe longue.

(2) *Pybrac* : Gui du Faur, sieur de Pibrac. Il fut retenu à Paris pour

Truchon, il estoit malade (¹) et tenu pour mort. Ledict sieur evesque, qui prevoyoit bien que tout cela luy tumberoit sur ses espaulles, nomma puis après M. le chevalier Seure (²) et le jeune sieur de Lanssac (³). Mais, après avoir perdu quelques journées sur ceste recherche d'hommes, il fut contraint d'accepter la charge, voyant bien que s'il la refusoit, quelques bonnes raisons qu'il sceust alleguer, seroit toujours trouvé mauvais, mesmes que la Royne estoit arrestée sur ce point, qu'il falloit que ce fust luy, et en disoit deux raisons : l'une qu'il avoit esté autrefois en Polongne fort bien veu et bien receu, et qu'il seroit bien mal aisé qu'il n'y trouvast encores quelqu'un de ses amys qui luy serviroit de directeur et conducteur. L'autre raison qu'elle mettoit en avant estoit qu'il avoit esté si heureux, qu'il n'avoit jamais entreprins chose par commandement des predecesseurs roys qu'il n'en fust venu à bout. Et voyant ledict sieur evesque qu'il ne se pouvoit destourner de ce voyage sans malcontenter Leurs Majestez, et aussi que le roy de Polongne qui est à present l'en prioit bien fort, il accepta la charge, et demanda pour son adjoint le sieur de

faire un manifeste tendant à diminuer l'horreur de la Saint-Barthélemy. On regretta qu'un homme si recommandable se fût chargé de cette indigne apologie.

(¹) *Il estoit malade.* Il avoit de fréquentes attaques d'apoplexie. —
(²) *Le chevalier Seure :* Michel Seure, chevalier de Malte, habile négociateur.
(³) *Le jeune sieur de Lanssac.* Gui de Saint-Gelais, sieur de Lanssac : il étoit fils de Louis de Lanssac, très-attaché à Catherine de Médicis. « Il étoit, dit Le Laboureur, homme de valeur, mais qui, comme son
« père, se plaisoit plus au maniement des affaires qu'à celui des armes,
« comme le plus heureux et le plus doux, et le plus propre à ses in-

Malloc (1), conseiller du Roy en sa cour de parlement de Grenoble, qui est homme de lettres, et se peult dire un des premiers de ce royaume à escrire en latin; et le demanda nommément parce qu'il l'a nourri, et avoit cogneu sa fidelité et diligence en beaucoup d'ambassades où il l'avoit autrefois mené avec luy. Et aussi, pour en dire la verité, ledict sieur avoit besoing d'un homme qui le relevast de peine pour escrire et prononcer l'oraison. Mais Dieu, qui luy avoit destiné cest honneur, luy osta tous moyens d'avoir compaignie en cela, comme aussi luy donna-il entendement et la force de porter le faix, qu'il s'estoit figuré insupportable.

Les memoires et instructions faictes, ledict sieur evesque partit le dix-septiesme jour du mois d'abust, huict jours, jour par jour, avant la Sainct-Barthelemy.

Je diray une particularité, encores qu'elle semblera mal à propos; mais je ne la puis laisser, parce qu'elle servira d'exemple aux autres qui viendront après : c'est que ledict sieur evesque au lieu d'Espernay se trouva attaint d'une dissenterie; et n'ayant pu recouvrer medecin, ny de Rheims ny de Chaalons, il s'achemina vers ledict Chaalons, et poursuivit ainsi son chemin jusques à Sainct-Disier, où le mal le contraignit de s'arrester trois jours; et le quatriesme, ayant entendu la nouvelle de la journée de Sainct-Barthelemy, il recogneut que

« clinations et à ses plaisirs, auxquels il étoit aussi indulgent que les
« autres seigneurs de la Cour. » (*Additions aux Mémoires de Castelnau*, t. II, p. 646.) Le père et le fils étoient alors dévoués au duc d'Anjou : ils prirent depuis une grande part à la Ligue.

(1) *Le sieur de Malloc*: Pierre-Gilbert de Malloc.

l'entrée de l'Allemaigne luy seroit fort perilleuse, et pour ceste cause, contre l'advis des medecins, il print resolution ou de mourir ou de passer les païs du comte Palatin, plustost que ladicte nouvelle y fust tenue pour certaine.

Je ne feray point long discours de ce qu'advint audict sieur evesque en Lorraine, parce qu'il y a beaucoup de particularitez qui se doivent plustost taire qu'escrire. Bien diray-je en passant qu'un secretaire de l'evesque de Verdun, pour l'esperance qu'il avoit de faire bailler l'evesché de Valence à son frere, docteur en theologie, et pedagogue des enfans d'un prince (1), (car pour autre occasion ne pourroit-il l'avoir faict) print la poste et picqua jour et nuict pour l'atteindre avant qu'il fust sorty de Lorraine, faisant entendre partout où il passoit qu'il avoit charge du Roy de le faire tuer en quelque lieu que ce fust : commanda aux compaignies qui pour lors alloient à Mets de courir sus audict sieur evesque, les asseuroit qu'il portoit avec soy cinquante mil escus, et que tout ce butin seroit à eux; et, n'ayant trouvé ceste compaignie disposée à faire un acte si meschant, il recourut au lieutenant du gouverneur en la ville de Verdun, appellé Manegre; lequel Manegre se monstra fort disposé à commettre cet acte; et bien qu'il fust au lit malade, atteint de trois ou quatre grosses maladies, il reprint ses forces, tant il estoit ayse d'avoir une si bonne commission; emmena avec soy toute la garnison de la ville, horsmis trente soldats, emmena aussi tous ceux de ladicte ville qu'il trouva de bonne volonté, et qui eurent moyen de venir ou à pied ou à cheval. L'eves-

(1) *D'un prince* : le duc de Guise.

que de Verdun (je ne sçay s'il sçavoit l'entreprinse, car ce n'est pas à moi à en juger) bailla tous ses officiers, et mesmes son cuisinier et sa mulle : et ledict Manegre, ainsi accompagné, s'achemina vers Sainct-Michel (1), pensant, comme il est vray-semblable, de trouver ledict sieur de Valence en campaigne; et s'il y fust ainsi advenu, il est certain que, faisant semblant de le prendre, il n'y eust pas eu faute d'une harquebuzade sans sçavoir qui l'eust tirée; mais il advint le contraire de ce qu'il avoit pensé, car ledict sieur evesque estoit jà adverty qu'il estoit guetté et attendu, et s'estoit retiré dans ladicte ville de Sainct-Michel, gouvernée par le prevost, fort homme de bien; lequel prevost l'advertit de l'arrivée dudict secretaire, et de l'entreprinse dudict Manegre, vers lequel Manegre, qui jà estoit à une lieuë de ladicte ville, ledict sieur evesque envoya un de ses gens pour luy remonstrer que, s'il luy donnoit empeschement et ne luy donnoit moyen de passer seurement, il feroit chose grandement desagreable au Roy, et sur-tout au très-illustre duc d'Anjou, comme il pourroit veoir par les depesches qu'il estoit prest de luy monstrer.

Ledict Manegre envoya son beau-frere, appellé Sorbé, avec un autre bien fort honneste gentil-homme, appellé Sainctyon, pour dire audict sieur evesque de sa part que, s'il luy faisoit paroistre qu'il fust envoié de la part de Leurs Majestez, non-seulement le preserveroit-il de tout mal, mais le feroit seurement conduire jusques à Strasbourg, et que pour cest effet il entreroit le matin en ladicte ville.

Ledict secretaire, craignant que ledict Manegre,

(1) *Sainct-Michel*: Saint-Mihiel.

après qu'il auroit veuës les despesches, ne voudroit parachever son entreprinse, vint trouver ledict sieur de Valence en son logis, et, après l'avoir salué d'un visage riant, luy dist telles parolles : « J'ai commission du Roy de vous faire tuer, quand bien vous seriez jà en Allemaigne; et toutesfois si vous voulez vous fier de moy, je vous racompteray le tout, et vous conduiray jusques à Spire, sans que vous ayez nul mal ne desplaisir; » et sur cela luy dist qu'il vouloit parler à luy seul à seul, ce que ledict sieur luy accorda : et, comme j'ai depuis entendu, ce furent propos descousuz comme ung coq-à-l'asne, et la conclusion fut qu'il estoit mort s'il ne se fyoit de luy, Ledict sieur evesque monstra avoir plus de souvenance de sa vertu et de sa constance que du peril qui lui estoit present; luy respondit qu'il ne mettroit jamais sa vie entre les mains d'un si petit compagnon que luy, ny n'estoit pas deliberé d'aller à la desrobée, ains se vouloit mettre au hazard, affin que s'il mouroit l'on sceust qui auroit esté l'aucteur de sa mort.

Manegre le matin entra dans la ville avec bien peu de compaignie, car ledict prevost ne le voulut recevoir autrement, et manda audict sieur qu'il le vint trouver en son logis pour parler ensemble, s'excusant toutesfois que pour sa maladie il ne pouvoit l'aller trouver. Ledict sieur recogneut qu'il n'estoit pas temps de s'arrester sur les ceremonies, et alla pardevers luy, et luy feist veoir premierement son passe-port, puis les lettres de Leurs Majestez, et les instructions; mais de tout cela il ne tint aucun compte, et dist audict sieur evesque qu'il le meneroit à Verdun, et le mettroit en seure garde jusques à ce que le Roy en auroit ordonné.

Ledict sieur remonstra qu'il offançoit manifestement Leurs Majestez, et principallement celuy pour lequel il avoit entreprins le voyage, qu'estoit ledict seigneur duc d'Anjou. A cela ledict Manegre respondit avoir commandement du Roy exprès, bien qu'il n'en apparust rien par escript, excepté que ledict secretaire monstroit une lettre de creance du sieur de Losses (1) à son maistre, et un passe-port pour courir la poste.

La resolution fut qu'il falloit aller sans plus disputer. Ledict prevost protestoit en cas que mal ou desplaisir fussent faitz audict sieur. Le peuple, qui estoit sorty pour la pluspart en la rue, avec larmes tesmoignoit combien cela luy desplaisoit.

Manegre print son chemin par delà la riviere, et ledict sieur fut amené de deçà par un bien fort honneste gentilhomme, appellé de Lodieu. Ainsi la riviere estoit entre deux, qui donna occasion audict sieur de penser qu'on vouloit le massacrer, et que ledit Manegre s'excuseroit puis après sur ce qu'il n'auroit pu le secourir; et comme il examinoit ceste peur, si elle estoit bien fondée ou non, il s'apperceut que cinquante harquebousiers descendoient le long d'une colline, baissant la teste autant qu'ils pouvoient pour n'estre descouverts, et gaigner la haye du grand chemin où il falloit passer; qui fut cause que ledict sieur s'arresta, et demanda audict de Lodieu à quoy estoit bon cela, et pourquoi les soldats venoient ainsi à la desrobée; protesta qu'il ne passeroit point plus outre, et que si on luy vouloit faire desplaisir, ce seroit à la descouverte, et non par derriere une haye, et que celuy qui auroit esté l'autheur d'un acte si meschant en rendroit quel-

(1) *De Losses.* Il étoit attaché à la maison de Lorraine.

que jour compte. Ledict de Lodieu se monstra tout estonné : et croy certainement qu'il n'estoit pas de la partie; car il se courrouça assez aigrement contre lesdicts soldats, et les feit marcher en lieu descouvert.

Manegre, n'ayant peu executer ce que peut-estre il avoit pensé, repassa la riviere à une lieuë de là pour revenir trouver ledict sieur evesque, sans luy faire aucune excuse de ce qu'il l'avoit ainsi abandonné, et tous ensemble vindrent audict Verdun, où il y avoit plus de trois mil personnes qui estoient venus voir le prisonnier, qu'on devoit pendre le matin.

Ledict sieur, qui peu de jours avant estoit party de la Cour avec esperance de faire un service si grand et si notable qu'il en seroit memoire à jamais, et par ce moyen acquerir une gloire immortelle, se voioit ès-mains des brigands, qui jà avoient faict le partage de sa despouille. Toutesfois il se monstroit tousjours si constant, qu'il menaçoit de faire pendre ceux qui estoient cause de sa retention. Et demoura ainsi huict jours en un logis avec estroitte garde, qu'on redoubloit souvent la nuict, pendant lesquels avec grande difficulté il luy fut permis d'envoyer vers le Roy. Et de peur qu'on luy retint son homme, il en envoya deux à la desrobée.

Sa Majesté, ayant sceu ceste nouvelle, feit telle demonstration que un chacun peut cognoistre que ce meschant avoit faulcement abusé de son nom ; manda audict Manegre qu'il luy feroit rendre raison d'une telle et si lourde faute que ceste-là, luy enjoignant très-expressement de se saisir dudict faulsaire ; feit aussi Sa Majesté entendre audict sieur evesque de Valence combien il estoit marry de l'outrage qui luy avoit esté faict, luy promettant qu'il en feroit punition exemplaire. Et affin que tout le monde sçache la bonne intention de Leurs Majestez, et combien leur volonté estoit alienée de tels actes, et que beaucoup de semblables ont esté faicts à leur grand regret, j'ai voulu mettre icy la coppie desdictes lettres qu'elles escrivirent audict sieur evesque.

Je ne mets point icy la lettre du Roy, parce qu'il y a affaires de consequence ; seullement y mettray l'extraict d'un article, lequel s'ensuit :

. . . .

« Car, outre que ce n'est point mon naturel de bailler de telles commissions que ce meschant disoit avoir de moy, je vous tiens pour mon bon et fidele serviteur, qui n'a point merité d'estre traicté de ceste façon ; et imputerez le tout à la malice dudict solliciteur, lequel j'espere de si bien faire chastier qu'il servira d'exemple : et en escris assez avant mon intention à Manegre, luy enjoignant très-expressement de s'asseurer de luy, et le mettre en lieu qu'on en puisse avoir la raison. Je vous prie de poursuivre vostre voyage, etc. »

Coppie de la lettre de la Royne mere.

« Monsieur de Valence, outre ce que vous entendrez par la response que vous faict presentement le Roy, monsieur mon filz, je vous diray qu'il ne songea jamais à dire de vous ce que Maceré a fait semer par delà, et qu'il ne vous tient point pour personne qui merite un tel traitement. Dont si vous avez eu occasion de vous tenir asseuré auparavant ce qu'en a dict ledict Maceré, vous en devez prendre encores à ceste heure la mesme asseurance, et croire qu'il vous tient pour bon, affectionné et utile serviteur, comme je fais aussi pour ma part; n'ayant rien cogneu en vous jusques icy qui m'ait peu faire penser à consentir d'estre faict de vous ce qu'il a dict par delà : qui est bien digne de punition, comme le Roy, mondict sieur et filz, desire qu'elle soit faicte. Vous priant de ne vous fascher de ces choses, et de vous tenir asseuré de la bonne grace du Roy, mondict sieur et filz, et de la mienne, et de continuer vostre voyage selon que nous le desirons. Priant Dieu, monsieur de Valence, qu'il vous ait en sa saincte garde. A Paris, le cinquiesme jour de septembre 1572. »

Et au-dessus est escrit de la main de la Royne ce que s'ensuit :

« Monsieur de Valence, il y a longtemps que je ne fuz si marrie que j'ay esté du tour que l'on vous a faict, et vous prie ne vous en fascher, et vous asseurer que en sera faict telle demonstration que en serez contant : et vous prie que cela ne vous retarde ny vous descourage, car dans peu de jours, etc. Signé, CATHERINE. » Et au-dessus est escript :

« A Monsieur de Valence, conseiller du Roy, monsieur mon filz, en son conseil privé. »

Coppie de la lettre de l'illustre duc d'Anjou.

« Monsieur de Valence, nous sommes infiniment marris de ce qui vous a esté faict à la suscitation du solliciteur Maceré, qui est entierement contre la volonté du Roy, mon seigneur et frere, et de la mienne; n'ayant jamais pensé ny l'un ny l'autre à dire de vous que vous fussiez du nombre de ceux que l'on devoit faire arrester: de quoy vous pouvez demourer en repos, et vous tenir asseuré que vous avez autant de part en ses bonnes graces que vous eustes oncques, et de mon costé je tiendray main à ce qu'il soit faict une bonne punition dudict Maceré. Et sur ce je prie Dieu, monsieur de Valence, qu'il vous ait en sa saincte garde. Escript à Paris, le cinquiesme jour de septembre 1572. »

Et au-dessoubz est escript de la main dudict illustre duc d'Anjou ce qui s'ensuit :

« Monsieur de Valence, je suis bien marry de ce que l'on vous a faict, et vous asseure que leurs Majestez et moi en sommes si faschez, que vous cognoistrez que nous ne lairrons ce faict de ceste façon, vous priant pour cela ne vouloir laisser d'achever vostre voyage, et me faire paroistre en cecy, etc. »

Ledict sieur evesque après estre delivré partit de Verdun pour continuer son voiage. Et arrivé qu'il fut à Strasbourg, il n'y trouva pas le conseiller Malloc, dont cy-dessus est faict mention, qui n'avoit pu venir estant detenu d'une grande maladie; ne trouva point aussi l'abbé de Saint-Rufz (1) son neveu, ne aussi le sieur Scaliger (2), qui est pour son aage un des plus rares hommes de ce royaume, lesquels il avoit mandé le venir trouver audict lieu, et l'attendre s'ils y arrivoient les premiers, comme ils firent. Mais y estans arrivez, ayant entendu la nouvelle de la journée Sainct-Barthelemy, s'en retournerent en Dauphiné, n'estimant point que ledict sieur evesque en une telle saison

(1) *L'abbé de Saint-Rufz.* Il étoit fils d'une sœur de Jean de Montluc.
(2) *Le sieur Scaliger.* Joseph Scaliger. Il ne voulut pas quitter Genève où il s'étoit réfugié.

entreprendroit de passer par l'Allemaigne. Cela troubla grandement ledict sieur, car il se voyoit frustré de l'esperance qu'il avoit d'estre aydé dudict sieur de Malloc, et aussi du service qu'il pensoit tirer desdicts son neveu et Scaliger; et ne sçavoit comment entreprendre luy seul une negociation si difficile; et toutesfois il n'y avoit plus lieu de deliberer; et voulant s'acheminer, il rencontra en la rue Bazin (1), qui estoit procureur du Roy en la prevosté de Bloys, homme de bon entendement et bien versé aux lettres, lequel il retira et emmena avec luy.

Estant arrivé à Francfort, il fut incontinent descouvert par les colonelz des rheistres, qui avoient suivy le party du feu Admiral, lesquels le vindrent trouver, et par un borguemestre qu'ils trouverent favorable feirent saisir ses hardes et ses chevaux.

Ledict sieur evesque pour la premiere fois leur dist fort gracieusement qu'il ne pouvoit estre arresté, attendu qu'il ne leur estoit aucunement obligé, et que outre cela il avoit si peu de moyen de leur bailler ce qu'ils demandoient, qu'ils ne faisoient que perdre tems de le faire retenir. Au contraire, lesdicts rheistres maintenoient que le Roy avoit obligé tout le bien de ses subjects. Ledict sieur evesque maintenoit que c'estoit chose en quoy Sa Majesté ny autre roy de ses predecesseurs n'avoient jamais pensé.

Le jour après ils revindrent et commencerent à user de menaces. Ledict sieur continua pour ce jour-là à

(1) *Bazin* : Jean Bazin, né en 1538. Il se compromit fortement aux états d'Orléans de 1560 par une opinion favorable au prince de Condé, et auroit couru de grands dangers sans la mort subite de François II. Il joignoit de grands talens à un zèle ardent pour la nouvelle religion. Il mourut avant la fin des guerres civiles, en 1592.

leur respondre fort modestement, et pour les contenter passa plus outre, que s'il y avoit marchand qui sur sa parolle voulust leur faire quelque payement, volontiers il s'en obligeroit.

Le troisiesme jour ils amenerent un marchand de Nuremberg, qui estoit prest, ce disoit-il, de bailler quatre cent mil florins, pourveu que ledit sieur s'en obligeast et baillast pleiges suffisans. Ledict sieur respondit qu'il s'en obligeroit volontiers à son propre et privé nom, et non comme serviteur du Roy, car il n'en avoit aucune charge, et qu'il n'avoit aussi aucun moyen de bailler des pleiges. Sur cela survint une dispute qui ne se desmesla sans cholere d'un costé et d'autre; car lesdicts colonelz maintenoient que ledict sieur leur avoit promis de trouver pleiges; ledict sieur affermoit n'en avoir jamais parlé, comme certainement n'avoit-il pas faict, et avoit pour tesmoing son hoste apellé le docteur Glaubourg, qui est un des principaux citoyens de ladicte ville.

La conclusion du debat fut que ledict sieur leur dist enfin qu'il ne leur devoit rien, qu'il estoit en ville libre où l'on ne luy pouvoit desnier justice, et si l'on luy faisoit tort il y avoit prou d'Allemans en France qui s'en resentiroient.

Enfin ledict sieur recourut au senat dudict lieu, et plaida sa cause avec quelque aigreur, pour le tort qu'il avoit receu en leur ville, et mesme de ce qu'un des bourguemestres l'avoit arresté assez ignominieusement; remonstroit que c'estoit chose de grande consequence, et qui ne pouvoit estre faicte en la personne d'un ambassadeur; adjoustoit aussi que c'estoit pour entierement rompre le commerce qui estoit entre les deux nations, duquel commerce eulx-mesmes ne se pouvoient que avec grande difficulté passer.

Ledict senat desadvoua et blasma grandement ce que ledict bourguemestre avoit faict, qui expressement, à mon advis, ne s'y estoit voulu trouver. Et après avoir ouy les colonelz, prononcerent une sentence dont cy-après est le double.

« Nous, president et eschevins de la court de la cité
« imperiale de Francfort sur le Meyn, tesmoignons
« par la teneur de ces presentes, et faisons notoire à
« un chacun que, comme il soit ainsi, qu'à l'instance
« des heritiers de feu bonne memoire le très-illustre
« prince Volgang, comte palatin du Rhein, duc de
« Baviere, etc., et de très-vertueux seigneur Volrad,
« comte de Mansfeld, et de vaillans et nobles hommes
« Mainhard de Schonberg, mareschal, et autres co-
« lonelz, capitaines et rheistres, qui, l'année 1569
« dernierement passée, furent à la guerre en France
« souz le roy de Navarre et le prince Condé, eust esté
« accordé que saisie seroit faicte des biens du très-
« puissant roy de France, lesquels on estimoit que le
« très-reverend sieur Jean de Montluc, evesque de
« Valence, avoit riere soi, à cause de la solde et gaiges
« deuz à iceux par le susdict seigneur Roy, dont le
« payement debvoit estre faict à ceste presente foire,
« ou desjà auparavant. Au contraire ledict sieur eves-
« que auroit allegué que ny le roy de France seroit
« principalement obligé, ny luy auroit en son pouvoir
« aucuns deniers appartenans audict seigneur Roy,
« et finablement qu'il ne pourroit estre contrainct à
« tel payement en son propre et privé nom.

« Nous, à ces causes, ayant veu les lettres d'obli-
« gation dudict seigneur Roy, en vertu desquelles
« ladicte saisie auroit esté faicte, avoir receu prea-
« lablement le serment dudict sieur evesque, avons
« jugé, et jugeons par ces presentes, que ladicte
« saisie seroit par nous levée, prononçant et decla-
« rant ledict sieur evesque, luy, sa famille et tous
« ses meubles et biens, estre mis en liberté, et hors
« de tout arrest, tant real que personnel. En foi de
« quoy nous avons faict apposer à ces presentes le scel
« de nostre cour. Fait le 22 jour du moys de septembre,
« l'an de salut 1572. »

Sur l'apres-disnée, deux des principaux dudict senat apporterent audict sieur evesque ladicte sentence, et avec beaucoup de bonnes et honnestes parolles le prierent de croire qu'ils estoient bien fort marriz du tort qui luy avoit esté faict, mais qu'ils n'avoient moyen d'en faire plus grande demonstration, parce que lesdicts rheistres n'estoient leurs subjects, qui estoient de divers et lointains endroits, mesmes menassoient de se revancher sur eux quand ils les trouveroient hors de ladicte ville; l'advertissant au surplus qu'il devoit bien prendre garde comme il pourroit seurement faire son voiage, et luy propo-
seront deux moyens : l'un estoit d'envoyer vers le lantgrafve de Hessen (1), pour le prier de luy donner escorte; l'autre de praticquer quelqu'un desdicts co-
lonelz qui le voulust prendre soubs sa charge.

Ledict evesque ne voulut prendre le premier remede, parce qu'outre la perte de tems qu'il y auroit

(1) *Le lantgrafve de Hessen :* le landgrave de Hesse.

à envoyer querir et attendre l'escorte, il eust esté contrainct d'aller trouver ledict lantgrafve, et luy communiquer l'occasion de son voiage; et delibera sur ce d'essayer le second moyen, qui estoit de gaigner quelqu'un desdicts colonelz, parmy lesquels s'en trouva un apellé Cracouf, qui est de Prusse, subject du roy de Polongne, qui du commencement demanda quatre cens mil escus, puis vint à deux mil, puis descendit à trois cens escus; moyennant lesquels, qu'il receut comptant, il s'obligea, par obligation signée de sa main, qu'il conduiroit ledict sieur evesque jusques à Leipseig avec toute seureté, au moins pour le regard de ses compaignons.

Les autres colonelz ayant recogneu qu'ils n'avoient peu retenir ledict sieur evesque, et que, luy faisant desplaisir en chemin, ils en seroient reprins et desadvouez par M. le comte de Mansfeld leur chef, facilement condescendirent à l'accord faict avec ledict Cracouf, excepté qu'ils ne sçavoient rien desdicts trois cens escus. Et fut accordé avec eux qu'ils promettroient tous ensemble que ledict Cracouf conduiroit ledict sieur evesque en quelque endroict qu'il voudroit aller de l'Allemaigne, seurement, et que ledict sieur s'obligeroit aussi de poursuivre et procurer envers le Roy leur payement, et se representeroit en mesme estat à la foire qui est en caresme. Et fut apposée ceste clause, *en mesme estat* par ledict sieur, comme voulant dire en liberté; car jà avoit-il esté delivré sans qu'il peust estre retenu. Mais comme l'on fut sur le point de signer les promesses, lesdicts colonelz ne voulurent que rien de ce qu'ils avoient faict ou accordé fust mis par escript : qui donna grande occasion audict sieur evesque de soupçonner qu'il y eust quelque entreprinse sur luy. Et fut conseillé par quelques gens de bien qu'il ne devoit bouger de là qu'il n'eust un saouf-conduit de l'Empereur. Mais voyant que la perte du temps seroit la perte du fruict de son voiage, il se delibera de prendre le hazard de la mort ou de la prison, plustost que de faillir à faire ce qu'il avoit promis.

Et ainsi accompaigné s'achemina vers Leipseig, et luy donna on à penser en chemin beaucoup de choses ; car ledict Cracouf ne luy fit jamais autre compaignie, sinon qu'il luy envoyoit tous les matins un soldat pour luy monstrer la disnée et la soupée, tellement que ledict sieur par la campaigne n'eut autre compaignie que de ses gens.

Arrivé qu'il fut à Leipseig, qui pouvoit estre le 6 d'octobre, il entendit que les Pollacs se devoient assembler le 10 dudict pour faire l'eslection ; entendit aussi la nouvelle de la grande et universelle peste qui estoit par tout ledict royaume de Polongne. Ces deux nouvelles luy donnerent beaucoup à penser ; car, d'un costé, il craignoit que l'eslection seroit faicte avant qu'il bougeast de là ; de l'autre costé, il ne voyoit point comme il se pourroit sauver de la peste, car il n'avoit point homme du pays pour conduite, excepté Dominé (je l'appelle ainsi parce qu'en France il ne sera pas cogneu si je le disois en son nom pollac), qui l'estoit venu trouver de la part de Leurs Majestez audict Francfort.

Restoit la troisiesme difficulté des rheistres qui sont au marquisat de Brandebourg, sur la frontiere de Polongne, et qui sont telz qu'on peut estimer gens de frontieres. Et à cela pensoit-il avoir bien pourveu ; car du chemin il envoya Pierre Lambert, son secretaire, vers le comte Wolrad de Mansfeld, pour se plaindre du tort qu'il avoit receu de ses colonelz, et pour le prier de luy donner un homme qui le voulust conduire le reste du chemin qu'il avoit à faire. Ledict comte de Mansfeld envoya devers ledict sieur evesque un sien secretaire, qui luy dist de la part de son maistre qu'il estoit bien marry de l'insolence et de la temerité de ses dicts colonelz, et que quant à luy bailler un homme, comme il auroit entendu le lieu et pourquoi ledict sieur evesque vouloit aller, qu'il feroit en cela et en toute autre chose service au Roy : estant au surplus bien marry de ce qu'il n'avoit passé à sa maison, là où il l'eust honoré et faict fort bonne chere. Ledict sieur evesque, considerant qu'il ne pouvoit renvoyer audict comte qu'il ne perdist cinq ou six jours, resolut de passer outre, sans descouvrir à personne le chemin qu'il vouloit tenir, et print avec soy un des soldats dudict Cracouf pour luy servir de guide.

Il n'envoya pas vers le duc de Saxe parce qu'il estoit en Dannemarch; ne voulut poinct aussi envoyer vers le conseil dudict duc, qui en son absence gouvernoit ledict pays, craignant qu'ils l'eussent retenu avec honneste pretexte; car ils eussent respondu qu'il falloit attendre le retour de leur maistre. Et ainsi ledict sieur se fust de luy-mesme bridé pour avoir demandé congé: et print pour resolution qu'il valloit mieux passer en grande diligence ce qui restoit de l'Estat du duc de Saxe, qui ne pouvoit estre que de trois bonnes journées.

Deux jours avant son partement il depescha en Polongne Bazin et Dominé, pour aller entendre des nouvelles, avec charge de l'en advertir à la premiere ville de frontiere, et à ces fins leur bailla un jeune gentil-homme pollac qu'il avoit amené de Paris, apellé Deconopastki.

Dominé s'opiniastra longuement pour faire que ledict sieur evesque print le chemin de la Silesie, qui estoit plus court, plus logeable, et moins subject à la peste; lequel n'y voulut entendre, non pas qu'il eust peur de l'Empereur, car il l'estimoit prince si bon et si sage, que par son commandement ne luy seroit point faict de desplaisir : et le monstra bien Sa Majesté depuis, car M. l'abbé de L'Isle (¹), qui quelques moys après fut envoyé en Polongne, sejourna assez long temps à Vienne, et depuis fut quatre jours à Prague en Bohesme, et cinq ou six à Breslau, qui est la capitale ville de Silesie, et bien près de la frontiere de Polongne. Et ne fault pas dire qu'il ne fut recogneu, car et luy et ses gens estoient vestuz à la françoise, et n'y avoit que luy qui sceust autre langue que la naturelle; et toutesfois l'on ne luy donna aucun empeschement, parce que les officiers desdictes villes ne pensoient pas qu'il allast en Polongne pour la poursuite dudict royaume, puisque ledict sieur evesque y estoit arrivé; mais autrement fust advenu dudict sieur, d'autant qu'il estoit plus cogneu et remarqué, et qu'on sçavoit qu'il estoit depesché pour cest effect. Par quoy, non sans grande raison, craignoit-il lesdicts serviteurs et officiers de Silesie, lesquels soubs honneste pretexte l'eussent peu retenir, et luy eussent faict accroire qu'il estoit des fugitifs pour la journée Sainct-Barthelemy, dont la nouvelle estoit courue deux ou trois jours auparavant; et estant ladicte nouvelle si recente, il estoit aysé de forger là-dessus une excuse, et faire semblant

(¹) *M. l'abbé de L'Isle:* Gilles de Noailles.

d'en advertir l'Empereur, lequel aussi eust dit qu'il en falloit advertir le Roy. Et ainsi l'on eust faict couler trois ou quatre moys de tems.

Tel estoit le discours que faisoit ledict sieur evesque, qui n'estoit pas sans grande apparence de raison, et qui fut cause qu'il ne voulut poinct aller audict pays de Silesie, et print son chemin par le marquisat de Brandebourg; et bien luy en print, car il est certain que l'entreprinse estoit faicte de le retenir, ou peut-estre de luy faire piz, comme l'on a depuis entendu de bon et de certain lieu.

Il passa par le marquisat de Brandebourg seurement, sans aucun empeschement, avant qu'estre cogneu de personne, et arriva à Mezericz, qui est la premiere ville de Polongne, environ la my octobre, et ne peult y arriver plustost pour sa maladie et pour les empeschemens qui luy avoient esté donnez en chemin en Lorraine et à Francfort.

Audict lieu de Mezericz fut ledict sieur evesque receu fort humainement par le vice-capitaine dudict lieu, homme de bon entendement, et qui a long-temps suivy les guerres d'Italie, et de luy entendit que les sieurs des estats par trois fois avoient esté contraints pour la peste de changer de lieu pour faire une diette, et l'alloient tenir à Lolo, à trente lieuës de là, qui en vallent bien soixante de France, et qu'en chemin il n'y avoit que deux ou trois villes ou villages qui ne fussent pestiferez.

En mesme temps ledict sieur receut une lettre de Dominé, qu'il avoit envoyé devant, comme dessus a esté dict, par laquelle il luy mandoit qu'il estoit besoing qu'il s'en vint en extresme diligence à ladicte diette, pour y comparoistre à une matinée, si faire se pouvoit, avant que l'on eust ouy parler de luy, et que pour certain les ambassadeurs de l'Empereur s'y trouveroient.

Ce conseil sembla audict sieur evesque temeraire et precipité, et suivit ce qu'il avoit à part soy arresté, qu'estoit d'escrire par Bazin ausdicts estats, leur faisant entendre qu'il n'avoit voulu s'approcher d'eux sans les advertir de sa venue, esperant qu'ils luy feroient ce bien de luy donner temps et lieu de leur dire ce qu'il avoit en charge de Leurs Majestez.

Ledict sieur pensoit attendre audict lieu de Mezericz le retour dudict Bazin; mais, après y avoir sejourné quelques jours, ledict vice-capitaine luy remonstra qu'il pourroit estre reprins d'avoir permis qu'il fust là si longuement, parce que c'est une petite ville de garde et de frontiere; tellement que ledict sieur fut contraint de s'acheminer tout bellement, pour attendre en quelque lieu la response de sesdictes lettres.

Et pource que tout estoit pestiferé, et que l'on estoit contraint de coucher par les bois, advint que une nuict ledict sieur arriva vers la minuict en la maison d'un gentil-homme appellé Saboski, à deux lieuës près de Posnanye, lequel, avec grande difficulté, le receut en sa basse cour seulement; et le lendemain il le voulut veoir et discourir avec luy des causes de sa venue, et monstra de loing huit filles et trois fils, disant audict sieur que s'il estoit infect de peste, et qu'il le receust plus avant en sa maison, il seroit cause de la mort de tout son pauvre petit mesnage. A quoy ledict sieur evesque respondit que, bien que pour luy il n'y eust aucun danger, si est-ce qu'il estoit contant de n'y approcher de plus près, parce que le soupçon luy pourroit faire beaucoup de mal; mais ledict Saboski fut si honneste qu'il print le hazard sur luy, et après qu'il eut receu et bien festoyé ledict sieur, il luy bailla par escript les lieux où il seroit admis, luy conseillant au surplus de n'approcher du lieu de la diette de plus près de douze ou quinze lieuës, comme ledict sieur avoit deliberé de faire.

Sur ses memoires et advertissemens ledict sieur evesque s'achemina en une ville appellée Pysdreic, qui estoit jà infectée, mais non pas tant que les habitans en fussent sortis, là où il trouva le capitaine general de la grande Polongne qu'il fut visiter en sa maison, et luy rendit raison de sa venue : bien qu'on le soupçonnast estre de la part imperiale, toutesfois il n'en fit pas depuis aucune demonstration, et furent en peu d'heures si privez ensemble, qu'il luy offrit avec bien fort bonne façon tout aide et secours et assistance, reservé toutesfois ce qui concernoit l'eslection de leur roy, parce qu'il reservoit son opinion au jour qu'il la faudroit declarer, et conseilla audict sieur d'aller à une petite ville, à cinq lieuës de là, appellée Connin; mais avant que partir il arresta par force ledict sieur à disner, auquel disner il essaya premierement de le faire boire plus qu'il ne falloit; mais l'ayant trouvé resolu de ne vouloir point changer sa façon de vivre, il s'addressa à ceux de sa compagnie et avec malvoisie et vin grec, et cinq ou six autres sortes de vins; et parce que les nostres burent fort bien, et ne furent pas du tout accoustrez, ledict capitaine-general se plaignoit de n'avoir eu tant de credit avec eux comme il avoit eu avec les gens de l'ambassadeur de l'Empereur, lesquels il disoit avoir traictez en sa maison et enyvrez quelqu'uns, si bien qu'il les avoit fallu emporter en la maison. Incontinent après disner, il luy bailla deux gentilshommes et son coche, pour le porter en plus grande diligence audict Connin; auquel lieu de Conniu estoit la femme d'un palatin (1), sœur du castellan (2) de Dantizic, qui est une dame belle, honneste et sage, s'il y en a dans toute la Polongne, et se peut dire la dame de tout le pays qui faict autant de bien aux pauvres. Laquelle ledict sieur feit visiter par ledict Deconopastki, son parent, dont cy-dessus est faicte mention. Ladicte dame, de peur de la peste, et aussi que son mary estoit absent, se feist excuser de ce qu'elle ne pouvoit veoir ledict sieur, ny faire envers luy tels offices d'humanité qu'il convenoit à un homme envoyé de la part d'un si grand prince.

Ceste responce fit prendre audict sieur un nouveau parti, et s'en alla à trois lieuës de là, vers le castellan de Laudan, duquel il fut fort humainement receu, tant pour sa courtoysie, qui est commune à toute la noblesse de Polongne, que pource qu'il avoit pour lors son fils à Paris, et fut si aise de l'arrivée dudict sieur, et si contant de luy, qu'il le retint huit jours entiers, avec si bon traitement que meilleur ne l'eust-il peu faire à un prince. Et parce que c'est un homme

(1) *D'un palatin*. Un palatin commandoit les troupes de la province dont il avoit le gouvernement. Il étoit président de la noblesse de son palatinat, et il exerçoit une juridiction, tant pour le civil que pour le criminel.

(2) *Du castellan*. Les castellans étoient les lieutenans des palatins.

qui par longue experience a jà acquis beaucoup de credit en sa patrie, ledict sieur acquist par luy beaucoup d'amis, et apprint plusieurs choses appartenantes à ladicte negociation.

Par la communication qu'eust ledict sieur evesque avec ledict castellan et quelques autres qui le veirent auprès de luy, il recogneut que l'entreprinse seroit plus difficile qu'il ne l'auroit pensé; car, comme tout le monde sçait, l'Empereur, voyant que le Roy dernier decedé n'avoit point d'enfans, avoit depuis six ans commancé ses praticques par un de ses serviteurs appellé l'abbé Cyre, qui, soubs pretexte d'estre ambassadeur residant auprès dudict feu Roy decedé, avoit acquis beaucoup de credit et de familiarité avec plusieurs seigneurs, et entre autres avec les Lithuans(1) et avec une partie de la grande Polongne, la Voline (2), et, peu s'en falloit, toute la Prusse, comme sera dit cy-après. Ceux qui jà avoient esté persuadez par ledict Cyre que l'archiduc Ernest seroit utile audict royaume, voyant que leur Roy estoit decedé, mettoient peine tous les jours d'en attirer d'autres; et pour authoriser ce qui jà avoit esté si bien commancé, ledict seigneur Empereur avoit envoyé deux des principaux et des plus grands du royaume de Bohesme, pensant que, pour la conformité de la langue qu'ils ont avec la polacque, ils seroient plus favorablement receuz et familiers avec ceux avec lesquels il conviendroit negotier. Et monstra ledict seigneur Empereur qu'il entendoit tout ce qu'un prince pouvoit sçavoir pour gaigner le cœur de ceste nation; car, outre qu'il avoit commancé ses praticques six ans auparavant, il choisit ses

---

(1) *Lithuans* : les Lithuaniens. — (2) *Voline* : la Volhinie.

deux principaux ambassadeurs, personnages de grosse maison, de grande authorité, de mesme langue, et qui arriverent avec telle pompe et grandeur, que leur venue sembla plus entrée de roys que d'ambassadeurs; et toutesfois l'issue ne fut pas telle qu'ils s'estoient persuadez.

D'autre costé, le Moscovite s'estoit jà insinué par des lettres qu'il avoit escrites à toute la noblesse, leur faisant des offres si avantageuses et si apparentes, qu'il sembloit qu'on ne le peust refuser. Ce parti estoit porté et favorisé par un palatin, homme qui, pour sa vertu, et grande modestie, a beaucoup de credit; et si ledict Moscovite se fust bien gouverné à la conduite de ceste affaire, l'on peut dire que c'estoit le party le plus dangereux pour nous, parce qu'il n'y avoit homme qui n'eust trouvé bonne une paix perpetuelle et une union entre ces deux grandes, fortes et puissantes nations.

En tiers rang estoit le roy de Suede, qui rendoit sa cause fort recommandable pour estre prince voisin, prince d'aage, et qui jà est experimenté à gouverner un royaume, et qui a des pays en la Livonie qu'il offroit de joindre avec la Polongne. A cela aidoit fort la Royne sa femme, sœur du Roy dernier decedé, et sembloit que, pour estre descendue de ceste couronne, l'on devoit preferer son fils à tous les autres princes estrangers.

Le duc de Prusse, soubz pretexte de demander le premier lieu, quand ce viendroit au jour de l'eslection, comme vassal du royaume, faisoit mettre en avant qu'il estoit prince jà accoustumé à gouverner avec grande modestie et administration de justice ses pays, prince qui pouvoit estre dit, comme pollac, aimé de ses subjects, appuyé de tous les grands princes d'Allemaigne, et qui avoit grande quantité d'argent pour subvenir aux necessitez dudict royaume. Son fait estoit porté par de grands personnages, qui par ce moyen pensoient faire le bien de leur pays. Mais l'Empereur rompit le dessain dudict duc fort dextrement; car il luy offrit son aide et faveur en cas que Ernest ne fust eslu roy, et luy accorda en mariage sa niepce, fille du duc de Cleves. Et fut depuis interceptée une lettre par laquelle ledict Empereur remercioit ledict duc de Prusse de l'honneste offre qu'il luy avoit faicte de favoriser son fils Ernest, le remercioit aussi de l'offre qu'il luy faisoit de deux mils rheistres, qu'il luy promettoit de tenir prests s'il en estoit besoing. Ladicte lettre et quelque autre occasion reculerent si bien le parti dudict duc, qu'il n'y eut personne qui voulust endurer qu'il fust nommé parmy les competiteurs, bien qu'il eust envoyé par tous les pays pour s'excuser et adoucir les malcontans, qui estoient en grand nombre; car, comme ils sont presque tousjours invincibles, ils ont pour la pluspart le cœur si grand, qu'on ne les gaigneroit jamais, ny par forces ny par menaces.

Le cinquiesme parti estoit de ceux qui desiroient un roy pollac; et s'il eust esté possible s'accorder à choisir l'un d'entr'eux, ils eussent facilement tourné tous de ce costé-là, d'autant qu'il n'y avoit homme qui ne jugeast que ce seroit une grande commodité d'avoir un roy de sa nation, de sa langue et de sa cognoissance, un roy qui n'auroit les forces pour rien attenter, ny entreprendre sur les libertez dudict pays, et que telle negociation ne pouvoit estre que agreable à l'Empereur, si son fils estoit reusfé, et pareillement au

Moscovite, à tous les princes d'Allemaigne, et au Turc, qui ouvertement soustenoit et recommandoit ce party.

Toutes ces considerations bien examinées, ledict sieur recogneut que sa bonne volonté luy avoit trop facilement faict entreprendre une affaire de si grande importance et difficille execution; car, d'un costé, l'entrée luy sembloit fort perilleuse, parce que tout le pays estoit embrasé de peste; de l'autre costé, il y avoit peu de gentilshommes qui jà n'eussent arresté leur opinion en faveur de l'un ou de l'autre desdicts competiteurs.

Ceux qui portoient les partis contraires estoient gens d'authorité, gens cogneuz et favorisez. Les competiteurs estoient princes si puissans et si voisins, que du moindre d'entr'eux l'on pouvoit beaucoup esperer ou craindre; et au contraire, ledict sieur estoit venu comme à la desrobée, homme incogneu et qui n'avoit pas grande intelligence des affaires dudict royaume : il presentoit le nom d'un prince de lointain pays, prince de qui l'on ne devoit rien craindre en cas qu'il fust refusé : mais, au contraire, c'estoit le vray chemin d'acquerir la bonne grace de l'Empereur, du Moscovite et de tous les princes d'Allemaigne. Et de plus le faisant roy, d'autant qu'il n'avoit ny forces ny amis voisins prochains, il sembloit qu'on n'en peust esperer aucun secours ny commodité.

Il ne restoit audict sieur evesque, pour estre volontiers ouy, que la grandeur et ancienneté de la maison de France, la memoire du feu roy Henry et du feu roy François le Grand, la vertu du Roy et du très-illustre duc d'Anjou, qui est certainement chose digne d'estre considerée. Ce sont deux freres bien nez et bien nourris, et accomplis de toutes choses dignes de grands princes, et qui ont un frere tiers qui suivra le chemin et la vertu de ses deux aisnez. Et qui plus est, ledict sieur duc d'Anjou ne pouvoit estre dict nouveau au gouvernement d'un royaume, ayant, par l'espace de sept ou huict ans, par commandement du Roy son frere, porté le faix de tous les affaires de ce royaume, ayant aussi telle experience au faict de la guerre, qu'on ne pouvoit dire autrement, sinon que c'estoit un prince qui se feroit aimer aux amis et craindre aux ennemis. C'estoient de belles et dignes considerations, et dont ledict sieur evesque se sçavoit bien aider; mais la difficulté estoit comment une telle noblesse, aiguë et de bon entendement, voudroit si soudainement s'arrester à prester foy sur sa parole, ny voudroit aussi laisser ce qu'ils pouvoient certainement esperer des autres competiteurs, pour une nouvelle esperance qui pour lors sembloit estre telle, que ceux qui n'avoient cognoissance dudict prince la jugeoient sans apparence et fondement.

A cela survenoit une autre difficulté ; c'est que noz adversaires s'aidoient des troubles advenuz en France depuis dix ans, remonstrans que le prince pour qui ledict sieur parloit estoit jà accoustumé aux guerres civiles, et en apporteroit la semence en Polongne.

Je dirai une autre scrupulle qui ne luy donnoit pas grand peïne, et si n'en discouroit pas à beaucoup de gens : c'estoit qu'il consideroit que s'il ne pouvoit venir au bout de son entreprinse, il se trouveroit beaucoup de gens qui diroient que c'estoit sa faute, et l'accuseroient d'une grande temerité ou legereté, d'avoir mis en avant ce qui pour lors sembloit estre impossible. Et quand bien Dieu le feroit si heureux de luy faire reussir son dessain, il sçavoit bien que l'envie est si grande en France qu'il n'auroit pas faulte d'ennemis, et qui mettroient peine de luy oster, ou pour le moins luy diminuer une partie de la gloire qu'il avoit meritée. Et de faict c'est ce qui plus luy a donné de peine en Polongne; mais, se voyant jà embarqué, il se delibera de mourir ou de vaincre, et surmonter toutes les difficultez.

Et pour ce faire il ne trouva que deux remedes, qui estoient, l'un de faire capable ladicte noblesse que toutes les commoditez presentées par les susdicts competiteurs estoient accompaignées de tant de circonstances, qu'enfin ce ne seroient point commoditez, mais que les acceptant ce seroit la ruine de leur patrie. L'autre remede estoit qu'en discourant de ce qu'on pouvoit esperer du Roy presentement esleu, ledict sieur auroit moyen de rendre capables les eslecteurs que de la personne du très-illustre duc d'Anjou l'on pouvoit esperer beaucoup de bien et rien craindre de mal.

Ce conseil sembla bon audict sieur; car aussi n'en avoit-il point d'autre, ny estoit accompagné d'hommes à qui il en pust demander, et ne restoit que la difficulté de l'executer; car il n'avoit point d'accez auprès des seigneurs et de ceux qui pouvoient authoriser son desseing. Il n'avoit pas les cent cinquante gentilshommes, comme les ambassadeurs de l'Empereur, qui peussent aller par le pays publier ses raisons. Enfin se trouvant en ceste perplexité, il print deux resolutions: l'une, de faire entendre par quelques moyens aux seigneurs quelques particularitez qui deussent les mouvoir à l'escouter volontiers; l'autre, qu'escrivant de ce qu'on pouvoit esperer dudict sieur duc d'Anjou, il le coucha en tels termes que ce fut comme en faire un parangon avec les autres competiteurs, et par ce moyen les reculer si faire se pouvoit, et le mettre luy au haut bout. Et pour faire ce desseing, luy vint bien à propos que Bazin vint le trouver, qui luy rapporta sadicte premiere lettre, qu'il n'avoit pu presenter aux seigneurs qui estoient assemblez à Colo, parce que la peste soudainement departit l'assemblée, et fut remise en un autre lieu appellé Castki.

Ledict sieur changea pour la pluspart sadicte lettre, et y adjousta ce que luy sembloit pouvoir servir à faire gouster et trouver bonne sa venue, de laquelle lettre la teneur s'ensuit :

« Messieurs, le roy Très-Chrestien m'avoit despesché pour aller devers vous, et avec moy un de ses conseillers du parlement de Grenoble, suyvant ce qu'il vous avoit ja escript par le sieur Andreas Mensinski, gentil-homme de vostre nation. Mais il est advenu que ledict conseiller est demouré malade, et de ma part je l'ay esté assez longuement. Et comme j'avois recouverte la santé, et m'estois acheminé pour satisfaire à ma charge, ils me sont survenus d'autres empeschemens que vous entendrez, s'il vous plait, par le sieur Jehan Krasoski et par le sieur Jehan Bazin, officier du roy Très-Chrestien, que je vous envoye expressement, vous priant qu'après que vous les aurez ouiz, il vous plaise de m'advertir en quel lieu et en quel temps vous voudrez que je me presente à vous; car je ne suis pas deliberé m'approcher de plus près que ce ne soit avec vostre congé. Cependant, affin que vous ne soiez en peine des causes de ma venue, et que, pour estre arrivé tard, autres n'ayent le moyen de preoccuper vos esprits en la poursuite qui se faict de vostre couronne, il m'a semblé devoir sommairement vous faire entendre que le principal point de ma charge est de vous declarer la bonne, syncere et fraternelle intention du roy de France mon maistre envers vous et vostre royaume, pour lequel, comme j'espere, vous recevrez fort volontiers, et serez bien ayses qu'il vous presente monseigneur le duc d'Anjou son frere, qui est, pour le dire en un mot, son bras droict, sur lequel il s'appuye entierement, et pour le faict de la guerre, et pour le faict du gouvernement du royaume; tellement qu'il ne vous presente pas un enfant (1) qui ait besoing luy mesmes d'estre gouverné, mais vous presente un prince d'aage competant, prince experimenté à toutes choses qui sont necessaires pour heureusement porter le faix, soit pour la paix, soit pour la guerre, d'une grande et puissante couronne comme est la vostre. Il ne vous presente pas un prince qui vous apporte une troisiesme ou quatriesme religion (2), non usitée, cogneue ni entendue parmy nous; mais vous presente un prince vraiment catholique de religion, et non de faction, et qui est de telle et si grande prudence et experience, qu'il s'y gouvernera si sagement, que, bien qu'il y ait quelque diversité de religion entre vous, il vous conservera et les uns et les autres en toute surté. Il ne vous presente pas un prince qui vous apporte ny mœurs

(1) *Un enfant*: cecy est dict pour le fils du roy de Suede, qui n'a que huict ans, et pour l'archiduc Herneste, filz de l'Empereur, qui est jeune. (Note de l'auteur.)

(2) *Un prince qui vous apporte une troisiesme ou quatriesme religion*: cecy est dict pour le Moscovite, qui est de la foy grecque. (*Ibidem.*)

ny coustumes barbares et inusitées (1); mais, au contraire, il se presentera à vous avec telle intention, qu'avec la civilité que l'on voit reluire en France de là où il part, il luy sera facile de s'accommoder et embrasser vos mœurs et coustumes, qui sont certainement pleines de prudence et de civilité. Il ne vous presente pas un prince qui, en lieu de vous apporter un repoz (2), ameine avec soy une inimitié et une guerre avec ceux qui ont puissance de vous donner de la peine; ains, au contraire, il vous presente un prince qui n'a point d'ennemis qui, pour raison de sa personne ny du lieu d'où il part, puissent estre offencez contre vous, si vous luy faictes cest honneur de l'appeller pour estre vostre roy. Et, qui plus est, comme il n'a point d'ennemis, aussi a-il beaucoup d'amis qui luy portent si bonne volonté, et leur puissance est si grande, que l'on pourra dire que les forces de vostre royaume en seront redoublées. Vostre nation a tousjours aymé la nostre; la nostre aussi à chery, favorizé et honnoré la vostre. Vostre noblesse hantera nostre royaume; la nostre aussi vous visitera, vous hantera et vous servira, s'il venoit occasion qu'il en fut besoing. Le Roy ne vous presente pas un prince qui soit pauvre et necessiteux (3), et qui soit contrainct de recompenser les siens des offices et estats qui par raison doivent estre reservez à vous et à ceux de vostre nation; mais vous presente un

(1) *Un prince qui vous apporte ny mœurs ny coustumes barbares et inusitées* : pour ledict Moscovite. (Note de l'auteur.)

(2) *Un prince qui en lieu de vous apporter un repoz* : pour le Moscovite et l'Empereur, lesquels le Turc ne voudroit pas fussent plus grands. (*Ibidem.*)

(3) *Un prince qui soit pauvre et necessiteux* : cecy est pour le duc de Prusse, et pour un petit duc d'Allemaigne qui a esté nommé, et pour le filz de l'Empereur. (*Ibidem.*)

prince qui de soy est si riche, et a tant de pays qui lui appartiennent, où il y a tant d'officiers, d'estats et de benefices, que non seullement il aura moyen de recompenser ceux de sa nation, mais aussi en pourra gratifier plusieurs d'entre vous qui auront envie de faire quelque sejour en France. Le Roy ne vous presente point un prince qui soit tant voisin de vos pays [1], que, pour avoir les forces voisines, vueille ou puisse entreprendre sur vos franchises, libertez et loix observées; mais, au contraire, il vous presente un prince qui n'aura forces que les vostres, qui ne prendra appuy, soustien ne grandeur, sinon sur vostre amour, fidelité et obeissance. Bien est vray que là où vos autres ennemis voudroient assaillir vostre royaume, il aura tousjours de bons amis qui se joindront à vous pour deffendre la couronne et les anciens limites de vostre pays. Attendant doncques que je puisse arriver pour plus amplement vous faire entendre ce qui m'a esté commandé par le roy Très-Chrestien et par mondict seigneur le duc d'Anjou son frere, je vous supplie, messieurs, vouloir considerer et examiner le contenu de ceste lettre, et vouloir recognoistre qu'en l'election que vous ferez de mondict seigneur, il ne vous peut advenir perte, dommage ne incommodité aucune. Au contraire, vous en devez esperer, et pouvez vous promettre l'augmentation et la grandeur de ceste puissante couronne, l'ampliation, le repoz et la seurté de vostre pays, le bien et l'advancement d'un chacun de vous, qui aurez un prince bon, sage, prudent et liberal. »

[1] Cecy est dict pour le filz de l'Empereur, pour le duc de Saxe et pour le Moscovite. (Note de l'auteur.)

Ledict Bazin porta ladicte lettre audict lieu, et, la presentant, l'accompagna de ce qu'avoit esté accordé entre ledict sieur et luy. Et comme il est homme d'entendement, et qui a le langage latin en main, il fut fort volontiers escouté.

En ladicte diette il y eut du bonheur et du malheur pour nous.

Le bonheur fut qu'au mesme jour que Bazin presenta ladicte lettre, il y eut plainte des ambassadeurs de l'Empereur, parce qu'ils estoient entrez au royaume sans avoir adverti le senat, et qu'ils s'estoient departiz sans congé des lieux qui leur avoient esté assignez pour leur demeure, et s'estoient acheminez à grandes journées pour aller parler à l'Infante.

Cela despleut extremement à la noblesse, qui ne pouvoit porter patiemment que les estrangers se peussent librement promener sans leur congé; car, outre qu'on soupçonnoit qu'il y eust de la desobeissance, et consequemment du mespris, l'on pouvoit aussi estimer qu'ils eussent intention d'emporter ledict royaume par le moyen de ladicte Infante, puisqu'ils vouloient plustost negocier avec elle qu'avec ladicte noblesse.

Ceste plainte fut accompaignée d'une autre; c'est qu'on presenta à ladicte diette une malle qui avoit esté prinse à la frontiere, et rapportée, où on trouva des lettres par lesquelles l'on cogneut que lesdicts ambassadeurs n'avoient pas dormy depuis leur venue, et qu'ils avoient bien commancé à faire des praticques.

Il fut aussi trouvé une lettre qu'on escrivoit au duc de Baviere, en laquelle il y avoit ces mots, *gens barbara et gens inepta*, et beaucoup d'autres choses qui ne valoient gueres. Je crois bien que ladicte lettre avoit esté escrite sans le sceu desdicts ambassadeurs, qui estoient trop sages pour consentir qu'on usast de tel langage.

Toutes ces nouvelles despleurent grandement aux seigneurs et principaux du senat, et irriterent si fort la noblesse, que pour ce jour-là il n'y avoit homme des grands qui osast monstrer de favoriser le party dudict seigneur Empereur; si bien que les lettres dudict sieur evesque, qui estoient humbles et modestes, et la façon qu'il avoit tenue à ne vouloir s'approcher sans leur congé, rendirent nostre cause à l'endroit de tous si favorable, qu'il fut prins plus de deux mil copies desdictes lettres, puis portées par tout le royaume.

Mais ceste faveur ne dura que vingt-quatre heures; car il survint incontinent quelqu'un qui apporta la nouvelle de la journée de la Sainct Barthelemy, enrichie de tant de memoires et particularitez, qu'en peu d'heures la pluspart detestoient le nom des François. Et toutesfois les seigneurs ne laisserent pas de faire bonne et honneste response audict Bazin; et par les lettres qu'ils escrivirent audict sieur, le remercioient de l'honneur et du respect qu'il leur avoit porté, et qu'à la premiere occasion qu'ils pourroient faire l'assemblée generale, ils ne faudroient à l'appeller, le recevoir et escouter volontiers : cependant ne pouvant choisir lieu bien net de peste pour sa demeure, horsmis que ladicte ville de Connin, ils le prioient de s'en contenter, et de s'y retirer jusques à ce qu'ils l'eussent mieux pourveu.

Ils deputerent un gentil-homme, appellé de Luski, qui a esté longuement en France, pour lui faire compaignie, et le faire pourveoir de tout ce qui luy seroit necessaire : lequel toutesfois, irrité de ladicte journée de Sainct Barthelemy, ne voulut le venir trouver, bien qu'il eust accepté la charge.

Et quant aux ambassadeurs de l'Empereur, l'on leur envoya deux personnages de qualité pour leur faire entendre l'intention du senat : qui estoit qu'ils ne vouloient plus endurer qu'ils allassent ainsi par le pays sans congé, et que s'ils ne se contenoient autrement qu'ils n'avoient faict ils se mettoient en grand danger, parce que la noblesse ne le pourroit comporter. Firent aussi, à ce que j'ai entendu, la plainte des lettres qui avoient esté surprinses, veues et leues, et du nombre des gens qui de leur part alloient par le pays pour faire des praticques, et singulierement de l'abbé Cyre et de Gastalde, leur declarant que si lesdicts Cyre et Gastalde ne deslogeoient dans un jour prefix, ils seroient pris comme ennemis du royaume. Lesdicts ambassadeurs receurent avec grand honneur l'ambassade, s'excuserent de ce qui avoit esté faict du commancement, promirent de se contenir au lieu qui leur seroit assigné : et quant aux susdicts Gastalde et Cyre, dirent que ledict Gastalde s'estoit dejà retiré, et qu'il n'estoit venu en Polongne que pour demander à l'Infante une pension qu'il a sur la duché de Bar; et pour le regard dudict Cyre, ils en escriroient audict Empereur, qui depuis manda que ledict Cyre n'estoit pas son ambassadeur.

Suivant le mandement dudict senat, ledict sieur evesque se retira à Connin, auquel lieu le palatin Laski, passant par là, le visita : et après avoir entendu dudict sieur beaucoup de particularitez, tant de la personne du très-illustre duc d'Anjou que des commoditez qu'il pouvoit porter à leur royaume s'il y estoit appellé, dist audict sieur qu'il estoit grandement obligé à la maison d'Austrye (¹), et toutesfois s'il voyoit que le très-illustre duc d'Anjou fust plus utile à leur patrie, il oublieroit tout respect particulier pour s'accommoder au bien public.

Audict lieu de Connin, le palatin de Sandomyre envoya son secretaire appellé Preslaski, qui fist une grande et aigre querimonie de ce qu'estoit advenu à Paris le jour de Sainct Barthelemy; et après avoir entendu dudict sieur que les affaires y estoient passées autrement que l'on ne les publioit en Polongne et en Allemaigne, il proposa quelques articles pour le prouffit du pays, en cas que le duc d'Anjou fut esleu roy, lesquels ledict sieur ne fit aucune difficulté de lui accorder. Il y eut quelque different entr'eux sur ce que ledict sieur ne luy voulut rien bailler par escript, prevoyant bien que par quelqu'un mal affecté lesdicts articles seroient bientost après communiquez aux ambassadeurs de l'Empereur, qui en feroient leur prouffit quand ce viendroit au temps de l'eslection; mais ledict Preslaski le pressa tellement, ou qu'il fallut rompre avec luy ou luy accorder ce qu'il demandoit, avec protestation et obligation de l'honneur que lesdicts articles ne seroient veuz que de sondict maistre : mais il en advint comme ledict sieur avoit preveu, ainsi qu'il sera dict cy-après.

Jehan Zbaroski revenant de la Prusse, et passant par ledict lieu, visita ledict sieur, et d'entrée le traitta fort rudement pour la journée de Sainct Barthelemy, si bien qu'enfin la patience eschappa audict sieur, et

(¹) *D'Austrye* : d'Autriche.

luy dist que s'il avoit chose à luy dire qui concernast le bien de sa patrie, ou le sien particulier, il estoit prest à l'escouter; mais s'il vouloit continuer à parler en telle façon d'un prince si grand que le Roy son maistre, il seroit contrainct de le laisser, et ne parler plus à luy, attendu mesmement qu'il ne vouloit donner foy à ce qu'il luy en avoit dit. Zbaroski dit que s'il avoit parlé avec quelque vehemence, ce n'avoit esté que pour representer les propos qu'à son grand regret l'on tenoit de Sadicte Majesté.

Un gentil-homme appellé Ostrorogt, qui est de bonne maison, et a fort bon nom parmy la noblesse et est des evangeliques, vint pardevers ledict sieur quand il estoit chez le castellan de Landan, et depuis revint audict Connin, desirant estre instruit de nostre guerre civille, et de tout ce qu'en estoit survenu, et pareillement des bonnes meurs et des vertus du très-illustre duc d'Anjou. C'est un gentil-homme sage, advisé et retenu, et qui ne dict pas au premier coup ce qu'il a deliberé de faire; mais il ne laissa pas d'entrer bien avant en propos avec luy, pour le sonder à quel party il inclineroit le plus volontiers; et s'apperceut bien ledict sieur que ledict Ostrorogt pourroit estre des Pyastins [1], et fut bien contant de voir qu'il ne favorisoit point particulierement aucun des trois autres competiteurs, et se tint, de ce jour là, asseuré qu'il seroit de nostre party, parce qu'estant homme de bon entendement, il recognoistroit bien la difficulté qu'il y auroit à choisir l'un d'entr'eux, veu le nombre qu'il y avoit de seigneurs qui s'estimoient dignes d'estre roys.

[1] *Pyastins.* On appeloit ainsi le parti qui vouloit choisir un roi polonais.

Le referandaire duquel a esté parlé au premier livre visita ledict sieur audict lieu de Connin, soubz pretexte, disoit-il, d'entendre nouvelles du sieur de Balagny, avec lequel il avoit contracté grande amitié du temps de la maladie du Roy dernier decedé, et l'ayant en main, ledict sieur ne voulut perdre l'occasion de le prier de suivre nostre party, lui mettant en avant toutes les raisons qu'il pensoit pouvoir suffire à le gaigner. Sa response fut que l'eslection du roy estoit une chose saincte et sacrée, qu'il trouvoit mauvais qu'on en parlast comme d'une chose qui despendist de la providence des hommes, qu'il se falloit remettre à Dieu, qui toucheroit au cœur des electeurs, et leur presenteroit celuy qu'il auroit destiné à estre leur oinct et sacré. Ce furent ses propres paroles; et pour ce qu'il sembloit que par là il voulust taxer ledict sieur qu'il n'eust point faict mention de Dieu, il luy respondit que, parlant à un homme de lettres, comme il estoit, il n'estoit aucun besoing de luy ramentevoir ce que lui estoit assez cogneu. Bien luy vouloit-il dire en passant que si un malade requeroit qu'on luy fist venir un medecin, le parent ou ami qui en prendroit la charge ne feroit pas son devoir s'il disoit qu'il fallust appeller celuy que Dieu auroit choisi pour luy rendre la santé. Mais un autre qui diroit que le plus docte et experimenté est celuy que Dieu a esleu, il feroit ce qu'il devroit pour le malade, et seroit estimé sage et advisé. Par mesme raison falloit-il croire que Dieu n'envoyeroit pas son ange pour monstrer celuy qu'il veult estre oinct et sacré; et c'est assez qu'il nous a faict entendre les vertus requises à un bon roy; et si les gentils-hommes polonois le choisissoient tel, l'on pourroit dire que c'est celuy que Dieu avoit ordonné. Au partir il promit audict sieur de le venir veoir, et mesme quand ledict sieur de Balagny seroit de retour. Ceste response ne depleut pas audict referandaire, car il en fit despuis le conte en plusieurs bonnes compaignies, et, à ce que l'on m'a dit, à l'avantage dudit sieur evesque.

Lequel fut à mesme temps pareillement visité par Panatoski, gentil-homme de bonnes lettres, de bon sens, et digne d'estre employé aux affaires publicques. Un gentil-homme aussi, appellé Zaremba, qui a esté nourry en France par le feu roy Henry, et qui avoit cogneu fort privement ledict sieur evesque, le vint pareillement visiter, comme aussi feirent plusieurs autres gentils-hommes qui se monstrerent fort volontaires à l'escouter, et aussi à luy respondre et contredire librement.

Une chose vint bien à propos audict sieur, c'est qu'estant confiné pour quelque temps audict Connin, M. le palatin de Berechstan [1], qui en est cappitaine, s'y tenoit aussi, et ne sçay si c'estoit pour la conformité des mœurs, car ils se ressembloient en beaucoup de choses, ou bien pour la frequentation, car ils se voyoient souvent. Ils contracterent grande amitié ensemble, et recognoist ledict sieur evesque luy estre grandement obligé.

La negociation si bien commancée, il despescha le doyen de Die pour advertir Leurs Majestez de son arrivée en Polongne, qui en estoient en grande peine, et pensoient qu'il fust mort ou en quelque lieu escarté prisonnier; et, sur ceste opinion, Leurs Majestez avoient despesché M. l'abbé de Lysle.

[1] *Berechstan* : Brzestki.

Les memoires baillez audict doyen contenoient les articles qui s'ensuivent :

Premierement, un recueil du voiage dudict sieur, depuis Leipseig jusques au jour qu'il despescha ledict doyen.

Il porta un double de la lettre que ledict sieur escrivit aux estats, et la response qui avoit esté faicte.

Un discours en italien, faict par ledict sieur, faisant semblant que ce fust un gentil-homme pollac, par lequel estoit remonstrée la condition des autres competiteurs estre de beaucoup moins avantageuse que la nostre.

Un roolle de tous les gentils-hommes qui estoient venus avec les ambassadeurs de l'Empereur, en nombre de six vingts, et les qualités d'iceux.

La coppie des lettres interceptées, dont cy-dessus est faicte mention.

Un memoire de tout ce qu'on disoit qu'avoient faict les ambassadeurs de l'Empereur.

Une carte de Polongne.

Et le discours de tout ce qu'estoit advenu audict sieur depuis son arrivée, et de tout ce qui luy donnoit à craindre ou esperer.

Plus, de supplier très-humblement Leurs Majestez d'envoyer un gentil-homme de robbe-courte, et qui vint à temps pour se trouver à la convocation generalle qui se devoit tenir à Warsovie la feste des Roys, avec instructions et memoires contenant la verité du faict de la Sainct-Barthelemy, et pour contredire à beaucoup de calomnies qui avoient esté semées contre Leurs Majestez; et, bien que ledict sieur evesque eust jà respondu aux premiers libelles diffamatoires qui avoient esté apportez, il avoit opinion qu'un gentil-homme envoyé par le Roy exprès pour cest effect, avec lettres adressantes à tous les estats, serviroit de beaucoup; et pour autant qu'il avoit de longue main contracté grande amitié avec le jeune Lanssac, il supplia Leurs Majestez de n'en envoyer point d'autre. Mais il fut despesché si tard qu'il n'arriva que deux mois après la diette tenue.

La dicte despesche faicte, ledict sieur mit peine, avec toute la diligence qu'il luy fut possible, d'entretenir les amis, ou pour le moins ceux qu'il ne voyoit point partiaux.

Il envoya Dominé en Lithuanie vers les seigneurs dudict pays, pour les advertir de sa venue, et pour leur porter la coppie de ladicte lettre qu'il avoit escrite auxdicts seigneurs des estats de Polongne, et un discours qui contenoit tout ce qui pouvoit fortifier nostre cause; lesquels luy firent response bien honneste et gratieuse, comme aussi firent les quatre villes de Prusse ausquelles ledict sieur envoya semblables despesches par un gentil-homme appellé d'Elbenne, qu'il avoit prins à Leipseig et emmené avec luy, pour s'en servir comme il feit.

Tout le but dudict sieur tendoit à faire cognoistre qu'aucun des competiteurs jà nommez ne pouvoit estre esleu qu'il n'apportast beaucoup d'inconveniens audict royaume.

L'archiduc et le Moscovite avoient le Turc pour ennemi capital; le Moscovite ne pourroit comporter que le roy de Suede, son ennemi, fust aggrandi d'une si grande couronne; le roy de Dannemarch aussi n'en fust pas esté contant.

Au contraire, le roy qui a esté depuis esleu n'avoit inimitié avec personne, et par consequent, quand il ne pourroit porter aucune commodité, aussi ne failloit-il craindre aucun trouble ne incommodité ; et avec ce, l'on ne pouvoit nier qu'il ne fust prince de grande maison, prince experimenté et à la guerre et à la paix.

Ces raisons, amplement desduites et fortifiées de bons argumens, furent volontiers receues par aucuns, qui les publierent chacun au lieu de sa demeure ; et ainsi de main en main tout le dire dudict sieur fut divulgué par tout le royaume.

Par le double de la lettre dudict sieur, qui fut porté en tous les endroicts dudict royaume, aussi par ledict discours en latin et italien soubz le nom d'un gentilhomme pollac, et par le recit de ceux qui avoient parlé avec ledict sieur, tous les bons esprits dudict pays entrerent en dispute, chacun selon l'inclination qu'il avoit à l'un ou à l'autre desdicts competiteurs.

Un gentil-homme pollac escrivit en faveur dudict archiduc, qui monstra en son dire plus de passion que de jugement.

Solikoski, secretaire du feu Roy, homme de lettres et de beaucoup de valeur, y respondit promptement et en nostre faveur : si bien qu'en peu de temps les cartes y furent tellement meslées, que la pluspart se despartirent de l'opinion qu'ils avoient conceuë avant que d'avoir ouy ce que ledict sieur apportoit.

Et les ayant faicts ainsi irresoluz, il sembla audict sieur evesque qu'avec des escrits qu'il feroit publier, facillement il les pourroit attirer à nostre party.

Le plus grand empeschement qu'il avoit, c'estoit la nouvelle de Paris qu'on faisoit rafraischir de nouveaux advis. Toutes les sepmaines l'on apportoit des paintures où l'on voyoit toute maniere de mort cruelle depainte : l'on y voyoit fendre des femmes pour en arracher les enfans qu'elles portoient. Le Roy et le duc d'Anjou y estoient depeints spectateurs de ceste tragedie ; et, avec leurs gestes et des parolles escrites, ils monstroient qu'ils estoient marrys de ce que les executeurs n'estoient assez cruelz.

Tels escrits et telles peintures irritoient tellement le cœur de plusieurs, qu'ils ne vouloient pour rien endurer qu'en leur presence le nom du Roy fust nommé; les dames en parloient avec telle effusion de larmes comme si elles eussent esté presentes à l'execution.

A cela y print ledict sieur deux remedes : l'un de respondre aux libelles diffamatoires, comme il avoit jà commancé, et faire publier ses responses : ausquelles, après avoir remonstré que la pluspart de ce que l'on escrivoit sur ce faict estoit faux et calomnieux, il prenoit argument d'escrire au vray les vertuz de celuy que l'on vouloit calomnier, et par ce moyen le rendoit superieur en toutes choses à tous les autres qui pretendoient ladicte couronne.

L'autre remede estoit de faire porter en divers lieux deux portraicts qu'il avoit dudict sieur à present roy, pour faire cognoistre qu'il n'avoit la face cruelle ny truculente, comme l'on l'avoit faict depeindre.

Et par ces moyens, de ce que l'on esperoit qui seroit la ruine de nostre cause, ledict sieur en tira une grande commodité, qui estoit que, n'ayant permission d'envoyer par les pays informer et instruire les seigneurs palatins, castellans, cappitaines et autres principaux seigneurs de la noblesse, pour les attirer à nostre party, l'on ne pouvoit desnier audict sieur qu'il ne fist publier la justification d'un prince qui estoit à tort calomnié, affin, disoit-il, que la faulce information qu'on vouloit leur faire prendre n'empeschast qu'au jour de l'eslection ils n'eussent le jugement entier et libre pour choisir celuy des competiteurs qui leur seroit le plus prouffitable.

Ledict sieur feit aussi son prouffit de ce qu'il entendit en quelle maniere l'eslection se devoit faire, et recogneut bien que la menue noblesse pourroit faire beaucoup de bien ou de mal, parce qu'elle surmonteroit les seigneurs en nombre : tellement qu'il print resolution de faire cappables tous les gentils-hommes de grand ou de moyen estat de ses raisons.

En cest exercice fust ledict sieur depuis le 15 novembre jusques au 10 decembre.

Pendant lequel temps le seigneur Solikoski, cy-dessus mentionné, servit bien à la cause; lequel, ayant veuës les premieres responses dudict sieur evesque, luy print envie de l'aider et de le relever de peine; et de ce jour là commança à escrire pour nous en sa langue, en laquelle il est très-excellent sur tous les orateurs de Polongne, et y continua tant qu'il a esté besoing : tellement que je puis dire que ledict sieur a receu beaucoup d'aide et de support dudict Solikoski, parce que ses escrits en sa langue estoient volontiers receus par ceux de sa nation ; et encore que son nom n'y fust point apposé, si est-ce que son style estoit jà si recogneu et si remarqué par toute la Polongne, que les deux premieres lignes descouvroient tousjours le nom de l'autheur.

Or, pendant que ledict sieur evesque s'employoit à ce que dessus est dict, il avoit une autre occupation qui luy donnoit beaucoup de peine, qui estoit de respondre aux lettres qu'on lui escrivoit de toutes parts. Sur quoy vient à noter que ceste nation est si active et si curieuse d'entendre ce que concerne le prouffit de leur patrie, que, soudain que lesdicts premiers discours furent veuz, une infinité de gentilshommes vouloient sçavoir ce que l'on pourroit esperer de la venue dudict sieur : les uns venoient expressement audict Connin; les autres negocioient par lettres; et tel estoit le jour qu'il falloit respondre à une trentaine, et par malheur ce fut que ledict sieur n'avoit aide que de Bazin, encor pour la pluspart du temps il s'en servoit pour aller par pays. Le travail doncques luy estoit insupportable, mais il reprenoit forces tous les jours pour l'esperance qu'il avoit d'une bonne issue.

Entre ceux qu'il vit aussi fut le grand tresorier du royaume, qui est homme de bonne maison, sage et de quelque authorité, lequel, passant par Connin pour autres affaires, visita ledict sieur, accompaigné d'un autre dont j'ay oublié le nom. Et après avoir longuement discouru avec luy, il voulut particulierement sçavoir le faict de la journée de Saint Barthelemy (car il estoit des evangeliques). Et ne veux obmettre que sur ce que ledict sieur mettoit peine de luy persuader que le très-illustre duc d'Anjou n'avoit esté cause ni motif de ladicte journée, et que au Roy son frere ni en luy on n'avoit jamais veu aucun signe de cruauté, il respondit qu'il n'estoit jà besoing que ledict sieur se travaillast pour cela, d'autant que s'ils voyoient que au reste le très-illustre duc fust plus proffitable au royaume qu'un autre, la peur de sa cruauté ne les destourneroit pas de l'eslire; car, estant dans le royaume, il auroit plus d'occasion de craindre d'eulx qu'eulx de luy, si d'avanture il vouloit entreprendre chose contre leurs vies ou contre leurs libertez. C'est un point que ledict sieur traicta depuis en son oraison assez diffusément.

Tout ce grand commancement donna quelque esperance audict sieur, et mesme qu'il voyoit que tous ceux qui se mesloient d'escrire, de discourir et de haranguer parmy la noblesse, estoient personnages de bon entendement, et n'avoient autre passion que de chercher un roy qui fust vertueux, sage et experimenté à gouverner, et desquels aucuns l'advertissoient souvent de negocier sincerement, comme il avoit commancé, et que surtout il se gardast de corrompre personne par argent ny par promesses.

La maniere de negocier dudict sieur contenta plusieurs personnages de bon entendement, car il n'essayoit point de gaigner personne par promesses.

Il proposoit nuement les vertuz dudict sieur duc d'Anjou, le soulagement et commodité que le pays en pouvoit esperer, et concluoit là-dessus que si l'on se pouvoit plus promettre d'un autre que de luy, il porteroit patiemment que cestuy-là luy fust preferé. Mais, bien qu'il fust certain que tous les autres competiteurs fussent dignes de toute grandeur, toutesfois n'y en avoit-il pas un en qui toutes choses requises à un roy se puissent trouver pour le present comme en luy, parce qu'il estoit desjà faict, instruict et experimenté à commander.

Et par les moyens des amis que ledict sieur evesque avoit, il fut adverty qu'entre autres messieurs les palatins de Sandomyre, Laski, Lansissic, Lubellin, Brechstan, Keulnee et Płosko, M. le mareschal Oppalinski et beaucoup de castellans, capitaines et gentils-hommes de marque, comme sera dict cy-après, estoient bien capables de ses raisons : et encore qu'ils reservassent tousjours à dire leur opinion quand ils auroient entendu tous les autres ambassadeurs, si estoit-il bien aisé audict sieur de cognoistre qu'ils jugeroient que nostre party estoit plus avantageux que les autres.

Environ le 10 decembre, un secretaire d'un seigneur escrivit audict sieur evesque que son maistre et plusieurs autres palatins s'estoient retirez de nostre party, tant ils se tenoient offensez de ce qu'estoit advenu à Paris ; luy escrivoit aussi que les ambassadeurs de l'Empereur emportoient la faveur de tous les grands ; que l'Allemaigne et l'Angleterre estoient unies pour faire la guerre en France; qu'on avoit descouvert une prophetie à Nuremberg qui menassoit la France de l'extresme ruine dans deux ans ; en somme, il y avoit trois feuillets de papier plains de telles manieres de songes, et concluoit que ledict sieur pouvoit bien s'en retourner : lequel luy respondit en telle façon qu'à mon jugement ledict secretaire se repentit d'avoir rien escript, et luy fist cognoistre qu'il n'estoit pas homme facile à estonner.

Un autre des seigneurs du pays envoya un sien parent vers ledict sieur, pour luy dire que en negociant il commettoit deux fautes qui luy faisoient perdre le cœur d'une grande partie de la noblesse. La premiere, c'est que, en parlant du très-illustre duc, il le faisoit si grand, et mesmes au faict des armes, qu'il sembloit qu'il voulust dire qu'il n'y avoit homme en Polongne qui valust rien.

La seconde, il trouvoit fort mauvais que ledict sieur eust dict que ledict très-illustre duc n'avoit desiré d'estre roy, ni pour les richesses ni pour la grandeur dudict royaume, mais seulement pour estre chef d'une si grande et vertueuse noblesse, faisant entendre au surplus audict sieur que, negociant en ceste façon qu'il avoit commencée, beaucoup de seigneurs en estoient offencez.

Au premier point de ses plaintes, ledict sieur respondit qu'il n'avoit jamais entendu que, pour dire qu'un prince fust plain de vertu et de valeur, tant pour le faict de la guerre que pour l'entretenement de la paix, quelque autre que ce fust, ou prince ou gentil-homme, s'en deust tenir offencé.

Pour le second point, il luy mist en avant que celuy qui pourchasse une riche heritiere, s'il est sage, se gardera bien de dire que ce soit pour ses biens, ains dira tousjours que c'est pour sa vertu, qui est le vray langage que les competiteurs devoient tenir en demandant le royaume de Polongne, et que si luy de sa part se tenoit offensé de sa response, il en estoit bien marry pour son regard; mais estoit-il bien asseuré d'avoir contenté une infinité de seigneurs qui n'estoient de son advis. Ledict gentil-homme envoyé demanda là-dessus audict sieur s'il n'estimoit pas que son parent eust plus d'authorité que les autres qui estoient en pareil degré d'honneur; il respondit qu'il sçavoit bien que son parent avoit beaucoup d'authorité et de credit; mais pour luy en donner plus ou moins qu'aux autres, cela n'estoit venu encore à sa cognoissance, et que pour couper court à ceste dispute, il luy faisoit une offre qui estoit telle : qu'il sembloit estre raisonnable que si sondict parent avoit tant de suite et tant de moyens, que, sans la diligence et sollicitude dudict sieur evesque, il peust procurer la couronne au duc d'Anjou, il seroit fort contant de se reposer, et de luy en laisser la charge et l'honneur de ce qu'en adviendroit. Il respondit que sondict parent ne pouvoit pas entreprendre ce qui ne dependoit pas de luy seul : ce qui donna occasion audict sieur de luy dire qu'il le prioit doncques de le laisser negocier à sa façon, puisqu'il falloit qu'il en eust la peine et le danger, s'il en estoit refuzé.

Ces deux particularitez ay-je voulu cotter, pour monstrer en quelle peine estoit ledict sieur evesque, qui estoit combattu tous les jours de divers endroits, et n'avoit personne à qui se conseiller, ni de qui il peust recevoir aucun solagement, sinon de Bazin et de ses serviteurs domestiques, qui ne pouvoient le servir qu'à faire ce qu'il leur commandoit.

En mesme jour, ou le jour après, ledict sieur fut visité par un gentil-homme, apellé le sieur Martin Dobory, parent du palatin de Lubellin, qui pour lors venoit de Vienne, et s'estoit trouvé au couronnement du roy de Hongrie; et dist que, voyant la contention qui estoit entre les gentils-hommes du pays pour l'election de leur roy, dont les uns disoient beaucoup de bien de l'archiduc Ernest, les autres, et en plus grand nombre, parloient fort gratieusement du très-illustre duc d'Anjou, lesquels estoient toutesfois fort combattuz par aucuns, qui en ce mesme temps faisoient semer des libelles diffamatoires contre ledict seigneur;

et bien que ledict sieur evesque y eust respondu suffisamment, toutesfois la passion estoit peult-estre cause qu'aucuns ne pouvoient comprendre la verité. Voyant doncques ceste contention, luy, comme amateur de sa patrie, estoit resolu de s'en venir en France. Et comme il avoit veu l'archiduc Ernest, il verroit aussi ledict duc d'Anjou, et s'esclairciroit du bien et du mal. Ledict sieur loua grandement son desseing, comme certes il estoit louable, et luy bailla le sieur du Belle pour l'accompaigner et le conduire à la Cour. Du Belle est un gentil-homme que Balagny avoit laissé à Vienne malade; et estant gueri de sa maladie qui luy dura six mois, il s'estoit rencontré avec ledict sieur Martin en Hongrie, lequel le ramena en Polongne, et mesme l'amena avec luy chez le palatin de Lubellin.

Je ne veux obmettre une petite particularité pour monstrer combien la noblesse dudict pays est adonnée à tous honnestes exercices et aux bonnes lettres. C'est que ledict sieur palatin s'enquist avec ledict sieur du Belle fort diligemment des affaires de France, des guerres civiles, de la journée de la Sainct Barthelemy, et du naturel et des vertuz du duc; et après en avoir tant ouy qu'il en demeura satisfaict, il luy demanda dudict sieur evesque fort diligemment, puis luy monstra les livres *de Oratore* de Ciceron, où il y a une epistre que Paulo Manutio luy escrivit lorsqu'il fut envoyé en Levant pour faire la paix pour toute la chrestienté, et luy dit telles paroles : « Puisque Paulo Manutio, qui est un des premiers hommes de nostre temps pour les bonnes lettres, par la lettre qu'il escrivit audict sieur il y a trente ans, et qui est icy apposée, parle de luy si honnorablement, ce grand et honorable tesmoignage nous donne beaucoup d'expectation dudict sieur ambassadeur. Et quant à moy, disoit-il, je desire grandement de l'ouir au jour qu'il fera son oraison à la convocation generale. » Ledict sieur evesque fut fort aise d'entendre dudict du Belle ceste particularité, parce que cela luy fit esperer que ledict palatin, ayant si bonne opinion de luy, la prendroit encore plus grande de celuy pour qui il parloit.

En mesme temps j'arrivai vers ledict seigneur, m'ayant laissé, comme cy-dessus est dict, ledict sieur de Balagny en Polongne pour tenir vive la memoire du tres illustre duc d'Anjou, attendant qu'il vint un ambassadeur : auquel sieur je feis bien entendre par le menu la diversité des opinions qui estoient en la mineure Polongne, et principalement pour le faict de Sainct Barthelemy. C'estoit l'endroit où l'on apportoit le plus souvent des nouvelles de France; j'entends de celles qu'on forgeoit pour reculer le tres illustre duc d'Anjou. Et avec cela, il y a à Cracovie un evesque apellé Didutius [1], homme fort eloquent, affectionné et obligé à l'Empereur, lequel faisoit tout ce qu'il pouvoit pour advancer le fait de l'archiduc Ernest : à cela estoit-il aidé par aucuns gentils-hommes dudict pays qui n'estoient meus d'aucune passion particuliere, ni d'autre respect, sinon qu'estimant que ce que l'on disoit dudict sieur duc fust veritable, par consequent jugeoient qu'il n'estoit tel qu'il convenoit à leur nation et à leur pays. Cela donna occasion audict sieur evesque d'y renvoyer encore des responses nouvelles, qu'il fit aux libelles diffamatoires qui peu de jours aupara-

---

[1] *Didutius* : André Dudith. Il professoit secrètement la religion protestante.

vant avoient esté publiez; lesquelles responses contenterent quelques-uns des evangeliques, plusieurs des catholiques, et mesme quelques-uns aussi des ecclesiastiques, qui admonesterent ledict sieur à continuer, afin qu'au jour de l'election il n'y eust aucun des electeurs qui fust gaigné ni preoccupé par fausses calomnies et opinions : et tel estoit l'advis de M. l'archevesque et des evesques de Cujavie et de Cracovie, et de plusieurs abbez.

Et pour autant qu'environ ce temps ledict sieur fut adverty de deux mariages, l'un de la fille du castellan de Landan, et qu'ils l'avoient semond aux nopces, il print occasion d'y envoyer d'Elbenne pour y tenir sa place, avec des memoires qui servirent beaucoup; car le palatin de Lansissic, qui est homme d'authorité, s'y trouva, comme aussi firent un bon nombre de capitaines, castellans et gens de marque. Là fut veu le portraict dudict seigneur duc d'Anjou, qu'il leur avoit envoié expressement. Là furent vues et aussi examinées les responses faictes par ledict sieur evesque contre lesdicts libelles diffamatoires. Toute la compagnie s'en retourna bien informée de tout ce qui pouvoit appartenir à nostre cause.

Bazin, que ledict sieur avoit envoyé aux nopces de la fille du palatin de Wratislavie, ne trouva pas en ceste maison les choses si bien disposées, parce que son fils, qui s'estoit trouvé à la journée de Sainct Barthelemy à Paris, l'avoit par ses advertissemens fort aigry, et ne s'en faut point esbahir; car, outre que ceste nation, comme dessus est dict, deteste l'effusion de sang, si ce n'est contre les ennemis declarez, ledict palatin, qui de soi est de douces mœurs, ne pouvoit oublier le danger où son filz avoit esté, et toutes fois ne laissa pas de recueillir ledict Bazin fort honnorablement. Le palatin de Posnanie, chef de la maison des Gourka, qui estoit aussi des nopces, ne luy parla pas si gratieusement : peult-estre s'il eust vescu eust-il changé d'opinion, comme feirent plusieurs autres qui nous estoient autant ou plus contraires que luy ; car il estoit homme de fort bon entendement, et rapportoit de beaucoup et à la prud'hommie et au jugement de feu son pere, qui fut de son temps un des grands personnages de tout le royaume, et riche de six vingt mil thalers de rente, avec lequel pere ledict sieur evesque avoit contracté si grande et si estroitte amitié que plus grande ne pouvoit-elle estre entre deux freres : de sorte que ces trois enfans, c'est à sçavoir ledict palatin, le comte Andreas, qui a esté icy ambassadeur, et le comte Stanislaus, qui est son dernier frere, bien qu'ils fussent du party contraire au nostre, toutesfois faisoient-ils mention dudict sieur evesque fort honnorablement, monstrant avoir quelque regret de ce qu'ils ne pouvoient continuer avec luy l'amitié qu'avoit esté entre luy et leurdict pere. Ledict palatin mourut bientost après le jour desdictes nopces. Lesdicts comtes Andreas et Stanislaus furent au temps de l'election des Pyastins, c'est-à-dire demanderent un Pollac. J'ay voulu faire mention de ceste famille des Gourka, parce que elle est grande et en biens et en suite de parens et d'amis.

Il souvint audict sieur qu'il avoit cogneu un jeune gentil-homme à Paris, qui à present est abbé de Tremasse, principalle abbaye dudict royaume, vers lequel ledict sieur m'envoya, faisant semblant de le faire visiter pour l'ancienne cognoissance qu'ils avoient l'un de l'autre; lequel me veit et receut avec bien grande demonstration de l'aise qu'il avoit d'entendre nouvelles dudict sieur evesque, et en presence de beaucoup de gentils-hommes de sa parentelle qui estoient venuz faire la feste de Noel avec luy; il racomptoit comme ledict sieur luy avoit esté bon amy au temps qu'il avoit demouré à Paris, l'avoit apellé souvent en sa maison, et fait offre de le secourir d'argent et autres choses, s'il en eust esté besoing. Fut aussi bien aise d'entendre les particularitez qui concernoient le faict du tres illustre duc d'Anjou. Je ne faillis pas aussi de luy monstrer les raisons par lesquelles ledict seigneur duc estoit tel que luy et tous les amateurs de sa patrie pouvoient desirer.

L'abbé de Landan vint aussi visiter ledict sieur, comme aussi firent quelques prieurs de monasteres, par le moyen desquels ses discours et ses responses furent envoyées en beaucoup de lieux.

Ces petites particularitez ne m'ont point semblé inutilles pour faire cognoistre que ledict sieur evesque n'obmettoit rien qui peust servir à l'advancement de sa negociation; et peult-estre aussi que les jeunes gens qui seront employez pour le service du Roy, par cest exemple apprendront qu'une negociation ne peut estre bien conduite si l'ambassadeur n'est actif et diligent à inventer tout ce qui luy peut servir.

De tout ceci sembla audict sieur devoir donner advis à Leurs Majestez par le secretaire du sieur Schumbergt.

[1573] La diette avoit esté convoquée au jour des Roys à Warsovie, pour adviser du jour et du lieu où l'eslection se pouvoit faire, et de l'ordre qu'il y faudroit tenir.

Auquel lieu ledict sieur envoya ledict Bazin, d'Elbenne et moi, avec lettres pour tous les seigneurs qui seroient presents : et là trouvasmes le bon François qui estoit de retour de la Russie et de la Podollie, où ledict sieur l'avoit envoyé. C'est un François que nous avons trouvé par-delà, qui s'est monstré fort affectionné au service du Roy; et au contraire, tous les autres François qui estoient habituez audict pays, se monstroient ennemis capitaux de nostre party; voilà pourquoi ledict sieur evesque donne à celuy dont est faict mention le nom de bon François. Il nous donna expressement charge de veoir tous les ambassadeurs terrestres (ainsi sont appellez en ce pays-là les gentilshommes qui sont deputez des provinces pour se trouver aux diettes generalles), lesquels on choisit tousjours personnages de bon entendement, sages, et qui portent librement et sans respect les affaires dudict pays. L'on n'y en prend point qui n'ayt cognoissance des lettres, et qui ne sçache ce qu'il faut pour servir le public, tellement qu'à leur retour, faisant rapport de ce qu'ils ont veu et oüy, et ce qui a esté faict aux susdictes diettes, ils ont grand credit et authorité parmi la noblesse. Voilà pourquoy ledict sieur mist tousjours peine de faire entendre auxdicts ambassadeurs les raisons qui pouvoient favoriser le très-illustre duc; et nommement en ladicte diette de Warsovie, nous y travaillasmes beaucoup par son commandement.

Et parce qu'avant qu'il nous depechast il avoit esté adverty que les senateurs avoient deliberé de faire apeller les ambassadeurs pour estre ouis en ladicte diette, et prendre par escrit leur dire, et puis les renvoyer aux confins du royaume, estant d'advis que ce seroit assez de presenter à la menue noblesse ce qui auroit esté recueilly de leur dire; ce que avec grande raison ledict sieur jugeoit que seroit perte de cause pour luy, qui esperoit tousjours d'avoir quelque faveur parmy la noblesse, en prononçant son oraison; il nous donna charge de dire qu'il ne pouvoit estre ouy qu'en plaine assemblée de tous les estats, et que ainsi luy avoit esté expressement commandé par le Roy. Sur cela il y eut beaucoup de brigues; mais il vint bien à propos que les ambassadeurs terrestres furent cause que cela fut interrompu, et firent entendre au senat qu'ils n'estoient venuz que pour parler du temps et du lieu de l'eslection, et non pour ouyr les ambassadeurs. La raison qui mouvoit les senateurs de vouloir ouyr les ambassadeurs à la premiere diette, sans attendre la convocation generalle, n'estoit pas sans grande apparence de raison, parce qu'ils ne pouvoient comprendre comme il seroit possible qu'un ambassadeur fust ouy et entendu de cinquante mil personnes; et voyoient bien le danger qu'il y avoit que l'eslection ne se fist par acclamation et non par voix deliberées et consultées : mais pour l'autre opinion il y avoit une raison fort pertinente, qui estoit que, faisant l'eslection en plaine campagne et assemblée generalle, c'estoit moyen d'empescher qu'il n'y eust point de brigues, de menées et de corruptions. Cela remonstrions-nous qui volontiers estions escoutez, et principallement par les ambassadeurs terrestres. Au contraire, les ambassadeurs de l'Empereur esperoient plus de faveur s'ils estoient ouys sans attendre la grande assemblée ; et ceux qui nous defavorisoient publierent de nouveaux advertissemens contre ledict seigneur duc d'Anjou, qui furent envoyés audict sieur en grande diligence, et ausquels il respondit avant la fin de ladicte diette. Et advint que sadicte response donna tant de contentement à ceux qui par passion estoient mal affectez, que chacun en voulut avoir, et en moins de huict jours en fut faict plus de mil exemplaires, et fut incontinent traduite en langage pollac, et envoyée par tous les endroits du royaume.

Les seigneurs se trouverent grandement troublez de ce que les Lithuans n'estoient venuz à ladicte diette comme ils avoient promis, et, qui plus est, de ce que lesdicts Lithuans avoient escrit au Moscovite que de leur part n'accepteroient autre que luy. Cest advertissement fut cause que ces Pollacs, recognoissans le danger de la division, ne pensoient qu'à se reunir et se joindre ensemble; et comme ils estoient assemblez pour deliberer de ce qu'ils devoient faire sur ce faict, arriverent quatre ambassadeurs dudict pays pour s'excuser de ce que les autres n'avoient peu venir à cause du mauvais temps, et qu'ils n'avoient osé abandonner leurs maisons, estant le Moscovite en armes. Et interrogez s'il estoit vrai qu'ils eussent faict quelque promesse au Moscovite, avouerent que ladicte lettre avoit esté escrite du consentement de la pluspart d'entr'eux, pour garder que le Moscovite, qui estoit sur la frontiere, ne les vint assaillir ; mais la verité estoit telle qu'il n'y avoit homme d'entr'eux qui ne voulust plustost mourir que de consentir que ces deux pays de Polongne et de Lithuanie fussent divisez. Ceste assurance osta de peine les senateurs, et plus facillement peurent deliberer et resoudre du jour et du temps de l'eslection. Les uns vouloient que ce fust à Lubellin (1) pour estre plus près de Lithuanie ; autres vouloient que ce fust à Warsovie. Quant est au jour, les uns vouloient que ce fust à la Saint Jehan, et que cependant l'on s'occupast à la correction des loix et des statuts. Enfin il fust arresté que ce seroit au 5 d'avril, à Warsovie.

L'article du lieu fut grandement en nostre faveur, parce que la noblesse de Mazovie, qui n'est pas moindre de trente ou quarante mil gentils-hommes, monstroit de vouloir plustost favoriser nostre party que nul des autres, et qui pouvoit avec grande commodité venir à ladicte diette, et s'en retourner quand bon leur sembleroit.

En ladicte diette arriva un trouble qui eust esté fort mal-aisé d'amortir, si promptement n'y eust esté pourveu : c'est que les ambassadeurs de Lithuanie dirent que quelques sieurs pollacs tenoient le party du roy de France, et avoient esté corrumpuz moyennant cent mil escuz que l'ambassadeur leur avoit departiz. Laski respondit à cela que, quant à luy, il n'en avoit point prins, et que quand on luy en bailleroit ce ne seroit point pour vendre sa voix ; et bien que, pour les services que son pere avoit faicts à la couronne de France, il ne pourroit estre blasmé s'il en prenoit recompense, toutesfois il n'en avoit point prins, ny pensé d'en prendre. Sandomyre vouloit qu'on nommast ceux qui avoient prins argent, et remonstra que c'estoit mal faict d'accuser en termes generaux une telle compagnie. Le palatin de Cracovye remonstra là-dessus que cest advertissement n'estoit point à mespriser, et

(1) *Lubellin* : Lublin.

qu'il falloit diligemment rechercher s'il estoit vray qu'il y eust de la corruption, ou par promesse ou par argent, et accompaigna ces parolles d'autres qu'il sembla audict palatin de Sandomyr qu'il le voulust taxer, tant parce qu'il n'y a pas grande amitié entr'eux deux qu'aussi qu'il avoit porté nostre party assez ouvertement; ce qui fut cause qu'il se picqua tant plus facilement, et respondit en telle sorte et avec telle aigreur, que ledict de Cracovye s'en aigrit aussi de son costé. Je ne sçay pas au vrai quelles parolles il y eut davantage, mais je scay bien qu'ils furent prests de mettre la main aux armes. Sandomyre se mist d'un costé, Cracovye de l'autre; leurs parens et amis firent le semblable. Le palatin de Brechstan, homme sage et vertueux, et amateur de paix, interrompit ce differend, et fut cause que tout cela s'appointa et passa doucement. Et sur ce propos je suis contraint de dire que ceux qui avoient donné cest advis aux Lithuans, estoient bien impudens de controuver calomnie si peu apparente que celle-là; car l'on sçait bien que ledict sieur evesque estoit arrivé en Polongne comme à la desrobée, avec trois meschans coches où il n'eust sceu porter quatre mil escuz; et d'en prendre chez les marchands l'on sçait bien que pour lors il n'y avoit marchand qui sceut fournir dix mil escuz en trois mois. Et puis c'estoit chose qui ne se pouvoit faire que au veu et au sceu de tout le monde. Aussi fut ladicte calomnie rejettée pour sottement controuvée. Les Lithuans, qui ne sçavoient pas comme ledict sieur estoit venu, recogneurent qu'ils avoient esté grandement deceus, et mesme le palatin de Cracovye en son dire n'eut jamais opinion qu'il y eust homme corrompu

7.

par argent ny par promesses. Et ne tendoit son propos, sinon à faire que ceste affaire de si grande importance fust conduite avec telle prudence qu'on ne peust prendre occasion de taxer ny soupçonner aucun d'entr'eux.

En ladicte diette survint un acte memorable, qui est qu'un jeune Allemand qui se disoit serviteur et negociateur pour le roy de Suede avant l'arrivée des ambassadeurs dudict seigneur Roy, je ne sçay s'il estoit poussé de luy-mesme ou d'autres, tant y a qu'il avoit falsifié des lettres au nom dudict seigneur roy et royne de Suede, qu'il avoit luy-mesme forgées, et nommément en presenta à l'Infante ; laquelle dame n'estant pas contente des praticques du Roy son beau-frere, pour des raisons qu'un chacun peult considerer, lisant ladicte lettre, et jettant l'œil sur la soubz-scription, descouvrit la faulseté, parce que le nom de Catherine y estoit escrit par un *C.*, et la Royne a tousjours accoustumé de l'escrire par *K*. Ceste descouverte fut communiquée à quelques-uns des principaux seigneurs par le grand capitaine de la Mazovie, serviteur de ladicte Infante. Le negociateur, prins et convaincu de la faulseté, fut mis en prison avec si estroite garde qu'il ne pouvoit parler à personne. Le jour après, comme on le vouloit ouir pour estre plus amplement examiné, l'on trouva qu'il s'estoit pendu et estranglé, bien qu'il eust les piedz et les mains liées : qui a donné argument à tout le monde de croire que quelqu'un qui mesme avoit esté deceu par luy, avoit moyenné de le faire mourir secretement. Le corps fut trainé par toute la ville, avec proclamation que c'estoit un qui faulsement avoit prins la qualité d'ambassadeur de Suede, et en avoit falsifié des lettres.

En ce mesme tems arriva le doyen de Die fort à propos, qui rapporta audict sieur evesque response de tout ce dont il l'avoit chargé; de quoi il advertit les principaux de ses amis en ladicte diette, qui en furent confirmez et fortifiez en leur opinion.

Il rapporta des lettres que ledict sieur avoit desirées, et singulierement des lettres latines pour quelques seigneurs (ce qui le feit penser que M. de Pibrac y avoit mis la main); lesquelles ledict sieur nous envoya pour les presenter en diligence audict Warsovie avant que la diette fust achevée, et furent fort volontiers receuës.

M. l'abbé de L'Isle estoit jà arrivé audict Connin sur la fin de ladicte diette, lequel, comme dessus a esté dict, fust envoyé sur ce que le Roy avoit entendu que ledict sieur evesque estoit retenu prisonnier à Francfort, et depuis emmené par les rheistres, et qu'on ne sçavoit si on luy avoit coupé la gorge, ou emmené prisonnier en quelque lieu. Sur cest advertissement le Roy, faisant l'acte d'un bon maistre, avoit despesché en Allemaigne un messager lorrain, apellé Bar, qui promettoit sur sa vie de le trouver ou mort ou vif, et d'en rapporter des nouvelles : et luy furent baillées lettres de Sa Majesté, adressantes à messieurs de Francfort, et à tous les princes dudict pays. Cependant, afin que la noblesse de Polongne fust advertie de ce que ledict sieur evesque avoit charge de leur apporter, Sadicte Majesté s'advisa d'y envoyer ledict abbé de L'Isle; mais si ledict sieur evesque eust esté perdu, il fust venu mal à propos, car ledict sieur abbé de L'Isle y arriva fort tard, et demeura trois mois en voyage, parce qu'on luy fit prendre le chemin de Venise ; mais comme Leurs Majestez furent adverties par ledict doyen de Die que ledict sieur evesque estoit arrivé audict pays de Polongne, ils adviserent de ne luy donner point de compagnon, si ce n'estoit que luy-mesme en demandast, et despescherent un courrier à Venise pour rappeller ledict sieur abbé, pensans qu'il ne seroit encore bougé de là, et manderent à M. le president du Ferrier (1) que si d'aventure il estoit party, d'envoyer après luy, ce qu'il feit ; mais ledict courrier n'arriva en Polongne que dix ou douze jours après la venue dudict sieur abbé de L'Isle, lequel, se voyant revocqué, demanda conseil audict sieur evesque s'il devoit s'en retourner ou demourer. Et bien qu'il feist semblant de desirer s'en retourner, toutesfois l'on voyoit bien qu'il avoit grand regret d'avoir tant prins de peine pour ne faire qu'aller et revenir, et mesme qu'il perdroit l'occasion de voir ce qui n'avoit esté veu de nostre temps. Ledict sieur evesque, qui de longue main l'avoit aimé, et l'estimoit fort sage et digne d'une bonne charge, luy conseilla de demourer, et luy promist que Sa Majesté ne le trouveroit point mauvais.

J'ay voulu toucher ceste particularité pour faire cognoistre que ledict sieur evesque, qui jà estoit si avant en la negociation, et qui tenoit la bonne issue pour certaine (ainsi qu'il l'escrivit en ces mesmes jours, le 24 janvier, par Bar, lorrain, et par le porte-manteau de la Royne), bien doncques qu'il eust luy seul

---

(1) *Du Ferrier.* Il étoit alors ambassadeur de France à Venise. Voyez sur lui la note de la page 75 (édition de 1789) des Mémoires de de Thou.

porté la peine et le hazard, et que ce qui restoit ne pouvoit estre faict que par luy, qui estoit l'oraison qu'il falloit faire à la convocation generale, toutesfois il voulut par sa courtoisie faire part de l'honneur qu'il pensoit acquerir audict sieur abbé de L'Isle, et luy ouys dire souvent qu'il avoit esté fort aise de sa venue, parce qu'il luy sembloit que estans les ambassadeurs de l'Empereur deux, et les ambassadeurs de Suede quatre, le Roy en pouvoit avoir aussi en pareil nombre.

La diette rompue, nous retournasmes par devers ledict sieur evesque pour lui rendre compte de tout ce que nous avions apprins : qui estoit que la noblesse de la Mazovie, après avoir bien et sagement examiné toutes les raisons qu'on pouvoit desduire et alleguer pour tous les competiteurs, monstroit jusques à ce jour-là incliner plus à nostre party qu'à nul des autres. En la Russie, celuy à qui ledict sieur avoit donné le nom de bon François, avoit apporté et semé parmi la noblesse la copie de la lettre dudict sieur, de ses discours et de ses responses, et avoit si bien prouffité, que la pluspart de la noblesse s'estoit persuadée que nostre party estoit le plus avantageux pour le bien de leur pays. Mais il fault notter que tous ceux qui en ce temps-là se declaroient pour nous, qui estoient en grand nombre, tant audict pays qu'en tout le demourant dudict royaume, adjoustoient tousjours ceste condition, qu'ils reservoient leur dernier mot au temps qu'ils auroient ouy les autres ambassadeurs.

En ladicte diette furent desputez l'evesque de Posnanie, et, ce me semble, l'evesque de Cracovie, pour aller trouver les ambassadeurs de l'Empereur, pour les admonnester de nouveau de se contenir au lieu qu'on leur bailloit pour leur sejour, et leur faire quelque querimonie de ce qu'estoit passé : lesquels ambassadeurs receurent lesdicts seigneurs evesques avec grand honneur; receurent aussi fort volontiers le gentil-homme qui leur fut baillé pour leur assister; et enfin la response qu'ils firent fut fort sage, gracieuse et modeste, à ce que ledict sieur evesque de Posnanie escrivit à beaucoup de seigneurs; et depuis j'ay veu la lettre.

L'on n'envoya personne vers ledict sieur evesque, parce que aussi n'y avoit-il rien de quoy se plaindre de luy; car en trois mois qu'il avoit jà demeuré à Connin, il n'en estoit jamais sorty pour ne donner occasion de se plaindre de luy; joint aussi que M. le palatin de Brestan, qui faisoit sa demeure audict lieu, pouvoit assez satisfaire à telle maniere d'offices; et cela fut cause, comme je crois, qu'on ne luy envoya point de gentil-homme pour luy faire compagnie. En cet endroit les ambassadeurs de l'Empereur estoient plus honorez, mais ledict sieur evesque estoit plus favorisé, d'autant que c'estoit une grande commodité qu'il n'y eust personne de la part du senat qui prinst garde sur ses actions. Bien luy escrivit-on une lettre, que s'il vouloit se retirer à Posnanie, où la peste avoit du tout cessé, il y seroit bien receu et mieux traicté qu'à Connin.

Sur ceste nouvelle et autres particularitez qu'il n'est besoing d'escrire, ledict sieur despescha Bar, et depuis le porte-manteau de la Royne, comme dessus a esté dit, et escrivit à Leurs Majestez qu'il esperoit et tenoit pour certain avoir bonne issue de sa negociation, comme se tenant asseuré que les autres ambassadeurs n'apporteroient rien qui peust reculer le très-illustre duc depuis esleu.

Peu de jours après lesdictes despesches faictes, il survint une mauvaise nouvelle qui donna beaucoup à penser audict sieur : c'est qu'un seigneur de qui il pouvoit esperer le plus, avoit escript des lettres en la grande Polongne en faveur de Rozambergt (1), l'un des ambassadeurs de l'Empereur, et admonestoit ses amis que celuy-là seroit tel roy qu'on le pouvoit desirer; car, outre qu'il estoit de Boesme, et que son langage n'estoit gueres different du pollac, il estoit gentil-homme sage, modeste, gracieux et riche. Ceste nouvelle ouverture, bien qu'elle fust faicte par ledict seigneur, homme de grand jugement et authorité, et que l'on estimoit du tout nostre, fut rejettée. Et quant audict sieur evesque, il ne faillit pas à faire entendre que ce seroit griefvement offencer l'Empereur, si, en lieu de prendre son filz, on eslisoit un de ses serviteurs. Il remonstra aussi que si les gentils-hommes pollacs eslisoient un prince estranger, ou un d'entre eux-mesmes, ils n'en pourroient estre aucunement blasmez; mais de prendre un gentil-homme estranger, cela seroit mettre tout le monde à deviner pour trouver la raison qui les auroit pu mouvoir. Et de faict, quelques-uns eurent de ce temps-là opinion que ledict seigneur pollac avoit faict ceste ouverture, sçachant bien qu'elle ne seroit pas receue.

Or ledict sieur evesque, pour ne rien mespriser qui peust nous reculer, envoya Bazin en la mineure Po-

(1) *Rozambergt* : Guillaume Ursin de Rozamberg, grand burgrave de Bohême, chef de l'ambassade de l'Empereur.

longne vers les seigneurs qu'il estimoit estre les plus capables de ses raisons; capables, dis-je, non pour entendement ny pour jugement, car il est certain qu'il y en avoit qui contrarioient grandement à nostre party, qui toutesfois estoient grands personnages en grande prudence et bon jugement, et en singuliere affection envers leur patrie. Quand je dis doncques capables, j'entends ceux qui jà s'estoient esclaircis et asseurez que la pluspart de ce qu'avoit esté escrit contre le très-illustre duc estoit faulsement controuvé. Si est-ce que ceux-là mesme après le retour de ladicte diette de Warsovie avoient esté fort combattuz. Et en trouva ledict Bazin quelques-uns du tout, ou peu s'en falloit, alienez de nous. Ledict sieur l'avoir garny de si bons et amples memoires, que, ayant la parole fort bonne et l'esprit vif, il ne demeura court en response; et prouffita tellement son voyage, que non seulement il confirma les uns en leur premiere opinion, mais par sa diligence feit que les autres recogneurent la verité de ce dont ils avoient esté auparavant mal informez. En ce voyage il visita messieurs les palatins de Sandomyr, de Podolie, Cracovie, castellan de Sandomyr, et plusieurs seigneurs dudict pays; tellement que si ledict sieur evesque l'a singulierement recommandé il en a grand raison; car il s'est trouvé souvent en des lieux où il a failly respondre à des choses qui n'estoient pas contenues en sesdicts memoires; et toutesfois il y respondoit aussi heureusement qu'il estoit possible, monstrant en cela la dexterité de son esprit, qui en peu de temps avoit compris tout ce que ledict sieur evesque avoit en son cœur.

Pendant que ledict Bazin estoit en la mineure Polongne, ledict sieur envoya le doyen de Die vers monseigneur le cardinal Commendon (1), pour le visiter de sa part, ce qu'il n'avoit pas tant différé sans quelque bonne cause; car, encore que ledict cardinal fust là de la part de nostre Sainct Pere, qui desiroit également, ou ledict archiduc Ernest, ou ledict seigneur duc d'Anjou, et ne luy en challoit pourveu qu'un catholique fust esleu, toutesfois ledict sieur evesque consideroit que ledict cardinal avoit esté jà long temps avant sa venue en Polongne, et qu'il estoit impossible que pour son affection il ne fust enclin à favoriser l'Empereur, pour n'avoir point esté recherché d'autre, et aussi qu'il lui estoit particulierement obligé.

Un autre point y avoit-il, qui estoit de grande importance : c'est que noz adversaires faisoient semer le bruict que le Pape vouloit essayer par toutes façons de mettre ledict seigneur duc d'Anjou en Polongne, pour exterminer tous les evangeliques : et de faict, il y en avoit un bon nombre qui prestoient foy à tels advertissemens. Je ne puis sur ce passer une particularité qui est digne d'une risée : c'est que d'Allemaigne en Polongne fust apportée une lettre fausse et sottement controuvée, escrite au nom de monseigneur le

---

(1) *Le cardinal Commendon.* Jean-François Commendon, né à Venise en 1524. Ayant été chargé par le pape Jules III de concerter avec Marie, reine d'Angleterre, la réconciliation de ce royaume avec le Saint-Siége, il réussit parfaitement, et fut à son retour nommé évêque de Zante. Il fut depuis chargé de missions très-importantes, et devint en 1564 nonce en Pologne, où il fit accepter le concile de Trente, ce qui lui procura le chapeau de cardinal. Il mourut à Padoue en 1584, après avoir pu aspirer au souverain pontificat. Sa vie fut écrite en latin par Antoine-Marie Gratiani, et dans la suite traduite en français par Fléchier.

cardinal de Lorraine, et adressante audict sieur evesque : le contenu de ladicte lettre estoit que ledict seigneur cardinal l'admonestoit de soigneusement et diligemment negocier pour le tres illustre duc d'Anjou, et que nostre Sainct Pere le feroit bien rescompenser, outre que ce luy seroit une grande gloire que par sa diligence le royaume de Polongne fust pourveu d'un si bon roy qui rameneroit à la religion catholique, les uns par amour, et les autres par force; et s'il estoit besoing, on rameneroit une journée de Sainct Barthelemy : il y avoit aussi beaucoup d'autres telles inepties qui ne meritent estre mentionnées. Ladicte lettre fut publiée par l'Allemaigne, et mesme les princes la receurent et estimerent estre veritable. Et de ce fut adverti ledict sieur evesque par un sçavant homme, lecteur en philosophie en une des principales villes dudict pays, et qui estoit deceu comme les autres, et qui n'eust pas deviné qu'une telle imposture eust esté si sottement controuvée; mais ledict sieur y feit telle response que la calomnie fut descouverte et cogneue.

Toutes ces considerations meurent ledict sieur evesque à se gouverner en telle sorte comme s'il n'eust point sceu que ledict cardinal Commendon fust en Polongne, et se tenoit asseuré qu'estant homme de bon entendement, comme il est, il comprendroit de soymesme que ledict sieur n'avoit pas laissé de le faire visiter sans bonne et juste cause. Et de faict, quand ledict doyen luy apporta ladicte lettre, il la receut fort gracieusement, en donnant tel et si honorable tesmoignage dudict sieur, que certainement il recognut luy en estre grandement obligé. Et entre autres choses dist audict doyen que depuis long temps il cognoissoit

ledict sieur evesque, qui avoit vingt ans de negociation
plus que luy ; et pour avoir esté employé en choses
grandes et difficiles, il estoit certain qu'il entendoit
fort bien le mestier d'ambassadeur, et qu'il s'asseuroit
bien que les ambassadeurs de l'Empereur ne seroient
pas sans party ; toutesfois qu'il voyoit le party de
l'Empereur fortifié de longue main, et mesme que la
Lithuanie estoit toute à sa devotion, et une grande
partie de la Polongne ; si bien qu'il pensoit que nous
serions les plus foibles. Toutesfois il fut trompé comme
beaucoup d'autres.

En mesme temps l'on fit courir le bruict que le Roy
avoit fait entendre à l'Empereur que s'il eust sceu qu'il
eust pretendu audict royaume, il ne luy eust voulu,
pour rien que soit, donner aucun empeschement; que
ce qu'il en avoit faict avoit esté à l'importune sollicitation de l'evesque de Valence, lequel il promettoit
revocquer, et luy faire cognoistre qu'il n'estoit contant
de luy. Ceste nouvelle espandue en plusieurs endroicts, quelques bons personnages envoyerent devers
ledict sieur pour en sçavoir la verité, et singulierem-
ment M. le palatin de Lubellin, lequel j'allai incontinent visiter, et luy porter la response que faisoit ledict
sieur evesque, qui estoit que bientost esperoit-il faire
cognoistre à tels controuveurs de nouvelles qu'il
n'estoit pas revocqué.

Ledict sieur de Valence, comme dessus a esté dit,
n'avoit point voulu aller à Posnanie, pour ne perdre
la commodité qu'il avoit d'envoyer vers ses amis, et
recevoir aussi sans aucun respect ceux qui le vouloient
venir veoir, et aussi que mal volontiers vouloit-il
perdre la compaignie de M. le palatin de Brechstan.

Mais le sieur abbé de L'Isle, ne pouvant porter l'incommodité des logis, s'y en alla, où il fut jusques à ce qu'il s'en fallust aller à la convocation generalle.

Et peu de jours après, qui fust le premier jour de mars, qui est un mois avant la convocation generalle, arriva le sieur de Lanssac, lequel le Roy avoit despesché pour apporter un discours de tout ce qu'estoit advenu à la journée de Sainct Barthelemy, et faire entendre au senat et à toute la noblesse le contraire de ce qui avoit esté dit contre Sa Majesté et dudict seigneur duc d'Anjou. Ceste despesche avoit esté faicte par l'advis et à la très-instante priere dudict sieur evesque. Je dy parce qu'il pensoit qu'elle pourroit prouffiter : et aussi avoit-il demandé ledit sieur de Lanssac et nommé expressement, et par deux fois supplia le Roy de ne luy en donner point d'autre. Il le demanda pour les raisons cy-dessus couchées, et aussy que ledict de Lanssac estoit serviteur domesticque de monseigneur le duc d'Anjou; et puisque c'estoit l'affaire dudict seigneur duc, il desiroit avoir quelqu'un des siens qui peust quelque jour tesmoigner et de sa peine et de sa diligence. J'adjouste le tiers point, qui est que, pour l'opinion qu'il avoit qu'il n'y eust homme en France qui l'aimast tant que ledict sieur de Lanssac, il le voulut preferer à ses neveux, l'evesque de Loudon, et baron de Montesquiou, qui sont personnages, comme tout le monde sçait., dignes d'une grande charge : et en cela monstra combien il estoit esloigné de toute ambition ; car luy, qui pouvoit retenir toute la gloire et pour luy et pour ceux de sa maison, la voulut communiquer à ceux qui ne luy estoient rien.

Ledict sieur de Lanssac, comme dessus a esté dict,

arriva à Posnanie un mois avant le jour de la convocation generalle pour l'eslection, où il fust aresté prisonnier en son logis, et le semblable fut fait de M. l'abbé de L'Isle. L'excuse du vice-capitaine estoit que ledict sieur de Lanssac ne luy avoit point fait signifier sa venue, ny fait entendre qu'il fust envoyé par le Roy, et que luy et ses gens estoient vestuz à l'allemande; de sorte qu'il sembloit, à leur dire, que ledict sieur de Lanssac eust esté plutost pris pour Allemand que pour François, et aussi qu'on n'avoit pas encores entendu qu'il y eust autre ambassadeur que ledict sieur de Valence.

Il advint par bonheur qu'en ce mesme temps l'on tenoit une diette particulière pour la grande Polongne, où ledict sieur evesque envoya et en escrivit aux principaux : et fust ledict vice-capitaine blasmé d'en avoir usé si rigoureusement; et furent deputez deux d'entr'eux pour aller audict lieu de Posnanie pour faire delivrer lesdicts sieurs de L'Isle et de Lanssac, et leur en faire excuse au nom de toute la compaignie.

Incontinent qu'il fut delivré, il s'en vint à Connin trouver ledict sieur; et, après avoir veu sa despesche, ils aresterent ensemble de ne s'en servir point, parce qu'il n'en estoit pas besoing; et quant à sa personne, il le pria de vouloir attendre l'eslection, puisque l'on estoit à la veille; et, outre que ledict sieur esperoit de luy bailler moyen de faire service au Roy, il auroit cest honneur d'avoir esté employé en la negociation la plus grande qui fust esté il y a deux mil ans. A quoy il consentit très-volontiers, et advoua, comme il a confessé par plusieurs fois depuis, qu'il estoit plus obligé après son pere audict sieur evesque qu'à tous les hommes vivans; car, outre qu'il l'avoit nommé et demandé, il luy faisoit part d'une entreprinse si importante et si glorieuse. Et de ce jour là, ledict sieur evesque luy communiqua tout ce qui s'estoit passé, et l'esperance qu'il avoit du bon succez, affin qu'en sa premiere lettre il s'en fist honneur, et puis tesmoigner, comme font plusieurs autres, que ledict sieur evesque monstra plus de privauté et d'amitié audict sieur de Lanssac qu'il n'eust fait à ses propres neveux.

Il le pria d'aller visiter M. le palatin Laski, qui estoit à trois lieuës de là, et à son retour il l'emmena veoir le sieur Ostrorogt, qui est un très-digne personnage, et a espousé une damoiselle dont sa grand-mere estoit de ce royaume, du pays de Bourbonnois, et de la maison de Masselargues, laquelle avoit esté amenée par une fille de Candalle, qui fut royne d'Hongrie.

Aussi furent veoir un gentil-homme qui est à deux lieuës de Connin, appellé le sieur Grugeski, parent de l'evesque de Posnanie : il a un nombre d'enfans qui jà sont exercitez aux armes ; et ainsi passerent lesdicts sieurs le mois de mars sans bouger plus dudict lieu de Connin.

Le sieur de Balagny, trois ou quatre jours avant la venue dudict sieur de Lanssac, estoit arrivé audict Connin, sortant d'une maladie qui l'avoit tenu un mois entier dans Cracovie : lequel Leurs Majestez avoient renvoyé en Polongne pour leur faire service en ce que ledict sieur evesque luy commanderoit. Et de fait, approchant la feste de Pasques, après qu'il fut bien fortifié, ledict sieur l'envoya visiter M. le mareschal Oppalinski, qu'il trouva accompaigné de quatre castellans et plusieurs gentils-hommes. Et comme c'est un personnage d'honneur et des plus sages que j'aye cogneu, il est à croire qu'il print plaisir à la jeunesse et à la dexterité dudict sieur de Balagny; car il se descouvrit plus privement avec luy qu'il n'avoit faict avec les autres que ledict sieur evesque luy avoit envoyez, et print patience d'ouir un discours qu'il luy fit de tout ce qu'on pouvoit esperer ou craindre de tous les competiteurs. La response dudict seigneur Oppalinski fut qu'il esperoit veoir ledict sieur evesque dans dix jours à la convocation generalle, qu'il esperoit aussi de l'ouir le jour qu'il luy seroit permis de prononcer son oraison; qu'il seroit fort aise que les raisons dudict sieur evesque fussent telles que tout le monde les trouvast bonnes, comme certainement il les estimoit telles jusques à ce que du dire des autres ambassadeurs il pourroit tirer le contraire.

Avant que je sorte de Connin, je veux toucher une particularité qui servira peut-estre à instruire les gentils-hommes françois qui vont en estrange pays : c'est que ledict sieur evesque a demouré six mois audict Connin, portant beaucoup d'incommoditez pour la pauvreté du lieu, et en eust porté davantage sans l'assistance de M. le palatin de Brechstan, à qui ledict sieur evesque s'est grandement obligé : et ne tenoit qu'en luy qu'il n'allast à Posnanie, comme dessus a esté dit. Ce que je veux dire, c'est que ledict sieur un jour se promenant sur un pont qu'il y a, assez long, quatre ivrongnes revenans du marché, gentils-hommes de pauvre et basse qualité, coururent après ledict sieur, le braqmart au poing, criant *France, fils de putain,* et s'approchant, donnerent un coup de poing à un gentil-homme appellé La Brosse, qui estoit sur le devant du coche dudict sieur, et puis un autre voulust faire semblant de le frapper sur la teste. Ledict sieur estoit mal accompaigné, parce que c'estoit sur la porte de la ville, mais si avoit-il deux hommes qui voulurent mettre la main à l'espée, ce qu'il empescha; car il craignoit que, venant aux mains, tous ces pauvres yvrongnes fussent tuez, qui eust esté un vray moyen pour faire lever la commune. Et ledict sieur, parlant avec eux sa langue en riant, approcha d'une maison qui estoit sur le bord du pont; et pour ce qu'il y avoit des gens là dedans, ces fols prindrent leur chemin vers leurs maisons, avec de grandes menasses qu'ils faisoient. Mais huit jours après ils envoyerent devers ledict sieur le prier de leur pardonner, faisant offre qu'ils viendroient en plaine place, le genoil à terre, luy demander pardon. Ils obtinrent de luy facillement tout ce qu'ils voulurent, car il ne cherchoit par tous moyens que de gaigner le cœur de la noblesse; mais il advint qu'un gentil-homme appellé Latalski, homme de bonne maison, racompta ce faict aux seigneurs de la grande Polongne qui estoient assemblez pour faire une diette; auquel ils donnerent charge de venir pardevers ledict sieur, pour luy dire que ce n'estoit pas à luy à pardonner une injure publicque comme celle-là, et que, pour sa modestie, ils ne vouloient point enfraindre leurs loix et coustumes; et decreterent prinse de corps contre les malfacteurs, et, à faute de les pouvoir prendre, seroient adjournez à comparoistre en personne en la convocation generalle, où ils furent amenez prisonniers, et furent en trèsgrand danger de leur vie. Ledict sieur evesque fut très-instamment prié par beaucoup de gentilshommes de les demander au senat, puisqu'ainsi estoit qu'il ne s'en vouloit ressentir pour son particulier; mais lesdicts seigneurs le firent prier une fois pour toutes de n'en parler plus : et toutesfois, voulant en toute maniere gratiffier ceux qui l'avoient prié pour eulx, il trouva un autre remede, qui fut tel, qu'il fit une certification que tels et tels prisonniers n'estoient pas ceux qui l'avoient assailly, et ainsi, sur son tesmoignage, furent delivrez avec le grand contantement de plusieurs, qui publierent par toutes les compaignies la courtoisie que ledict sieur leur avoit faicte.

Il ne restoit audict sieur, sinon mettre la main au dernier acte, et qui devoit couronner tous les autres : c'estoit l'oraison qu'il devoit faire et prononcer devant toute la noblesse, de laquelle dependoit le bien ou le mal de sa negociation; car, comme dessus a esté touché, ceste noblesse a usé d'une si grande sincerité et foi envers leur patrie, que si bien il pensoit en avoir gaigné la plus grand part avant que de venir à la diette, toutesfois estoit-il bien adverty qu'ils se reservoient tousjours à vouloir escouter les autres ambassadeurs, pour asseoir certain jugement sur l'eslection qu'ils devoient faire. Et à ce propos ai-je bien souvent ouy dire audict sieur qu'en l'estat populaire les orateurs ont grand avantage, entre lesquels celuy qui mieux harangue et qui plus enrichist son oraison de raisons pertinentes, ameine le cœur des auditeurs au point qu'il desire. J'appelle estat populaire la Polongne, non pas que le peuple y ait aucune part, mais parce qu'en la Polongne tout gentil-homme en l'eslection du roy y a aussi bonne part que le plus grand du senat.

Esperoit donc ledict sieur que ses raisons bien dictes et bien entendues, comme il esperoit de les faire entendre, seroient volontiers receuës et embrassées de tous les auditeurs ; mais en cela voyoit-il une grande difficulté, c'est que les ambassadeurs de l'Empereur devoient faire leur oraison en langue boesme, qui est prochaine de celle des Pollacs, et ainsi seroient entenduz d'un chacun. Ledict sieur evesque ne la pouvoit faire qu'en latin ; et bien qu'une grande partie des gentils-hommes de ce pays-là parlent et entendent ledict langaige, si est-ce que de ceux-là mesme il s'en fust trouvé qui n'eussent pas bien comprins le fil et le but de ladicte oraison. Et quant à ceux qui ne parloient point latin, dont y en avoit une grande partie, ils eussent esté contraints de s'en rapporter au dire des autres, et peult-estre fussent-ils tombez ès mains de mauvais truchemens. Ceste consideration mettoit en grand peine ledict sieur. Enfin il se resolut à deux choses qui luy servirent de beaucoup : la premiere fut de faire traduire son oraison à quelque bon et sçavant personnage qui eust la cognoissance des deux langues pollacque et latine ; l'autre fut de faire imprimer ladicte oraison en deux langues, pour en distribuer en grand nombre parmy la noblesse, et par ce moyen auroit-il grand avantaige sur les autres ambassadeurs qui ne faisoient estat que de bailler trente-deux exemplaires de leur oraison escriptz à la main. Une difficulté restoit, qui estoit de trouver homme de qui l'on se peust fier pour la traduire, d'en trouver aussi un autre qui la feist imprimer avec tel soing et diligence que personne n'en eust cognoissance. Pour le premier, M. Solikoski print volontiers charge de la traduire, et s'en acquitta fort dignement, comme il est parfait orateur en sa langue; et pour le second, ledict sieur me fit cest honneur de me choisir et de m'envoyer, parce qu'ayant hanté l'Université de Paris, je sçavois bien que j'avois moyen de mettre le jour en œuvre les imprimeurs, et de retirer la nuict ce qu'ils avoient faict, et aussi que j'avois esté souvent à Cracovie, où j'avois contracté amitié avec des gens qui me pouvoient aider en cela. Or estant ainsi despesché, je prins mon chemin vers ledict Solikoski, qui me despescha en six jours. De là m'en allai à Cracovie, et usay de telle diligence, qu'en huict jours j'eus quinze cens exemplaires imprimez aux deux langues (et fut le tout conduit si secretement que personne n'en entendit jamais rien), lesquels je portay audict sieur à Warsovie, comme sera dict cy-après.

Cependant ledict sieur evesque ne perdoit pas temps, car il feit response à un libelle diffamatoire, le plus fol qui fut jamais inventé; il feit aussi un nouveau discours. Tous lesdicts deux traittez furent mis en pollac par ledict Solikoski, et envoyez par tous les endroicts du royaume.

Jusques icy, qui est le temps du partement dudict sieur pour aller à la convocation generale, je puis dire ledict sieur n'avoir esté secouru ni conforté d'homme vivant, que de la peine de ses serviteurs qu'il a employez, et de Solikoski, à qui il a confessé devoir beaucoup, comme il a tesmoigné au roy de Polongne; tellement que ledict sieur a porté luy seul le faix l'espace de six mois. Il a escript en latin dix rames de papier : chose qu'il avoit discontinué de faire, il y a quarante ans, et par consequent ce luy a esté une peine insupportable.

Ledict sieur evesque, accompaigné de M. l'abbé de L'Isle et de M. de Lanssac, arriva à Warsovie le 3 d'avril, et d'entrée furent en grande controverse avec l'ambassadeur d'Espaigne, qui vouloit avoir le premier lieu après les ambassadeurs de l'Empereur. Ledict sieur maintenoit que le contraire avoit esté jugé à Rome et à Venise, et que cela n'avoit jamais esté mis en controverse que depuis six ans; et de peur que ce differend n'amenast quelque querelle, lesdicts seigneurs envoyerent dire à noz ambassadeurs qu'il n'estoit point besoing qu'ils se trouvassent le lendemain à la grande messe, où toute l'assemblée se devoit trouver pour chanter le *Veni Creator*. Et depuis estant assemblez, ils vuiderent ce differend, et ordonnerent que M. le cardinal Commendon seroit ouy le premier, puis les ambassadeurs de l'Empereur, et après, ledict sieur evesque, et au quatrieme l'ambassadeur d'Espaigne. Aucuns disoient que ceste ordonnance n'estoit fondée, sinon sur ce que les premiers venuz devoient estre les premiers ouys; mais cela n'avoit pas esté observé, parce que l'ambassadeur du duc de Prusse qui estoit le dernier venu fut le premier ouy : et de fait l'ambassadeur d'Espaigne ne prenoit pas ceste raison en payement, ains recogneut avoir perdu la place qu'il avoit demandée; car, bien qu'il demourast là autant que les autres ambassadeurs, toutesfois il ne vint jamais se monstrer au senat : si faut-il bien penser qu'il n'estoit pas venu sans grande occasion, et peut-estre pensoit-il faire son estat plus secretement que les autres; car la verité est telle qu'on luy envoya 40,000 thalers. Je crois que c'estoit pour les donner aux trompettes et aux tabourins; mais ladicte somme ne fut apportée que jusques à la frontiere, parce que l'eslection fut faicte plustost qu'on ne cuydoit.

Avant que passer plus outre, je toucherai un mot de trois points qui sont de quelque importance : le premier est du nombre de la noblesse qui se trouva à ladicte eslection; le second, comment et en quel lieu elle fut logée; le troisiesme, de l'ordre qui fut gardé pour proceder à ladicte eslection.

Quant au premier, l'on ne pensoit pas que le nombre dust estre moindre que de cent mil gentils-hommes, parce que depuis deux cens ans il ne s'estoit offert une telle occasion, d'autant que les roys avoient esté esleuz de pere en filz; mais l'hiver avoit esté si grand et finit si tard, que ceux qui estoient de loingtain pays n'y sceurent venir, et ne pense que le nombre ayt esté plus grand que de trente mil, excepté que les Mazovites, qui estoient sur leur fumier, par fois regorgeoient jusques au nombre de huit ou dix mille.

Quant aux logis, l'archevesque, les evesques, les palatins et castellans, et la pluspart des capitaines estoient logez dans la ville; et outre de ce leur estoit baillé un quartier, à une, deux ou trois lieues de-là, et non plus loing, contenant huit ou dix villages pour loger la noblesse de leur palatinat : et si quelquesfois les palatins couchoient en la ville, ils se retiroient de grand matin en leur quartier, pour venir en plus grande pompe au lieu qui estoit designé pour le conseil, et faisoit beau veoir tous les matins quarante ou cinquante mil chevaux en campaigne, et d'autant plus que chacun marchoit avec les siens en tel ordre comme s'il eust voulu faire une procession ecclesiastique.

Le lieu du conseil estoit à une grande lieue de la ville en plaine campaigne, où il y avoit une douzaine de grands pavillons tenduz pour recevoir et mettre à couvert, quand besoing estoit, la noblesse et les ambassadeurs; il y avoit aussy une grande tente ronde, soustenue par un seul mast, qui estoit capable de recevoir de cinq à six mil personnes, sans qu'aucun d'eux fust plus près du mast que de vingt pas; et laissoit-on cette grande place vuide affin qu'il y eust plus de silence. L'archevesque et les evesques estoient assiz, et puis les palatins et castellans selon leur ordre; tellement que le premier rang environnoit tout le rond de ladicte tente, gardant la proportion, et ainsi du second rang au tiers, et du tiers au quart. Là se trouvoit tous les jours l'ordre ecclesiastique, les palatins, castellans et capitaines et ambassadeurs terrestres, qui estoient huict de chacun palatinat, pour rapporter tous les soirs à leur noblesse, chacun en son quartier, ce qu'avoit esté faict ce jour-là. Tout autre gentilhomme pollac selon sa liberté y pouvoit aussi venir, tellement qu'il y avoit tous les jours une belle et grande compagnie.

Je diray en passant une chose qui semblera estrange: c'est que cent mil chevaux ont demouré ès environs de Warsovie six sepmaines, sans qu'ils soyent esté plus loing de trois lieuës : et toutesfois n'y a jamais eu faute de foing, d'avoine, de pain, de chair, de poisson, ny de vin aussy. Je diray de plus, que parmy une si grande compaignie n'a esté entendu un mutinement ny une seulle querelle, et si n'y avoit pas faute d'inimitiez entretenues de longue main.

L'ordre qu'on pensoit tenir pour l'eslection estoit tel que les ambassadeurs devoient estre ouys, et en mesme instant chacun d'eux devoit bailler trente-deux exemplaires de son oraison; desquels chasque palatin en prendroit un pour le communiquer à sa noblesse. Et puis, pour le jour de l'eslection, il estoit ordonné que les palatins se retireroient en leurs quartiers, et là proposeroient à la noblesse de leur palatinat les competiteurs, affin que les raisons entendues, tant d'un costé que d'autre, chacun en pust dire son opinion; et les voix, recueillies et closes avec le scel public du palatin, devoient estre rapportées au senat, lequel, après avoir veu l'oppinion de la noblesse, en cas qu'ils n'eussent point esté d'accord, ou que leur oppinion fust sans raison et sans fondement, devoit leur remonstrer les raisons par lesquelles ils ne devoient persister : mais il ne fut pas besoing de tant de ceremonies, comme sera dict cy-après.

Après avoir, bien que sommairement, satisfaict aux trois points que dessus, je toucherai l'occupation des senateurs, qui estoient resolus de differer l'eslection jusques à ce qu'ils auroient achevé la correction des loix et des statuts du royaume, comme ils avoient commencé en la diette des roys. Les evangelicques, d'autre costé, estoient tous bandez à ne consentir qu'aucun fust esleu que premierement on n'eust pourveu à leur seureté. Pour leur seureté ils demandoient la confirmation de la confederation faicte par eux et par quelques-uns des catholiques à la susdicte diette des roys. Par ladicte confederation estoit dict que les deux partis promettoient et juroient de ne courir jamais l'un sur l'autre, ni consentir que aucun effort par force fust faict pour la diversité de la religion. Quelques-uns des catholiques n'en vouloient ouir parler ; bien declaroient-ils et protestoient de plustost mourir que d'endurer qu'il y eust guerre civile entr'eux : mais ils craignoient que cette permission generalle ne donnast ouverture et accez à beaucoup d'heresies et fausses opinions : tous les autres ambassadeurs estoient bien-aises de cette dilation, qui esperoient que la longueur du temps leur apporteroit plus de moyen de faire leurs affaires. Ledict sieur evesque, qui esperoit beaucoup au nombre de la noblesse qu'il pensoit attirer à soy par negociation publicque, et non par menées et praticques, travailloit tant qu'il pouvoit à faire reculer toutes choses pour proceder à ladicte eslection, et faisoit remonstrer que ce recullement pouvoit porter beaucoup de prejudice au public, parce que, faisant longue demeure au lieu où ils ne pouvoient estre sans grands frais et incommoditez, la pluspart d'entr'eux s'ennuieroit, et peust-estre, pour leurs affaires domestiques et particulieres, ils seroient aussi contrains de se retirer avant l'eslection, et, à leur grand regret, après avoir perdu le temps et l'argent, ils ne se trouveroient à l'acte pour lequel ils avoient esté mandez. Cela prouffita beaucoup, comme sera dict cy-après.

Quant aux competiteurs, il n'y en avoit que quatre : l'Empereur, le roy qui est à present esleu, le roy de Suede et le Piaste. Le Moscovite nous avoit faict peur; mais une lettre qu'il escrivit le rendit si odieux, qu'il n'y avoit personne qui en voulust ouir parler.

Les Imperiaux en apparence avoient la plus grande part. Il est certain que l'abbé Cyre, comme sera dict cy-après, avoit bien et fidellement servi son maistre.

Les commoditez qu'on pouvoit esperer de ce party pour la voisinance estoient plausibles, et en apparence telles qu'on ne pouvoit le refuser, et les ambassadeurs n'espargnoient chose du monde à fortifier leur party, et n'estoit jour qu'ils ne feissent festins à plusieurs desdits seigneurs. Je ne sçay si cela leur prouffita; mais je sçay bien que ledict sieur evesque disoit que ces festins leur feroient plus de mal que de bien, parce que la menue noblesse, qui n'estoit pas conviée, prenoit là argument et opinion que lesdicts ambassadeurs eussent faict estat d'avoir la couronne desdicts senateurs, par consequence, pensant estre mesprisée, prenoit resolution de contredire à ceux qui proposeroient l'archiduc Ernest.

Quant à nous, nous y vesquismes de telle sorte que tous les gentils-hommes qui venoient estoient bien receuz : mais, pour les raisons susdictes, ledict sieur ne voulut faire aucun banquet.

Les Suedois estoient quatre gentils-hommes de fort bonne façon, qui negocioient fort dextrement, car, du commencement, ils faisoient semblant de n'estre venuz que pour demander une ligue contre le Moscovite, pour demander aussi quelque chose qui appartient, se disoient-ils, à leur royne; mais qu'ayant trouvé plusieurs de la noblesse de bonne volonté envers leur prince, ils ne pouvoient faire de moins que de se mettre de la partie des demandeurs.

Parmi les Piastins, il y en avoit quelques-uns qui estoient plus violens que les autres, et qui ne s'aydoient de ce nom que pour pouvoir librement contredire à nostre party; et faut dire que ce nom donna plus de peine audict sieur evesque que les autres; car il sçavoit bien que le roy de Suede ne le pourroit estre pour beaucoup d'empeschemens, et aussi que les catholicques ne l'eussent pas volontiers enduré. Il sçavoit bien aussi que le Piaste ne le pouvoit estre; car, ores qu'il fust venu que tous se fussent accordez d'avoir un roy de leur nation, il estoit impossible de s'accorder sur le choix quand on viendroit au particulier, d'autant qu'il y en avoit une trentaine qui pretendoient chacun d'estre roy. Il craignoit doncques, avec grand raison, que ces deux partiz, après avoir faict la mine quelque tems, revinssent à la partie impérialle, et les nostres, qui estoient pour la pluspart catholicques, se retireroient aussi, et se tiendroient contens d'avoir un catholicque, quel qu'il fust.

A cela ne voyoit-il qu'un remede, qui estoit de fortifier si bien nostre party, qu'il surmontast en nombre les autres trois, ores qu'ils se voulussent reunir ensemble; et cela despendoit de l'evenement de l'oraison, et des remonstrances qu'il pensoit faire, comme il advint contre l'esperance de plusieurs.

Je puis tesmoigner que ledict sieur evesque me depescha vers Leurs Majestez le premier jour de may; et, outre ce qu'estoit contenu par ses lettres, me chargea de leur dire que les ambassadeurs de l'Empereur esperoient que les Suedois et les Piastins reviendroient à leur party; mais qu'en cela se trouveroient-ils deceuz, parce que nostre partie seroit si grande qu'elle surmonteroit les autres trois, ores que toutes les trois parts vinssent à une, et que ceste nation est si soigneuse de la conservation de leur patrie, qu'il s'asseuroit bien que, avant que de veoir division entre eux, ils reviendroient tous à la plus grande part, qui seroit la nostre.

Sur quoy il faut conclure que ledict sieur evesque estoit bien asseuré de son dire, puisqu'il en donnoit telle asseurance à Leurs Majestez, et par moi et par lesdictes lettres qu'il avoit escriptes.

Je reviens aux seigneurs, qui enfin, sollicitez par la noblesse, surcirent pour quelques jours ladicte correction des loix, et donnerent audience aux ambassadeurs.

L'ambassadeur de Prusse fut le premier ouy, bien qu'il fust le dernier venu; mais ce fut, à ce que l'on dict, parce qu'il estoit domesticque [1], et venant d'un prince qui est sensé et estimé comme Pollac.

Le second fut M. le cardinal Commendon, lequel, comme il s'estoit monstré en toutes ses actions homme de grande prudence et de bon jugement, aussi se monstra-il ce jour-là eloquent et parfaict orateur; et fut son oraison telle pour le langaige, que tous les personnages doctes l'estimoient digne d'estre veuë, leuë et publiée: et s'il estoit sage, comme certainement pour tel se monstre-il en toutes choses, il feit ce jour-là cognoistre son entendement et sa prudence; car un des seigneurs palatins l'interrompit par deux fois avec quelque aigreur, parce qu'il luy sembloit que ledict sieur cardinal defavorisast les evangelicques; mais ledict sieur recueillit ceste interruption en telle sorte qu'il fit semblant de n'en estre aucunement offencé, et continua son dire avec telle constance et gravité, que mesme ceux qui ne le voyoient guere volontiers pour avoir esté envoyé par le pape, confessoient publicquement que c'estoit un grand et digne personnage.

[1] *Il estoit domesticque.* Cela veut dire que le duc de Prusse étoit feudataire de la couronne de Pologne.

Au tiers jour les ambassadeurs de l'Empereur furent appellez; leur oraison fut prononcée par le sieur de Rozambergt, homme sage et fort eloquent aux deux langues : mais si est-ce qu'il ne contenta pas beaucoup les auditeurs parce qu'il parloit trop bas; et, comme il est homme temperé et modeste, aussi n'avoit-il point d'action ny de vehemence, qui toutesfois est requise à esmouvoir les auditeurs.

Nos ambassadeurs furent aussi le mesme jour appellez, et avoit esté ainsi ordonné de ne donner point de temps entre deux, affin que l'un n'entendist point ce que l'autre avoit dit.

Mais ledict sieur evesque, qui jà avoit proposé de faire en sorte qu'avant que de parler il descouvriroit le dire des autres, fit semblant d'estre malade, et n'y voulut aller pour ce jour, bien que ceux qui estoient deputez pour l'y conduire le vinssent sommer par deux fois de la part du senat, et fut constant en son opinion, dont bien luy en print : car avant qu'il fust nuict luy furent envoyées deux coppies de l'oraison desdicts ambassadeurs, qui souz correction peut-estre s'estoient trop hastez à bailler les coppies. En ladicte oraison il trouva qu'il y avoit cinq points qui expressement avoient esté dicts contre nous : et si bien nous n'y estions pas nommez, il se peut dire que l'on nous monstroit au doigt.

Premierement en recommandant Ernest de la cognoissance de la langue boheme, ils vouloient remonstrer que si le très-illustre duc d'Anjou estoit esleu roy, à faute de la langue polacque il ne pourroit de long-temps faire son estat.

Pour le second, que si un prince de loingtain pays

estoit esleu, il seroit inutile et ne pourroit les secourir quand il seroit besoing.

Pour le tiers, il disoit, en termes exprès, que les princes d'Autriche, ny les princes d'Allemaigne, ny le roy de Dannemarch ne luy donneroient jamais passage.

Pour le quatriesme, que l'Empereur estoit prince sage, humain, ennemi de toute cruauté, et qui sçavoit gouverner ses subjects sans guerre civile, sans inhumanité ny effusion de sang, et entretenir en paix la diversité des religions.

Pour le cinquiesme point, ils avoient inseré dans leur oraison les articles que ledict sieur, dès le commencement de son arrivée, avoit baillé à un secretaire d'un des seigneurs palatins, comme dessus a esté dict: je ne sçay pas par quel moyen lesdicts ambassadeurs les avoient recouverts et inserez, comme dict est, en leur oraison, et pensoient par ce moyen oster audict sieur evesque argument de les proposer, et qu'on ne trouveroit pas bon qu'il feist les mesmes offres que lesdicts ambassadeurs avoient faictes; mais ledict sieur trouva incontinent remede, car il travailla toute la nuict pour respondre à ces points; et, pour ce faire, il fallut couper cinq feuillets de son oraison, qui avoit esté jà imprimée, et y en adjouster autres cinq. Mais cela n'estoit rien au respect de la peine qu'il eut de l'apprendre en si peu de temps par cœur; ce qui toutesfois succeda audict sieur si heureusement que la memoire luy servit bien, tant à ce qu'il venoit de faire qu'à ce qu'il avoit quelques jours avant estudié, comme sera dit cy-après.

Le lendemain après, qui fust le 10 d'avril, Messieurs

envoyerent querir noz ambassadeurs par les palatins de Lubellin, de Rave et de Pomeranie, par le comte Tarchin et par deux castellans, par lesquels ledict sieur et ses collegues furent conduicts et presentez au senat; et, après avoir faict la reverence à toute la compagnie, ledict sieur evesque prononça son oraison (1): et bien qu'elle durast trois heures, il ne s'y trouva un seul homme qui fit semblant de s'ennuyer, ce qui donna un argument certain que le nom de celuy pour qui il parloit estoit favorablement receu.

L'oraison prononcée, il s'esleva une voix à l'entour de ladicte tente, une joye, une acclamation publicque, que si l'eslection eust esté faite un jour après, il ne s'y fust trouvé un seul contredisant.

Je ne veux obmettre une petite particularité que ceux qui desdaignent toutes choses la prendront pour une fable; mais si est-ce qu'elle est vraie : c'est que pendant que ledict sieur fit son oraison, une allouette ne bougea de dessus le mast de la tente, et chanta et gazouilla tousjours, ce qui fut remarqué par une grande partie des seigneurs, pour ce que l'allouette n'a pas accoustumé de se reposer qu'en terre; et ceux qui n'estoient point gaignez par passion avoient opinion que ce fust un bon augure. Je ne parleray point du lievre ni du pourceau qui passoient parmy les tentes lorsque les autres ambassadeurs furent ouis, ni aussi que la grande tente tomba d'elle-mesme incontinent après l'audience baillée aux ambassadeurs de Suede; mais diray en passant que beaucoup de nobles

---

(1) *Prononça son oraison.* Ce discours, traduit en français, fut publié par Jean Richer. Paris 1573. Nous en avons donné une analyse dans la Notice.

et eslevez esprits remarquerent ces particularitez, et prindrent là-dessus une opinion de bon succez de nos affaires. La raison estoit que, quand en une affaire publicque survient chose qui ne vient pas ordinairement, il semble que cela apporte quelqu'occasion de bien ou mal esperer. Ce n'est pas pourtant que les gentilshommes dudict pays estiment qu'autre que Dieu puisse conduire une telle affaire à bonne fin, et que ce n'est que de luy seul d'où despend tout bon succez. Aucuns d'entr'eux donnent ceste liberté de discourir aux esprits oyseux, et qui sont bien aises de s'exercer en quelque chose plutost qu'à mal dire ou mal faire. Soit donc prins le chant de l'allouette pour risée, ou comme on voudra, tant y a qu'il fut ainsi, et que si au ciel apparoissent des comettes à la naissance ou à la mort des grands princes, il ne sera pas inconvenient qu'en la terre eust esté donné quelque signe de l'eslection qui depuis fut faicte.

J'ay dit cy-dessus que l'oraison dudict sieur avoit esté imprimée, et que, pour respondre aux ambassadeurs de l'Empereur, il y avoit adjousté cinq feuillets, ce qui le mettoit en grande peine, parce que le senat faisoit instance d'avoir la coppie qu'il estoit tenu bailler incontinent après l'avoir prononcée pour estre portée aux palatinatz : il ne pouvoit, ny ne vouloit la delivrer si-tost, parce qu'il ne vouloit pas que les ambassadeurs qui venoient après luy luy respondissent comme il avoit faict aux autres, et aussy qu'il n'avoit peu en si peu de temps faire transcrire et traduire ce qu'il avoit adjousté de nouveau. Mais en cela fut-il secouru par le sieur Solikoski, qui mit en vulgaire ce qu'il avoit dict en latin, et mit en besoigne vingt escrivains qu'il faisoit travailler jour et nuict, si bien qu'en trois jours il rendit mil exemplaires de ladicte oraison, rabillés selon que ledict sieur l'avoit prononcée.

Et après que les ambassadeurs de Suede et autres eurent esté ouis, il en bailla à qui en demanda, et fut l'affluence telle de ceux qui en demandoient, que, trois jours après, il ne nous en demeura que bien peu, et encore fallut-il nous deffaire du tout.

Ledict sieur avoit en cela beaucoup d'avantage sur les autres ambassadeurs, lesquels, n'ayant point faict imprimer leur oraison, n'en baillerent que trente-deux : chacune coppie devoit servir pour le moins à mil ou douze cens personnes. Mais ledict sieur en bailla en si grand nombre, que tout homme qui avoit quelque peu d'entendement ou de langage, l'avoit en main pour en faire la lecture à ceux de sa compagnie : si bien que l'on voyoit en chacun palatinat quarante ou cinquante conventicules pour lire et examiner ladicte oraison.

Le changement fut tel, que nosdicts ambassadeurs qui avoient esté hors la ville, en lieu fort à l'escart, furent depuis ce jour-là si carressez et visitez, que je sçay bien que audict sieur il luy en cuida couster la vie, tant il estoit las tous les soirs d'avoir parlé depuis le matin jusques au soir.

Il faut confesser que le sieur de Lanssac luy estoit venu fort à propos; car si ledict sieur evesque se trouvoit empesché, et qu'il ne peust parler à tous ceux qui venoient devers luy, il se tenoit asseuré que ledict sieur de Lanssac les auroit contentez tout ainsi que s'il s'y fust trouvé : comme aussi faisoit M. l'abbé de

L'Isle de sa part. Et fut arresté entr'eux trois qu'ils ne bougeroient de la maison, affin de pouvoir recevoir et contenter ceux qui viendroient devers eux, qui estoient en effect ceux qui là nous estoient bien affectez, et ceux qui, après avoir ouie l'oraison dudict sieur evesque, estoient revenuz à nostre parti, et les uns et les autres se declarerent sans aucun respect. Et advint que beaucoup de gentils-hommes vindrent devers ledict sieur evesque luy demander pardon de ce qu'ils avoient sollicité contre nostre party, et disoient que par son oraison ils avoient recogneu leur faute.

La noblesse ainsi rendue, peu s'en fallut, du tout nostre, ledict sieur envoya de tous costez pour entendre si nos adversaires inventeroient de nouveau quelque calomnie, et cependant nous envoya aussi visiter les principaux du senat. J'allois vers ceux qui jà me cognoissoient avant la venue dudict sieur evesque.

Bazin visitoit souvent ceux avec qui il avoit prins cognoissance quand il fut envoyé en la premiere diette, et quand il fut en la mineure Polongne.

Le doyen de Die faisoit le semblable envers tous ceux qu'il avoit veuz par commandement dudict sieur evesque.

Le sieur de Balagny entretenoit ceux qui estoient de sa premiere cognoissance, et d'autres vers lesquels il avoit esté envoyé par ledict sieur evesque, dont les principaux sont messieurs les évesques de Cujavie, de Cracovie et de Plasko; les palatins de Lansissic, Russie, Küelme et Plosko; M. le mareschal Oppalinski, le grand-chancellier et ses enfans, le castellan de Camimie, homme d'authorité, le capitaine-general de la Mazovie, le castellan de Landem, et autres quatre ou cinq dont j'ay oublié le nom. Envers tous ceux-là ledict sieur evesque employa ledict sieur de Balagny et non autre, hors-mis le bon François et moy, quand nous l'accompaignions.

Il fut aussi visiter souvent M. le palatin de Wratislavie, de qui a esté parlé cy-dessus, et le referendaire, frere du capitaine-general de la grande Polongne, avec lesquels il avoit contracté grande amitié du temps de son premier voyage, et pareillement visita souvent M. Saffranies, gentil-homme de grande authorité, et d'une vie severe et grandement louée d'un chacun.

Lesdicts Wratislavie et Saffranies luy firent tousjours response qu'ils pensoient que leur nation ne fust point despourvue de personnages capables, et qu'il ne s'en trouvast quelqu'un d'entr'eux digne de luy bailler la couronne; mais qu'ils seroient tousjours du costé de là où la pluspart de la noblesse tourneroit, et si le sort tumboit sur le très illustre duc d'Anjou, ils luy rendroient telle fidelité et obeissance qu'il convenoit à bons et fidelles subjects.

J'ouis un mot dudict Saffranies, que je ne puis laisser en arriere, affin qu'on cognoisse que ce n'est pas sans cause qu'il a le bruict d'estre amateur de sa patrie. Discourant avec ledict sieur de Balagny sur le faict de la Sainct Barthelemy et des troubles de France, il dit ces propres mots : « Je suis de la religion qu'on dit evangelique, et n'ay pas deliberé d'en changer; mais j'aimerois mieux mourir cent fois, si tant de fois je le pouvois faire, que de prendre jamais les armes pour le faict de la religion contre mon prince. Et voilà pourquoi, puisque je delibere de l'endurer tel que Dieu me le donnera, je desire sur toutes choses qu'il ne soit point taché de cruauté. »

Ledict sieur de Balagny voyoit aussi le palatin de Rave, parce qu'il l'avoit cogneu à son premier voyage, et aussy avoit prins cognoissance et amitié avec son filz à Padoue. Ledict palatin a sept enfans portant les armes.

Beaucoup de gentils-hommes aussy venoient veoir ledict sieur de Balagny, qui estoient de sa premiere cognoissance.

J'ay touché ces particularitez parce que je ne pouvois faire autrement sans faire tort audict sieur de Balagny, voulant ny prester ny desrober rien qui soit de l'honneur ny du labeur d'autrui.

Le sieur de Lanssac vit quelquefois le palatin Laski; alla aussi visiter le palatin de Welne (1) et grand capitaine de Samogitie, et luy bailla ledict sieur evesque Bazin pour luy aider pour le langage. Lesdicts sieurs Welne et de Samogitie luy firent fort honneste et sage response, qu'ils portoient grand honneur à la couronne de France et au très illustre duc d'Anjou, pour le grand commancement qu'il avoit en toutes choses dignes d'un prince souverain, et que, comme amateurs de leur patrie, ils seroient toujours d'advis de prendre celuy qui leur seroit le plus utile, et le plus à propos pour gouverner leur royaume. Et de faict, ils furent pour nous au jour de l'eslection, bien qu'ils fussent les derniers à opiner, et certainement leur authorité servit de beaucoup pour la Lithuanie.

Il est vray qu'il y avoit d'autres grands seigneurs

(1) *Welne* : Vilna.

dudict pays, comme sont les chancelliers de Lithuanie et le duc Constantin, palatin de Kiovie, de qui dependoit la Volinie, et le duc Sluski, lesquels ducs ne nous firent pas grand mal; car ils se retirerent avant l'eslection pour ce qu'on ne leur avoit voulu donner seance de ducs, comme aussi avoit esté fait au duc de Prusse, et lesquels estoient assez ouvertement enclins à favoriser le parti d'Ernest; mais leur suite fut de nostre costé attirée par les Mazovites, avec lesquels, dès le commancement de leur arrivée, ils avoient juré fraternité, et avoient telle communication ensemble, qu'ils ne se separerent point, et furent tousjours d'une opinion.

Ledict sieur de Laussac, vers la fin, à la priere dudict sieur evesque, alla visiter le castellan de Posnanie, parce que ses neveux, qui sont aujourd'huy à Paris, nous venoient veoir souvent pour veoir baller, voltiger et tirer des armes.

Il fut aussi visiter le comte Stanislaus Goukbra, frere du comte Andreas, qui a esté ici ambassadeur, qui luy fit response que quand on viendroit au jour de l'eslection, il feroit ce qu'appartenoit à un bon gentil-homme, soigneux et amateur du bien public. Cependant luy vouloit-il bien dire qu'il portoit un infiny regret de ce qu'il ne pouvoit visiter ledict sieur evesque de Valence, et luy rendre partie de l'amitié qu'il avoit eue avec son pere, le priant d'en vouloir faire son excuse, avec beaucoup d'autres bons propos et demonstrations amyables; reservant toutesfois qu'il suivroit l'opinion du comte Andreas son frere, de qui il ne se pouvoit departir.

Depuis le 10 d'avril, qui fut le jour que l'oraison

fut prononcée, jusques au 3 de may, que l'on commença à proceder à l'eslection, ledict sieur evesque fut tousjours grandement occupé, tant aux audiences que pour pourveoir aux difficultez qui survenoient d'un jour à autre, par la diligence de ceux qui vouloient empescher que le très-illustre duc fust esleu. J'en pourrois toucher beaucoup de particularitez; mais il me suffira d'en toucher cinq, qui furent les principales.

La premiere fut qu'un palatin, qui est homme d'entendement et d'authorité, fut d'avis que, pour oster tout empeschement qui pourroit survenir, il failloit faire trois choses.

La premiere, de licentier M. le cardinal Commendon, et luy commander de sortir hors du royaume: sa raison estoit parce que ledict cardinal ne pouvoit ny devoit assister à l'eslection, ny comme personne publicque, ny comme privée, et mesme qu'il n'estoit pas ambassadeur pour le Pape, car il y avoit un nonce qui faisoit la charge d'ambassadeur; et de plus il n'avoit point esté delegué par aucun des competiteurs : et pour en dire la verité, la principale raison estoit parce que ledict palatin et autres evangeliques craignoient que ledict cardinal, qui a beaucoup de credit par delà, ne rompist soubs pretexte de religion l'union qui estoit entre les uns et les autres, et empeschast que la confederation faicte à la diette des roys à Warsovie pour la diversité de la religion ne fust confirmée.

L'autre point qu'il vouloit mettre en avant, estoit qu'on licenciast trois ou quatre mil gentils-hommes mazovites qui estoient là residens, et par le moyen des autres qui pourroient survenir d'un jour à autre, pourroient surmonter en nombre le reste de la noblesse.

Le tiers point de ce qu'il vouloit proposer estoit que l'eslection fust differée jusques à ce que la correction des loix commancée à l'autre diette fust achevée; mais son principal but estoit que ladicte confederation fust jurée et confirmée.

Cela apporta beaucoup d'ennuy audict sieur evesque, et me souvient qu'un serviteur dudict sieur palatin apporta audict sieur ceste nouvelle, qu'il disoit estre la meilleure qu'il eust peu desirer pour nous. Et à la verité, ledict sieur pensoit qu'il se mocquast; mais voyant que c'estoit à bon escient il luy dist que ces trois articles-là ne pouvoient servir qu'à amener beaucoup de troubles; et sembloit qu'il ne peust advenir aux ambassadeurs de l'Empereur chose tant agreable que ceste-là; car si ledict cardinal estoit licencié, ce que ledict sieur ne croyoit pas, il falloit aussi que les autres ambassadeurs courussent la mesme fortune, qui estoit en effect le pis qui nous pouvoit advenir.

Quant au second point, bien qu'il y eust de gentilshommes mazovites pauvres, si ne falloit-il pas croire qu'ils fussent aisez à gaigner, et moins du costé dont l'on faisoit semblant de le craindre; car ils se declaroient assez ouvertement enclins à nostre parti, qui n'avions moyens ni la volonté de gaigner personne par argent ni par promesses.

Pour le tiers point, la prolongation estoit plus contre nous que contre aucun des competiteurs, parce que nous estions de plus loing, et ayant moins de moyen d'estre secourus de conseil, d'amis et d'autres choses necessaires. Et d'autant que l'on voit bien que le plus grand nombre penchoit de nostre costé, ladicte prolongation ne pouvoit servir qu'à faire avec le temps refroidir les volontez de ceux qui nous favorisoient, et, qui plus est, la menue noblesse, de laquelle nous estions portez pour la pluspart, seroit contrainte de desloger dans peu de jours, ce qui feroit amoindrir d'autant nostre party.

Ledict serviteur demoura constant en son opinion, quelque raison qu'on luy sceust alleguer.

Mais ledict sieur evesque despescha incontinent le sieur de Balagny, Bazin, le doyen de Die et moi, qui vismes ce jour-là la pluspart des principaux, et leur remonstrasmes les inconveniens que ces trois articles, s'ils estoient accordez, apporteroient.

Ledict palatin, par la remonstrance que luy fit un de ses amis, recogneut que la poursuite desdicts trois articles pourroit plus nuire que prouffiter; mais il avoit jà parlé pour le premier article.

Et furent d'advis lesdicts seigneurs senateurs que ledict cardinal et les autres ambassadeurs vuideroient le royaume, comme sera dict cy-après.

La seconde difficulté fut qu'estant sorti de ceste allarme, un colonnel appellé Cracouf, qui est celuy qui avoit conduit ledict sieur evesque jusques à Leipsic, se trouva aussi à ladicte diette, et, avec ses compaignons qu'il y avoit amenez, fit tout ce qui luy estoit possible contre nous. Et pour autant qu'il est subject du roy de Polongne, et qu'il avoit esté aux guerres de France, nous craignions que beaucoup de gens donnassent foy à ses parolles : pour le moins ceux qui estoient de contraire party pensoient s'en pouvoir servir pour nous reculer; car estant suscité, à mon advis, par quelques ambassadeurs, ils s'en alloient par toutes les tentes monstrer un double du rolle des debtes du Roy, pour par ce moyen faire penser à toute la nation qu'il ne falloit point esperer aucun secours ni commodité de nostre costé. Et affin qu'on ne vist point qu'ils se meslassent d'affaire où ils n'avoient aucun interest, ils feirent une requeste, requerant à Messieurs du senat qu'il leur fust permis de pouvoir faire arrester ledict sieur evesque, en vertu d'une obligation qu'ils disoient ledict sieur avoir passée de se representer à Francfort, comme dessus a esté dict. Ledict sieur evesque estant adverty par aucuns de ses amis du langage que tenoit ledict Cracouf, il feit entendre aux principaux seigneurs que c'estoit chose qu'on ne devoit endurer, que un leur subject usast si ouvertement de telle calomnie. Cela fut cause que quelques-uns conseillerent audict Cracouf d'envoyer vers ledict sieur, pour l'advertir qu'il vouloit presenter ladicte requeste, affin qu'il regardast de le contenter de quelque notable somme d'argent : mais ledict sieur, qui avoit ses armes en main, leur monstra incontinent la sentence qu'il avoit apportée du senat de Francfort, laquelle estonna fort le messager desdicts rheistres, et recogneurent bien que s'ils la presentoient ils en auroient mauvaise issue.

Ledict Cracouf fut encore mis sus pour attacquer ledict sieur d'un autre costé, et envoya luy demander un serviteur qu'il luy avoit baillé à Leipsic pour le conduire, qui depuis ne l'avoit voulu laisser. Il demanda la valleur d'un cheval qu'il lui avoit baillé, et s'il ne luy satisfaisoit dans une telle heure, menassoit de venir au logis dudict sieur, et prendre ledict serviteur devant sa face. Disoit davantage qu'il luy en feroit rendre raison à son retour par l'Allemaigne. Ledict sieur lui fit response qu'il avoit en Allemaigne beaucoup plus d'amis que luy; et quant au serviteur, il estoit en liberté d'aller ou de demourer. Cette bravade fut faicte audict sieur, comme il est vraisemblable, à la sollicitation des ambassadeurs de quelquesuns des competiteurs.

En ce mesme jour vint par devers ledict sieur un jeune gentil-homme pollac, qui estoit page de Rozambergt, et qui faisoit semblant de s'en estre fuy pour venir servir ledict sieur. Et pour donner quelque apparence à la farce, il ne fut pas si-tost en son logis qu'il fut poursuivy par des serviteurs dudict Rozambergt, qui faisoient semblant de le vouloir emmener par force; mais il leur fut respondu de telle façon qu'ils n'en firent pas grande instance. Le page entretint ledict sieur d'aussi bon sens que jeune homme qu'il veit jamais, et se disoit neveu du palatin de Cracovye, vers lequel il feit semblant d'aller le soir pour l'advertir de ce qui luy estoit advenu le matin. Il ne faillit pas de revenir, et dist audict sieur evesque que son oncle luy avoit promis de le prier de l'emmener en France avec soy, et que cependant il l'envoyoit par devers luy pour le prier de luy bailler l'assurance qu'il vouloit bailler à ceux de la religion, affin de la communiquer à ses amis pour les ramener à nostre party. Ceste demande feit cognoistre audict sieur que c'estoit un espion; et pour tel il luy commanda de se retirer à sondict maistre, luy donna charge de luy dire de sa part que telles finesses estoient trop grossieres pour ceux qui avoient manié affaires avant que venir en Polongne.

La troisiesme allarme fut d'une lettre apportée de Constantinople. C'estoit une lettre que le bassa (1) escrivoit aux estats de Polongne, par laquelle il les prie de la part du Grand-Seigneur d'eslire pour roy un d'entr'eux, et là où cela ne se pourroit faire, il les prie d'eslire le frere du roy de France.

Cela troubla fort ledict sieur evesque, parce que les autres competiteurs eussent faict leur prouffit de ceste recommandation ; et mesmes les ambassadeurs de l'Empereur avoient touché ce point en leur oraison, quand ils disoient que celuy qui auroit la Vallaquie par la faveur du Grand-Seigneur, faudroit qu'il se rendist son feudataire, et qu'il fist en tout temps ce que ledict Seigneur luy commanderoit. Sçavoit aussi ledict sieur que ce mot apposé en la lettre de commandement irritoit grandement la noblesse. Or y avoit-il de plus que le bogdan (2), qui avoit retenu le messager de Constantinople, et avoit envoyé ladicte lettre par un des siens, escrivoit ausdicts estats : « Vous verrez par la lettre que je vous envoye, que le Grand-Seigneur vous commande d'eslire pour vostre roy le frere du roy de France : vous estes bons et sages pour vous garder de faire ceste faute ; car, puisque ledict Grand-Seigneur le veut mettre là, vous pouvez penser que c'est pour en faire un puissant ennemy à toute la chrestienté. »

Incontinent que ledict sieur de Valence fut adverty de ces deux lettres, il envoya par tous les palatinatz, affin de les prevenir avant que lesdictes lettres leur fussent communiquées, les advertir qu'elles estoient

(1) *Bassa* : grand-visir.—(2) *Bogdan*. Bogdan étoit prince de Valachie.

fauces et falsifiées, ou par Bogdan, ou par quelqu'autre de noz ennemis. Il fit remonstrer que nous n'avions point d'ambassadeur à Constantinople, comme certainement en ce temps là M. Dacqs en estoit jà party. Il fit remonstrer que pour une chose de si grande importance que celle-là, le Grand-Seigneur, si telle eust esté son intention, eust bien sceu envoyer un chahuz (1), et en escrire luy-mesme; que ladicte lettre n'estoit pas cachetée d'un scel d'or, comme l'on a accoustumé de faire, ny enveloppée dans une bourse de soye ou de drap d'or, et que si l'on faisoit regarder le traduict, il seroit escrit en papier de Vallaquie ou de Polongne; qu'il leur devoit souvenir qu'en son oraison il avoit protesté de ne se vouloir aider de la faveur d'homme vivant, que de la leur seulle. Ceste remonstrance fut bien et favorablement receue et entendue. Ce mesme advertissement fut donné aux principaux seigneurs, qui fut cause que le lendemain après aucuns d'entre eux demanderent le traduict de ladicte lettre, qui fut incontinent esgaré, et ne se trouva point. Et faut en cela donner quelque chose au bonheur dudict sieur evesque, qui avoit maintenu que cela estoit faux; car le bassa qui avoit envoyé la lettre au bogdan (2) n'avoit point envoyé de traduict comme l'on avoit accoustumé de faire. Et n'avons-nous peu sçavoir si ledict traduict avoit esté fait, ou par le bogdan, ou par quelqu'un des seigneurs de Polongne, tellement que de fausseté il n'y en avoit point : mais qui eust representé le traduict l'on l'eust jugé faux, parce

---

(1) *Un chahuz* : un chiaoux. —(2) *Au bogdan.* Ce prince fut l'année suivante dépouillé de la Valachie. Il implora l'intervention de la France près de Sélim II. (*Hist. de de Thou*, liv. LVIII.)

qu'il n'estoit pas escrit sur papier de Constantinople. M. le mareschal Oppalinski, qui est homme de grande integrité, fit grande instance qu'on veist le messager qui l'avoit apportée, et pareillement le traduict : mais le bruict de ladicte lettre fut incontinent amorty, et ne s'en parla plus.

Ceste fortune eschappée, noz ambassadeurs pensoient estre au-dessus de toutes leurs affaires; mais il en survint une autre fort dangereuse, qui est que quelques-uns des seigneurs, et en grand nombre, vouloient qu'on differast l'eslection jusques à ce que la correction des loix seroit faite ; mais les Mazovites, advertis que la prolongation pourroit apporter beaucoup d'inconveniens, assistez des Lithuans, vindrent aux pavillons dire qu'ils vouloient avoir un roy, et presserent si fort lesdicts seigneurs, qu'ils furent contraints de leur promettre que dedans huict jours precisement l'on commanceroit à proceder à l'eslection, et deputerent quelques-uns d'entre eux pour veoir ce qui jà avoit esté faict de ladicte correction, et y adjouster ce qu'ils trouveroient estre necessaire. Les ambassadeurs terrestres protestoient qu'ils n'estoient là venuz que pour faire un roy; mais enfin la huictaine fut accordée.

La cinquiesme allarme fut que les evangeliques protestoient de ne vouloir consentir qu'on procedast à l'eslection jusques à ce que la confederation fust signée de tous, et confirmée. Plusieurs des catholicques n'en vouloient ouir parler, craignant que cela feist venir en leur royaume toute maniere d'heresies et faulces opinions; car au reste ils protestoient de plustost prendre la mort que de consentir qu'il y eust jamais entr'eux guerre civile.

Ledict sieur de Valence, prevoyant que ceste contention pourroit apporter quelque rupture et telle division que, ou il n'y auroit point de roy, ou il y en auroit trois ou quatre, travailloit jour et nuict pour composer ce differend. Il remonstroit et faisoit remonstrer aux catholicques que plustost que de veoir un schisme, qui seroit le moyen d'appeller Turcs, Tartares et Moscovites pour ruiner leur pays, il valloit mieux s'accommoder en quelque sorte avec les autres. Aux evangelicques il faisoit remonstrer que en vain mettoient-ils peine d'establir et mettre leur seureté, comme ils pensoient faire par ladicte confederation, si par leur importunité les catholicques se departoient d'eux; que si cela advenoit, ils seroient contrains d'abandonner et maisons et femmes et enfans, et, en lieu de religion, recevoir une desolation et entiere ruine de tout le pays; qu'ils se devoient contenter que ladicte confederation eust esté signée à la premiere diette par plusieurs et des principaux des catholicques, avec lesquels ils seroient tousjours les plus forts, s'il en estoit besoing, pour resister aux autres qui les voudroient assaillir : il leur remonstroit aussi les malheureux fruits qu'ont apporté les guerres civilles en plusieurs lieux de la chrestienté; et entre les autres parmi la pluspart des hommes, tant d'une part que d'autre, il n'est resté aucune marque ny trace de religion. Ces admonnestemens profiterent beaucoup, car il y eut des catholicques qui, pour eviter la guerre civile, aimerent mieux signer ladicte confederation, esperans que Dieu avec le temps apporteroit quelque remede. Il y eut aussi beaucoup d'evangelicques qui remirent quelque chose de leur aygreur. Et ainsi fut appaisé ledict differend, sauf que l'archevesque (1) et les evesques et quelques catholicques, ne voulurent point la soubz-scrire.

Le sieur Martin Dobory, dont cy-dessus a esté parlé, retournant de France, arriva quatre ou cinq jours avant l'eslection, qui recita fidellement au senat, et par beaucoup d'autres compaignies, ce qu'il avoit veu et cogneu de l'estat de la France, et de la personne du très illustre duc d'Anjou.

Il ne sera point hors de propos que je racompte ce que devint l'abbé Cyre, duquel j'ai jà parlé deux fois. Il avoit, comme dessus est dict, esté desavoué par l'Empereur, et toutesfois, faisant l'office d'un serviteur constant et affectionné à son maistre, il ne s'estoit pas retiré, mais s'en alla en Lithuanie, où il pensoit estre quelque temps avant que l'on eust sceu de ses nouvelles; et renouvella si bien ses anciennes pratiques, que à son partement il pensoit tenir toute la Lithuanie en faveur de l'archiduc Ernest; et de fait son esperance estoit très-bien fondée s'il n'y eust eu depuis du changement. Et partant dudict pays, il s'en revint devers la Prusse, et de là pensoit venir aux pays de l'Empereur pour luy apporter nouvelles de ce qu'il avoit faict; mais quelques bons personnages qui en entendirent la nouvelle se delibererent de le surprendre, et de faict tomba entre les mains du lieutenant de Mariembourg, dont est capitaine le castellan de Danski, et fut un peu rudement traicté par les soldats, qui l'emmenerent prisonnier, sa malle et ses papiers saisiz. Ceci advint sur la fin de la diette tenue à Warsovie la

---

(1) *L'archevesque* : l'archevêque de Guesne, primat de Pologne. Il gouvernoit le royaume pendant l'interrègne.

feste des Roys. Cependant l'Empereur, estant adverty de ceste retention, s'en plaignit aigrement; mais, d'autant qu'il n'y avoit personne qui eust puissance de le delivrer, ledict Cyre demoura là jusques à l'eslection : auquel temps il fut amené à Warsovie, la malle presentée au senat, les lettres qu'il portoit veuës et recogneuës, et ses praticques descouvertes.

Et pour autant que ledict sieur de Valence s'apperceut bien que les palatins de Cracovye et Podollie estoient personnes de grande authorité, et que l'on avoit quelque opinion qu'ils portassent le party du roy de Suede, il les fit visiter avec esperance que s'il ne pouvoit les gaigner peut-estre les pourroit-il adoussir, et sur-tout leur faire entendre au vray les vertuz et la valleur du très illustre duc d'Anjou. Par deux fois il les fit visiter par Bazin, et à la seconde Cracovye envoya audict sieur son filz, le capitaine de Cazimir, qui est un jeune homme autant sage et advisé, au dire dudict sieur evesque, qu'il en ait veu en Polongne, avec lequel il eut beaucoup de propos; et bien qu'il soit homme qui ne dict pas tout ce qu'il a sur le cœur sans y avoir bien pensé, toutesfois il sembloit en ses propos qu'il voulust taxer quelques-uns, qui se jactoient que si le très illustre duc d'Anjou estoit esleu roy, ils auroient tant de credit et d'authorité, qu'ils pourroient avancer ou reculer ceux à qui ils voudroient bien ou mal. Cela donna occasion audict sieur evesque de luy racompter ce qui estoit autrefois advenu entre le pape Clement et le cardinal Colomne. Ledict cardinal Colomne avoit veritablement beaucoup aidé audict Clement à estre pape; et sur le credit qu'il avoit justement acquis, il devint un peu insolent à presser et importuner son maistre : et luy advint que, pour avoir esté refusé de quelque chose qu'il avoit demandée, il reprocha au Pape qu'il luy estoit ingrat et recognoissoit mal qu'il l'avoit faict pape. Clement ne s'eschauffa pas fort de la colere de son cardinal, mais luy respondit ainsi : « Monseigneur, s'il est ainsi que vous m'ayez fait pape, permettez doncques que je soie pape, et que vous ne le soyez pas; car, faisant ce que vous faictes, vous me voulez oster ce que vous dictes m'avoir donné. » Ledict sieur conclud par-là qu'il s'asseuroit qu'il n'y avoit seigneur en toute la Polongne qui voulust suivre l'exemple du cardinal Colomne; et quand il s'en trouveroit, ce qu'il ne pensoit pas, ledict seigneur duc, s'il estoit esleu, seroit prince si juste et si equitable, qu'il ne defavoriseroit jamais d'un pour favoriser l'autre : ledict capitaine, comme il est sage, fit semblant de n'avoir point eu ceste opinion là, et dict pour toute response que ledict seigneur duc, s'il estoit esleu, seroit tousjours tel qu'il recognoistroit les hommes selon leur valeur; et quant à l'opinion de son pere, c'estoit chose à quoy il ne s'estoit pas encore bien resolu, et qu'il se reservoit à prendre l'inspiration que Dieu luy donneroit au jour de l'eslection.

Les propos qu'ils eurent ensemble, rapportez audict sieur palatin, il luy print envie de venir luy-mesme veoir ledict sieur evesque; et après avoir parlé ensemble, furent assez contens l'un de l'autre. Et fut la resolution dudict palatin telle, qu'après avoir satisfait à sa conscience, comme un bon amateur de sa patrie devoit faire, il luy feroit cognoistre qu'il estimoit et honoroit le duc d'Anjou autant que prince de la terre. Cela estoit autant à dire qu'après avoir nommé celuy qu'il pensoit estre le plus utile pour son royaume, il ne contrediroit point à l'eslection dudict seigneur duc d'Anjou, s'il voyoit que la pluspart inclinast de ce costé-là.

Le palatin de Podolie, qui est un des plus sages hommes que ledict sieur evesque ait cogneu en ce pays-là, vint pareillement le veoir. Et voyant ledict sieur qu'il avoit affaire à un homme franc, et qui parloit ouvertement, entre autres choses luy dict que nous avions deux manieres d'adversaires : les uns estoient pour la haine qu'ils portoient et au Roy et au très illustre duc d'Anjou son frere, ou pour le faict de la religion, ou pour quelqu'autre particularité ; les autres, que si bien ils estimoient le duc d'Anjou plus digne de regner que aucun des competiteurs, ils pensoient toutesfois que pour le royaume de Polongne un autre seroit plus utile que luy, et que ledict sieur evesque s'asseuroit qu'il seroit du dernier rang, et non du premier, et que quand il seroit informé des vertuz dudict seigneur duc d'Anjou, non-seulement l'aimeroit-il, comme il faisoit dès à present, mais esperoit qu'il seroit entierement des nostres, et recognoistroit que ledict seigneur duc, pour l'aage, pour l'experience à la guerre et aux matieres d'Estat, pour n'avoir point d'ennemis, pour estre sorty de maison et de nation qui ne fut oncques ennemie de la pollacque, pour n'estre empesché à resider ny à gouverner un autre royaume, comme seroit le roy de Suede, pour n'avoir point de forces voisines qui deussent rien donner à craindre à la noblesse dudict pays, devoit estre preferé à tous les autres competiteurs ; et toutes ces raisons considerant, il embrasseroit nostre cause.

Ledict palatin remercia ledict sieur, avec beaucoup de bonnes paroles, de la bonne opinion qu'il avoit de luy, et singulierement de ce qu'il estimoit que s'il estoit contre nous, ce n'estoit pour autre raison, sinon que, bien que ledict seigneur duc fust des premiers princes du monde pour regner en tout autre pays, toutesfois il s'en pourroit trouver autre qui seroit plus utile pour la Polongne. La difficulté du passage lui sembloit fort grande, et encore plus la faute de la langue. Enfin ils departirent bons amis, horsmis que ledict palatin ne se declara pas plus avant qu'il avoit faict. Et depuis parlant avec Bazin, et, comme j'ay entendu, avec d'autres, il disoit qu'il se tenoit grandement obligé audict sieur evesque de ce que si franchement et si librement il luy avoit parlé, et usoit de ces mots : « Il m'a si bien dit ce que j'avois dans le cœur et ma fantaisie, *quasi pernoctasset in corde meo;* » c'est-à-dire comme s'il eust demouré toute une nuict dans mon cœur.

Les gentils-hommes de la Mazovie et autres, reuniz ensemble, vindrent aux pavillons protester qu'ils vouloient que, toutes choses laissées, l'on procedast à l'eslection.

Les seigneurs promirent que, incontinent que les ambassadeurs seroient departiz dudict lieu, comme ils avoient jugé estre necessaire, toutes autres occupations seroient delaissées pour mettre fin à la plus necessaire. Et pour ce faire, ordonnerent que tous les ambassadeurs vuideroient le royaume, et commanderent au chancellier de tenir preste la response qui leur seroit baillée pour retourner à leurs princes.

Ledict sieur evesque fit remonstrer à quelques-uns des principaux qu'il ne devoit en cest endroit estre traicté comme les autres, parce que sortant du royaume ils entroient en leurs maisons, et pouvoient revenir en deux jours; mais luy et ses compaignons estoient venuz de si loing, que s'il partoit une fois il ne pourroit plus revenir.

Les grands qui s'en meslerent pour nous ne purent rien gaigner, et fallut recourir aux gentils-hommes privez, qui trouverent l'ordonnance si inique et si rigoureuse, qu'ils vindrent en grand nombre au senat declarer qu'ils des-advouoient leurs deputez, qui sans leur sceu avoient consenti à ladicte ordonnance.

Les Mazovites dirent qu'il n'estoit besoing d'envoyer si loing les ambassadeurs de France, lesquels, s'il plaisoit ainsi au senat, ils prendroient sur leur charge, et leur assigneroient quelque endroit de leur province où ils fussent seurement et commodément.

Les senateurs, voyant l'advis commun de ladicte noblesse, changerent d'opinion, et ordonnerent que lesdicts ambassadeurs auroient le choix, ou de s'en retourner vers leurs princes, ou de demourer en lieux qui leur seroient assignez.

Aux ambassadeurs de l'Empereur fut baillée la ville de Louvics, qui est grande et fournie de toutes commoditez, qui n'est qu'à douze lieues de Warsovie.

Ledict sieur evesque fut envoyé à quinze lieues de là, en une ville appellée Plosko.

Les Suedois ne furent qu'à cinq lieues, parce que le palatin de Cracovie leur favorisoit.

Tous les ambassadeurs furent appellez en un mesme jour, pour prendre leurs despesches.

Et advint par bonheur que quelques-uns des amis dudict sieur evesque, en cheminant et approchant de la grande tente, luy dirent les principaux poincts de ce que les ambassadeurs de l'Empereur avoient dict à leur depart; qui fut cause pour leur respondre sur le champ, qu'en prenant congé ledict sieur evesque changea une partie de ce qu'il avoit deliberé de leur dire.

Cela fut remarqué et tenu pour miracle, parce que plusieurs ne pouvoient comprendre comme il avoit deviné, ou si-tost entendu ce qu'avoit esté dit contre nous. Quoy qu'il en soit, ceste seconde oraison (1) luy donna plus de nom que la premiere, et dès ce jour-là il n'y avoit homme qui ne jugeast que nous emporterions la faveur de la noblesse.

Un mesme jour fut prefix à se retirer; mais les ambassadeurs de l'Empereur contesterent deux ou trois jours, et protestoient de ne vouloir point partir que le cardinal et les autres ambassadeurs, et nommément ceux de France, ne s'en fussent allez.

La noblesse pressoit de commancer l'eslection, les senateurs s'excusoient sur la demeure et des-obeissance des ambassadeurs.

Le palatin de Cracovie, mareschal du royaume, les envoya tous sommer de s'en aller. Je ne sçais pas en quels termes l'on parla aux autres; mais à noz ambassadeurs, un gentil-homme bien discret leur dict telles paroles de la part dudict palatin : Qu'il les prioit de

---

(1) *Ceste seconde oraison.* Ce discours fut publié par Richer, à la suite de celui dont nous avons parlé dans la note de la page 128. Montluc répond aux nouvelles objections qui avoient été présentées par les adversaires de la France.

satisfaire à ce qu'ils avoient promis de desloger, et s'il y avoit quelque chose qui les arrestast, l'on satisferoit à tout ce dont ils pourroient avoir faute.

Ledict sieur evesque de Valence fit response qu'il ne vouloit point entrer en dispute à sçavoir qui devoit partir le premier ou le dernier; que luy et ses compaignons avoient esté envoyez pour obeir au senat, et non pour contester. Mais vray estoit qu'ayant veu que les autres ne faisoient semblant de desloger, il pensoit que le senat eust changé son ordonnance; mais qu'ils estoient resoluz de partir non-seulement au jour, mais à l'heure qui leur seroit mandée par lesdicts seigneurs. Bien pria-il le messager de dire audict sieur palatin que, s'il estoit possible de les laisser pour ce jour-là, ils le prendroient à grande obligation, affin de se pourveoir de ce qu'estoit necessaire pour le voyage.

Ceste response fut fidellement portée audict palatin de Cracovie, lequel avec grand'preface d'honneur la redict à tout le senat, et monstra qu'il estoit bien aise de faire parangon (1) avec la response des ambassadeurs de l'Empereur.

Et incontinent envoya par devers noz ambassadeurs, pour les prier que puisqu'ils avoient gaigné ce point de la modestie avec tout le senat, qu'il les prioit aussi de satisfaire à leur promesse, qui estoit de desloger ce mesme jour.

Ce qui fut faict, car ledict sieur evesque s'en alla incontinent, et le sieur de Lanssac demoura ce soir-là pour entendre ce qu'auroit esté fait à l'apresdinée.

Une heure avant le departement dudict sieur, il me despescha vers Leurs Majestez, et leur mandoit que

(1) *De faire parangon :* de la comparer.

l'on commenceroit à proceder à l'eslection le lundy, et que d'entrée nous emporterions des douze parts les neuf; et usoit de ce mot : *des douze tables du damier nous en avons les neuf asseurées.* Et puis que cela advint, et en la mesme façon qu'il avoit escript, l'on ne peult nier qu'en ladicte negociation il n'y ait eu quelque chose, et de la diligence et de la prevoyance, et du discours dudict sieur pour prevoir le bien et le mal qui pouvoit advenir. Je dis ceci pour ceux qui font si bon marché de sa peine et de son industrie, et disent que tout autre l'eust fait aussi bien que luy; ausquels suffiroit de dire que c'est assez qu'ils ne l'ont pas faict; mais j'ajouteray ce mot : qu'il n'y a homme, tant soit-il son ennemy, s'il n'est du tout malin ou ignorant, qui n'avoue qu'il n'y eut jamais negociation où tant de difficultez et d'empeschemens soient survenuz. On ne pourra aussi nier que ledict sieur n'aye promptement pourveu à tout.

Or je reviens à l'eslection, qui fut faicte en la maniere qui s'ensuit :

Les gentils-hommes vindrent derechef le premier jour de may protester que si le lundy après l'on ne commençoit à faire ladicte eslection, ils estoient resoluz de se retirer, et la faire entre eux-mesmes. L'archevesque protesta aussi qu'il seroit de la partie. Les evesques de Cujavie et de Cracovie firent semblable declaration, comme aussi firent quelques palatins et plusieurs castellans, qui menassoient de se retirer avec leur noblesse. L'affaire fut si rudement poursuivie ce jour-là, que, sans plus d'esperance de retardement, il fut arresté de y besoigner le lundy 3 de may; auquel jour fut dict que les palatins se retireroient en leurs palatinats, et chacun feroit deliberer sa noblesse sur les quatre competiteurs.

Je ne veux obmettre ce qui fut fait aux pavillons, qui est que les pages de Polongne, qui sont encore plus meschans que les nostres, eslirent parmy eux quatre competiteurs, firent un senat pour contrefaire l'eslection: celuy qui representoit Ernest fut bien battu; le Suedois fust chassé, et pour le regard du Pyaste, ils prindrent la charrette d'un gentil-homme qui estoit chargée de vivres, la mirent en pieces, bruslerent l'essieu de ladicte charrette, qu'on appelle en ce pays-là *pyaste,* et se prindrent à crier: *Le Pyaste est bruslé;* de sorte que les senateurs ne les sceurent pour ce jour faire taire.

Ladicte noblesse, avant que de deliberer chacune en son quartier, se mit à genoux, et la plus grande partie avec larmes firent leurs prieres, chanterent une hymne du Sainct Esprit; et faut confesser qu'il n'advint jamais chose semblable à ceste-là; car, incontinent leur oraison faicte, la partie françoise se trouva en tous les palatinats si grande, que les autres avoient presque honte de tenir le party contraire. Qui fut cause qu'en moins d'une heure nous emportasmes la pluralité (1) des voix en treize palatinats, et si l'on ne

---

(1) *Nous emportasmes la pluralité.* Pierre Mathieu (*Histoire de Charles IX*, liv. VI) rapporte quelques particularités qui ont été omises par Choisnin. « Les catholiques, craignant que les piastes, ou ceux qui vou-
« loient élire un Polonois, ne s'accordassent à faire un roy de contraire
« religion, s'unirent tous pour le duc d'Anjou, de maniere que les
« cahiers des voix de tous les pavillons raportés clos et cachetés, le
« palatin de Podolie, qui favorisoit les piastes, s'appercevant que les
« volontés alloient du costé du duc d'Anjou, se retira de l'assemblée,
« et se mit en bataille. On croyoit que ce different se vuideroit par les

sçavoit rien de l'autre, ce qui monstra bien que c'estoit une œuvre de Dieu.

Les senateurs, le mardy matin, rapporterent ce que chacun avoit trouvé : le mesme jour les autres palatinats qui restoient firent le semblable. Le mercredy, les Lithuans, qui n'avoient voulu se declarer qu'ils n'eussent veu le cours du marché, se declarerent du tout pour nous. Le jeudy, les senateurs opinerent sur ce qui avoit esté faict par la noblesse, et, convaincus d'un si grand accord, suivirent pour la pluspart l'opinion commune. Le palatin de Sandomyre fit une fort belle oraison, et conclut pour le roy qui estoit esleu, comme aussi fit M. le mareschal Oppalinski. L'evesque de Cujavie fit une fort belle oraison, rapportant ce qui est escript de l'eslection du roi Saül à ce qui se faisoit en faveur du roy qui depuis a esté esleu; et ainsi, de trente ou quarante mil voix qu'il y pouvoit avoir, il n'y en eut que quatre ou cinq cens pour les autres competiteurs. Et encore eux, se voyant ainsi en si petit nombre, revindrent volontairement à nous, horsmis quelques-uns qui vouloient s'esclaircir, si disoient-ils, des raisons d'une part et d'autre. Et affin qu'on pust dire que l'eslection avoit esté veritablement faicte d'un commun accord, il fut dict que l'on choisiroit deux senateurs pour chascun competiteur, qui

« armes; mais ceux qui estoient pour la France, et les Taboriski, grande
« et puissante famille de Pologne, firent ordonner que tous ceux qui
« estoient pour le duc d'Anjou mettroient un mouchoir ou une marque
« blanche au chapeau. Le nombre fut si grand, que les autres, sen-
» tant trop foibles pour les contrarier, prirent la mesme marque, et
« consentirent à l'élection. Le temps estoit alors obscur et trouble, et
« tout aussitost que ce consentement fut donné, les cahiers ouverts et
« les voix comptées, il parut clair et serein. »

examineroient les raisons, tant d'une part que d'autre :
M. le mareschal Oppalinski et le castellan de Danski
furent esleuz pour nous, et, ce me semble, l'evesque de
Cujavie; mais je n'en suis pas bien asseuré : ils monstrerent en cela et leur eloquence et la dexterité de
leur esprit; car les autres deputez furent tellement convaincuz, que tous ceux qui avoient esté contraires,
à haute voix revindrent à nous, horsmis l'evesque de
Plosko, qui voulut avoir cest honneur de demourer
seul constant pour Ernest.

Cecy fut faict le neuviesme de may, le samedy
veille de la Penthecoste, sur les sept heures du soir;
et pour ce qu'il y avoit un jour qui estoit le dimanche
entre deux jusques au lundy, qu'il falloit faire la proclamation, le bon archevesque qui tressailloit de joye,
de peur qu'il survinst quelque changement, cria par
trois fois : *Nous avons pour nostre roy le très-illustre
duc d'Anjou;* et fust suivy d'une infinité de gentils-
hommes.

En mesme instant l'evesque de Cujavie, les palatins de Sandomyre, Laski, et le castellan de Racen,
despescherent un homme à nosdicts ambassadeurs
pour les faire venir en grande diligence, comme ils
firent, et arriverent le lundy au soir.

Or, je reviens aux senateurs qui pensoient avoir
tout faict : mais Podollie, Cracovie, Wratislavie, Rave,
et tous ceux qui avoient tenu le party des autres competiteurs, se reunirent ensemble, protesterent que
l'ordre n'avoit pas esté gardé, d'autant que l'archevesque n'avoit ny ne pouvoit avoir faict legitimement la
proclamation; car cela appartient à l'authorité des
mareschaulx : joint aussi qu'ils avoient consenty à la-

dicte eslection, à la charge que les ambassadeurs du roy esleu jureroient de faire observer ce qui avoit esté arresté par eux sur les loix et statutz, et sur la confederation pour le faict de la religion.

Or les Zbaroski, Laski et plusieurs autres qui avoient opinion que lesdicts palatins voulussent troubler ce qui avoit esté faict et venir à une autre eslection, se preparoient à user de force s'il en eust esté besoing.

Mais le mareschal Oppalinski, castellan de Danski, et les evesques de Cujavie et de Cracovie arresterent ce desseing.

Arrivez que furent lesdicts ambassadeurs, ledict sieur evesque envoya Bazin vers lesdicts palatins de Podollie et de Cracovie, leur remonstrer que les autres competiteurs qui avoient esté excluz seroient bien aises de voir quelque division, et que cecy serviroit pour les faire venir à la poursuite avec les armes, qui seroit l'entiere ruine et desolation dudict royaume; et que quand ainsi seroit qu'ils eussent juste occasion d'eux departir de la compaignie, encore les taxeroit-on à jamais d'avoir esté cause d'un si grand mal, qui ne pourroit jamais estre reparé.

Lesdicts palatins rendirent fort courtoisement raison à Bazin de leur depart ; protesterent que ce n'avoit point esté pour vouloir impugner l'eslection à laquelle ils avoient volontairement consenty, et que leur but ne tendoit qu'à faire que toutes choses fussent si bien faictes, qu'il n'y eust rien à redire pour l'advenir. Se plaignoient que ledict sieur archevesque, qui n'avoit point de pouvoir, avoit faict la proclamation qui appartient au mareschal du royaume, laquelle proclamation ne pouvoit aussi estre faicte qu'on n'eust traitté avec les ambassadeurs dudict seigneur roy, tant pour la seurté de luy que pour l'establissement des affaires de son royaume.

Ceste response rapportée par ledict Bazin, qui fut toute la nuict avec eulx, ledict sieur la feit entendre aux principaux de noz amis, et les feit très-instamment prier de ne permettre point que nous vinssions à une rupture et division.

Les seigneurs, recognoissans le danger qu'il y avoit d'une grande et pernicieuse rupture, deputerent les evesques de Cujavie et de Cracovie, M. le mareschal Oppalinski et le chancellier, pour aller devers lesdicts palatins les prier de la part de tous de revenir à la compaignie : mais ils n'y gaignerent rien pour ceste fois; car lesdicts palatins requeroient que la proclamation faicte par ledict sieur archevesque fust declarée nulle. C'estoit chose à quoy beaucoup de gens ne pouvoient consentir, pour ne faire injure audict archevesque. Ledict sieur evesque proposoit que cela se pouvoit accorder, que ce que ledict archevesque avoit faict servist de declaration et non de proclamation, et qu'il ne fust point parlé de ce qui avoit esté faict, ny en bien ny en mal, et que au reste la proclamation se fist à la maniere accoustumée. Cecy fut le mercredy, et vers la nuict il renvoya Bazin ausdits palatins pour les prier de sa part de se contenter de ce moyen, lequel ils trouverent bon, et promirent de se trouver le jeudy matin à la tente, à la façon accoustumée; mais il survint une autre difficulté qui cuyda tout troubler : c'est que l'archevesque et tous les seigneurs, dès le mardy matin, s'estoient retirez dans la ville de Warsovie, deliberez de ne retourner plus aux tentes. Lesdicts palatins disoient qu'ils ne viendroient point ailleurs qu'au lieu où l'eslection avoit esté faicte, de sorte qu'ils furent en nouvelle combustion; qui fut cause que ledict sieur evesque envoya de nouveau Bazin vers lesdicts palatins de Podollie, Cracovie, Wratislavie, Rave et autres, pour les prier de ne s'arrester point à si peu de chose. Ils respondirent qu'à la premiere diette de Warsovie il avoit esté ordonné que l'eslection seroit faicte et parfaicte en la campaigne, soubz les pavillons, et que faisant la proclamation, qui estoit le principal acte de l'eslection, ailleurs que là où il avoit esté ordonné, ce seroit faire ouverture aux ennemis de revoquer en doubte ce qui avoit esté faict, et avec le temps proceder à une autre eslection. Ceste raison sembla audict sieur evesque fort apparente, et il la fit incontinent entendre audict archevesque, le priant de vouloir retourner aux champs achever ce qui avoit esté si heureusement commencé. Ce bon homme n'y vouloit entendre, comme aussi ne faisoient pas plusieurs autres, qui ne pouvoient volontiers porter que lesdicts seigneurs palatins leur donnassent la loy. Enfin les amateurs de paix obtindrent ce point, que les uns et les autres se trouveroient le vendredy matin aux pavillons, où lesdicts palatins vindrent comme ils avoient promis.

Je dirai une chose que j'ay apprinse de beaucoup de Pollacs, que le service qu'a faict ledict sieur de Valence au Roy pour l'eslection est grand; mais celuy qu'il fit pour la proclamation surmonta l'autre, parce que si la rupture desdicts seigneurs n'eust esté renouée, tout ce qui avoit esté faict s'en fust allé en fumée : le roy de Polongne n'eust pu passer, ni eust voulu venir prendre un royaume où les voisins eussent esté jà appellez par les uns et par les autres, selon la passion et interest particulier.

Les senateurs avant que venir à la proclamation deputerent messieurs l'evesque de Cujavie, les palatins de Sandomyre, Laski, Podollie et Vuilne, et le grand-chancellier, le grand-capitaine de Samogitie, les castellans de Gnesnen, Sandomyre, Danzic et Sanoc, et le capitaine de Balzan. Tous ceux-là estoient deputez (et ne me souvient pas bien s'il y en avoit d'autres) pour venir par devers noz ambassadeurs, et prendre d'eux, comme ils disoient, l'explication des articles contenuz en l'oraison : mais comme elle estoit claire et facile, il n'estoit aucun besoing d'y rien adjouster ou diminuer.

D'entrée ils demanderent les pouvoirs : le sieur de Lanssac qui n'en avoit point, et avoit tenu rang d'ambassadeur, dist audict sieur evesque qu'il recevroit ce jour-là une grande honte s'il ne trouvoit moyen de l'en garentir; ce qu'il feit fort volontiers pour l'amitié qu'il luy avoit tousjours portée, et feit entendre aux seigneurs que le Roy avoit envoyé ledict sieur de Lanssac sans pouvoir, estimant que l'eslection peut-estre auroit jà esté faicte avant son arrivée. Et toutesfois Sa Majesté chargeoit expressement ledict sieur evesque de le retenir et luy faire tenir rang d'ambassadeur, s'il pensoit que sa presence fust necessaire à la conduite de la negociation. Il leur dit aussi que le commandement qu'il avoit receu du Roy leur devoit autant ou plus contenter comme un pouvoir escript en parchemin; aucuns d'eux ne vouloient recevoir ceste raison en payement. Enfin il fut contraint de leur dire qu'il estoit resolu de ne negocier point que ledict sieur de Lanssac ne demourast au degré tel qu'il avoit tenu. Les autres senateurs dirent qu'il n'y avoit homme interessé que ledict sieur evesque, et que pour ceste cause ce n'estoit que temps perdu de debattre de cela. Et ainsi demoura ledict sieur de Lanssac. Ils voulurent aussi veoir le pouvoir de M. l'abbé de L'Isle, qui leur fut incontinent monstré. J'ai bien voulu toucher ces points, pour faire cognoistre que ces gens-là recherchoient de bien près lesdicts seigneurs ambassadeurs. Puis ils demanderent les instructions; ledict sieur leur dit que c'estoient pieces secrettes que les ambassadeurs n'avoient jamais accoustumé de monstrer, que c'estoit assez qu'on eust monstré lettres de creance et le pouvoir. Quelques-uns d'entr'eux maintenoient que le tout devoit estre representé, parce que au pouvoir y avoit une clause contenant ces mots: *Jouxte la forme et la teneur de noz instructions*, et concluoient par-là que sans lesdictes instructions le pouvoir ne pouvoit de rien servir. Mais les autres dirent que c'estoit trop presser lesdicts ambassadeurs.

Puis, sur la declaration des articles, la dispute fut grande et longue, parce que lesdicts deputez essayoient de gaigner quelque chose à leur advantage. Noz ambassadeurs aussi estoient fermes à ne rien adjouster à ce qui estoit contenu en ladicte oraison. Et parce qu'il falloit respondre sur le champ, et qu'il n'y avoit lieu de consulter par ensemble, ledict sieur evesque estoit contrainct de respondre promptement: et enfin toutes choses passerent pour ce jour-là au contentement d'une part et d'autre.

Le samedy, lesdicts deputez revindrent et presenterent à noz ambassadeurs les articles qu'ils avoient faicts entr'eux avant l'eslection, parmy lesquels il y en avoit quelques-uns qui, à la verité, sembloient avoir esté faicts contre l'authorité du roy, quel qu'il fust, qui seroit pnis après esleu. Mais ledict sieur evesque, après en avoir ouy la lecture, respondit que ny luy ny ses collegues n'avoient aucun pouvoir d'approuver ny reprouver lesdicts articles. Quelques-uns desdicts deputez maintenoient que les pouvoirs qui jà avoient esté monstrés estoient generaux. Ledict sieur evesque respondit que le pouvoir general ne se pouvoit estendre, sinon en ce que le Roy auroit peu prevoir, et que lesdicts articles estoient de telle nature, que ledict seigneur Roy ne pouvoit pas deviner qu'on en eust deu parler à ses ambassadeurs. Quelques-uns se malcontenterent de ceste response ; mais la pluspart fut d'advis qu'on s'en devoit contenter. Ce sont les articles qui ont esté icy si longuement disputez par les ambassadeurs dudict pays, lesquels depuis ont esté corrigez à la volonté dudict seigneur Roy.

Lesdicts deputez retournerent au senat, où ils feirent rapport de toute leur negociation, au grand contentement de toute la noblesse. Et je ne veux oublier à escrire que sur l'article qui contenoit que le roy de Pologne feroit apporter le revenu des terres qu'il a en ce royaume, plusieurs de la menue noblesse crierent à haute voix : « Nous n'avons point affaire d'argent, ayons nostre roy, et luy et nous serons assez riches. »

Incontinent après l'on envoya par devers noz ambassadeurs, qui ne se firent pas prier d'aller mettre la derniere main à l'œuvre, et firent le serment entre les mains de l'archevesque à la maniere accoustumée. Le palatin de Cracovie, sans leur donner loisir de se lever, leur en proposa un autre qui contenoit que ledict seigneur Roy esleu maintiendroit la paix entre ceux qui sont de differentes religions, et n'essayeroit de les ramener par effusion de sang, ny par cruauté. Et encore que cest article ne fust pas de si grande importance qu'il en fallust debattre, toutesfois noz ambassadeurs trouverent mauvais ce second serment, duquel ne leur avoit esté parlé, au moins de le faire en ceste façon. Mais, voyant que toute la noblesse vouloit desloger, et qu'il n'y avoit plus de moyen de la retenir, et que si la proclamation n'eust esté faicte ce jour-là, il eust esté impossible de rassembler la compaignie, ils passerent outre. Et après avoir esté amenez à leurs sieges près de M. l'archevesque, ledict palatin de Cracovie, comme mareschal du royaume, feit la proclamation pour la premiere fois. Le mareschal Oppalinski, comme mareschal de la Cour, la feit pour la seconde fois. Le grand capitaine de Samogitie, pour le mareschal de Lithuanie, la feit pour la tierce. Le *Te Deum laudamus* fut incontinent chanté, et la pluspart avec grande effusion de larmes. Et parce qu'il falloit aussi le chanter en la grande eglise de Warsovie, ledict sieur evesque pressa tant lesdicts palatins de Cracovie et de Podolie, et plusieurs autres des chefs evangeliques, qu'ils s'y trouverent avec les catholiques. Et cecy firent-ils volontiers pour monstrer que l'eslection et proclamation avoient esté faictes d'un commun accord et sans aucune division.

La proclamation faicte, toute la noblesse se retira : aussi firent les senateurs, horsmis quelque petit nombre qui demeurerent pour eslire les ambassadeurs qui viendroient en France, et pour dresser leurs memoires et faire sceller le decret. Parmi lesquels memoires devoient estre inserés les articles qui avoient esté accordez avec noz ambassadeurs le jour avant la proclamation. Mais ils furent si changez et si desguisez, que ledict sieur evesque refusa tout à trac de les signer, et ne sçavoit à qui se prendre d'une si grande faute qu'avoit esté faicte, comme aussi les senateurs se trouvoient bien empeschez; car les uns, qui n'avoient assisté à l'accord qui avoit esté faict avec nosdicts ambassadeurs, ne pensoient pas qu'on n'y eust rien adjousté ou diminué; les autres, qui estoient bien recors de tout ce qui avoit esté passé, recognoissoient qu'il y avoit quelque chose de changé; mais ils ne se voyoient pas assez en nombre pour la corriger. L'opinion commune estoit que le secretaire avoit voulu dresser lesdicts articles le plus à l'avantaige dudict pays qu'il avoit peu, bien qu'il rejetast la coulpe sur le chancellier qui estoit jà party. Enfin lesdicts seigneurs corrigerent un article qui estoit le plus important. Aux autres ils n'y voulurent toucher : tellement que ledict sieur evesque, après avoir refusé longuement de les signer, et voyant que lesdicts ambassadeurs deputez prenoient sur ce occasion de ne venir en France, il fut contraint de les signer, comme aussi firent ses compaignons, s'asseurant bien que le roy esleu, à sa venue, facilement obtiendroit des estats que le tout fust corrigé et remis comme il avoit esté accordé avant ladicte proclamation. J'estois jà venu par deçà; mais j'ay entendu que ledict sieur evesque cuyda mourir d'ennuy de se voir reduit à telle necessité qu'il failloit, ou signer chose qu'il n'avoit accordée, ou bien, en le refusant, estre cause d'un nouveau trouble, qui estoit ce que noz adversaires desiroient le plus; mais enfin il print le party le moins dangereux, et qui plus facilement se pouvoit reparer.

Sur ces articles aussi a esté en France longuement disputé, parce que ledict sieur evesque maintenoit qu'ils estoient de beaucoup differens à ce qui avoit esté traité entre luy et ses collegues, et les deputez du senat; et s'asseuroit bien que ledict senat et la noblesse repareroient la faute dudict secretaire, comme elle a faict depuis.

Il luy survint une autre difficulté : c'est que le palatin de Cracovie, mareschal du royaume, ayant esté mal-content, ou de l'eslection des ambassadeurs, ou de quelque autre deliberation qui n'est venue à ma cognoissance, se partit de la compaignie; de quoy quelqu'un des amis de nostre party advertit noz ambassadeurs; les advertit aussi que ledict palatin s'en alloit sans avoir ni signé ni scellé le decret de l'eslection, et que cela pourroit susciter beaucoup de trouble. Quelqu'un estoit d'advis de le retenir par force; mais ledict sieur evesque, qui voyoit que ce seroit allumer un feu qui ne se pourroit facilement esteindre, voulut aller par devers ledict palatin pour le prier ne s'en aller point que le decret ne fust scellé.

Ledict palatin se monstra si courtois et si gratieux, que incontinent le vint trouver, bien qu'il fust prest de monter en coche, et lui accorda de demourer jusques à tant que ledict decret seroit scellé. Et ainsi à la poursuite dudict sieur evesque, qui envoya incontinent par devers lesdicts seigneurs senateurs, le decret fut apporté audict palatin. Et après qu'il y eut apposé son scel, il s'en alla pour se marier le jour après, comme il fit; et, ainsi que j'ay entendu depuis, ce bonhomme, en l'aage de soixante-cinq ans, espousa une belle et jeune damoiselle.

J'avois obmis à escrire que le quatriesme jour après l'eslection, et pendant que, pour les raisons cy-dessus couchées, il y avoit quelque differend entre les palatins, arriva un chahuz (1) envoyé de la part du Grand-Seigneur, sur la venue duquel ledict sieur discouroit ainsi : « S'il vient pour nous favoriser, la noblesse du pays se tiendra grandement offencée, et dira qu'on a voulu employer la force et le credit d'un tel prince que celuy-là pour la contraindre : s'il vient aussi pour nous empescher, cela pourra susciter quelque trouble, attendu que la proclamation n'est encore faicte. » Enfin ledict sieur s'advisa de prier tous les amis de nostre party d'empescher que ledict chahuz ne fust ouy qu'après que tout seroit faict, ce que luy fut accordé; car aussi bien estoit-il raisonnable, et ne pouvoit-on faire autrement, que de mettre fin à l'œuvre qui jà estoit si advancée, et fut son audience differée pour quelques jours.

J'ay expressement reservé pour la fin de mon discours à parler dudict chahuz, qui fut entretenu six ou sept jours avec un traitement honneste et honnorable, lequel eut audience; et, après avoir presenté le lettres qu'il apportoit, declara sa charge fort sagement et modestement. Sa charge estoit de faire entendre à tous les seigneurs et à la noblesse de Polongne et de Lithuanie, que le Grand-Seigneur l'envoyoit pour se condouloir avec eux de la perte de leur roy, son bon voisin, parent et amy, pour les admonester

---

(1) *Un chahuz* : ce chiaoux s'appeloit Achmet.

aussi de n'estre si longuement sans eslire un roy; que telle longue dilation pourroit convier leurs ennemis à faire quelque entreprinse sur eux; qu'il les exhortoit et prioit d'eslire un d'entre eux, et que si cela ne se pouvoit faire, se gardassent d'eslire prince qui eust inimitié ou querelle avec luy; et, s'accommodant ainsi à son conseil et à son advis, il prendroit soubs sa protection, et le roy ainsi par eux esleu, et tous leurs pays; qu'il avoit entendu que quelques princes leurs voisins parloient de leur courir sus, et forcer leur ancienne liberté; qu'en ce cas Son Altesse leur faisoit offre de toutes ses forces pour les secourir et deffendre envers tous et contre tous; et pour cest effect avoit jà escrit aux deux bogdans, et à son bascha en Hongrie, de se tenir prests à les venir secourir incontinent qu'ils en seroient requis.

Plus dit ledict chahuz que, deux jours avant son arrivée, il avoit entendu l'eslection jà faicte en faveur du duc d'Anjou, frere du roy de France, et que telle eslection ne seroit point desagreable au Grand-Seigneur, parce qu'il n'a nulle inimitié ni querelle avec ledict prince esleu.

Ceste proposition faicte en public, il parla en secret plus ouvertement aux palatins de Podolie et de Russye, qui sont personnages-sages, amateurs de leur patrie, et de grande authorité, ausquels les Turcs, quand ils viennent en Polongne, ont accoustumé de s'addresser parce qu'ils sont sur la frontiere.

Ledict chahuz vint veoir ledict sieur evesque, et après avoir longuement discouru avec luy, par le moyen d'un truchement qui parloit latin comme s'il eust esté vingt ans sur la leçon de Ciceron, il n'en tira autre chose, sinon que son maistre avoit infiniment desiré qu'en Polongne il n'y eust point de roy estranger, parce que c'estoit le vray moyen d'entretenir bonne amitié et intelligence avec ledict pays; mais, puisque le sort estoit tombé sur le très-illustre duc d'Anjou, il se tenoit asseuré que sondict maistre feroit envers luy tout bon office de voisin et amy; qu'il avoit entendu, depuis son arrivée, que l'Empereur et les princes d'Allemaigne menassoient ledict roy esleu de luy empescher le passage pour venir en son royaume, et mesme que les ambassadeurs dudict seigneur Empereur en avoient faict quelque mention en leur oraison; et si ainsi estoit, sondict maistre seroit contraint de s'en mesler, et n'endureroit point qu'un tel royaume, de qui il a esté tousjours bon amy, receust aucun tort de ses voisins.

Or je veux respondre à ceux qui sottement et calomnieusement ont divulgué que le roy de Polongne a esté esleu à la priere et sollicitation dudict Grand-Seigneur.

Aux François il me suffira de dire que M. l'evesque d'Acqs (1), qui est personnage tel qu'on le peut desirer pour un bon ambassadeur, voyant que le roy de Polongne estoit, ainsi qu'on faisoit courir le bruict en Constantinople, fort malade, il voulut tanter le gué, et sçavoir, le cas advenant que ledict Roy mourust, quelle seroit l'affection du Grand-Seigneur, et pour qui il voudroit employer sa faveur; et trouva en effect qu'il estoit resolu à tenir la main à ce qu'autre qu'un Pollac ne fust esleu; et de ce en donna advis ledict sieur evesque d'Acqs à Leurs Majestez et audict seigneur

(1) *L'evesque d'Acqs*: François de Noailles.

roy de Polongne, et confirma depuis son opinion par autres lettres. Le semblable escrivit-il aussi audict sieur evesque de Valence par lettres du 14 mars. Or, à mon advis, ledict sieur evesque d'Acqs, outre ce qu'il avoit appris de ceux avec lesquels il avoit negocié, il discouroit sagement que les seigneurs et gentils-hommes pollacs trouveroient fort mauvais que aucun des competiteurs se fust faict recommander par ledict Grand-Seigneur, tant parce que la recommandation d'un plus grand apporte avec soy quelque commandement, que aussi pour autres raisons particulieres qu'il avoit entendu d'un gentil-homme pollac, ambassadeur pour lors à Constantinople; et de ce donna-il advis audict sieur evesque de Valence par les lettres cy-dessus mentionnées. Ceux qui en parlent donc si temerairement, seront tousjours convaincuz par les lettres dudict sieur d'Acqs, escrites tant à Leurs Majestez que audict sieur evesque de Valence.

Quant aux estrangers (qui sont, comme il est vraisemblable, autheurs de ceste calomnie), il suffira de leur dire que si ledict Grand-Seigneur a recommandé le très illustre duc d'Anjou avant l'eslection, leur calomnie pourroit avoir quelque apparence; mais il est certain que ledict chahuz arriva après que tout avoit esté faict. Et quant à la lettre du bascha, cy-dessus mentionnée, tant s'en fault qu'elle nous proffitast, qu'elle cuyda du tout ruiner toute la negociation, parce qu'il y avoit ces mots : *Vous ne faudrez d'obeir au commandement du Grand-Seigneur.* Ceste parolle offença grandement les gentils-hommes pollacs, qui ne receurent onques commandement d'autre que de Dieu et de leur roy. Et encore en ladicte lettre n'estoit ledict seigneur, pour lors duc d'Anjou, recommandé, sinon en cas qu'ils ne voulussent eslire l'un d'entr'eux.

La conclusion doncques de ce propos sera telle : que le Grand-Seigneur voudroit que tous ceux de la maison de France eussent de grands empires; mais pour le royaume de Polongne, il eust voulu et desiré que un Pollac eust esté esleu. Et si depuis ladicte eslection luy a esté aggreable, il s'est monstré en cela prince sage et advisé de se sçavoir accommoder au temps et faire son profit de tout : et bien qu'il soit grand et puissant, et qui se peut dire formidable à ses voisins, si est-ce qu'il a recogneu qu'il n'avoit nulle occasion d'estre marry que lesdicts Pollacs eussent usé de leur ancienne liberté, monstrant assez qu'il n'avoit point entendu que les prieres qu'il faisoit d'en prendre un de leur nation leur servissent de commandement. L'on dit que les Pollacs mesmes ont escript audict Grand-Seigneur qu'en l'eslection qu'ils ont faicte du duc d'Anjou, ils avoient eu esgard à sa priere et recommandation. Mais je responds à cela que ce sont parolles de courtoisie qui ne coustent rien à dire ou escrire pour conserver l'amitié d'un si grand prince que celuy-là; et cela pourroit avoir quelque lieu si le chahuz fust arrivé avant l'eslection; car je croy certainement que ladicte noblesse porte grand respect audict Grand-Seigneur; mais puisque le chahuz n'est arrivé que après l'eslection, et n'a esté ouy que après la proclamation, l'on n'a peu deviner quelle estoit l'intention dudict Grand-Seigneur. Quant à la lettre du bascha, qui fut escrite quelques jours auparavant, elle fut tenue pour contrefaicte, ainsi que cy-dessus a esté dict.

Telle fut l'issue de ceste grande, longue et difficile negociation, de laquelle ne peut estre dict l'autheur que Dieu seul : et confessera tout homme d'entendement qui voudra considerer que l'archiduc Ernest, pour la voisinance, pour la commodité d'ayde et de secours, s'il en estoit besoing, et pour la cognoissance de la langue, et pour estre si jeune que les Pollacs l'eussent peu former selon leur volonté, Ernest donc en apparence devoit estre plus desiré que le roy qui est presentement esleu. Le semblable se peut dire du roy de Suede, roy voisin, qui estoit comme appellé à la couronne par le moyen de sa femme qui estoit sœur du feu Roy, et qui vouloit unir sa part de la Livonie avec celle que les Pollacs possedent.

Quant au Moscovite, il faut dire que Dieu seul l'a reculé; car si ces deux puissances eussent esté reunies ensemble, l'Allemaigne n'eust eu moyen de s'en defendre, et pareillement tout le reste de la chrestienté eust eu belle peur.

L'opinion des Piastins estoit autant plausible qu'il estoit possible; car c'estoit une grande commodité d'avoir un roy de leur propre nation, qui, pour n'avoir force ni intelligence estrangere, eust plus obey que commandé.

Au contraire, le très illustre duc d'Anjou estoit de loingtain pays, de qui la pluspart des eslizans n'avoient que bien peu ouy parler, empesché par les ambassadeurs de presque tous les princes de la chrestienté, chargé, bien que faucement, d'une infinité de calomnies; et si l'on dit qu'il promettoit beaucoup de choses, aussi faisoient bien les autres.

Mais qui asseuroit ceste noblesse que ledict seigneur tiendroit ce que ses ambassadeurs promettoient, et mesme que plusieurs estrangers, par lettres et par advertissemens, mettoient peine de faire entendre à ladicte noblesse que tout ce que ledict sieur de Valence avoit dict n'estoit que songes, menteries et vaines promesses? L'on dira que ce nombre des palatins et castellans qui avoient esté praticquez avant de venir à l'eslection; mais il est certain que pour un senateur il y avoit deux cens gentils-hommes, tellement que, hors que tous lesdicts senateurs eussent esté praticquez, ce que non, leur voix ne pouvoit comme rien monter au prix du grand nombre de ceux qui n'avoient peu estre praticquez. Et, qui plus est, l'on ne peult nier qu'en la pluspart des palatinats la noblesse n'ayt esté de contraire opinion à celle de leur palatin. Et bien qu'il y eust en toutes choses une reciproque amitié et intelligence entre les grands et les mediocres, si est-ce qu'en ce faict il faut confesser que l'opinion des grands n'a aucunement servi de prejugé envers les autres; mais, au contraire, une bonne partie des senateurs à ceste fois a suivy l'opinion de leur noblesse. Et pour respondre à ceux qui parlent des praticques, je sçay que ledict sieur evesque n'a pas beaucoup dormy pendant qu'il a esté par-delà. Je sçay qu'il a faict ce que un homme pouvoit faire pour gaigner le cœur de tous ceux qui avoient l'authorité d'eslire; mais ce n'a pas esté ny par don ny par present, car il n'avoit nul moyen de le pouvoir faire. Ce n'a pas esté aussi par promesses; car, s'il eust esté possible de corrompre par ce moyen quelqu'un desdicts seigneurs, ils se fussent plustost arrestez aux promesses des ambassadeurs des autres competiteurs, desquels ils pouvoient estre plus asseurez que des nostres. Et quand tout cela n'auroit point de lieu, si doit-on au moins penser que trente mil gentils-hommes ne se fussent pas laissez guider à dix ou douze senateurs, ores qu'ils eussent esté gaignez ou praticquez. Quand je parle de gentils-hommes, j'entends de ceux qui ont voyagé, et qui ont pour la pluspart la cognoissance de deux ou trois langues, et qui ont l'intelligence des affaires publicques, au moins de celles qui concernent leur royaume, parce qu'il y en a bien peu qui n'aspirent à estre ambassadeur ou juge terrestre en leur palatinat, et de là parvenir à estre capitaines, ou de capitaineries ordinaires, qui sont de grand revenu, ou capitaines de guerre; puis esperent aussi de parvenir aux estats de castellans et de palatins, et d'ambassadeurs vers les princes estrangers : de sorte que l'esperance qu'ils ont de venir par leurs services aux degrez d'honneur, les rend ainsi soigneux d'apprendre toutes choses vertueuses pour servir au public. Tel nombre doncques et telle maniere de noblesse n'eust pas esté aysée à manier par praticques et par menées, et ne se pouvoit gaigner que par raison : la raison ne leur pouvoit estre declarée que par oraison publicquement prononcée, et depuis veuë, leuë et examinée. De laquelle raison tous, ou pour le moins la plus grand part, poussez d'un instinct secret et à nous incogneu, se rendirent si capables et vaincuz, que, comme sagement remonstra M. le castellan de Sanoc à M. l'eslecteur de Saxe, ils arriverent tous à une mesme opinion, et avec telle ardeur et affection, qu'il sembloit que le très illustre duc d'Anjou leur eust esté visiblement envoyé du ciel pour estre leur roy. Et ne sera point hors de propos d'inserer ici la clause de l'oraison dudict sieur Sanoc; laquelle oraison a esté imprimée à Paris.

« Que si nous mesurons les actions humaines selon nostre jugement et conseil, ce vous sera une merveille, et peult-estre chose incroiable, que les opinions de treize palatinats se soyent peu resoudre et accorder en l'eslection de Henri de Valois, duc d'Anjou. Lequel accord et consentement le grand duché de Lithuanie ayant congneu, passa du mesme advis sans aucune difficulté ou controverse. Alors vous eussiez veu les hommes desjà quitter leurs places pour dire leurs advis, et à l'envy redoubler le nom de Henry; et eussiez entendu de toutes parts les cris pleins d'allegresse et messagiers de bon heur : *Vive, et soit bien heureux Henry, roy esleu!* Vous avez entendu, très illustre duc, l'issue de noz estats non feinte, mais à la verité representée; car qui est celuy qui, d'un acte passé en un theatre si grand et si celebre, et en la presence de tant d'hommes, osast rapporter autre chose que verité? Et de ce vous jugez que la fin de ceste eslection s'est conduite, non par l'adresse d'hommes, mais par un secret jugement de Dieu, qui a touché les cœurs de nostre peuple. Car combien y en a il d'entre nous qui, des extremitez du septentrion et du midy, esquelles nostre regne s'estend, eust ouy le nom de Henry duc d'Anjou, ou eust entendu ses faicts et ses gestes, ou eust mis en consideration les commoditez que nostre royaume en pouvoit recevoir? Ses actions pleines de vertu et de gloire avons-nous entendu, en une ou deux heures seulement, du très-entier, très-docte et très-eloquent Jehan de Montluc, evesque et comte de Valence, ambassadeur du très-clement et très-chrestien roy, et du nostre esleu. L'oraison duquel, comme veritable, avec un singulier contentement et grande devotion nous avons suyvi. »

Revenant doncques aux causes de l'eslection, ledict sieur de Valence, combien que avec bonne et juste cause en ceste affaire a acquis autant d'honneur qu'il en eust pu desirer, toutesfois recognoissant qu'une telle œuvre surpasse et l'industrie et l'entendement d'un homme quel qu'il soit, a tousjours en ses dicts et en ses escrits remis toute la louange et la gloire à Dieu; et ne sera point hors de propos que je insere en ce discours la coppie des lettres qu'il escrivit à Leurs Majestez lorsqu'il leur envoya la nouvelle de l'eslection.

Au Roy.

« Sire, l'occasion s'est presentée à faire descouvrir quelle estoit la volonté de vos ennemys, qui n'estoit pas moindre que de supprimer le nom de vostre couronne, et le rendre aussi humilié et abaissé comme Dieu l'avoit longuement eslevé sur toutes les autres maisons de la chrestienté. Et par mesme moyen leur a il fait cognoistre que s'il a permis que vous ayez esté en vos jeunes années combatu de la fortune, toutesfois il n'a pas laissé de vouloir estre vostre protecteur et deffenseur; tellement qu'en ceste province tant esloignée, où la plus part ne sçavoit que c'estoit que d'un roy de France, vous avez surmonté l'Empereur, le roy d'Espaigne, le roy de Suede, les princes de l'Empire, le Moscovite et le Turc, qui avoit escript contre vous, et d'autres qui soubs main ne se sont pas espargnez. Je m'asseure que vous recognoistrez en cela que Dieu ne vous abandonne point, et que, vous tenant avec luy, vous pouvez esperer autant de grandeur qu'eurent jamais vos predecesseurs. Cependant serez vous recogneus deux freres, roys des deux plus beaux royaumes qui soyent en la chrestienté. Et pour ma part il ne me reste, Sire, qu'à prier celuy qui est l'autheur de toute l'œuvre, qu'il vous conserve longuement tous deux en tout bon heur, grandeur et prosperité.

« Sire, je supplie le Createur vous donner en parfaicte santé très longue et très heureuse vie.

« A Plosko, ce 10 may 1573. »

A la Royne.

« Madame, j'ay tenu ce que je vous avois promis : C'est de faire en sorte que vous verriez Monseigneur roy de ce royaume. Quand je considere les empeschemens qui me furent donnez pour me garder d'approcher de ce pays; quand je considere aussi le grand nombre d'ennemis qu'il a fallu vaincre par raisons et par la parolle; qu'il a fallu aussi surmonter les grandeurs, les faveurs, les menées, les praticques des autres competiteurs, je recognoy que Dieu a voulu, comme par un miracle, se servir de moy, et en telle sorte qu'il en faut rapporter l'honneur à luy seul; car s'il n'eust esté le conducteur de l'œuvre, cent tels que moy n'eussent sceu faire la dixiesme partie de ce que j'ay faict : et m'asseure, Madame, que, recognoissant de luy seul le contentement que vous en recevrez, vous le supplierez aussi qu'il le vous veuille conserver longuement, et ferez toutes choses à ce qu'il veuille par sa grace maintenir ce roy qu'il a faict par sa main miraculeusement. Quant est à moy, Madame, je me recognoy grandement obligé à vous de ce qu'à ma requeste et à ma sollicitation vous entrastes en ceste poursuite qui sembloit estre impossible, et en ce faisant me donnastes moien de parvenir à un point que mes ennemis, si aucuns en y a, seront contraincts de m'estimer un des plus heureux hommes de la terre : et pour tel me tiendray-je tant qu'il vous plaira me donner quelque lieu au nombre de vos très humbles et très obeissans serviteurs, et me contenteray de mourir avec ce nom d'estre heureux ambassadeur; car, par la grace de Dieu, j'ay eu cest heur qu'en quarante ans que j'ay servy, il ne m'a jamais esté rien commandé que je n'en soye venu à bout.

« Madame, je supplie le Createur vous donner en parfaicte santé très longue et très heureuse vie.

« A Plosko, ce 10 de may 1573. »

Au roy de Polongne.

« Sire, je vous appelle ainsi parce que vous avez esté faict roy de Polongne si vous le voulez estre, non pas par ma main, comme vous m'escriviez par voz dernieres lettres, mais par la main de Dieu, qui a monstré en cest affaire un des plus grands miracles qui advint cent ans a en la chrestienté. Il a voulu se servir de moy qui estois, ou pour la vieillesse, ou pour autre occasion, delaissé comme inutile à travailler et à faire service au public. Et cela a il fait pour faire paroistre que ceste œuvre grande et admirable ne pouvoit estre faicte que par luy qui establit les rois, et qui tourne le cœur des eslisans où bon luy semble. Il vous a faict naistre de maison royalle, et de la premiere de la chrestienté; il vous a enrichi de tant et si rares et precieux dons convenables à un bon et grand prince; il vous a rendu victorieux en deux batailles memorables; et par la vertu qu'il a mis en vous il a attiré à vous l'amour et l'affection d'une infinité de personnes, il vous a rendu aymable aux uns, et formidable aux autres; il m'a inspiré à vous proposer et faire desirer ce royaume, chose à quoy vous n'aviez jamais pensé. De maladif et foyble il m'a rendu sain et fort pour porter la peine et le travail que un jeune homme eust esté bien empesché d'endurer. Il m'a retiré du danger de mort en Lorraine, en Allemaigne et en ce pays, où j'ay esté quelque temps assiegé de la peste. Il m'a donné et la force et la grace à contredire et respondre à une infinité de calomniateurs qui s'estoient bandez contre vous. Il a rendu mon nom si favorable à l'endroict de beaucoup de gens qui n'en avoient jamais ouy parler, qu'ils ont presté foy à tout ce que j'ay dict et escript de vous. Il m'a faict prononcer une oraison devant une si grande, si honorable et si diverse compagnie, que deux heures après la plus part de ceux qui avoient esté vos ennemys se rendirent affectionnez, et comme solliciteurs de vostre cause. Toutes les pratiques, menées, menaces et faveurs recerchées de tous les princes chrestiens, du Moscovite et du Turc, n'ont sceu empescher que ceux qui ne vous cognoissoient point, et qui n'avoient jamais ouy parler de vous, ne vous ayent sur tous les autres estimé, aymé et desiré pour leur roy. Ce seul acte peut servir à convaincre ceux qui nient la providence de Dieu, et à leur faire confesser que c'est luy qui gouverne et qui dispose selon sa volonté et juste jugement de toutes choses. C'est à luy donc, Sire, à qui vous estes tant obligé que je ne sçay s'il y eut, mil ans a, prince en la chrestienté qui le fut davantage. Si, par la langue d'un homme qui sembloit ja enterré, vous avez vaincu tout le monde qui vous estoit ennemy, vous devez esperer que, recognoissant l'heur de vostre victoire, et luy en rapportant l'honneur, la gloire et la louange, il augmentera les dons qu'il a mis en vous, et sera tellement vostre guyde et conduite en toutes choses, que la posterité vous renommera pour prince bon, sage et vertueux, et pere du royaume qui vous a esté donné. Quant est à moy, Sire, tant s'en faut que je vous en demande aucune recompense (bien que avec juste cause je la pourrois desirer, pour avoir autant faict que homme de ma sorte fit jamais), que ce seroit à moy qui deusse vous donner recompense de l'honneur que je receuz quand vous me baillastes un affaire de si grande importance entre mains. Mais, estant si petit compaignon comme je suis, et qui ay fait mon dernier effort, je ne puis faire autre chose sinon de prier Dieu toute ma vie à ce qu'il luy plaise longuement et heureusement vous conserver au bien qu'il vous a donné. Bien vous dirai-je, Sire, sur la fin de ma lettre, que Dieu m'inspira bien à vous demander M. le seneschal d'Agenois, lequel a monstré en tout ce qu'il a peu la grande et entiere affection qu'il avoit de vous faire service. Je ne vous diray rien de celuy qui vous presentera ceste lettre, parce que j'espere, et m'en asseure, que vous sçaurez d'ailleurs que de moy qu'il n'a pas perdu temps pendant qu'il a esté par deçà, et qu'il m'a rendu fort bon compte de tout ce que je luy ai baillé entre mains.

« Sire, je supplie le Createur vous donner en bonne santé très longue et très heureuse vie.

« A Plosko, ce 10 may 1573. »

Et par ainsi se peut dire, et avec la verité, que ledict seigneur roy esleu est infiniment obligé, premierement à Dieu qui a fait cognoistre sa vertu et sa valeur, et en sa faveur a disposé le cœur des eslizans; secondement, est obligé à Leurs Majestez, qui luy ont procuré ce bien et cet advancement : et quant audict sieur de Valence, encore qu'il n'y ait pas faute d'envieux en ce royaume, si ne luy sçauroit-on oster qu'il n'ayt esté le premier à proposer et executer ceste grande entreprinse, et que pour la fin qui s'en est ensuivie, on ne le puisse et doive dire heureux ambassadeur.

LIVRE TROISIESME.

Après que ladicte negociation fut du tout achevée, comme cy-dessus a esté escrit, noz trois ambassadeurs penserent à leur retour. Et eust bien voulu ledict sieur de Valence qu'ils ne se fussent point despartis : mais le sieur de Lanssac voulut s'en aller par mer, pensant, comme il est vraisemblable, d'arriver plustost en France que les autres. M. l'abbé de L'Isle print une fois resolution de s'en aller par l'Italie, mais il changea d'opinion. Ledict sieur de Valence se trouvoit grandement empesché : d'un costé, il voyoit qu'il n'y avoit nulle seureté par les terres de l'Empereur ; car, ores que ledict seigneur soit prince si bon, si juste et si equitable, qu'on ne doive jamais penser ny croire que par son commandement soit faict desplaisir à personne, si est-ce que ses ministres et ses subjects portoient fort impatiemment que le royaume de Polongne fust tombé en autres mains que de l'archiduc Ernest ; d'autre costé, il craignoit que, passant par le Brandebourg et par la Saxe, les rheistres qui estoient malcontens ne l'arrestassent, ou ne luy feissent à la campaigne quelque tort ou desplaisir. L'on luy conseilloit d'aller à cachettes ; et de faict le sieur Scambergt [1] l'avoit recommandé à un sien parent qui prenoit la charge de le conduire seurement par des maisons de gentilshommes : mais il falloit que ce fust en habit desguisé.

[1] *Scambert*: Schomberg, l'un des chambellans de Charles IX.

Ce party luy sembloit dangereux, parce que s'il luy fust venu inconvenient l'on eust pu dire qu'il n'avoit pas esté cogneu pour ambassadeur. Et de plus, revenant d'une ambassade si illustre, il eust fait tort au nom du Roy (ce lui sembloit) de s'en retourner à cachettes. Par quoy sa resolution fut de faire ce qu'il devoit, et remettre l'issue de son voyage à Dieu, et envoya La Brosse vers les princes de Brandebourg et de Saxe, non pour leur demander saouf-conduit, mais pour les supplier de trouver bon que, passant par leur pays, il allast leur baiser les mains et recevoir leurs commandemens. Et advint que le mesme jour qu'il vouloit monter à cheval, il tomba malade d'une fievre qui le retint quinze jours. Et incontinent qu'il se sentit tellement quellement allegé de sa fievre, bien qu'il n'en fust pas du tout guery, s'achemina vers Mierdzeric, pour là attendre les ambassadeurs deputez du pays qui s'en venoient en France, estant resolu de ne les laisser qu'il ne fust bien asseuré de leur volonté, parce qu'il y en avoit parmy eux qui n'avoient pas grande envie de faire le voyage.

En passant par la grande Polongne il fut festoié par messieurs l'archevesque de Gnesnen et evesque de Posnanie, par le palatin de Lancissic et le castellan de Siradie, par les comtes Gourka, par le castellan de Gnesnen, par le capitaine-general de la grande Polongne, et par les sieurs Ostrorogt; et, n'eust esté que le temps le pressoit, et aussi qu'il n'estoit pas du tout nect de fiebvre, il eust esté longuement retenu par la noblesse dudict pays.

Arrivé qu'il fut à Mierdzeric, il despescha le bon François à tous les seigneurs du royaume, pour les prier de ne rompre point l'union qui estoit entre eux, et pour leur recommander la deffense dudict pays pendant que le Roy seroit absent. Cependant arrivèrent lesdicts ambassadeurs deputez, qui eurent bon besoing de sa presence et de son conseil pour une difficulté qui leur survint, qui estoit fort mal-aisée à desmesler ; car l'Empereur leur manda qu'il ne pouvoit leur donner saouf-conduit de passer par l'Allemaigne qu'il n'en communiquast aux princes de l'Empire ; le duc de Saxe aussi escrivit qu'il ne pouvoit leur donner passage par ses terres sans en advertir ledict seigneur Empereur. Ce refuz estoit accompaigné de parolles de reproches, avec beaucoup d'aigreur et demonstrations de malcontentement. Ledict sieur de Valence n'estoit gueres mieux, car ledict La Brosse luy apporta une lettre si ambiguë, qu'il sembloit qu'elle eust esté expressement dressée pour le mettre à deviner. Il luy rapporta aussi que quelques ministres dudict seigneur eslecteur parloient en fort mauvaise sorte de luy, et disoient publicquement qu'il ne sortiroit jamais d'Allemaigne qu'il ne s'apperceust qu'il ne faisoit pas bon offencer l'Empereur ny les princes dudict pays. Ledict sieur de Valence se trouva en grande perplexité ; car, si les deputez s'en fussent retournez, il est certain qu'il y eust eu du trouble, et que les bienveillans de l'Empereur, prenans occasion sur la difficulté du passaige, eussent gaigné beaucoup de gens pour rompre ce qui avoit esté faict. Il leur remonstra qu'il ne falloit point attendre autre response dudict seigneur Empereur sur les premiers jours de son malcontentement, et mesme que le castellan de Lubellin, qui avoit esté chargé de demander le saouf-conduit, s'estoit tousjours monstré si ennemy de nostre party, qu'il n'avoit pas failly à irriter et enflamber le cœur dudict seigneur Empereur, et l'emplir d'une vaine esperance qu'empeschant que le decret ne fust apporté au Roy esleu, il y auroit encore remede de revenir à une nouvelle eslection; et de faict, ledict seigneur escrivit des lettres fort gratieuses à quelques-uns des seigneurs dudict pays, et mesme à quelques-uns desdicts ambassadeurs deputez.

Et quant au duc de Saxe, disoit ledict sieur de Valence que Son Excellence eust bien voulu qu'ils eussent passé par ses terres sans luy demander saoufconduit, car le luy ayant demandé, l'on l'avoit mis en necessité, ou de le refuser contre le droit et la raison, ou de le leur accorder avec le malcontentement dudict seigneur Empereur. Il leur conseilloit donc de s'acheminer, puisqu'ils avoient libre passaige par les terres du marquis de Brandebourg, et renvoyer encore une fois par devers ledict seigneur eslecteur de Saxe, pour luy remonstrer qu'estans envoyez par un royaume amy et confederé de l'Empire, et envoyez par devers leur roy, qui pareillement estoit amy de l'Empereur et de tous les princes d'Allemaigne, l'on ne pouvoit leur refuser le passaige sans violer les traittez d'amitié que ledict royaume de Polongne avoit depuis trois cens ans avec le sacré Empire; et se confians de sa bonne volonté et de sa prudence, ils continueroient leur voyage jusques à Leipsic, où ils attendroient la response qu'il adviseroit de leur faire.

Il leur dist aussi que, pour leur monstrer le peu d'occasion qu'ils avoient de craindre, ils se mettroit devant, et les attendroit à Leipsic, se tenant bien asseuré que ledict seigneur duc estoit trop sage pour rien entreprendre sur un serviteur du roy Très-Chrestien, et que si ses ministres avoient usé de quelques parolles ou menaces, ce n'estoit que pour contenter les ambassadeurs de l'Empereur, qui pour lors s'estoient trouvez auprès dudict seigneur duc.

Lesdicts deputez tomberent en grande controverse : les uns disoient que ce seroit grande temerité de passer plus outre contre la volonté desdicts seigneurs Empereur et duc de Saxe, et ce que seroit hazarder leur vie et la reputation du royaume de Polongne. Les autres disoient que lesdicts seigneurs Empereur et duc de Saxe estoient trop sages pour violer le droit des gens, et entreprendre une guerre contre ledict royaume, leur ancien amy, et confederé. Enfin la resolution fut prinse qu'on suivroit l'advis dudict sieur de Valence, qui se mit devant et attendit à Leipsic la venue desdits deputez; lesquels, le jour après leur arrivée, receurent la seconde response dudict seigneur duc de Saxe par un gentil-homme neveu de l'evesque de Posnanie, La response fut telle, que Son Excellence trouvoit fort estrange qu'ils eussent esté si mal conseillez que de passer par ses pays contre sa volonté, et que pour le moins devoient-ils attendre qu'il eust nouvelles de l'Empereur, comme il leur avoit mandé par leur premier messager, et que pour ceste cause il commandoit à ses officiers de ladicte ville de leur faire bon traictement, mais qu'ils ne permissent point qu'ils s'en allassent; leur declarant au parsus, que là où ils voudroient passer plus outre, ils se mettroient en tel danger, que, pour estre leur amy, il seroit fort marry de ce qu'en pourroit advenir; adjoustoit à sa lettre qu'ils eussent mieux fait de croire son conseil au temps de l'eslection. Les bourguemestres et conseillers de ladicte ville leur vindrent faire ceste declaration, qui estoit en somme une honneste et gratieuse prison.

Un gentilhomme pollac faisant son rapport, racompta comme le premier conseiller dudict seigneur duc eslecteur ne pouvoit contenir sa colere quand il parloit dudict sieur de Valence, qu'il nommoit à tous propos *impudent, causeur et menteur :* disoit entre autre choses que ledict seigneur duc luy avoit fait une telle response qu'il meritoit, et qu'il s'estoit bien gardé de s'y vouloir fier, car il s'en estoit allé par le pays de Bronsvich (1) en habit desguisé ; mais qu'on luy avoit baillé tant de gens après, qu'on le garderoit bien de retourner en France.

Les deputez se voyant retenuz, tomberent en nouvelle difficulté, et quelques-uns d'entre eux n'espargnoient pas ledict sieur de Valence, qui avoit esté cause de leur partement de Mierdzeric.

Ledict sieur estant appellé par eux, leur remonstra que, par les menaces qu'on faisoit contre luy et en sa personne, ils pouvoient comprendre que ce n'estoit qu'un jeu joué à la main ; car lesdicts conseillers, qui tant le menaçoient, sçavoient bien qu'il ne s'en estoit point allé par le pays de Bronsvich en habit desguisé, et estoient bien ayses de contenter les ministres dudict seigneur Empereur. Et quant à leur retention, c'estoit un vray congé qu'on leur donnoit de s'en aller ; car si ledict seigneur duc eust entendu les vouloir retenir absolument, il n'eust pas usé de telles parolles : « Si vous passez plus outre, vous vous mettrez en tel danger. »

(1) *Bronsvich* : Brunswick.

Ceste clause estoit superflue, car ils estoient enclos dans une ville d'où ils ne pouvoient sortir sans congé des ministres dudict seigneur. Toutesfois, pour contenter ceux qui monstroient avoir quelque peur, il leur conseilloit d'envoyer un d'entre eux-mesmes audict seigneur duc, pour luy monstrer que, les retenant et empeschant qu'ils ne peussent aller vers leur roy, il rompoit, comme dessus a esté dit, la confederation et alliance qui avoit esté de si long tems gardée entre le royaume de Polongne et le sacré Empire; à l'entretiennement de laquelle les Allemands pour beaucoup de considerations devoient estre aussi soigneux comme les Pollacs. Et quant à son particulier, remonstroit que pour leur faire cognoistre le peu de peur qu'il avoit des menaces, il sejourneroit encore deux jours audict Leipsic, et qu'il s'asseuroit bien qu'il ne seroit point retenu, comme aussi ne fut-il : mais au contraire fut caressé, honoré et visité de beaucoup de gens de la ville, et singulierement des escoliers, qui luy offrirent de se mettre au nombre de cent pour le conduire jusques au lansgrafve de Hessen.

La resolution desdicts deputez fut de croire le conseil dudict sieur de Valence : ils le prierent de s'en aller devant, affin que, selon le traictement qui luy seroit faict, ils se peussent resoudre d'aller plus avant ou de s'en retourner, et deputerent M. le castellan de Sanoc, qui est homme docte, sage et advisé, et amateur de sa patrie, pour aller par devers ledict seigneur duc de Saxe, duquel il ne peut avoir audience, pource que jà il avoit prins le chemin des forests pour sa chasse. Mais il fut ouy par le conseil, et son oraison envoyée audict seigneur, qui respondit qu'il eust bien voulu et desiré qu'ils eussent voulu croire son conseil, mais qu'estant resoluz de passer outre, il ne leur seroit donné aucun empeschement.

Ledict sieur de Valence, après avoir demouré trois jours avec lesdicts ambassadeurs, print congé d'eux; et furent-ils d'advis et l'en prierent qu'il se mist devant, affin de ce qui luy adviendroit ou bien ou mal, ils peussent deliberer ce qu'ils avoient à faire, et le louerent grandement de ce qu'ils le voyoient si constant et si resolu à ne rien craindre, ou à dissimuler le danger qui estoit assez apparent. Et ils ont depuis confessé, et le diront tousjours, que s'il eust faict semblant d'avoir peur, ils s'en fussent retournez, et leur retour eust esté la rupture de tout ce qui avoit esté faict. Mais parmy beaucoup de remonstrances, il leur fit recognoistre que les princes d'Allemaigne ne sont ni fols ni estourdis, pour prendre de gayeté de cœur, et avec une injuste querelle, la guerre avec les Pollacs et avec les François, et que, pour estre sages et advisez (comme certainement ils le sont et l'ont tousjours esté), ils ne voudroient entreprendre chose qui pust apporter, tant peu fut-il, de trouble à la chrestienté, et mesme contre deux nations avec lesquelles de si long temps ils ont eu confederation, alliance et amitié. Les ayant donc ainsi rendus resoluz, M. l'abbé de L'Isle demoura avec eux, et ledict sieur de Valence s'achemina vers M. le lansgrafve des Hessen, par Herfort, par Gotta et Heisnach : esquels lieux il fut non-seulement humainement, mais bien fort honnorablement receû ; et partout là où il passa luy fit-on offre de compagnie pour luy asseurer son chemin, ce qui fut cause qu'il renvoya un gentil-homme que M. de Schumbergt luy avoit laissé pour l'accompagner, et declara, comme il avoit faict le premier jour, qu'il ne pouvoit avoir meilleure escorte que le nom du Roy; et de tout il advertit lesdicts ambassadeurs, affin qu'il ne feissent difficulté de le suivre.

Il alla veoir M. le lansgrafve de Hessen, qui le receut fort humainement : vray est-il que du commencement ils ne furent pas bien d'accord, parce que ledict sieur de Valence se plaignoit de ce qu'avoit esté faict ausdicts ambassadeurs de Polongne, remonstroit assez vivement les inconveniens qui en pouvoient advenir si l'on refusoit le passage, qui devoit estre libre et aux François et aux Pollacs. M. le lansgrafve excusoit ce qu'avoit esté faict par M. l'eslecteur de Saxe; puis demanda audict sieur de Valence s'il estoit vray qu'il eust asseuré le senat et la noblesse de Polongne que luy et le duc Cazimire eussent promis de conduire le roy de Polongne par toute l'Allemaigne en despit de l'Empereur; qui estoit chose à quoy ny luy ny ledict Cazimire n'avoient oncques pensé, et de quoy l'Empereur estoit fort mal content contr'eux deux, pensant que cela fust veritable. Il y adjousta puis après ces mots : « Vous pouviez bien faire les affaires de vostre « maistre sans y mesler les autres princes. » Ledict sieur de Valence, qui jà à Leipsic avoit ouy parler de ceste calomnie, luy respondit si pertinemment, que ledict sieur fut fort content de luy.

Puis ledict seigneur luy demanda comment l'eslection avoit esté faicte, et s'il estoit vray qu'il y eust eu de la force et de la corruption de nostre costé, et qu'en ce cas, disoit-il, le roy de Polongne trouveroit peu d'amis qui voulussent favoriser sa cause. Sur quoy ledict sieur de Valence respondit si bien et si à propos, que ledict seigneur lansgrafve, et quelques-uns de son conseil qui estoient près de luy, recogneurent que c'estoient des calomnies sottement controuvées. Sur la fin du propos, ledict seigneur demanda audict sieur de Valence si de tout ce qu'il luy avoit dit il ne pouvoit pas advertir l'Empereur et les princes ses amis, et mesmes qu'à cest effect son secretaire avoit escript en ses tablettes les principaux points de ses propos. Il luy respondit que, pour luy donner plus grande seureté de la verité de ce qu'il luy avoit dit, il luy en escriroit une lettre contenant les principaux points ; de quoy ledict seigneur fut fort contant, et luy bailla deux gentils-hommes pour le conduire et defraier par ses terres. Il luy en bailla aussi un autre pour luy rapporter du premier logis l'escript qu'il luy avoit promis; et fut le messager si rigoureux exacteur de la promesse, que, bien que ledict sieur de Valence fust arrivé tard et fort lassé (car encore avoit-il tous les jours quelque ressentiment de sa fiebvre), il fallut escrire ce mesme soir. Il est vray que, pour ce qu'il estoit contrainct d'user de quelque aigreur pour respondre à ce dont l'on l'avoit faulsement voulu charger, il fit semblant d'escrire au secretaire, et non pas au seigneur. Et pour autant que ladicte lettre contenta bien fort, non seullement ledict seigneur lansgrafve de Hessen, mais beaucoup d'autres grands personnages de la Germanie, et mesmes que ceux qui trouvoient bon le passage du roy de Polongne s'en sont aydez, comme aussi ont-ils faict des autres propos que ledict sieur avoit euz avec ledict seigneur lansgrafve, comme depuis M. le president de Metz a fidellement rapporté à Leurs Majestez, il m'a semblé devoir inserer icy ladicte lettre en latin, comme elle fut escrite, et puis la traduction en françois.

« *Habebis nunc tu quidem, magnifice domine secretarie, litteras à me raptim ex itinere atque ideò fortassè negligenter conscriptas; neque enim laboriosissimum iter mihi quicquam temporis et otii ad illas accuratè scribendas reliquit. Sed luculentiores ad paucos dies à me expecta, in quibus eorum quæ Varsoviæ in comitiis generalibus acta sunt, nihil me obmissurum spero, etenim illustrissimus princeps tuus ut resciat omnia quam maximè opto. Interim quæ ad existimationem tuendam meam pertinent, et quæ sine meæ famæ dispendio præterire, neque in aliud tempus detrudere possum, paucis accipe. Hoc autem est: admonuit me Lipsiæ adhuc cùm essem, juvenis quidam pacis et veritatis amantissimus, me apud Germaniæ principes ferè omnes, tribus de causis falsò accusatum fuisse.*

« *Meâ operâ, inquiunt aliqui, meo item consilio factum esse, ut quæ proximis diebus de rege Poloniæ facta est electio non libera extiterit, sed minis et vi etiam apertâ ab electoribus extortâ. Deindè muneribus, largitionibus et corruptelis me quam plures nobiles ad meas deduxisse partes, veluti ludentes affirmant. Postremò, litteras me confinxisse quasi ab illustrissimo principe tuo atque ab aliis Germaniæ principibus conscriptæ essent, illas me senatui Polonorum publicè ostendisse, atque legendas dedisse, in quibus dicti principes, dux illustrissimus Andium, si in regem eligeretur, in Poloniam, etiam invito Cæsare, ut tutò deduceretur, facturos se esse recipiebant.*

« *Habes tria accusationis capita, ex quibus priora*

duo illa nullâ egent responsione, imò verò à Poloniis ipsis tanquam inepta, et veluti puerilia omninò rejicerentur ; nam, quod ad vim attinet, si qua fuit, eam certè publicè factam fuisse necesse est. Proferant vel unum testem qui unum ex nobilibus polonis de hâc re conquestum fuisse velit affirmare. Dicant saltem, qui Germanis tàm facilè imponere se posse existimant, dicant, inquam, quos ego milites, quas copias ad vim inferendam cogere potui, homo inermis, externus, ab amicis et opibus id temporis omninò inops, homo cui nulla cum nobilibus polonis intercedebat necessitudo, nobilibus, libertatis suæ acerrimis defensoribus, tamen terrori esse potui. Hæc quidem certè sunt ab omni etiam conjecturâ alienissima, minas precibus addidere oratores aliqui. Ego causam quam susceperam tuendam precibus non minis apud viros fortes et judices æquos obtinui. Sed videant illi qui talia sibi somnia fingunt, dùm ad vim inferendam prudentissimos principes, et præsertim Cæsarem, principem pacis et quietis alumnum, malis artibus commovere student, pacatum orbem in summa discrimina ne conjiciant.

« *Multa quidem de hâc re scribere statueram, sed meipsum revoco ; animo etenim adeò exulcerato sunt aliqui, ut pericula quæ reipublicæ christianæ impendent, neque prospicere neque prospicientes audire velint. Prædictiones certissimas et christianas et prudentes pro minis atque convitiis accipiunt. Sed de his satis. Illud præterea quod de largitionibus et corruptelis ausi sunt dicere, ineptissimum atque à veritate alienissimum esse nemo est qui non videat. Ego ad regni petitionem trecenta millia talentorum me profudisse nunquàm quæstus sum (quid dicam Poloni intelligunt); sed qui aliena tam impudenter curant, ostendant quâ viâ, quâ permutatione, quorum mercatorum operâ, tanta auri vis ad me delata sit, quæ tot nobilium judicum corrumpere potuerit. Cæteros competitores, non centum tantùm, aut ducentis suffragiis vicimus; sed liberis atque frequentissimis totius nobilitatis suffragiis à nobis illi superati sunt. A decem nobilibus si tres competitores, rex scilicet Suessiæ, princeps illustrissimus Hernestus, et Piasthus propositi fuere, centum mille statim adfuere qui Gallum sibi in regem postulabant. Mazovia tota, quæ triginta millia nobilium alere dicitur, ducem illustrissimum unum qui regno polonico regendo et tuendo dignus foret, ab initio usquè in finem comitiorum semper judicavit. Illud etiam Lithuania fecit tota.*

« *Quid ad hæc igitur dicere possunt, qui neque victi, neque si victores essent, scirent fortassè quiescere? Fateantur, velint, nolint, oportet, corrumpendæ tam numerosæ nobilium multitudini, omnium principum divitias sufficere non potuisse. Ad dùm de confingendis atque excogitandis calumniis laborant aliqui, Polonia, quæ totius orbis christiani propugnaculum est tutissimum, in summa pericula abducitur. Instat Poloniæ finibus barbarorum colluvies; Moscovitam ad Lithuaniam vastandam numeroso atque potenti cum exercitu flumen, jam transmisisse est certissimum, flumen, inquam, quod pro certis inter utraque regna limitibus constitutum est; Tartari in Russiam summâ cum celeritate irrumpentes, villis permultis incensis, ingenti ex jumentis et pecoribus præda facta, magnam hominum multitudinem ad extremam servitutem secum adduxerunt.*

« *Poloni hanc solam effugiendi periculi rationem esse existimant, ut regem quam primùm secum habeant, atque ad illum accersendum nobiles aliqui, et senatores præclarissimi itineri sese commiserunt; regem, inquam, summâ omnium ordinum consentione electum accedebant, regem prætereà ex illustrissimâ et potentissimâ regum familiâ, regem ex eâ familiâ quæ de Germanis præcipuò ac singulari quodam studio benè mereri semper studuit, regem ex eâ familiâ quæ austriacæ familiæ sanguinis propinquitate, nunc verò arctioris affinitatis vinculo est conjunctissima illi. Tamen, ut audio, à tam præclaro et necessario studio revocantur. Cur ita? Ego planè nihil video cur ita fieri debeat, Davus enim sum et non OEdippus. Videant illi qui me sunt prudentiores, quibus reipublicæ christianæ salus est maximæ curæ. Ego planè, ut dixi, in hâc re omninò cæcutio. Hoc unum liberè dicam : ridet Turca, qui etsi hostis potentissimus christianis sit omnibus, interregni tamen polonici tempore prudentem et pacis studiosum principem erga Polonos se præstitit; tantùm ut libertatem constantissimè in eligendo rege retinerent, efficacissimis verbis admonuit, ne quid inter illos dissidii oriretur, summam adhiberent cautionem, quòd si quis de pristinâ illorum libertate, aut concordiâ aliquid detrahere tentaret, in illum vires suas omnes se velle convertere testificatus est. Inter christianos autem an sint aliqui qui concordiam et laudatissimam illam animorum conjunctionem labefactare studeant res ipsa indicabit. Sed benè est quod Cæsar pacis et quietis, ut dixi, cupidissimus sit. Principes item Germaniæ, ne ejusmodi monstra ac pestes reipublicæ audiantur, sum mam adhibebunt curam ac diligentiam. Sed de his plus satis ; ad tertium propero.*

« *Si de confingendis, aut ostendendis, aut legendis litteris quas à me dicunt confictas esse, in mentem mihi quicquam venit unquàm, habear ego pro vano, levi, et de mendacio convicto, à quo quidem vitio quàm procul absim sciunt qui me norunt omnes. Polonorum nobilium benevolentiam ad id quod agebam perficiendum, bonis artibus mihi conciliare studui, nullius cujusquam gratiam ad preces regis christianissimi adhibendas esse duxi. Apertè enim ferè omnes nos oppugnabant : qui igitur fieri potuit, ut eorum principum à quibus oppugnabar nomine, aut gratiá abuti voluerim ?*

« *De illustrissimo autem tuo principe, illum auctoris amicitiæ quæ germanis principibus cum gallis regibus intercessit, non omninò oblitum esse semper existimavi: atque utinam quæ tempestas utrique genti impendet, si quid inter nos et vos oriatur dissidii, prospicerent omnes! Sed ad illustrissimum principem tuum redeo: quod is à me quicquam de iis quæ suprà dicta sunt scripserit, quod litteras ab eo ad me vel ad quemvis alium scriptas vel confictas ostenderim, id falsum est, atque à veritate longè remotissimum. Ego in frequentissimo et numeroso nobilium cætu orationem habui. Si vel testem unum qui vir sit probus qui de hác re testimonium dicere velit mihi protulerint, dicam iterùm : habear ego pro levi, vano atque indigno oratore. Sed si sint qui tàm ineptas calumnias in me rejicere audent, sint inquam, illi vani, leves, et inter vanos et leves omnium mendacissimi.*

« *Quod acerbius de hác re apud te egerim, vehementer doleo. Vereor enim ne indignas meas esse litteras, quæ* tanto principi ostendendæ sint existimes; meâ tamen maximè interest cavere ne ille offenso erga me sit omninò. Falso me accusatum fuisse ut intelligat vehementer, ut debeo, sum sollicitus. Tu igitur, magnifice domine, veritatem quæ ab omnibus amari, et coli debet, meam existimationem quam tibi curæ esse mihi ipse persuasi, ut tuearis atque à calumniis vindices etiam atque etiam rogo. Sed quod præcipuum erat, ferè obmiseram. Celsi illustrissimi principis tui convenire, atque utriusque regis nomine salutare omninò certum habeo. At ne adventus ad eum meus intempestius sit, aut molestus, pro tuâ prudentiâ, atque pro eâ quâ me soles amplecti benevolentiâ, ut efficias vehementer peto. »

Traduction de la susdite lettre latine escripte au secretaire du lantgrafve de Hessen.

« Monsieur le secretaire, vous aurez pour ceste heure une lettre de moy, faicte sur le chemin et comme à la desrobée, et consequemment sera-elle peut-estre escripte avec moins de diligence qu'il ne conviendroit; car la longueur et le travail de mon voyage ne me donnent assez de temps ne de loysir pour mieux vous satisfaire, ainsi que j'eusse bien voulu : mais dans bien peu de jours vous aurez plus amples lettres de moy, esquelles j'espere n'oublier rien de tout ce qui s'est passé en l'assemblée generale de Varsovye, desirant bien fort que vostre prince très illustre en soit informé. Cependant vous aurez en peu de parolles ce qui concerne la deffence de ma reputation, et que je ne puis laisser couller ou remettre en autre temps sans mettre en danger mon honneur et ma renommée: qui est que, comme j'estois dernierement à Leipsig, un jeune homme, amateur de paix et de vertu, m'advertit que j'estois faulsement deferé envers presque tous les princes d'Allemaigne de trois crimes.

« Pour le premier, l'on dict que l'eslection du roy de Polongne a esté faicte par menaces, et à force ouverte arrachée des electeurs. Pour le second, ils asseurent et semble qu'en cela ils veullent donner et dire que j'ay attiré de nostre costé plusieurs seigneurs et gentils-hommes dudict pays par presens et corruptions. Pour le tiers, disent que j'ay supposé des lettres de vostre prince très illustre, et d'autres princes d'Allemaigne, et les ay publiquement monstrées et fait lire au senat de Polongne ; esquelles les susdicts princes promettoient que si le très illustre duc d'Anjou estoit esleu roy, ils le conduyroient seurement jusques en son royaume, ores que l'Empereur ne le voulust point.

« Voylà les trois chefs de mon accusation, desquels les deux premiers n'auroient besoing d'aucune response, et les rejetteroient les Pollacs comme choses controuvées, grossieres, et dignes de n'estre dictes que parmi des enfans ; car, quant à la force, s'il y en a eu quelqu'une, il faut qu'elle ayt esté faicte publiquement. Or, qu'ils mettent en avant un seul tesmoing qui asseure que gentil-homme pollac ne autre s'en soit jamais plainct. Ceux qui esperent si facilement par faux donner à entendre tromper les Allemans, que ceux-là, dis-je, disent quels soldats, quelle armée j'ay peu assembler pour avoir des forces, et comment s'est peu faire que un homme seul, estranger, sans armes, homme pour ce temps-là desnüé d'amys et d'argent, et qui n'avoit aucune accointance avec la noblesse dudict pays, ayt peu intimider ou forcer ceux qui sont si aygres et si constans defenseurs de leur liberté. Je sçay bien que quelques ambassadeurs ont en leur demande adjousté aux prieres des menaces. Quant est à moy, j'ay gaigné la cause que j'avois entreprins de porter au jugement des très-vaillans chevaliers, sages et providens juges par prieres, et non par force et par menaces. Mais que ceux-là qui rapportent ce qu'ils feignent avoir songé; que ceux-là prennent bien garde que tandis qu'ils veulent esmouvoir aux armes par très-mauvaises et dangereuses inventions les princes très-saiges, et sur-tout l'Empereur, pere de paix et de repos; qu'ils prennent garde qu'ils ne mettent le monde, qui pour ceste heure est paysible, en quelque grand trouble et danger.

« Sur ce subject avois-je deliberé de vous escrire beaucoup de choses; mais je me retiens et revocque ma deliberation; car il y en a qui ont l'esprit si gasté et mal affecté, qu'ils ne peuvent prevoir ne escouter ceux qui de loing voyent et regardent les dangers dont la chrestienté est menassée. Si l'on les admoneste et advertit chrestiennement et sagement des maux qui peuvent advenir, ils prennent cela à menasses et injures. Mais c'est assez dit quant à ce point. Sur ce qu'ils ont voulu dire des corruptions faictes par moy, il n'y a homme qui ne juge que cela est inepte et esloigné de la verité. Ce n'est pas moi qui me suis plainct d'avoir despendu cinq cens mil talars à mon maistre pour la poursuyte dudict royaume (les Pollacs sçavent bien ce que je veux dire); mais ceux qui si mal à propos se veulent empescher des affaires d'autruy, qu'ils monstrent par quelle voye, par quelle lettre de change, et par quels moyens l'on m'a peu apporter si grande quantité de deniers pour corrompre le jugement de tant de gentils-hommes. Nous avons surmonté les autres competiteurs, non pas de cent ne de deux cens voix, mais c'a esté par tous les suffrages libres et commun accord de toute la noblesse. S'il y en a eu dix qui ayent demandé l'un des trois competiteurs, assavoir le roy de Suede, le très illustre archiduc Herneste, ou un du pays qu'on entendoit par le nom de Piaste, il y en a eu cent mil qui ont demandé le Françoys. Toute la Mazovie, qui nourrit, comme l'on dict, trente mil gentils-hommes, a tousjours jugé que le très illustre duc d'Anjou estoit tel qu'on pouvoit desirer pour gouverner et deffendre le royaume. La Lithuanie a depuis esté de mesme opinion, comme aussi ont esté toutes les autres provinces.

« Que diront donc ceux-là qui, ne vainqueurs, ne vaincuz, ne sçauroient peut-estre vivre en repos? Il fault que, vueillent ou non, ils confessent que pour corrompre un si grand nombre de noblesse, les richesses de tous les princes du monde n'eussent esté suffisantes. Mais cependant qu'ils se travaillent à feindre et controuver des calomnies, la Pologne, qui est le plus asseuré boulevart de toute la chrestienté, est pour aujourd'huy en tres perilleux estat : ja se presentent sur les confins du royaume un infiny nombre de barbares ; le Moscovite avec une grosse et puissante armée a ja passé la riviere qui sert de bornes et de limites aux deux royaumes ; les Tartares se sont desbordez et entrez en la Russie avec une si merveilleuse vistesse, qu'ils ont bruslé beaucoup de villages, pillé un très grand nombre de bestail, et emmené plusieurs milliers de pauvres personnes.

« Les Pollacs voyans que le seul moyen d'eviter tous les maux et les dangers qui les menassent est d'avoir bientost leur roy, quelques uns d'entr'eux, choysiz et esleus par tous les estats, se sont mis en chemin pour aller devers leur roy, un roy esleu d'un commun consentement, un roy yssu de la plus puissante et illustre maison de l'Europe, un roy yssu d'une famille qui tousjours s'est efforcée par biens-faicts obliger les Allemans, un roy yssu d'une famille parente et alliée, et nouvellement par une estroicte alliance conjoincte avec la maison d'Austriche. Et toutesfois, à ce que nous voyons, l'on empesche lesdicts Pollacs, l'on les revocque d'un voyage si grand et si necessaire. Et pourquoy cela? Quant à moy, je ne voy du tout point quelle raison il y peult avoir, et ne suis pas assez aygu pour le deviner. Or c'est à ceux qui sont plus sages que moy, et qui ont le soing du bien de la chrestienté, à en sçavoir la raison; car, comme j'ay dict, ma veue ne va pas si avant que cela. Je diray ce mot avec telle liberté que je doys : que le Turc se rit de nous; car, encores qu'il soit très puissant ennemy et adversaire de tous les chrestiens, si est-ce que durant l'interregne de Pologne, il s'est monstré envers ceste nation prince sage, amateur et desireux de paix. Il les a très expressement admonestez d'estre tous d'un accord et d'une opinion, et de conserver la liberté qu'ils ont eu de tout temps d'eslire leurs roys; protestant que si quelqu'un entreprenoit d'oster ou troubler ladicte liberté, qu'il tourneroit toutes ses forces contre cestuy-là. Or, si parmy les chrestiens s'en trouve qui vueillent rompre ceste ancienne et louable union et concorde, ce qu'adviendra cy après nous en fera sages. Mais c'est un grand bien, comme j'ay ci dessus touché, que l'Empereur ayme la paix et le repos de la chrestienté; que les princes d'Allemaigne de leur costé prendront garde que tels monstres et pestes du bien commun ne soient escoutez. C'est trop pour le second article, je viens au dernier.

« Si jamais il m'est tombé en l'esprit de supposer et falsifier des lettres, de les monstrer et les faire lire au senat, comme ils m'accusent que j'ay faict, que je soye en ce cas tenu comme un homme vain, leger et convaincu de mensonge; duquel vice ceux qui me cognoissent sçavent combien de mon naturel j'en suis esloigné. Pour parvenir à ce que je pretendois, je me suis efforcé par moyens honnestes d'acquerir la bonne grace des Pollacs. Je me suis contenté du nom du roy Très Chrestien, et n'ay voulu emprunter le nom ne la recommandation d'autruy; car tous les princes estoient ouvertement contre nous. Comment eusse-je donques voulu abuser du nom et de la faveur de ceux qui nous estoient contraires?

« Quant à vostre très illustre prince, je pense qu'il n'a point du tout oublié l'estroicte amitié et intelligence que tousjours a esté entre les roys de France et les princes allemans. Pleust à Dieu que un chascun cogneust combien d'orage et de tempeste menasse l'une et l'autre nation, s'il advenoit qu'ils se departissent de ladicte ancienne amitié! Mais je reviens à vostre prince : c'est chose notoirement fauce et esloignée de toute verité qu'il m'ayt jamais rien escript, et encore plus que j'aye monstré lettres fauces et controuvées, ou que j'aye emprunté son nom, ne d'autres princes d'Allemaigne. Mes oraisons furent prononcées en une grande assemblée. S'il se trouve tesmoing, homme de bien, qui vueille dire ce dont l'on m'accuse, je dis derechef que je merite d'estre tenu pour vain, leger et indigne de ma charge. Mais aussi ceux qui osent rejecter sur moy telles calomnies, doivent estre estimez legers, vains; et, entre les legers et les vains, les plus hardis menteurs. Il me deplaist d'avoir escript peut-estre avec trop d'aigreur et de vehemence, et crains que pour cela vous ferez difficulté de presenter mes lettres à vostre très illustre prince : toutesfois il m'importe beaucoup de faire en sorte que un tel prince ne soit offensé de moy, et desire infiniment, comme je dois faire, qu'il entende que j'ay esté faucement accusé. Je vous prie donc, monsieur, de deffendre la verité, qui doit estre aymée et prisée d'un chascun, et par mesme moyen garantir mon honneur de toute calomnie, duquel honneur je me suis persuadé que vous voudrez estre le deffenseur. Mais j'avois presque oublié le principal poinct de ma lettre : c'est que je suis resolu de saluer la grandeur de vostre prince au nom des deux roys; mais je vous prie autant que je puis, par vostre prudence, et pour l'amitié que vous me portez, faire en sorte que ma venue ne luy soit point des-aggreable. »

Ledict sieur de Valence paracheva son voyage sans trouver plus d'empeschement, horsmis de sa maladie, qui le rendoit si foible, qu'on n'esperoit point qu'il deust venir jusques à Metz. Mais le desir qu'il avoit de veoir Leurs Majestez pour leur rendre compte d'une si longue et heureuse ambassade, luy faisoit pour la pluspart oublier et le mal et la peine qu'il portoit.

Au rapport qu'il fit à Leurs Majestez de sa negociation, il loua le royaume de Polongne de trois choses.

La premiere, c'est de la grande et longue estendue du pays, qui est telle qu'elle contient pour le moins deux fois autant que la France.

En second lieu, il le loua de la grande fertilité et abondance de toutes choses necessaires au vivre et au plaisir de l'homme, horsmis du vin, duquel toutesfois il n'y a ny ville ny village qui n'en soit bien pourveu : et y en a beaucoup meilleur marché qu'on n'a accoustumé de l'avoir dans Paris : vins de Hongrie, de la Moravie, du Rhin et de la Gascogne, et des Malvoisies en grande quantité qui leur sont apportées par les Armeniens du costé du Pont Euxin ; tellement que le gentil-homme qui ne donne à son amy de quatre ou cinq sortes de vins, et de tous autres delices qu'il y a ou en Italie ou au pays de Levant, il ne pense pas l'avoir bien receu. Et ce qui retient parmy eux le bon marché de toutes denrées, c'est qu'il n'y a point de monopoles, principalement pour le bled et pour le vin. Je dirai en passant chose qui semblera estrange : c'est que ledict royaume il y a trois ans fut persecuté universellement de peste et de famine si grande, qu'il mourut une infinité de gens de faim : ce qui ne leur estoit advenu cent ans auparavant ; et toutesfois l'année suivante, aux fruicts nouveaux, le bled revint au mesme prix qu'il avoit esté dix ans auparavant. Et cela ne pouvoit estre, sinon qu'ils n'endurent point qu'il y ait marchands blatiers (1) : et toutes choses con-

---

(1) *Ils n'endurent point qu'il y ait marchands blatiers.* Il paroît que le commerce des grains éprouvoit alors en Pologne de grandes entraves.

cernant la police y sont religieusement et avec grande severité estroictement gardées.

Pour le tiers point de la louange dudict royaume, ledict sieur fit mention fort honnorable de la noblesse dudict pays, laquelle est recommandable parmy toutes les autres nations en cinq choses.

La premiere, c'est pour le grand nombre, qui est tel qu'on peut dire avec la verité qu'il y a plus de gentils-hommes en Polongne qu'il n'y en a en France, en Angleterre et en Espagne.

La seconde, le bon entendement et la dexterité en toutes choses; car il est certain qu'il n'y a nation au monde qui si promptement s'accommode à toutes bonnes mœurs et vertuz des autres nations, que faict la nation polacque : ils sont de leur naturel, comme j'ay cy-dessus dict, plus curieux que nuls autres de veoir les pays estrangers, esperans qu'à leur retour, s'ils y ont bien prouffité, ils sont mieux veuz et plus volontiers receuz aux honneurs et dignitez, et à l'administration des affaires publicques. Ils n'ont pas esté quatre mois en Italie qu'ils parlent parfaictement bien italien. Ils s'habillent, ils vivent, ils ont la mesme contenance que s'ils estoient nez en Italie. Le mesme font-ils en Espaigne et en France. Quant est à l'Allemaigne, ils apprennent bientost à parler allemand. Mais quant est aux habits et autres façons de vivre, ils retiennent tousjours la difference des coustumes qu'il y a entre les deux nations.

Pour le tiers point, ladicte noblesse est recommandable, ce disoit ledict sieur, pour la vaillantise et exercice au faict de la guerre. En quoy ils peuvent estre certainement comparez à quelque autre noblesse que ce soit; car il n'y a nation qui porte le froid, le chauld, la faim, la soif et le travail, plus patiemment que faict celle-là. Je croy que c'est parce qu'ils ont des inimitiez avec leurs voisins, et que dès leur enfance ils s'accoustument aux incommoditez de la guerre; joinct aussi qu'estans en paix et en repos en leurs maisons, leur maniere de vivre est plus de soldat que d'homme cazannier. Et voit-on souvent qu'après qu'ils ont esté au festin depuis le matin jusques au soir, comme font tous les autres Septentrionaux, sur l'entrée de la nuict, et au temps que l'air et la terre sont glacés, ils sont toute la nuict à cheval pour aller là où ils avoient entreprins. S'ils ont quelque chose à faire d'importance, ils ne mangent que sur le soir. Et ne pense pas qu'il y ait nation qui porte si longuement et si facilement la faim que celle-là. Et en conclusion, si ceste noblesse est conduicte par un bon chef comme est leur roy qui est à present, l'on doit penser qu'elle sera renommée au faict des armes, comme elle a esté autresfois.

Pour le quatriesme point, ladicte noblesse surmonte les autres en union et intelligence, et commune amitié entr'eux. Il y a grande diversité de religion, introduite, à ce que l'on dict, par la connivence du feu Roy; mais, recognoissans entr'eux que la division apporteroit leur entiere ruine, ils n'ont jamais voulu se courir sus l'un à l'autre. Ils esperent que avec la prudence de leur roy, ceste grande diversité se pourra quelque jour reunir; et pour ceste cause retiennent-ils (ainsi qu'ils disent) plus soigneusement l'amitié entre eux, parce que s'ils prenoient les armes les uns contre les autres il n'y auroit plus d'amitié, il n'y auroit plus de commun zele à conserver l'Estat. Les uns n'auroient plus de credit avec les autres pour les ramener, et par consequent il n'y auroit plus d'esperance de reduire les choses à meilleur estat, et ne pourroit-on eviter la subversion et ruine des uns et des autres.

Le cinquiesme point de louange est le principal, et duquel l'on doit tenir le plus de compte : c'est la fidelité et obeissance qu'ils ont à leurs roys legitimement esleuz. L'on sçait qu'ils ont puissance d'eslire leur roys, et toutesfois ils ont tousjours esleu un des enfans des roys qui leur ont commandé. Je ne sçay si parmy toutes autres nations l'on pourroit trouver un tel exemple que celuy-là. Leur Estat est gouverné comme par une forme de republicque, et maintiennent que leurs roys ne peuvent contrevenir à ce qu'a esté une fois receu par le commun consentement des estats : et toutesfois si leurs roys ont esté autres qu'ils ne devoient estre, soit ou qu'ils ayent mal' gouverné, ou qu'ils ayent indignement vescu, ils ne se sont pourtant jamais rebellez depuis cinq cens ans, horsmis que une fois. Et encore qu'ils eussent occasion de hayr toute la race, si ne voulurent-ils point prendre autre roy que le frere de celuy qu'ils avoient chassé. Loys, roy de Hongrie, qui estoit descendu de la maison d'Anjou, mourut sans enfans masles; et toutesfois après sa mort, les Pollacs, qui avoient droit d'eslire un autre s'ils eussent voulu, comme ils ont faict en ce temps, prindrent la fille dudict roy pour leur royne, qui depuis fut mariée avec le grand-duc de Lithuanie. Ils ont doncques retenu un droit de grandeur et d'authorité, mais ils n'en ont jamais abusé ; et au contraire ils ont obey à leurs roys vivans, et les ont respectez et honnorez après leur mort. Je ne sçay s'il y a nation au monde qui eust si constamment et si longuement conservé cest amour et affection au sang de ceux qui leur ont commandé.

Voilà le sommaire du recit que fit le dict sieur evesque de Valence, tant à Leurs Majestez que à la cour de parlement. J'adjousteray un mot, qui servira pour respondre à quelques-uns qui disent que ledict royaume n'a pas le revenu tel que celuy de France. Je suis d'accord avec eux en cela, car ils n'ont point d'imposition ny de tailles; mais aussi fault-il qu'ils m'accordent qu'il n'y a pas trois ou quatre mil hommes d'armes à payer, ce qui fut la cause de la premiere institution des tailles en ce royaume. Un roy de Polongne ne paye pas trois ou quatre cens mil francs aux galeres tous les ans. Il n'est pas chargé de douze cens mil francs de gaiges aux officiers de justice et de finances comme nous sommes. Il n'est pas chargé de quinze cens mil francs de pension qu'il faut bailler pour contenter sa noblesse, comme nostre roy est contrainct de faire. Il n'est pas chargé de douze cens mil francs à payer aux garnisons des gens de pied. Bref, ceux qui en parlent ainsi recognoistront, s'il leur plaist, que le feu roy Sigismond, pere du dernier decedé, a vescu de ce revenu que l'on faict si petit, avec autant de splendeur et de majesté que roy qu'il y eust de son tems en la chrestienté. La royne Bonne sa femme, quand elle sortit de Polongne, emporta six cens mil escus comptant. Ce dernier roy à l'heure de sa mort avoit cinq mil chevaux en ses escuries, a laissé un cabinet qu'il n'y en a point en toute la chrestienté de si riche que celuy-là. Je diray davantage, qu'il a laissé plus de riches habillemens et d'armes et d'artillerie que tous les roys qui sont aujourd'huy vivans n'en sçauroient monstrer. Quoy qu'il en soit de l'eslection du roy de Polongne, la France se peut dire avoir esté autant honnorée qu'elle fut jamais.

Le Roy de son costé peut dire avoir acquis autant d'honneur qu'il n'eust peu faire avec la mort de cent mil hommes. Il a demandé un royaume au temps qu'il avoit beaucoup d'ennemis, un royaume qui estoit demandé par d'autres grands princes, et favorisez, peu s'en faut, de tous les grands princes de la chrestienté. Toutes fois son nom a esté tant estimé et honnoré, que ceste nation, si loingtaine de la nostre, a voulu preferer le duc d'Anjou, à present roy dudict pays, à tous les autres competiteurs.

Je prie Dieu que ledict royaume luy serve d'une eschelle pour monter si haut qu'il se puisse esgaller avec la grandeur de ses predecesseurs.

FIN DES MÉMOIRES DE CHOISNIN.

MÉMOIRES

DE

MATHIEU MERLE,

BARON DE SALAVAS.

NOTICE

SUR

LE CAPITAINE MERLE ET SUR SES MÉMOIRES.

Mathieu Merle, qui prit depuis le titre de baron de Salavas, naquit à Uzès vers l'année 1548. Si l'on en croit de Thou, son père étoit cardeur de laine (1). Il ne reçut aucune éducation, et n'apprit même ni à lire ni à écrire. En 1568, âgé de vingt ans, et se sentant une vocation décidée pour l'état militaire, il entra dans les gardes du baron d'Acier, depuis duc d'Uzès, alors l'un des chefs les plus renommés des protestans, et il le suivit dans la campagne de 1569, à la fin de laquelle ce seigneur fut fait prisonnier par le duc d'Anjou. Après la paix de 1570, d'Acier, qui avoit remarqué dans ce jeune homme un dévouement à toute épreuve, et de rares talens pour la guerre, crut obliger le vicomte de Peyre, son beau-frère, en le faisant entrer à son service comme écuyer. Le vicomte, ayant fait l'épreuve des qualités de ce nouveau serviteur, lui confia la garde de ses terres en Gévaudan, lorsqu'il crut devoir se rendre à Paris pour assister aux noces du roi de Navarre et de Marguerite de Valois [1572]. Il périt peu de temps après, avec les principaux chefs protestans, dans la funeste ma-

_____
(1) Le marquis d'Aubais rapporte que, dans un acte du 20 mars 1555, Antoine Merle, père de Mathieu, se qualifie noble.

tinée de la Saint-Barthélemy ; et la guerre civile s'étant bientôt rallumée, Merle vit une nouvelle carrière s'ouvrir devant lui.

Le désordre étoit à son comble, surtout dans les provinces méridionales du royaume : les protestans, partout proscrits, manquoient de chefs, et se ralliolent aux hommes déterminés qui se présentoient pour les commander. Il en résulta qu'un assez grand nombre d'aventuriers sans éducation et sans naissance se firent chefs de partisans ; et Merle, qui n'avoit encore que vingt-quatre ans, devint bientôt l'un des plus fameux. N'ayant d'abord que trente hommes sous ses ordres, il vit peu de temps après sa troupe s'accroître par les succès inespérés qu'il obtint.

Dévoué à la cause qu'il avoit embrassée, sans cependant bien comprendre les motifs qui divisoient les deux partis, il fit la guerre dans le Gévaudan, dans les Cevennes, dans le bas Languedoc et dans l'Auvergne. On n'entrera pas dans le détail de ses exploits, que ses Mémoires retracent, mais on observera qu'il avoit tellement acquis la confiance de ses soldats, qu'il réussissoit avec eux dans des entreprises qui sembloient impossibles : il suffisoit qu'il fût à leur tête pour qu'ils se crussent invincibles. Ne vivant que de pillage, puisque sa troupe ne recevoit aucune solde, il observoit cependant la discipline la plus exacte dans les lieux où il trouvoit de la soumission, et son historien observe que les soldats qu'il commandoit *n'eussent osé y toucher un œuf sur leur vie.* Homme d'exécution, capable des coups les plus hardis, poussant toujours le courage jusqu'à la témérité, mais quelquefois cruel, il s'étoit fait la plus grande réputation dans son parti. « Nous

« aurons Merle, écrivoit, en 1587, le duc de Mont-
« pensier à un autre chef de partisans : comme vous,
« il est un peu délabré d'hommes, mais avec lui j'atta-
« querois l'enfer, fust-il rempli de cinquante mille
« diables. » Henri IV, qui n'étoit encore que roi de
Navarre, partageoit cette opinion, et il mit plus d'une
fois à l'épreuve l'intrépidité incroyable du capitaine.

Merle, étant devenu riche, acheta, en 1583, les
terres de Salavas et de la Gorce, et il se fit alors ap-
peler le baron de Salavas, titre sous lequel il fut
moins connu que sous le nom vulgaire qu'il avoit su
rendre fameux. Un contemporain nous a laissé le por-
trait de cet homme extraordinaire : « Sa taille, dit-il,
« estoit moyenne et son corps épais; il estoit boiteux,
« la couleur de ses cheveux et de sa barbe estoit
« blonde; il portoit deux grandes moustaches relevées,
« et semblables à deux dents de sanglier; ses yeux gris
« et furieux s'enfonçoient dans sa tête, son nez estoit
« large et camus; il estoit cruel et barbare. »

Le marquis d'Aubais, à qui nous devons les Mémoires de Merle, s'est trompé en disant qu'il étoit
mort au commencement de 1584, et les premiers éditeurs des Mémoires relatifs à l'histoire de France ont
partagé cette erreur. Il est certain que ce capitaine
poussa beaucoup plus loin sa carrière, puisque la lettre
du duc de Montpensier que nous avons citée est du
mois de janvier 1587, et qu'à la fin de cette année,
après la bataille de Coutras, Merle fut envoyé à Nîmes
par le roi de Navarre. Au reste, la date de sa mort
est ignorée.

Ses Mémoires, qui malheureusement ne sont pas
complets, furent rédigés par le colonel Gondin son

compagnon d'armes. Le manuscrit, qui avoit fait partie de la bibliothèque précieuse du président de Thou, tomba, dans le dix-huitième siècle, entre les mains du marquis d'Aubais, qui le publia dans le second volume du recueil intitulé : *Pièces fugitives pour servir à l'Histoire de France.*

MÉMOIRES

DE

MATHIEU MERLE.

Le capitaine Mathieu de Merle, natif d'Uzès, avoit deux frères aînés; il commença en portant l'arquebuse dans les gardes de M. d'Acier, depuis duc d'Uzès, avec lequel il fit le voyage de Poitou (1) en 1568. Après la paix de 1570, d'Acier le donna à M. de Peyre, son beau-frère, qui, le connoissant homme de courage et d'entendement, le fit son écuyer, et le chargea de la garde de sa maison en Gévaudan, lorsqu'en 1572 il alla aux noces du roi de Navarre et de Marguerite de France, qui furent suivies du massacre où il fut tué. Les troubles s'étant allumés, Merle manda à ses amis d'Uzès de le venir trouver; ce qu'ils firent au nombre de trente bons soldats. Arrivés à Peyre, prend Le Malzieu en Gévaudan en 1573; la noblesse du pays l'assiége, ou tâche de l'attraper aux courses qu'il faisoit. Il dresse son ordre des contributions, donne parole à aucuns de la noblesse, exempte leurs terres, tient la

---

(1) *Le voyage de Poitou.* Ce voyage fut très-pénible. Il s'agissoit de conduire au prince de Condé les troupes protestantes de Languedoc. Ces troupes manquèrent des choses les plus nécessaires, et se livrèrent contre les catholiques à d'horribles excès.

main roide aux soldats, qu'ils n'eussent osé toucher un œuf sur leur vie aux lieux qui payent sa contribution volontairement. Aux autres leur faisoit la guerre rude, rend sa garnison forte, et la plûpart à cheval, qui lui donne moyen de reconnoître Issoire, la trouve prenable par coups d'échelle; mande à ses amis aux Cevennes, et à Uzès à son frère aîné le venir trouver au Malzieu; ce qu'ils font au nombre de trois cents. Ils montent tous à cheval ou bien ou mal, laissant sondit frère au Malzieu avec ceux d'Uzès, pour lui être plus affidés; ce fut en 1574. Se rend aux fossés d'Issoire. Etant sur le point de descendre un fossé, entend deux messagers qui crient aux sentinelles que Merle est en campagne, et voit des signales de feu en plusieurs lieux et châteaux voisins. Merle avec sa troupe laisse passer ces messagers et le caporal, qui se retira à son corps de garde. A même instant ledit Merle entre au fossé, fait dresser une échelle, et monte le premier, trouve un habitant avec un bâton ferré à deux bouts, qui s'oppose vivement à lui, et tâche de renverser l'échelle; mais Merle, s'étant fait bailler de main en main deux pistolets, les tire, et renverse la sentinelle de la muraille en bas; ce qui lui facilite son entrée avec ses bons capitaines : ainsi il fut bientôt maître d'Issoire, où il établit le même ordre qu'au Malzieu; se fait des amis parmi la noblesse voisine et quelques autres du pays. Se voyant fort et renforcé, fit plusieurs combats, et prit prisonnier de guerre, en une rencontre à cheval, le seigneur de La Guiche, accompagné de force noblesse et gens d'ordonnance du pays d'Auvergne : il se trouva enveloppé, et fut conduit en la ville d'Issoire en 1575, où après certain temps fut élargi sans rançon par commandement du roi de Navarre. En même temps la noblesse d'Auvergne ayant assiégé avec un canon le château de Malet, où le capitaine Merle avoit garnison, icelui part avec deux cens cuirasses et un nombre d'arquebusiers à cheval, bat les assiégeans qu'il trouve écartés, et qui jettent leur pièce de canon dans un creux de rivière, duquel Merle la retira après.

La paix étant faite en 1576, le roi de Navarre commanda à Merle de remettre Chavagnac dans Issoire, et lui laisser le commandement et garde, comme ville d'otage; à quoi Merle obéit, et se retira à Uzès, lieu de sa naissance, avec très-beau équipage.

Les troubles ayant recommencé en 1577, Merle part d'Uzès avec certains capitaines et soldats, et se rend au château de Peyre, où, quelques jours après, reprit par pétard ou échelles Le Malzieu; et de là, par l'entrepôt de la ville d'Issoire, prit par pétard la ville d'Ambert, de laquelle il fit infinies courses et autres desseins, comme sur Saint-Flour, où le frère aîné de Merle étant entré avec une vingtaine, les habitans de la ville les contraignirent de sauter les murailles avec perte d'aucuns. Le comte de Mertinengue étant venu assiéger Ambert, Merle et ses capitaines soutinrent les assauts, et contraignirent l'armée de Mertinengue de se retirer, non sans grande perte d'hommes et munitions; mais peu de temps après, Merle, ayant appris que le duc d'Alençon venoit assiéger Ambert avec une armée forte et bien équippée d'artillerie, ne crut pas pouvoir deffendre une ville si foible, ruinée depuis le dernier siége, et dont les brêches ne pouvoient être mises en état de deffense : il prit le parti d'abandonner la place, portant les poudres et armes, et les jettans dans la ville d'Issoire avec soldats, sans lesquels il auroit fallu abandonner la ville, qui soutint une furieuse batterie et plusieurs efforts : pour lui il se retira au Malzieu, d'où il tâcha de fatiguer l'armée qui assiégeoit Issoire.

En 1579, un des principaux chefs de la religion ordonna à Merle de faire quelques desseins; Merle, qui avoit reconnu Mende, étant parti de Marvejols avec des troupes venues des Cevennes, entra à minuit (1), par coups d'échelles si vivement donnés, qu'ils forcent les gardes des murailles dans Mende, les cloches de la grande église sonnant à grande force, et même cette cloche, qu'on la tenoit par toute la France la nonpareille, et dont le bruit empêcha les habitans d'entendre l'allarme. S'étans rendus à la place au nombre de dix-sept, le baillif de Mende, ayant enfin entendu le bruit, courant à l'allarme avec une troupe de soldats et chanoines armés, furent par la troupe de la place mis en fuite, et le baillif tué : certains habitans, s'étant sauvés dans une tour des murailles, furent pressés de si près qu'ils se rendirent peu d'heures après.

Quelques mois après, Merle étant renforcé de bons hommes de guerre, les seigneurs de Saint-Vidal et d'Acher, et beaucoup de noblesse du Velay, de Gévaudan, d'Auvergne et du Vivarais, rassemblent des forces pour assiéger Mende, à cause des courses, prises des chevaux, que Merle faisoit ordinairement; et s'étant donné rendez-vous en la ville et fauxbourg de

---

(1) *Entra à minuit.* Merle surprit cette ville dans la nuit de Noël : on conçoit que les catholiques, qui étoient à la messe, furent facilement surpris.

Chanac, mandent un trompette à Merle s'il ne vouloit point se rendre auxdits seigneurs, que en cas qu'il ne le fairoit qu'on le forceroit et tailleroit en pièces. Merle, après avoir bien fait boire le trompette, lui dit qu'il notât bien sa réponse, qu'étoit que lesdits seigneurs l'avoient fort souvent menacé de ce siége et de cette belle armée, et qu'il lui tardoit fort de les voir; mais que s'ils ne tenoient parole de le venir voir, qu'il les iroit voir eux. Cette réponse, rapportée par le trompette auxdits seigneurs, causa risée aux uns et dédain aux autres, d'une si arrogante réponse; mais le bon fut que, ayant failli lesdits seigneurs partir de Chanac ledit jour pour l'aller voir, ledit Merle part de Mende sur les dix heures du soir avec cent cuirasses à cheval, et deux cents arquebusiers avec des pétards, fait mettre pied à terre à une partie des cuirasses, l'autre soutenant de loin, afin que les chevaux ne donnassent l'allarme. Les cuirasses avec les deux cents arquebusiers ayant donné des coups de pétard à la porte du faubourg, du côté de Marvejols, étant les corps de garde au milieu de la grande rue de Chanac si pleins de gens de guerre que les pétards, ayant fait grand effet, tuèrent plusieurs desdits soldats, entrant pêle et mêle, firent un étrange fait : si les soldats ne se fussent pas amusés à piller et à prendre des chevaux, ils auroient forcé ces messieurs dans la ville, dans leur lit à leur aise. Merle, ayant entendu le pétard, donne dans le fauxbourg avec la troupe de cheval; mais, ayant reconnu que la prise des chevaux et le butin empêchoit les siens à passer outre pour forcer la ville, qui est entre le château et le fauxbourg, fit sonner la retraite, et retourna avec deux cents chevaux de ses ennemis à Mende, distant d'une lieue et demie.

En 1580, le seigneur de Chatillon (1) estimant avoir plus de merite, pour le grade de sa maison, pour commander à Mende que Merle, y ayant même l'obéissance comme général pour la pratique d'aucuns capitaines malcontens de Merle, ayant attiré Merle au siége du château de Balsiege près de Mende, ensemble bonne partie de la garnison, Chatillon se rend maître de Mende, fait refuser la porte à Merle, y établit garnison à sa dévotion. Merle, contraint de chercher retraite, surprend le château du Bois (2), où de là peu de temps après ayant pratiqué quelques soldats qui avoient été avec lui, passant devant la porte de Mende, il demanda un maréchal pour ferrer ses chevaux, lesquels avoient été déferrés exprès approchant de ladite ville. On lui présenta la colation, et à aucuns de sa troupe, qui pouvoient être de quinze à vingt à cheval : s'approchant de la porte ceux qui portent la colation s'en saisirent et donnent entrée à Merle, lequel fit crier *vive le Merle;* de façon que la plupart de la garnison se joignit à lui, et ceux qui étoient aux tours les rendirent. Les capitaines La Roche et La Garde de Peire, qui commandoient en l'absence de Chatillon, furent aussi saisis et mis dehors sans excès.

En ladite année 1580, monseigneur le prince de

(1) *Le seigneur de Chatillon.* François de Coligny, fils de l'Amiral. Quoique du même parti que Merle, il étoit mécontent des vexations que ce capitaine faisoit éprouver aux habitans de Mende.

(2) *Le château du Bois.* Ce château étoit situé près de Mende. Merle en chassa La Roche et La Garde de Peyre, capitaines protestans qui y commandoient.

Condé ayant été pris (1) par une garnison du duc de Savoye en Savoye, étant parti de Geneve en habit déguisé, pour se rendre en Dauphiné entre les mains du seigneur des Diguieres, général des églises du Dauphiné, fut sauvé par un simple soldat de ladite garnison. Le prince étant arrivé à pied, qui ne se pouvoit soutenir du travail du chemin, n'ayant accoutumé d'aller à pied, fut honoré et bien reçu dudit seigneur des Diguieres, qui lui fournit argent, chevaux et équipages, et le fit accompagner jusques avoir passé le Rhône, se rendant à Uzès et Nismes; lequel aussi-tôt prit le commandement, et commande au sieur de Gondin, maréchal de camp, s'acheminer avec son régiment de huit enseignes du côté de Mende, où il trouveroit les sieurs de Porquarès et de Merle, pour aviser à ôter les forts que les catholiques tenoient entre les Cevennes et Mende. Etant arrivé ledit de Gondin à Molines, près la ville d'Espagnac, et ayant conféré avec aucuns gentilshommes desdits pays des Cevenne, Porquarès s'achemina à Meirueis pour faire marcher pouldres. Merle va faire partir de Mende deux canons et une bâtarde qu'il avoit fait faire, et une quantité de bales en faisant fondre la grande cloche tant renommée. Gondin alla bloquer la ville d'Espagnac avec ses troupes et quelques compagnies du pays. Etant arrivés Porquarès et Merle dans quatre jours après avec pouldres, bales, et lesdits canons qui furent descendus à la descente de Molines, presque inaccessible, et la façon qui furent descendus, ayant attaché vingt paires de

(1) *Le prince de Condé ayant été pris.* Suivant de Thou, ce prince, n'ayant pas été reconnu, fut seulement dépouillé. Lesdiguières lui donna un nouvel équipage, et le fit escorter jusqu'en Languedoc.

bœufs par derriere le canon pour le retenir, qu'ils ne prinsent la descente, et tiré seulement par une paire au devant, logèrent ce même soir les canons joignant des maisons du côté de Florac. Le jour suivant, bon matin, commença la batterie; sur le soir on se loge sur une tour faisant le coin de la ville, que le canon avoit abattu, attendant le jour d'après faire élargir la brêche et donner l'assaut; mais sur la minuit, les soldats de la garnison, en nombre de quatre-vingts ou cent, prirent telle appréhension d'être forcés, qu'ils persuadèrent M. de Lambrandes, leur gouverneur, de déloger avec eux; ce qu'ils firent à l'instant, sortant en foule, passant la rivière de Tarn au gué, grimpant la montagne de Notre-Dame de Quezac, où aucuns furent tués, entre autres le sieur de Montoulons, et pris prisonniers les autres, se sauvant sans armes à Quezac (1).

Le jour suivant, Gondin avec son régiment et autres compagnies des Cevennes, vont bloquer le château de Quezac; Porquarès et Merle font marcher le canon, qui fut mis en batterie sur le soir; au plus matin commence la batterie droite au château, leur ayant tiré environ deux cens coups de canon, n'étant encore la brêche raisonnable. Deux soirs après, font un trou audit château par derrière, passant certaine garde du côté de la rivière de Tarn, près du château traversent la rivière, et se sauvent la plupart par la montagne à Sainte-Eremie (2) en Rouergue, ayant à leur sortie laissé quelques soldats en garde qui se laissent surprendre.

(1) *Le château de Quezac.* Ce château étoit à trois lieues au sud de Mende.

(2) *Sainte Eremie.* Cette paroisse n'étoit point en Rouergue, mais en Gévaudan.

Merle laisse dans lesdites places quelques-uns des siens pour la garde.

Quelques jours après, lesdits sieurs ayant fait telle diligence, que, bien qu'il fallût passer et repasser quatre fois à gué le canon à la riviere de Tarn, le plus souvent que le canon avoit une toise d'eau par dessus, et les bœufs à la nage, ils mirent ledit canon en batterie devant le château de Bedouès (1), très-fort de murailles, où il y avoit environ quatre vingts ou cent soldats sous le capitaine Miral leur chef, qui furent enfermés dans ce château aussi-tôt par les troupes, où, après avoir souffert deux cens et tant de coups de canon, et la poudre manquant, se rendirent opiniâtres à se vouloir rendre; qui fit prendre résolution entre Pourcairés, Merle et Gondin, c'est que Pourcairés iroit à Meirueis pour avoir des poudres; Merle à Mende pour avoir des balles de canon et vivres; sous promesse que Gondin leur fit ne départir dudit siège, quelle rigueur de l'hyver qu'il fît, car il y avoit par-tout au plus beau un pied de neige, qu'ils ne fussent de retour; lui ayant recommandé la garde des canons, et qu'ils ne manqueroient d'être à lui dans huit jours avec leur appareil. Pendant ces entrefaites, le sieur de Vidal, gouverneur du Velai, s'avance à deux lieues de Bedouesc, avec quinze cens hommes de pied et deux cens chevaux; mais, à cause des grandes neiges tombées aux montagnes qui étoient entre deux, il ne put passer; et tout ce qu'il put faire de jetter dans le château vingt soldats, conduits par le capitaine Estanieres. Etant aussi averti que Gondin s'étoit bien retranché dans

(1) *Le château de Bedouès*, ou Bedouesc. Ce château étoit à cinq lieues au sud de Mende.

des faubourgs ruinés, et de même son canon, Saint Vidal prend son chemin et se retire. Cependant les assiégés ne cessent de se moquer des assiégeans et de leur canon, qui attendoit la picorée, leur criant sans cesse. Mais, sur le douzième jour de leur partement, Pourcairés et Merle arrivèrent avec la picorée pour le canon, où les ayant salués et assurés que le canon avoit reçu ses vivres, se rendent, sans avoir le jugement de demander leur vie; ce qui causa la mort d'aucuns, les chanoines mis à rançon, et tout le butin donné au régiment de Gondin; lequel ayant lettre du prince de Condé, de Nismes, comme le Roi traitoit avec le roi de Navarre, lui mande le venir trouver avec son régiment, et faire retirer les autres troupes. Il conduisit le canon au château de Guezac, tenu par Merle, lequel après fit scier, et en faire son propre.

Et pour le regard du voyage de Genève, parce qu'il y a de belles particularités, je ne manquerai de vous en informer bientôt et du vrai.

FIN DES MÉMOIRES DE MATHIEU MERLE.

CHRONOLOGIE NOVENAIRE,

CONTENANT

L'HISTOIRE DE LA GUERRE

SOUS LE REGNE

DU TRÈS CHRESTIEN ROY DE FRANCE ET DE NAVARRE

HENRY IV,

ET LES CHOSES LES PLUS MEMORABLES ADVENUES PAR TOUT LE MONDE, DEPUIS LE COMMENCEMENT DE SON REGNE, L'AN 1589, JUSQUES A LA PAIX FAICTE A VERVINS, EN JUIN 1598, ENTRE SA MAJESTÉ TRÈS-CHRESTIENNE ET LE ROY CATHOLIQUE DES ESPAGNES PHILIPPE II.

PAR Me PIERRE-VICTOR CAYET,

DOCTEUR EN LA SACRÉE FACULTÉ DE THÉOLOGIE, ET CHRONOLOGUE DE FRANCE.

NOTICE

SUR PALMA CAYET.

Pierre Victor Palma Cayet naquit, en 1525, à Montrichard en Touraine, et fut élevé dans la religion catholique que ses parens professoient. Ses grandes dispositions lui attirèrent la protection d'un gentilhomme qui l'envoya dans un collége de Paris, et se chargea des frais de son éducation. Ayant fait des progrès très-rapides, il fixa l'attention du célèbre Ramus, dont il devint l'ami intime, et qui, ayant embrassé la religion protestante, l'entraîna bientôt à suivre son exemple. Cayet, n'ayant point de fortune, se destina au ministère ecclésiastique : il alla faire à Genève ses études de théologie, sous les yeux de Théodore de Bèze, parcourut ensuite l'Allemagne, où il contracta des liaisons avec les plus savans ministres; et, de retour en France, il obtint les fonctions de pasteur dans la petite paroisse calviniste de Montreuil-Bonnin en Poitou, dont François de La Noue étoit seigneur.

Ce grand capitaine, qui consacroit aux lettres les momens de repos que lui procuroient les trèves par lesquelles la guerre civile étoit souvent interrompue, apprécia le mérite de Cayet. Il le fit connoître à la reine de Navarre, Jeanne d'Albret, qui ne tarda pas à l'attacher à son fils comme sous-précepteur. Ainsi

Cayet put étudier à loisir le caractère et les inclinations de Henri IV, dont il devint depuis l'historien. Il se livra tout entier, sous la direction de Florent Chrestien, précepteur en titre, aux devoirs que lui imposoit la confiance de la Reine; et ce fut alors que, reprenant les études de sa jeunesse, il acquit non-seulement une connoissance approfondie des auteurs grecs et latins, mais fit de grands progrès dans les langues orientales, dont il avoit appris les élémens à Paris et à Genève. Lorsque l'éducation du jeune Henri fut terminée, Catherine de Bourbon, sœur de ce prince, choisit Cayet pour son prédicateur; et il la suivit à Paris en 1594, lorsque cette ville fut soumise à son élève, devenu roi de France.

Cette princesse avoit conçu une passion très-forte pour le comte de Soissons, prince du sang; mais Henri IV venoit de déclarer qu'il ne consentiroit jamais à ce qu'elle lui donnât sa main; et les deux amans auroient désiré arracher ce consentement par un mariage secret. Catherine étant donc retournée à Pau, le comte de Soissons vint furtivement l'y joindre, et ils conjurèrent Cayet de bénir leur union. Le ministre, qui avoit les plus grandes obligations à la princesse, ne consulta que son devoir, et refusa de sanctionner un acte qui avoit été interdit par le Roi. Alors le comte de Soissons, transporté de fureur, le menaça de le faire périr sur-le-champ : « Eh bien, Monseigneur, lui ré-
« pondit Cayet, tuez-moi; j'aime mieux mourir de la
« main d'un prince que de mériter de tomber sous celle
« d'un bourreau. » Son inébranlable fermeté ramena les deux amans à l'obéissance qu'ils devoient à Henri IV; et lorsque leur passion fut calmée, ils lui surent gré

de la noble opposition qu'il avoit mise à une démarche dont les résultats pouvoient porter la division dans la famille royale.

La conversion de Henri iv avoit déterminé plusieurs protestans à se faire catholiques : Cayet n'étoit pas encore dans l'intention de suivre leur exemple, lorsqu'il fut vivement frappé par la relation de la mort édifiante d'un membre du conseil privé, né protestant, qui, étant tombé malade à Mâcon, non-seulement demanda l'assistance d'un prêtre catholique, mais eut le temps d'expliquer les motifs qui le décidoient à se convertir. Il eut donc, en 1595, des conférences avec l'abbé du Perron, qui fut depuis cardinal, et il fit son abjuration, en présence de l'Université de Paris, le 9 novembre de la même année.

Les protestans, irrités d'avoir perdu un de leurs plus savans ministres, publièrent contre lui une multitude de libelles. Les uns prétendirent qu'il avoit eu, en abjurant, l'espoir d'épouser la baronne d'Aros, dont on le disoit amoureux; d'autres l'accusèrent de ne s'être converti que pour obtenir une riche abbaye près de La Rochelle. Sa conduite fit bientôt tomber ces deux griefs, car il se consacra au célibat en entrant quelque temps après dans les ordres sacrés, et il ne sollicita jamais aucun bénéfice. Il ne reçut de Henri iv qu'une modique pension payée par le clergé, un appartement au collége de Navarre, où il fut chargé d'enseigner l'hébreu, une chaire de langues orientales au collége royal, et le titre de chronologue de France. Du reste, il fut dédommagé des persécutions que sa conversion lui faisoit éprouver, par un bref très-honorable du pape Clément viii, dans lequel ce pontife sembloit féliciter l'Eglise d'avoir ramené dans son sein un homme si distingué.

Cayet, qui avoit une aptitude incroyable pour le travail, s'occupa dès lors d'écrire l'histoire de son temps, ce qui ne l'empêcha pas de composer plusieurs ouvrages de controverse, et de réfuter les nouveaux libelles que les protestans continuoient de publier contre lui. Ils lui reprochèrent d'être magicien, et de n'avoir acquis tant de connoissances dans les langues que par des moyens surnaturels et condamnables. Ils soutinrent presque en même temps qu'il avoit composé un livre contraire aux bonnes mœurs. Sa grande régularité et ses principes connus suffirent pour le justifier de cette dernière accusation ; mais la première prit quelque consistance près du vulgaire, parce que Cayet, qui avoit pour les sciences physiques autant d'attrait que pour les études théologiques, grammaticales et historiques, s'étoit laissé entraîner, comme plusieurs de ses contemporains, à la recherche de la pierre philosophale.

Ces tracasseries ne semblèrent point troubler la tranquillité dont il avoit besoin pour continuer les travaux immenses qu'il s'étoit imposés. Après avoir terminé le grand ouvrage historique qu'il avoit entrepris, il mourut à Paris, dans la maison de Navarre, âgé de quatre-vingt-cinq ans, le 10 mars 1610, deux mois avant l'attentat qui ravit à la France Henri IV son élève.

Cayet avoit d'abord publié en 1606 un ouvrage intitulé : *Chronologie septenaire,* ou Histoire de la paix entre les rois d'Espagne et de France, depuis le commencement de 1598 jusques à la fin de 1604. Ce livre, très-intéressant pour les contemporains, contient peu d'événemens importans, et, comme l'auteur étoit étranger aux intrigues de la Cour, on n'y trouve point de ces anecdotes curieuses et peu connues qui font le principal mérite des *Economies royales*.

On désiroit que Cayet donnât le récit beaucoup plus animé de la guerre civile depuis l'avénement de Henri IV jusqu'à la paix de Vervins; mais l'auteur, qui avoit terminé ce travail, balançoit à le rendre public, parce qu'il craignoit les murmures que pourroit exciter une narration où tant d'hommes vivans retrouveroient leurs erreurs, leurs fautes, leurs trahisons, leurs crimes. Cependant, pressé par le vœu général, il prit le parti, en 1608, de courir les chances de cette publication, se croyant assuré d'avoir prévenu par une impartialité rigoureuse toute réclamation fondée. Il répondit ainsi aux objections qu'on étoit disposé à lui faire :

« A quel propos, pourront me dire quelques uns,
« de remémorer à present tout ce que les roys Tres
« Chrestiens Henri III et Henri IV ont faict contre les
« princes de la ligue des catholiques leurs subjects ?
« c'est un faict passé. Par la paix il est dit qu'il ne
« faut plus s'en souvenir. — Il est vray, mais il n'est
« pas defendu de laisser par escrit à la posterité comme
« ces choses sont advenues; car ces princes et les peu-
« ples qui se sont rebellés contre leurs souverains, ne
« le devoient faire s'ils ne vouloient qu'on le dist. Ils
« ne devoient eux mesmes le dire et faire publier, s'ils
« ne vouloient que la posterité le sceust. La posterité a
« besoin de sçavoir comment ces choses sont advenues. »

Nous n'avons cru devoir faire entrer dans notre collection que cette dernière partie des travaux historiques de Cayet, qui offre d'autant plus d'intérêt qu'on y voit se développer toutes les passions que Henri IV eut tant de peine à calmer : elle porte le titre de *Chronologie novenaire*, parce qu'elle comprend un espace de neuf ans, depuis 1589 jusqu'à 1598.

Cet ouvrage est surtout remarquable par le soin qu'a pris l'auteur de s'appuyer sur les témoignages les plus authentiques. On y chercheroit en vain des conjectures sur les causes des grands événemens, parce que Cayet, toujours éloigné des affaires, n'a pu être au courant des intrigues de la Cour et des partis; mais on y trouve, avec les extraits précieux de presque tous les ouvrages politiques qui furent publiés à cette époque, les procès verbaux des conférences qui eurent lieu entre les royalistes et les ligueurs, les pièces officielles mises au jour par les deux partis, les principaux discours des orateurs des états de la ligue, et les trois fameux plaidoyers qui, dans le procès des jésuites, furent prononcés l'année suivante par les avocats Antoine Arnauld, Dolé et Duret. Ces documens, qu'on ne pourroit plus se procurer aujourd'hui séparément, donnent un grand intérêt à l'ouvrage de Cayet, qui, d'ailleurs, au jugement de Langlet Dufrenoy et de l'abbé d'Artigny (1), renferme une multitude de faits et de particularités échappés aux autres historiens.

Nous avons suivi l'édition originale, publiée à Paris en 1608 par Jean Richer, deux gros volumes in-8°.

(1) Langlet Dufrenoy s'étoit proposé de donner une édition du livre de Cayet : l'abbé d'Artigny en a inséré de longs extraits dans le cinquième volume de ses Mémoires.

AU ROY.

SIRE,

La sentence de Ciceron, parlant des guerres civiles de son temps, est très-veritable à la preuve des sens, qui dit : La souvenance des perils que l'on a passez donne plaisir quand on en est hors et en seureté. *Voylà pourquoy, Sire, ayant eu l'honneur que Vostre Majesté a receu aggreablement (selon sa bonté accoustumée) son Histoire septenaire de la paix si heureuse de vostre France, sous la protection et providence de vostre sage et divine conduitte, du regne et des affaires dont Vostre Majesté a une singuliere preeminence par dessus tous autres roys et princes, tant anciens que du siecle present; sur la mesme confiance de vostre bonté, j'ay pris en main ceste recherche curieuse de vos labeurs immenses, et des heureux succez qu'il a pleu à Dieu vous y donner par sa grace, et ce par l'espace des neuf années desdites guerres royales, tant contre les estrangers que contre les mauvaises humeurs et impressions imaginaires, plustost que les personnes, de plusieurs vos subjects s'estans mescognus de leurs devoirs, que vostre invincible magnanimité a surmontez et vaincus vivement, et vostre mesme debonnaireté et clemence a reduicts et ramenez doucement. J'ay aussi rapporté l'Epitome raccourcy des remuëmens precedents vostre regne, là* où reluit d'une part vostre très-chrestienne patience à tollerer constamment les efforts despiteux des uns, et les blasmes calomnieux des autres, d'ailleurs aussi vostre generosité imployable se roidissant contre le faix de tant d'afflictions. En outre, Sire, j'ay compris la chronologie de toutes les choses advenues par tout le monde, pour les rapporter en vostre eminent theatre de la France, comme au parangon de vos vertus excellentes, dont il ne se trouve en tout l'univers aucun juste paralelle, estant Vostre Majesté aussi miraculeuse au maniement des affaires en la paix, que prodigieuse aux exploicts militaires en la guerre : cause pourquoy l'univers, qui l'a veu, admire en Vostre Majesté, Estats et couronnes, la Providence divine, qui s'est eslargie si liberalement envers vostre royale personne, pour la munir d'une si vigoureuse generosité, et si robuste et infatigable valeur de temperature contre froid, chauld, faim et veilles, notes illustres des grands capitàines, πρὸς τὸ ῥῖγος διακαρτερεῖν πρὸς τὸ θάλπος μὴ ἀπαγορεύειν (1), l'une de vos memorables sentences, avec celle que Vostre Excellence disoit : Ma sentence que j'ayme le mieux, ἢ νικᾶν ἢ ἀποθανεῖν (2), que vous avez heureusement apprises dès vostre aage de huict à neuf ans, où j'ay eu l'honneur de vous servir sous le sieur de La Gaucherie, qui vous servoit de precepteur, mais surtout ceste sagacité comme d'esprit prophetique, sans flaterie, de prevoir si clairement à quoy chacun affaire se peut terminer. Ces dons là de Dieu ne sont que pour Vostre Majesté

---

(1) Endurer le froid avec constance, ne pas se laisser abattre par la chaleur.

(2) Vaincre ou mourir.

vrayement heroïque, dont nous sommes tous infiniement tenus de louër ce grand donateur d'esprit, et le prier devotement de tous nos cœurs qu'il luy plaise vous conserver, maintenir et augmenter en toute prosperité très-heureuse et longue vie. De Vostre Majesté,

SIRE,

Le très-devoüé orateur, très-humble et très-fidelle serviteur domestique,

P. V. P. C.

De vostre college royal de Navarre, ce 8 decembre 1607.

AVANT-PROPOS.

Pource que j'ay mis en lumiere la chronologie septenaire de la paix sous le regne de nostre très-chrestien et très-auguste prince Henry iv, laquelle ne commence qu'en l'an 1598, aucuns seigneurs de qualité m'ont dit que je devois avoir commencé dez le jour qu'il succeda à la couronne de France, qui fut l'an 1589, et qu'il estoit fort utile et necessaire qu'auparavant d'avoir escrit le regne paisible d'un si grand roy, comme il estoit et est aymé de son peuple, les benedictions, vœus et prieres qu'ils font tous les jours pour sa prosperité, et combien il estoit aymé et honoré des roys et princes estrangers ses voisins, que je devois avoir escrit comme il a succedé à la couronne de France, les batailles qu'il a données, les rencontres, les sieges des villes, et bref tout ce qui s'est passé de plus remarquable en la chrestienté durant les neuf premieres années de son regne, suivant l'ordre et pour preceder mon Histoire de la paix. Je leur dis que plusieurs roys et princes se trouveroient offensez que j'entreprisse durant leur vie d'escrire comme la bonne ou mauvaise fortune les auroit traictez durant ceste derniere guerre civile. « Au contraire, me dirent-ils, il vaut mieux escrire la vraye histoire des bons roys et princes durant leurs vies, et comme ils ont esté traictez de la fortune (pourveu que ce soit sans flaterie), que non pas de la publier après leur mort : car la passion d'aucuns historiens laisse à la posterité mille choses inventées ausquelles les princes ne songerent jamais, et quelquesfois oublient ou taisent par malice leurs plus beaux faicts. — Il est un peu dangereux, leur respondis-je encor, d'escrire l'histoire d'un prince ou d'un roy durant sa vie. — Non, non, me repartirent ils, nous sommes au temps de l'empereur Trajan, auquel Tacite dit qu'il estoit loisible de juger des choses passées ce qu'il en sembloit, et d'en dire son opinion. Vous sçavez que Tacite a escrit dans son Histoire et dans ses Annales plusieurs empoisonnements et cruautez abominables commises par les empereurs : vous estes exempt d'en escrire sous le regne de nostre roy, lequel a vaincu ses ennemis, tant subjects qu'estrangers, à guerre ouverte et l'espée à la main : jamais il n'a entrepris ny faict entreprendre par assassinat sur aucun de ses ennemis, quoy que ses ennemis ayent souvent attenté par poisons et assassinats sur sa vie. » Ainsi, estant presque contraint d'obeyr à leurs raisons, je leur monstray plusieurs memoires que j'avois recouverts, et d'aucuns desquels je m'estois servy mesmes en mon Histoire de la paix ; lesquels memoires traictoient des dernieres guerres civiles, depuis l'an 1589 jusques en l'an 1598. Or tous ces memoires estoient mis d'ordre selon leurs dattes : ils jetterent leur veuë dessus, et y passerent une après-disnée. Après les avoir veus, aucuns d'eux, qui ont puissance de me commander, me firent promettre de mettre la main et composer la presente chronologie novenaire de l'histoire de la guerre sous le regne du roy Très-Chrestien de Brance et de Navarre Henry IV. Je l'ay faict par leur commandement, et non de ma volonté, sur l'asseurance qu'ils m'ont donnée que le fruict et l'utilité en seroit grande, pource que les peuples de France ont très-bien receuilly, graces à Dieu, mon Histoire, comme estant le tableau au vray de leur heureuse paix, et que voyant maintenant le tableau de leurs guerres civiles dans ceste presente histoire, qu'ils les joindroient ensemble, pour voir, comme dans un bouclier d'Achiles, la guerre et les maux qu'ils ont enduré, avec la paix et les fruicts d'icelle dont ils jouyssent à present.

Avant que de me resouldre d'entreprendre cest œuvre, j'ai preveu que les uns en feroient une sorte de jugement, et les autres au contraire; ainsi qu'il advient d'ordinaire en un royaume où la plus grand part soustient la religion ancienne, et qu'il y en a d'autres qui ont des opinions nouvelles : mais ce qui m'a le plus confirmé de continuer mon dessein, a esté pour faire voir à la posterité combien sont pernicieux et dommageables les guerres civiles, et combien peu d'occasion a fait de grands maux, afin que les uns et les autres y pensans à bon escient soient sages à l'advenir.

« Le pretexte de la religion et le bien public n'est
« pas chose nouvelle (dit l'autheur du *Traicté des causes et raisons de la prise des armes faicte en janvier* 1589, que l'on tient avoir esté faict par un grand prince très-catholique); « car si vous espluchez les histoires par
« le menu, vous trouverez qu'une bonne partie des
« grands princes s'en sont servis pour cuider parvenir
« à leur but, et verrez qu'ils ont esté plus souvent sti-
« mulez et conduits de leur ambition et interest par-
« ticulier, que non pas de zele qu'ils ayent eu à l'hon-
« neur de Dieu, d'entreprendre la guerre contre les

« heretiques et infidelles. Je ne veux pas faire tort à
« l'heureuse memoire de ceux qui ont merité telles
« loüanges; car, à la verité, il y en a eu d'aucuns, par-
« ticulierement nostre bon roy sainct Loys, qui quitta
« les commoditez de son royaume pour aller recou-
« vrer la Terre Saincte d'entre les mains des Sarrazins
« et infidelles, comme aussi firent les ducs, comtes,
« barons et prelats qui se croizerent à la guerre faicte
« contre les Albigeois, et dernierement le roy de Por-
« tugal contre le roy de Fez. Mais au partir de là, l'on
« en trouvera bien peu ausquels l'on ne remarque
« plus d'ambition en leur esprit que de zele chrestien. »

Voylà l'opinion de l'autheur de ce Traicté, qui, sans alleguer les histoires anciennes, cotte, pour preuve de son dire, les principales guerres advenuës de son temps sous le pretexte de la religion, et de ce qui en est succedé. Il commence par l'empereur Charles le Quint; et dit qu'il n'eust jamais entrepris la guerre contre les princes protestans de la secte de Luther, s'il n'eust eu intention de rendre hereditaire en sa maison la couronne imperiale; mais que, comme il eut perdu l'esperance de parvenir à son dessein, il fit l'interim tant prejudiciable à la religion catholique, et se rapatria avec les princes protestans par une ligue perpetuelle qu'il fit avec eux pour la maison d'Austriche. Ce qu'ayant faict, il se servit des princes de l'Empire et de leurs subjects jusques aux plus hautes charges de chefs d'armées, sans distinction de religion.

Que le roy Sigismond de Poulongne laissa introduire toute sorte d'heresie en son royaume, cuidant par telle division commander plus absolument en iceluy, auquel il semble que l'authorité royale soit restraincte par certaine forme de conseil d'evesques, palatins et chastelains qui doivent assister à faire les principalles resolutions extraordinaires.

Que le roy Henri VIII d'Angleterre n'eust jamais embrassé l'heresie de Luther, si le Pape luy eust voulu permettre de repudier sa legitime femme.

« Mais, dit le mesme autheur, sans parler des princes circonvoisins, il ne faut que lire sans passion les histoires, tant d'une part que d'autre, de l'origine et continuation des guerres civiles de ce royaume. Les executions à mort que l'on y faisoit de ceux de la religion pretendue reformée alloient cesser sous la clemence du roy François II et la sage conduitte de la royne sa mere Catherine de Medicis ; dequoy les princes protestans estrangers et les cantons des Suisses de ladite religion, qui les avoient priez de les faire cesser, en avoient asseurance, lors que les autheurs de l'entreprise d'Amboise, qui estoient de ladite religion, que du depuis on appella huguenotte, vouloient se saisir dudit sieur Roy, et tuër les principaux qui estoient autour de luy, et qui le possedoient ; d'autant que par le grand pouvoir qu'ils avoient avec le Roy, qui estoit jeune et aagé seulement de dix-sept ans, ils avoient esloigné non seulement ceux qui tenoient les premiers l'authorité prez du feu roy Henry II son pere, mais aussi tous messieurs les princes du sang, afin de posseder entierement, non pas le Roy seul, mais tout son royaume. Mesmes peu après ils s'efforcerent de vouloir faire tuër le roy de Navarre, et faire trancher la teste à M. le prince de Condé son frere, avec intention de ruiner leurs maisons : ce qui n'advint pour la subite mort dudit sieur Roy à Orleans, auquel son frere Charles ix, aagé de dix ans, succeda. Et lors le gouvernement de la Cour se changea, car ceux qui possedoient François ii furent contraints de se retirer de la Cour mal contens. »

Ce n'est icy mon subject de descrire quel fut le regne du dit roy Charles ix, les histoires font assez de mention que la royne Catherine sa mere fut regente au commencement de son regne; que le roy de Navarre, pere du roy Très-Chrestien qui regne à present, prit la charge du maniement des affaires de la guerre comme premier prince du sang; et les autres princes du sang, et ceux qui avoient esté respectez du temps du roy Henry ii, prirent aussi la place de ceux qui avoient gouverné François ii; lesquels, se voyans hors de la Cour, ne cesserent de chercher les moyens possibles de rentrer au mesme degré où ils avoient esté, employans pour cest effect le legat du Pape et l'ambassadeur d'Espagne : puis ils firent naistre tant d'occasions par le moyen du colloque de Poissy, qu'ils furent rappellez en Cour, dont M. le prince de Condé adverty, qui ne pouvoit oublier qu'ils l'avoient voulu faire mourir, s'en trouva scandalizé (laissant à part le meurtre de Vassy, contre la liberté de l'edict de janvier); ce qui fut cause que luy, l'admiral de Chastillon, et plusieurs autres qui s'estoient declarez de la religion nouvelle, entendans qu'ils revenoient, se retirerent de la Cour, s'en allerent à Orleans, et y firent amas de gens de guerre : dont s'en est ensuivy tant de sang respandu en plusieurs battailles données.

Les desseins qu'ils eurent, tant d'un party que d'autre, à se saisir du Roy et de la Royne sa mere, pour estre maistres de la Cour, sont contenus assez au long dans les histoires de ce temps-là, où plusieurs mesmes ont dit qu'aucuns d'entr'eux avoient resolu de les tuër, et principalement la Royne mere, jusques entre les bras du Roy son fils : mais elle sceut si dextrement se conduire, favorisant, tantost les uns, tantost les autres, qu'elle le rendit majeur : de quoy elle a eu un grand honneur de s'estre desvelopée de tant de pieges dont on l'avoit environnée, ayant garenty le Roy son fils de perdre la vie et la couronne.

Le chef des catholiques, qui estoit le duc de Guyse, fut tué devant Orleans, et du depuis n'y eut plus de chef de ce party autre que le Roy. M. le prince de Condé, chef des huguenots, fut tué à la journée de Bassac; après luy, l'admiral de Chastillon fut le seul chef par effect des armées de ce party là, lequel fut depuis tué à la Saint-Berthelemy. Pour quoy il fut tué, on le peut voir dans plusieurs historiens.

Mais il advint à ce roy qu'apres le siege de La Rochelle, et le partement de M. le duc d'Anjou, esleu roy de Pologne, qui s'en alla prendre possession dudit royaume, que soudain il se fit par les plus grands de France une telle entreprise contre sa personne, qu'elle cuyda venir à effect à Sainct Germain en Laye, dont il commença à faire faire de grandes executions; mais ce roy s'estant retiré peu après au bois de Vincennes, y mourut.

Son frere le roy de Pologne luy succeda; mais estant en Pologne, si la Royne sa mere n'y eust sagement pourveu, les remuëments qui se firent lors en France, tant par aucuns catholiques que par les huguenots, sans doute on luy en eust empesché l'entrée à son retour.

En retournant en France, passant à Vienne en Austriche, l'empereur Maximilian luy donna conseil de donner la paix à son peuple, et ramener les desvoyez par douceur : les Venitiens luy en dirent autant, comme aussi fit le duc de Savoye; mais, arrivé à Lyon en intention de suivre leur advis, les ennemis de la maison de Montmorency eurent tant de pouvoir prez de luy, que M. le mareschal d'Amville, se voyant hors d'espoir d'entrer en sa bonne grace, entra en une ligue offensive et deffensive avec les huguenots qui tenoient quelques villes en son gouvernement de Languedoc; si bien que la guerre recommença, tant contre luy que contre les huguenots; et peu après, M. le duc d'Alençon, frere de Sa Majesté, se retira de la Cour avec plusieurs seigneurs, practiqué par ledit sieur mareschal d'Amville; et, prenant le nom de mal-contents, se joignirent avec les huguenots, aucuns desquels commencerent lors à escrire autrement qu'ils n'avoient parlé par le passé, et Hottoman, jurisconsulte, dans sa *Gaule française*, entreprit d'escrire « que le peuple
« françois avoit eu une souveraine authorité non-seu-
« lement à eslire leurs roys, mais aussi à repudier les fils
« des roys, et eslire des estrangers : » et dit sur ce subject plusieurs choses, loüant les peuples qui brident la licence de leurs roys et les menent à la raison. Il se jette, après plusieurs discours, *contre la regence des roynes meres des roys :* ce qu'il faisoit à cause que la Royne mere avoit esté declarée regente en attendant le retour du roy de Polongne son fils; bref, il s'escrima des histoires anciennes à droict et à revers, selon sa passion. Ce livre fut aggreable à quelques reformez et à quelques catholiques unis, lesquels n'aspiroient qu'à la

nouveauté, et non pas à tous. Je laisseray à juger donc au lecteur qui a leu les histoires, et veu les memoires qui furent imprimez en ce temps là, si ces guerres là se faisoient pour le bien public et pour la religion, ou pour l'interest particulier de tant de grands qui prirent lors les armes.

Ainsi le commencement du regne de Henry III fut plein de troubles, de guerres et de confusions. Les catholiques mal-contans furent cause que les huguenots reprinrent pied en Poictou et en beaucoup d'autres provinces, et que leur party se releva et renforça : l'armée des reistres que le duc Jean Casimir, de la maison des comtes palatins du Rhin, amena en France à la diligence de M. le prince de Condé, fut cause de la paix faicte l'an 1576, par laquelle les huguenots eurent un edict fort advantageux pour eux. Cet edict fut le pretexte d'une ligue que firent plusieurs princes et seigneurs catholiques, de laquelle, bien que le chef ne fust nommé, si estoit-ce en effect le duc de Guyse, fils aisné de celuy qui avoit esté le chef des catholiques au commencement du regne du roy Charles, et qui avoit une grande creance parmy les catholiques, pour les beaux exploicts militaires dont il estoit venu heureusement à bout. Si ces princes là firent bien de faire ceste ligue, et s'ils n'avoient autre interest que la religion et le bien public, j'en laisseray juger à ceux qui liront ce qui en est advenu depuis.

Quant aux huguenots, M. le duc d'Alençon n'en fut que peu de temps comme chef, car, aussi tost que le roy de Navarre se fut retiré de Paris et de la Cour vers Saumur, toute la noblesse de ce party là l'y vint trouver, où il reprint la qualité de leur chef;

ce qui fut une des occasions que peu après Monsieur, frere du Roy, se rapatria avec son frere : et peu après l'edict de paix estant rompu, il fit une assez rude guerre aux huguenots de La Charité et à ceux d'Yssoire. Mais la paix fut encore peu après refaicte à Poictiers l'an 1577 ; car le Roy recognut lors qu'il auroit plustost la fin de l'heresie par la paix que par la guerre, bien que Monsieur, son frere, l'asseurast d'aller combattre le roy de Navarre, avec esperance de le ruyner : ce que Sa Majesté jugea ne luy avoir esté proposé par ledit sieur duc son frere que pour venir à bout de ses desseins particuliers. Bref, le Roy aima tant la paix, qu'en l'an 1581 il l'eut entiere par tout son royaume, après avoir retranché beaucoup de choses en l'edict qu'il avoit donné aux huguenots l'an 1576. Il commença deslors à faire tenir des grands jours, auxquels par la justice il faisoit punir les mauvais, et asseuroit les bons.

Mais le Roy ayant espousé une chaste et vertueuse princesse, n'ayant point d'enfans d'elle après quelques années qu'il fut marié, un bruit courut comme asseuré qu'il n'en auroit jamais : ce ne furent plus que nouveaux desseins. Beaucoup de seigneurs, tant d'une que d'autre religion, pour l'esperance future, suivirent Monsieur, frere du Roy, comme successeur de la couronne, et le conseillerent d'aller en Flandres, où le prince d'Orenge et les estats des Pays-Bas l'appelloient. Mais le Roy pensant l'en destourner, et se voyant menacé d'une guerre dans son royaume, ne voulant qu'il luy donnast occasion de faire autre guerre ou remüement, fut contraint de le laisser aller en Flandres.

Pendant qu'il se prepara pour y aller, et durant le

temps qu'il y fut, le roy de Navarre se contint, comme chef des huguenots, en son devoir, sans rien remuër. Il advertit le Roy des offres de deniers que le roy d'Espagne luy faisoit s'il vouloit faire la guerre en France, luy promettant de luy ayder à se rendre maistre de la Guyenne. Cest advis fut aggreable à Sa Majesté, qui l'asseura de son amitié pourveu qu'il demeurast en paix, ce qu'il fit. Aussi, sur ce que aucuns des huguenots avoient envie de faire un prince protestant allemand leur protecteur, et luy fournir par an certain nombre de deniers pour un entretien ordinaire de plusieurs colonels et capitaines, affin de tirer du secours d'Allemagne quand ils voudroient, on donna advis audit sieur roy de Navarre de n'endurer qu'autre que luy se dist chef ou protecteur des huguenots : il practiqua en cela le conseil de la Royne mere; ce que le Roy encor trouva bon.

Au contraire, le duc de Guise, chef secret de la ligue des catholiques, practiqua fort avec le roy d'Espagne, dont le dessein estoit de tascher à faire brouiller en France pour destourner Monsieur d'aller en Flandres, et ce sans en advertir le Roy, comme fit le roy de Navarre ; dont depuis il ne luy porta plus de bon œil. Et aucuns ont escrit que si Monsieur, frere du Roy, ne fust point mort à son retour de Flandres si tost, que le duc de Guise n'eust eu d'autre soucy qu'à se deffendre de luy.]

Après ceste mort, qui fut en juin 1584, le duc de Guise fit semblant d'en vouloir aux ducs de Joyeuse et d'Espernon, les deux favorits du Roy. Il se vid lors plusieurs vers et pasquils contre les mignons, qui est la premiere fleur que les malcontents jettent d'ordinaire. Mais huict mois après, qui fut sur la fin de fevrier 1585, il se mit en armes, et ceux de sa ligue surprirent plusieurs places, et ce sur plusieurs pretextes, toutesfois sans aucune raison apparente, bien qu'ils n'eussent que la religion et le bien public en leurs bouches.

Pour la religion catholique, le roy Henry III estoit un prince si devôt et ennemy du tout de l'heresie, qu'il ne voulut jurer aux Polonois, lors qu'il fut sacré et couronné, les articles nouveaux qu'ils avoient dressez, portans liberté de conscience à tous les habitans dudit royaume; et bien qu'il fust contrainct, peu après son advenement à la couronne de France, de donner aux huguenots un edict très advantageux, luy, qui plus qu'homme de son royaume leur avoit fait la guerre, et ne les avoit pu faire changer d'opinion par la force, se proposa de le faire par la paix, dont il fust venu à bout, ainsi qu'il y en avoit bien de l'apparence; car, lors que ledit duc de Guise, comme chef de la ligue des catholiques, prit les armes en plaine paix contre luy, sur le pretexte de faire la guerre aux heretiques, il n'y avoit point vingt ministres en toutes les provinces qui sont entre la Loire et la Flandres, qui est la moitié de la France. Nul de ceste religion n'estoit plus pourveu aux offices, grades et dignitez; les ministres mesmes n'escrivoient plus. Le roy de Navarre, bien qu'il fust de ceste religion, desiroit du tout de rentrer aux bonnes graces de Sa Majesté, et en bref le fust venu trouver. La ruine donc de l'heresie estoit la paix que ce bon roy avoit donnée à ses subjects. La ligue des catholiques ne trouva bon ceste procedure; elle voulut que le Roy y appliquast le fer et le feu, et le contraignit de rompre la paix, et entrer en guerre, en laquelle, comme il se peut voir en la presente histoire que j'ay descrite, ce bon roy et la plus part des principaux chefs de ceste ligue sont morts; ce qui a apporté à la France une extreme desolation, et ruyne au peuple, au lieu du soulagement que lesdits princes de la ligue promettoient luy donner par le manifeste de la prise de leurs armes, qu'ils disoient n'estre que pour le bien public.

Ceste guerre aussi a esté une guerre d'Estat et non pas une guerre pour la religion; et bien que les papes s'en soient meslez, il se pourra cognoistre qu'ils ont esté très mal informez de l'estat des affaires de la France par les chefs de la ligue, et qu'ils ont esté comme contraints par le roy d'Espagne de suivre sa volonté.

Mais à quel propos, pourront me dire quelques-uns, de rememorer à present tout ce que les roys Très Chrestiens Henry III et Henry IV ont faict contre les princes de la ligue des catholiques leurs subjects? c'est un faict passé : par la paix il est dit qu'il ne s'en faut plus souvenir. Il est vray; mais il n'est pas deffendu de laisser par escrit à la posterité comme ces choses sont advenues : car ces princes, et les peuples qui se sont rebellez contre leurs souverains, ne le devoient faire s'ils ne vouloient qu'on le dist. Ils ne le devoient eux-mesmes dire et faire publier s'ils ne vouloient que la posterité le sceust. La posterité a besoin de sçavoir comme ces choses sont advenues; car, sous ombre d'estre papes, roys, princes, evesques ou docteurs, il n'est pas licite de faire choses indecentes. Tous zeles ne sont pas bons : la saincte Escriture n'advouë ceux qui sont inconsiderez, outrecuidez et desesperez, car

Dieu faict ses merveilles luy seul, et a ses jugemens à soy propres.

Aucuns docteurs de la maison de Sorbonne et des autres maisons de la Faculté, qui durant ces troubles ont fait les zelez, lesquels je nomme en mon Histoire, n'en doivent estre faschez, car je n'ay eu intention de les blasmer, ny personne quelconque, n'ayant aucune affection particuliere, sinon d'avoir escrit au mieux qu'il m'a esté possible la verité de ce qui s'est passé durant ces derniers troubles. Et si je dis qu'aucuns d'eux ont mal faict, ils s'en doivent corriger à l'advenir, et croire tousjours les plus anciens docteurs de la Faculté, lesquels jamais n'ont consenty à tout ce qui s'est fait contre le roy Henry III. S'ils eussent bien pris les sages remonstrances que le docteur Camus, doyen de ladite Faculté, le syndic d'icelle Faber, et le penitencier, leur ont plusieurs fois faictes, comme aussi ont faict les docteurs Chavagnac, curé de Sainct Supplice, et Faber, curé de Sainct Paul, et plusieurs autres des plus anciens, entre lesquels estoit le bon et vieil docteur Poictevin, qui, en plaine assemblée et congregation de la Faculté, quand il y en eut de si furieux et insensez que de proposer que Jacques Clement, meurtrier du roy Henry III, estoit martyr, il s'exclama leur disant : *Nunquam nunquam auditum est homicidam esse martyrem* (1) : ils eussent, dis-je, mieux fait que de soustenir leurs faulses propositions, et entretenir le peuple en leur rebellion.

Mais comme j'ay dit qu'ils avoient mal faict, je dis aussi que messieurs les cardinaux, evesques, prelats, docteurs et autres ecclesiastiques qui ont tousjours

(1) On n'a jamais ouï dire qu'un assassin fût martyr.

suivy lesdits sieurs roys, ou qui depuis les ont esté trouver, et principalement ceux qui, à la conversion de Sa Majesté à present regnant, sortirent de Paris pour ce subject sans crainte du péril, comme fit M. Benoist, à present doyen de la Faculté et confesseur du Roy, avec les autres docteurs, sont dignes d'une loüange immortelle pour le grand bien qu'en a receu depuis la chrestienté.

Je ne puis aussi finir cest avant-propos sans dire qu'il y a eu six grands personnages qui meritent toute loüange, honneur et gloire de tous les François, pour ce que, sous la bonne conduitte de Sa Majesté, ils ont esté les principaux instruments de remettre la France en la paix dont elle jouyt : sçavoir, trois grands prelats, deux grands princes et un marquis.

Les prelats sont M. le cardinal de Gondy, qui a esté comme l'evangeliste du bon-heur dont finalement M. le cardinal du Perron a emporté le prix; et ce n'eust esté rien des deux, sans messire Regnaut de Beaune, archevesque de Bourges (qui est decedé archevesque de Sens), lequel receut le Roy en l'eglise nonobstant tout ce que fit et dit le cardinal de Plaisance et tous les ennemis de Sa Majesté qui estoient dans Paris, lesquels envoyerent un jeune garson (qui ne put estre recognu pour sa subite esvasion) à Sainct Denis luy jetter un billet qui prohiboit à tous ecclesiastiques de recevoir le Roy en l'eglise : lequel billet fut trouvé sur sa chape au mesme temps que le Roy entroit à l'eglise pour y faire sa protestation d'y vivre et d'y mourir ez mains dudit sieur archevesque. Mais ores que la lecture de ce billet rendit comme esbays beaucoup des ecclesiastiques assistans qui s'en remi-

rent à sa discretion, il leur dit : « Ne voyez vous pas
« que c'est une simple escriture privée qui n'est en
« forme, et laquelle vient de la part des ennemis de Sa
« Majesté, qui veulent empescher le bon-heur de la
« France? quand ceste escriture seroit en forme, elle
« ne vient en temps deu. » Aussi ce prelat ne laissa
pour ce billet de recevoir Sa Majesté en l'eglise. Et
de dire icy le bien que la France en a depuis receu,
il est impossible.

Les princes sont feu M. le duc de Nevers et M. le
duc de Luxembourg, lesquels ont esté par le commandement de Sa Majesté vers les papes Sixte v et Clement viii, et les ont instruits vifvement de leurs charges (aussi sont ils dignes de perpetuelle louange), et
avec eux M. le marquis de Pisani, qui leur a, comme
l'on dit, rompu la glace devant eux.

Pour fin de cest avant-propos je diray que, pour ce
que l'histoire est la maistresse de la vie, j'ay tasché de
reciter au vray les choses comme elles sont advenues :
si je m'estois mesconté en quelque passage, je prie ceux
qui le sçauront m'en advertir en particulier, ce que
j'auray très-aggreable pour les en remercier ; car mon
desir n'est que de profiter à la posterité, affin que si
les François tumbent à l'advenir en pareils troubles
(que Dieu ne veuille par sa grace), que ce qui est advenu de nostre temps leur serve d'exemple. Adieu.

INTRODUCTION.

Toutes les guerres civiles advenuës en France depuis l'an 1560, qui commencerent à Amboise, ont esté entreprises, tant par les catholiques que par ceux de la religion pretenduë reformée (qui furent deslors appellez huguenots), sur ces beaux et specieux pretextes de la manutention de la religion, et pour le bien public.

La fin et le commencement de chacune guerre, et les edicts de pacification qui ont esté faicts, sont escrits dans plusieurs histoires et memoires qui deslors en furent publiez, tant d'une part que d'autre : ce n'est pas aussi mon dessein de les reciter icy ; mais, affin de donner à cognoistre quel estoit l'estat de la France au commencement de l'an 1589 (qui est l'année en laquelle Henry IV succeda à la couronne de France par la mort de Henry III), et aussi affin de pouvoir mieux remarquer les choses plus memorables advenuës par tout le monde pendant les neuf années de guerre qu'il a euës, tant avec aucuns de ses subjects de la religion catholique romaine, lesquels avoient faict une ligue ensemblement, et ne luy vouloient obeyr sous pretexte qu'il estoit de la religion pretendue reformée, que aussi contre le roy d'Espagne Philippes II qui les supportoit (1), il est très-necessaire, pour ce regard, avant que d'entrer en matiere, de sçavoir la nais-

---

(1) *Qui les supportoit :* qui les soutenoit.

sance de ceste ligue, et pourquoy et comment elle fut faicte.

Ceste ligue donc que firent aucuns catholiques en France (de laquelle nous entendons parler), fut faicte à Peronne (¹) l'an 1576, par aucuns princes, seigneurs et gentils-hommes catholiques faschez de ce que le roy Henry III avoit pacifié les troubles pour la religion en son royaume, permettant à ceux de la religion pretendue reformée le libre exercice de leur religion, les declarant capables de tenir estats en toutes cours souveraines, leur ayant laissé huict villes pour leur seureté, et desadvoüant ce qui s'estoit passé en la journée Sainct Barthelemy 1572.

Or, affin que l'on cognoisse mieux l'intention des princes et seigneurs catholiques qui firent ceste ligue, en voicy les articles, qui furent deslors imprimez et envoyez par toute la chrestienté.

Au nom de la Saincte Trinité, Pere, Fils et Sainct Esprit, nostre seul vray Dieu, auquel soit gloire et honneur.

I. L'association des princes, seigneurs et gentils-hommes catholiques doit estre et sera faite pour establir la loy de Dieu en son entier, remettre et retenir le sainct service d'iceluy selon la forme et maniere de la saincte Eglise catholique, apostolique et romaine, abjurans et renonçans tous erreurs au contraire.

(¹) *Fut faicte à Peronne.* Jacques d'Humiéres, gouverneur de Péronne, fut d'abord le chef apparent de cette ligue que la maison de Guise avoit provoquée.

II. Pour conserver le roy Henry troisiesme de ce nom, par la grace de Dieu, et ses successeurs roys Très-Chrestiens, en l'estat, splendeur, authorité, devoir, service et obeyssance qui luy sont deus par ses subjets, ainsi qu'il est contenu par les articles qui luy seront presentez aux estats, lesquels il jure et promet garder à son sacre et couronnement, avec protestation de ne rien faire au prejudice de ce qui sera ordonné par lesdicts estats.

III. Pour restituër aux provinces de ce royaume et estats d'iceluy les droits, preeminences, franchises et libertez anciennes, telles qu'elles estoient du temps du roy Clovis, premier roy chrestien, et encores meilleures et plus profitablement si elles se peuvent inventer, sous la protection susdite.

IV. Au cas qu'il y ait empeschement, opposition, ou rebellion à ce que dessus, par qui et de quelle part qu'ils puissent estre, seront lesdits associez tenus et obligez d'employer tous leurs biens et moyens, mesmes leurs propres personnes, jusques à la mort, pour punir, chastier et courir sus à ceux qui les auront voulu contraindre et empescher, et tenir la main que toutes les choses susdites soient mises à execution realement et de fait.

V. Au cas que quelques-uns des associez, leurs subjects, amis et confederez fussent molestez, oppressez, et recherchez pour les cas dessusdits, par qui que ce soit, seront tenus lesdits associez employer leurs corps, biens et moyens pour avoir vengeance de ceux qui auront faict lesdites oppresses et molestes, soit par la voye de justice ou par les armes, sans nulle acception de personnes.

VI. S'il advenoit qu'aucun des associez, après avoir fait serment en ladite association, se vouloit retirer ou departir d'icelle sous quelque pretexte que ce soit (que Dieu ne vueille), tels refractaires de leurs consentemens seront offensez en leurs corps et biens, en toutes sortes qu'on se pourra adviser, comme ennemis de Dieu, rebelles, et perturbateurs du repos public, sans que lesdits associez en puissent estre inquietez ny recherchez, soit en public ny en particulier.

VII. Jureront lesdicts associez toute prompte obeïssance et service au chef qui sera deputé, suivre et donner conseil, confort et ayde, tant à l'entretenement et conservation de ladite association, que ruyne aux contredisans à icelle, sans acception ny exception de personnes : et seront les defaillans et dilayans punis par l'authorité du chef et selon son ordonnance, à laquelle lesdits associez se soubsmettront.

VIII. Tous catholiques des corps des villes et villages seront advertis et sommez secrettement par les gouverneurs particuliers d'entrer en ladite association, fournir deuëment d'armes et d'hommes pour l'execution d'icelle, selon la puissance et faculté de chacun.

IX. Que ceux qui ne voudront entrer en ladite association seront reputez pour ennemis d'icelle, et poursuivables par toutes sortes d'offences et molestes.

X. Est deffendu ausdits associez d'entrer en debats ny querelles l'un contre l'autre sans la permission du chef, à l'arbitrage duquel les contrevenants seront punis, tant pour la reparation d'honneur que toutes autres sortes.

XI. Si pour fortification, ou plus grande seureté desdits associez, se fait quelque convention avec les provinces de ce royaume, elle se fera en la forme dessusdite et aux mesmes conditions, soit que ladite association soit poursuivie envers lesdictes villes ou par elles demandée, si autrement n'est advisé par les chefs.

XII. Je jure Dieu le createur, touchant cest evangile, et sur peine d'anatematization et damnation eternelle, que j'ay entré en ceste saincte association catholique selon la forme du traicté qui m'y a esté leu presentement, loyaument et sincerement, soit pour y commander ou y obeir et y servir, et promets, sous ma vie et mon honneur, de m'y conserver jusques à la derniere goutte de mon sang, sans y contrevenir ou me retirer pour quelque mandement, pretexte, excuse ny occasion que ce soit.

Voilà des articles qui contiennent de specieux pretextes. Le tiltre porte le nom de la Saincte Trinité : le premier article est pour restablir la loy de Dieu et maintenir l'ancienne religion ; le second est pour conserver les roys de France en leur estat, splendeur et authorité ; et le troisiesme est pour restituer au peuple de France ses libertez et franchises. La suitte de cette histoire monstrera ce qui en est advenu : mais deslors plusieurs grands personnages, de la religion catholique mesme, cogneurent bien que soubs ces articles il y avoit quelque chose de caché qui n'apporteroit en France que des troubles et divisions.

La premiere de leurs raisons estoit que toute ligue et association offensive et deffensive ne se devoit faire qu'entre princes souverains, et au contraire qu'en ceste ligue tous les princes et seigneurs catholiques qui l'avoient faicte estoient tous subjects du Roy, voire d'un roy très-catholique et en la fleur de son aage, et qu'ils la faisoient sans sa permission ny son consentement.

La seconde, qu'il y avoit plusieurs choses dans les articles de ceste ligue qui, au lieu *de conserver les roys en leur estat, splendeur et authorité,* tendoient plustost à sapper l'authorité royale, comme il se voyoit en la fin du second article, *avec protestation de ne rien faire au prejudice de ce qui seroit ordonné par lesdits estats :* qui seroit par ce moyen faire l'assemblée des estats en France resolutive, et rendre le roy subject à ce qu'ils resoudroient et ordonneroient : ce que voulant effectuer aucuns des chefs de ceste ligue, il leur a cousté la vie, ainsi qu'il sera dit cy après; car toute assemblée d'estats en France n'a jamais rien resolu ny ordonné, ains seulement deliberé entr'eux leurs requestes et cayers, qu'ils ont presenté en toute humilité au Roy pour en ordonner avec son conseil ce qu'il trouveroit estre bon et juste. Les roys de France ne sont esleus comme les roys de Pologne et les autres princes qui jurent en leur eslection de garder les loix faictes par ceux qui les ont esleus, mais au contraire ils ont la supresme et absoluë authorité sur leurs peuples : de leur volonté dependent toutes les deliberations de la paix et de la guerre, les imposts et les tributs, la concession des benefices, et la distribution des offices, gouvernements et magistrats. Aussi sont ils roys du premier royaume de la chrestienté, tant en dignité qu'en puissance : en dignité, ils ont esté tousjours libres dez leur commencement, et n'ont jamais recogneu l'Empire comme la Pologne et la Boheme, ny n'ont recogneu aussi tenir du Sainct Siege comme l'Angleterre et Naples. La France est le plus ancien royaume de tous les royaumes qui soient aujourd'huy en estre, pour ce qu'il a eu son commencement plus de quatre cents ans devant la nativité de nostre Seigneur Jesus-Christ, et a esté le premier de tous les royaumes qui a secoüé le joug de l'empire romain, le premier qui a accepté la foy chrestienne, d'où ses roys ont eu le nom de premiers fils de l'Eglise, et pour les biens qu'ils ont faicts au Sainct Siege ils ont eu le nom de très-chrestiens. Aussi sont-ils les premiers roys chrestiens qui, comme les roys des Hebrieux, ont esté oingts et sacrez de l'huille de la sacrée ampoulle qui est venuë du ciel, laquelle se garde encores jusques à present à Reims. Pour toutes ces choses les roys de France ont tousjours tenu le premier lieu de dignité entre les roys chrestiens sans contredit. Et combien que le roy d'Espagne pense avoir raison de l'y contredire pour le grand nombre de royaumes, pays et seigneuries qu'il possede, il n'a toutesfois point de raison de se l'attribuër ou pretendre; car il n'a aucun royaume qui puisse estre comparé à la France, tant pour la splendeur de sa noblesse, pour ses glorieux tiltres, que pour la renommée de son antiquité; aussi que tous les royaumes qu'on appelle Espagne, qui sont Castille, Leon, Vallence et autres, ne sont d'ancienneté que simples gouvernements et toparquies.

La troisiesme raison qu'ils disoient estoit que tous les articles depuis le quatriesme jusques à la fin, n'estoit qu'une instruction pour faire rebeller le peuple contre le Roy, et troubler son Estat; et que le serment de ceste ligue, *pour obeyr au seul chef d'icelle*, estoit le moyen de faire croire au peuple qu'il pouvoit prendre les armes contre Sa Majesté, s'il s'opposoit à leur ligue, ainsi qu'il est contenu au cinquiesme article, *que tous les associez seront tenus employer leurs corps, biens et moyens, pour avoir vengeance de ceux qui les auront molestez, soit par la voye de justice ou par les armes, sans nulle acception de personnes.*

La quatrième : *Jureront lesdits associez toute prompte obeyssance et service au chef qui sera deputé, et se soubsmettront d'estre punis par son ordonnance.* Ils remarquoient en ce septiesme article autant de monopoles et rebellions qu'il y avoit de mots, veu que l'obeyssance, le service et la punition des subjects sont deuës et appartiennent au roy seul.

La cinquième : que le huictiesme article, contenant *d'advertir secrettement les gouverneurs particuliers d'entrer en ceste ligue, et contribuer hommes et deniers,* estoit une conjuration toute apparente, veu que les subjets qui pratiquent des gens de guerre et levent argent sans commission, ny sans la permission du prince souverain, sont criminels de leze-majesté.

Ainsi les articles de ceste ligue furent dez le commencement si bien espluchez, que l'on n'y trouva presque mot qu'il n'y eust à redire, et sur tout de ce qu'il n'y avoit point de *chef nommé, mais qu'il seroit deputé.*

Si tost donc que le traicté de ceste ligue fut fait, ils envoyerent l'advocat David à Rome avec des memoires pour faire trouver aggreable au pape Gregoire XIII les articles susdits; mais il fut tué en chemin, et ses memoires pris furent depuis imprimez, qui ne contenoient en effect qu'à subvertir et changer l'estat de la France.

Par autres voyes le Pape receut advis de ceste ligue, les articles luy en furent presentez. Le sieur Terracina luy desdia mesmes lors un discours sur les affaires de France où il luy disoit qu'il ne convenoit plus au roy de France, ou à qui que ce fust, d'user de pieté, soit en la vie, soit aux biens des heretiques, ains qu'il les failloit cruellement chastier et combattre jusques à guerre finie, ruyner et abbatre leurs chasteaux, demanteler les villes qui estoient à leur devotion, et qui les suivoient, et que Sa Majesté les devoit faire condamner au supplice puis qu'ils l'avoient offensé, et priver leurs successeurs de tous estats, honneurs et dignitez; par ce moyen que les heretiques seroient du tout exterminez, avec leurs detestables pensers et leurs cruelles entreprises. Tous ces discours cy dessus ne peurent persuader au Pape d'advoüer une telle ligue; et quoy qu'on luy remonstrast que l'on commenceroit à faire desnicher les huguenots d'autour de son comtat d'Avignon, et les chasser du Dauphiné, qui estoit un grand fruict pour le Sainct Siege, il jugea tousjours que ce n'estoit qu'un pretexte, et que les chefs de ceste ligue avoient d'autres desseins particuliers qui n'estoient contenus dans le traicté de leur association, et ne voulut jamais l'approuver.

Aussi le roy Henry III eut advis des pratiques de ceste ligue : il la jugea deslors très-dangereuse pour son Estat; mais il a esté trompé à toutes les deux fois qu'il a pensé qu'en assemblant les estats de France il s'y trouveroit plus de deputez qui demanderoient plustost la paix que la guerre qui estoit un remede très-violent et extraordinaire, lequel en guarissant une playe en refaisoit d'autres.

A la premiere fois doncques qu'il assembla les estats à Blois l'an 1577, aucuns deputez qui estoient desjà entrez en ceste ligue pratiquerent si bien les autres, que les plus de voix d'entr'eux s'accorderent de supplier Sa Majesté de faire la guerre à l'heresie.

Quelques articles du dernier edict de pacification qui semblerent au Roy devoir estre retranchez, l'y firent resoudre. Deux armées se leverent; M. le duc d'Anjou, frere du Roy, fut chef de l'une; il la mena à La Charité sur Loire, qu'il reduisit en l'obeyssance de Sa Majesté, et de là alla à Yssoire, qu'il print. De l'autre armée M. le duc de Mayenne fut le general : la prise de Broüage fut le plus beau de ses exploicts.

Quelque guerre qu'il y ait eu en France, il y a tousjours eu quelques negotiations de la paix. Le Roy voyoit que ceste guerre alloit prendre un long traict. Il faict sonder les huguenots pour quitter quelques articles du dernier edict de pacification; il les trouva disposez à sa volonté : ce qui apporta le cinquiesme edict donné à Poictiers au mois de septembre 1577, par lequel la paix fut accordée, avec la liberté de conscience, à ceux de la religion pretenduë reformée, toutesfois avec quelque retranchement d'articles du dernier edict.

Cest edict ne fut encores entretenu pour les pretentions d'aucuns particuliers qui n'en recevoient ce qu'ils s'en estoient promis, si qu'il y eut tousjours quelques troubles en diverses provinces : la conference de Nerac en appaisa quelques uns, et celle de Flex resolut tout à fait la paix, qui fut observée entierement par toute la France l'an 1581.

Monsieur, frere du Roy, qui estoit lors le seul presumptif heritier de la couronne, alla d'un costé faire un voyage en Flandres, où ceux qui avoient envie de remuër les mains, tant d'une que d'autre religion, l'accompagnerent. De son voyage, son entrée et sa sortie, plusieurs en ont escrit, où on peut veoir ce qu'il y fit, comme aussi de celuy de M. de Strossy, qui alla mener une petite armée en Portugal pour soustenir le droict qu'y pretendoit la Royne mere (1) Catherine de Medicis. Leurs entreprises à tous deux n'eurent le succez qu'ils desiroient; car ledit Strossy mourut de mort violente, et Monsieur fut reduit de se retirer de Flandres et revenir en France.

Durant tous ces voyages et entreprises, qui finirent à la mort de Monsieur, qui fut en juin 1584, en son chasteau de Chasteau Thierry, la ligue des princes catholiques n'avoit osé prendre les armes du depuis l'an 1576 jusques à ceste mort : elle se nourrissoit seulement parmy les grands qui l'avoient faicte, et parmy ceux qui s'estoient sous main rengez à leur service : aussi ce leur eust esté une temerité de se declarer lors. Mais si tost que ceste mort fut advenuë, les pacquets, les memoires et instructions pour l'establir et la faire croistre coururent de tous costez : et au commencement de l'an 1585 ils prirent les armes, s'asseurerent en leurs gouvernements des villes de Chaalons, Dijon, Soissons et autres places, publierent une infinité de

(1) *Le droict qu'y pretendoit la Royne mere.* Catherine de Médicis, comme héritière de Robert, fils d'Alphonse III, fit valoir ses droits sur le Portugal, dont Philippe s'étoit emparé après la mort du roi Sébastien.

raisons pourquoy ils les avoient prises, lesquelles se reduisoient en trois poincts, sçavoir :

I. Pour restablir l'Eglise de Dieu et tout le royaume, et s'opposer aux heretiques et chasser l'heresie.

II. Pour pourvoir aux differens qui pourroient naistre en la succession de la couronne de France après la mort du Roy, puis qu'il n'avoit point d'enfans.

III. Pour faire sortir de la Cour les favorits du Roy, qui abusoient de l'authorité royale, affin de soulager le peuple des impositions nouvellement inventées.

Le Roy fut fort estonné de la levée des armes de ceste ligue : il jugea bien qu'ils avoient mis M. le cardinal de Bourbon (prince tout bon, mais fort vieil et sexagenaire) à la teste de leur manifeste, plus affin que le peuple creust que c'estoit un prince du sang qui estoit leur chef, que de volonté qu'ils eussent de luy obeyr; aussi estoit ce leur vray chef que M. le duc de Guise, et qui tousjours le fut jusques à sa mort.

Les Parisiens eurent commandement du Roy de garder les portes de leur ville, mais avec ceste clause qu'il vouloit que l'on procedast à l'eslection de nouveaux capitaines, et qu'ils fussent ou conseillers ou maistres des comptes, ou advocats de ceux qui demeuroient en chasque quartier; ce que l'on fit. Ce changement fut cause que plusieurs qui estoient lors capitaines, faschez de leur demission, entrerent puis après dans la ligue des Seize, et aucuns d'eux ne furent pas depuis bons serviteurs du Roy.

Sa Majesté aussi manda sa noblesse; plusieurs le

vindrent trouver à Paris, et messieurs les princes du sang catholiques se rendirent tous près de luy. Il escrivit au roy de Navarre qu'il voyoit bien que le pretexte que ceste ligue prenoit n'estoit autre chose qu'une entreprise contre sa personne et son Estat ; luy commande de se contenir en paix sans prendre les armes, afin que l'on juge aisement qui seront les perturbateurs du repos public.

En mesme temps, par une declaration qu'il feit publier, il respondit aux trois poincts cy dessus dicts, contenus au manifeste de la ligue :

I. Que la paix estoit l'unique moyen de restablir la religion catholique par tout son royaume, et que la continuation d'icelle estoit l'esperance de remettre la France en sa pristine splendeur.

II. Qu'estant en bonne santé, la Royne en la fleur de son aage et en espoir que Dieu leur donneroit lignée, ce pretexte que la ligue prenoit qu'il eust à pourveoir aux differents qui pourroient naistre en la succession de la couronne après sa mort, n'estoit equitable et suffisant pour le tourmenter durant sa vie et troubler son Estat.

III. Qu'il avoit honoré des plus grandes charges de la couronne ceux qui se plaignoient de n'estre point ses favorits, mais que Dieu luy donneroit la grace de soulager son peuple. Puis après, il enjoint à tous ceux qui avoient fait ceste ligue, ou qui y estoient entrez, de la quitter et de se remettre en leur devoir soubs son obeïssance.

Le roy de Navarre, qui estoit celuy à qui les chefs

de la ligue vouloient que le Roy declarast la guerre, et qui avoient mis dans leur manifeste que les chefs des huguenots (notant par là le roy de Navarre) estoient desireux de la mort du Roy, ennemys des catholiques et perturbateurs de l'Estat, fit aussi une declaration, laquelle il envoya à tous les parlements de France et princes chrestiens, dans laquelle il protestoit qu'il n'avoit jamais pensé à la succession du Roy, esperant que Dieu luy feroit la grace qu'il luy donneroit un Dauphin; qu'il n'estoit point ennemy des catholiques ainsi que ses deportemens le faisoient assez paroistre, ny perturbateur de l'Estat, et que ceux qui avoient fait publier cela dans leur manifeste en avoient faulsement menty; prie Sa Majesté Très-Chrestienne de luy permettre de s'esgaler au duc de Guyse pour le combattre avec armes usitées entre chevaliers, et vuider ce different entr'eux deux seuls, ou bien en nombre de deux à deux, de dix à dix, ou de vingt contre vingt, affin que sur eux tombast la peine, sans que le peuple de France eust à en souffrir.

La ligue fut representée alors si grande au Roy, l'on l'asseura que tous les potentats catholiques l'avoient jurée fors que luy, et qu'à ce coup ils estoient tous resolus de ruiner l'heresie; il en entre en une telle crainte qu'il se laissa aller aux persuasions de la Royne sa mere, et de quelques-uns de son conseil qui favorisoient ceste ligue, disans qu'il valloit mieux que les catholiques fissent la guerre à l'heresie que non pas, divisez entr'eux, combattre les uns contre les autres. Ainsi il rompit l'edict de pacification en juillet 1585, et declara la guerre aux heretiques : ce qu'il fit toutesfois les larmes aux yeux, et dit deslors à d'aucuns : « J'ay grand peur qu'en voulant perdre la presche, nous ne hazardions fort la messe. »

L'on ne cognut que trop la foiblesse de la ligue après qu'ils eurent accordé avec le Roy : plusieurs ont escrit qu'en quatre mois et demy qu'ils furent en armes, que leurs forces avoient esté si petites que tout ce qu'ils purent faire d'hommes de guerre pour mettre en campagne ne monta jamais à plus de mil chevaux et quatre mil hommes de pied; et que le Roy pouvoit dissiper toute ceste ligue en sa naissance, et eviter le malheur qui luy est depuis advenu, s'il eust fait ce qu'il devoit et pouvoit lors, en montant à cheval et les poursuivant par les armes ; car plusieurs qui s'en estoient mis s'en estoient retirez après la declaration que fit Sa Majesté contre leur levée d'armes.

Tant y a qu'ils ne pouvoient plus resister quand ils accorderent avec le Roy, car ils avoient dissipé les cent tant de mil escus qu'ils avoient pris aux receptes generales, et devoient encores deux cents tant de mil escus, que le Roy paya pour eux. Par l'accord de Nemours, le 7 juillet 1585, le Roy leur accorda Thou (¹) et Verdun dont ils s'estoient saisis pour leur asseurance, avec trois places en la Champagne, deux en Bretagne et une en Picardie ; et de plus qu'il entretiendroit une compagnie d'harquebusiers à cheval à chasque prince de ceste ligue, à la charge aussi qu'ils se departiroient à jamais de toutes ligues et associations, et rendroient à Sa Majesté à l'advenir l'obeissance et la fidelité qu'ils luy devoient; mais pour le soulagement du peuple, qui avoit esté le principal pretexte de la levée de leurs armes, nul mot dedans leur ac-

(¹) *Thou* : Toul.

cord : au contraire il fallut charger le peuple de nouveaux subsides pour payer ce qui leur avoit esté promis. Voylà tous les catholiques bandez en apparence pour faire la guerre à l'heresie : leurs forces se joignent, et plusieurs armées se dressent pour la ruyner en toutes les provinces de la France; mais nous dirons cy-après comme ils continuerent leur division en catholiques liguez et en politiques ou royaux, qui fut la cause qu'ils ne firent pas de grands exploicts.

Au mois d'aoust le roy de Navarre, estant à Sainct-Paul de Cadejoux, est adverty de l'accord d'entre le Roy et les princes de la ligue, et que leurs armes se tournoient contre luy : l'on luy avoit conseillé de s'armer dez le commencement de tous ces remuëmens, et qu'il n'y auroit point de doute que les catholiques s'accorderoient ensemblement de luy faire la guerre : la lettre que le Roy luy avoit escrit, et la declaration que Sa Majesté fit contre les rebelles de la ligue, poursuivis comme tels par les cours de parlement, fut cause qu'il se trouva en ce commencement reduit à se mettre sur la deffensive. La protestation qu'il fit alors fut publiée en plusieurs endroits; il la fit avec le prince de Condé, le duc de Montmorency, mareschal de France et premier officier de la couronne, et plusieurs seigneurs gentilshommes et villes, tant de la religiou pretenduë reformée que catholiques qui tenoient son party, et lesquels depuis s'appellerent les catholiques unis (1). Il accuse les princes de la ligue de n'avoir autre dessein que de renverser les loix fondamentales du royaume, et les appelle perturbateurs de l'Estat.

Du depuis le mois de mars, que l'on avoit pris les

(1) *Les catholiques unis.* Ils prirent le nom de politiques.

armes, jusques vers la fin du mois d'aoust, le soldat n'avoit fait que vivre sur le paysant: nul coup d'espée, nul combat, nulle rencontre. Le duc de Mercœur fut le premier qui voulut entreprendre; il sort de son gouvernement de Bretagne avec deux mille hommes, entre en Poictou, tire droict à Fontenay, se loge au fauxbourg des Loges. M. le prince de Condé qui commandoit en ces quartiers, et qui est la province où les huguenots sont les plus forts, en eut advis, qui le chassa de Fontenay et de tout le Poictou.

La ville de Broüage estoit une espine au pied des Rochelois : elle n'est qu'à dix lieuës d'eux. Ils prierent M. le prince de Condé de prendre ceste ville là, et la remettre en leur party. Il l'assiegea ; mais l'advis de la surprise du chasteau d'Angers par Roche-Morte, qui estoit dedans, lequel avoit respondu tenir pour le roy de Navarre, luy fait quitter ce siege et traverser tout le Poictou : il avoit d'assez belles troupes, avec lesquelles il s'en vint passer par bateaux la riviere de Loire, entre Saumur et Angers; mais il ne fut si tost passé dans l'Anjou, que Roche-Morte fut tué d'un coup d'arquebuze par les habitans d'Angers qui l'avoient assiegé, et où à leur renfort le Roy avoit envoyé toutes ses troupes : ceste mort fit rendre le chasteau d'Angers au Roy. Le prince de Condé se trouva lors avec ses troupes bien empesché, tout moyen de repasser Loire luy estant osté par la diligence de M. de Joyeuse, toutes les rivieres du pays d'Anjou inguaiables à cause des pluyes, aussi que toutes les forces du Roy le venoient entourer : ainsi toute son armée, qui estoit de huict cents maistres, et de douze cents harquebusiers à cheval, fut contraincte de jouër à sauve qui peut.

Elle se divisa toute par petites troupes, et luy s'eschappa et se sauva vers la Normandie, où avec dix des siens il passa en Angleterre, d'où il retourna à La Rochelle, et où il trouva la plus grande part de ses troupes, qui avoient repassé Loire où et comme ils avoient peu, bien-heureux d'y avoir reporté leurs testes, et de n'avoir point veu Paris.

Les huguenots et la ligue des catholiques perdirent à ceste fois, mais diversement, ceux-là leur petite armée (qui eust sans doute emporté Broüage s'ils ne fussent bougez de devant), tout leur bagage, et tout ce qu'ils avoient picoré en traversant le Poictou, et ceux-cy le chasteau d'Angers que le comte de Brissac tenoit pour leur party, et lequel avoit mis dedans ceste place de très-belles richesses qui furent toutes perduës pour luy, parce qu'elles furent emportées suivant la composition par ceux qui en sortirent. A la recommandation des sieurs duc de Joyeuse et du comte de Bouchage, le Roy mit dans ce chasteau le sieur de Puchairic, qui jusques à sa mort a conservé ceste place sous l'obeyssance de Leurs Majestez Très-Chrestiennes : ce fut le premier mescontentement de ceux de la ligue, qui se virent soustraire ceste place d'entre les mains d'un de leur party.

M. le duc de Mayenne, general de l'armée royale designée pour aller en Guyenne contre le roy de Navarre, composée de deux mille chevaux françois, reistres et albanois, dix mille Suisses et six mille hommes de pied françois, passa la Loire durant la desroute du prince de Condé en Anjou, va à Poictiers, et, traversant par le Poictou sans y faire nul exploict de guerre contre les huguenots de ceste province, s'en alla au commencement de l'an 1586 desnicher les huguenots qui estoient dans Montignac, Beaulieu et Gaillac. Comme il revint à Paris nous le dirons cy après.

Le plus grand mal donc que ceste guerre civile apporta en ceste année fut que, quand le Roy chassoit par ses edicts les huguenots de ses villes, le roy de Navarre, par declarations, proclamoit les habitans des villes où estoient publiez tels edicts pour ennemis de son party. Au mois d'octobre 1585, le Roy fit commandement à tous les huguenots de sortir dans quinze jours de son royaume. Le roy de Navarre fit peu après en decembre une declaration, et suivant icelle les huguenots saisirent où ils estoient les plus forts toutes les debtes, rentes, revenus et biens de tous ceux qui n'estoient de leur party, et les firent vendre : bref, ils firent une telle diligence en leurs affaires, qu'en presque toutes les provinces de la Loire ils surprirent tant de places, que l'on jugea après que, ne se tenans que sur la deffensive, on n'eust sceu dans douze ans les chasser de toutes les places qu'ils tenoient.

Les princes et seigneurs de la ligue avoient, par l'accord faict à Nemours, juré de se departir de toutes ligues et associations; toutes les fois qu'ils l'ont promis et juré au Roy, c'est ce qu'ils ont le moins effectué, car ils continuerent leurs pratiques en toutes les bonnes villes catholiques du royaume beaucoup plus que auparavant, ainsi que nous dirons cy après, mais sur tout parmy les princes catholiques estrangers, qui presumoient tous que ceste ligue estoit plus forte en son commencement qu'elle n'estoit, et ce pour ce qu'elle avoit contraint un roy de France à declarer une guerre civile dans son royaume contre sa volonté.

En ceste année le pape Gregoire xiii mourut : il n'avoit jamais voulu approuver ceste ligue. Sixte v fut esleu pape; aussi tost ceste ligue luy est presentée pour l'authoriser : le cardinal de Pellevé, qui estoit à Rome le protecteur de ceste ligue, l'en sollicita, et l'affaire luy est representée si facile de chasser l'heresie de la France, qu'il fit publier au mois de septembre, dans Rome, une excommunication contre le roy de Navarre et le prince de Condé, par laquelle il les prive et tous leurs successeurs, sçavoir, le roy de Navarre de son royaume, duchez et seigneuries, et le prince de Condé de toutes principautez, duchez et seigneuries, et eux deux ensemblement de tous les royaumes et seigneuries ausquelles ils pourroient succeder à l'advenir, declarant tous leurs subjects absous de tous les serments qu'ils leur auroient juré, faict ou promis. De ce qui fut dit pour et contre ceste bulle d'excommunication nous le dirons cy après. Voyons maintenant comme la ligue des catholiques que l'on a despuis nommé la ligue des Seize s'establit à Paris; il est necessaire de le dire, et sçavoir par qui et pourquoi ceste ligue fut faicte, car nous avons beaucoup à en parler. Voicy ce que l'autheur du Manant et du Maheustre (1) en a rapporté, qui en a parlé comme sçavant. (Aussi tient-on que c'est Cromé, l'un de la ligue des Seize, qui a fait ce livre là.)

« Dieu, dit-il, s'est aydé pour le fondement et commencement de la ligue des catholiques de Paris, de M. de La Roche-Blond, l'un des bourgeois d'icelle ville,

---

(1) *L'autheur du Manant et du Maheustre.* Le livre dont il s'agit est intitulé *le Manant et le Maheustre*, ce qui veut dire le ligueur et le royaliste.

homme très-vertueux, de noble, bonne, ancienne et honneste famille, qui, considerant la misere du temps, l'ambition des grands, la corruption de la justice et l'insolence du peuple, et sur tout la perte de la religion catholique, apostolique et romaine, qui ne servoit que d'umbrage au peuple et de pretexte aux grands, et au contraire l'heresie suportée et la tyrannie ouverte : à ces occasions, meu de l'esprit de Dieu, il s'adressa à plusieurs docteurs, curez et predicateurs, pour sçavoir le moyen de s'y gouverner en seureté de conscience et pour le bien public, et entre autres à M. J. Prevost, lors curé de Sainct Severin, M. J. Boucher, curé de Sainct Benoist, et à M. Matthieu de Launoy, chanoine de Soissons, premiers pilliers de la ligue en ceste ville de Paris, qui adviserent par ensemble d'appeller avec eux les plus pieux, fermes et affectionnez catholiques, pour acheminer et conduire les affaires de la ligue des catholiques, tellement qu'eux quatre, après l'invocation du Sainct Esprit, nommerent plusieurs particuliers bourgeois qu'ils cognoissoient, et lors se resolurent de n'en parler qu'à sept ou huit, lesquels ils arresterent et nommerent entr'eux, à sçavoir : ledit de La Roche-Blond nomma l'advocat d'Orleans et le sieur Acarie, maistre des comptes; ledit sieur Prevost, curé de Sainct Severin, nomma les sieurs de Caumont, advocat, et de Compans, marchant; ledit sieur Boucher nomma Menager, advocat, et Crucé, procureur; ledit sieur de Launoy nomma le sieur de Manœuvre, de la maison des Hennequins. A tous lesquels fut parlé et communiqué avec prudence, et trouvez disposez pour le soustenement de la religion et opposition contre l'heresie et tyrannie; et furent les premiers appellez et entremetteurs de la ligue, et parmy eux se mesla le sieur Deffiat, gentil-homme du pays d'Auvergne, de la cognoissance dudit sieur curé de Sainct Severin : et quelque temps après en fut parlé à d'autres, tant ecclesiastiques que seculiers, comme à maistre Jean Pelletier, curé de Sainct Jacques, maistre Jean Guincestre, lors bachelier en theologie, personnes très-affectionnées; aux sieurs de La Chappelle, à Bussi Le Clerc, procureur en parlement, au commissaire Louchart, à La Morliere, notaire, à l'esleu Roland et à son frere; de sorte que peu à peu le nombre creut : mais à fin qu'ils ne fussent descouverts, ils establirent un ordre à leurs affaires, et firent un conseil de neuf ou dix personnes, tant ecclesiastiques que seculiers, des dessus-nommez, et outre ils distribuerent les charges de la ville, pour semer les advis du conseil, à cinq personnes qui se chargerent de veiller en tous les seize quartiers de la ville et faux bourgs d'icelle (à cause de quoy on les a depuis appellez la ligue des Seize), à sçavoir : ledit de Compans en toute la Cité; Crucé ès deux quartiers de l'Université et faux-bourgs d'icelle, Sainct Marcel, Sainct Jacques et Sainct Germain; et les sieurs de La Chappelle, Louchart et Bussi aux quartiers de toute la ville : et rapportoient au conseil, duquel ils faisoient partie, tout ce qu'ils avoient entendu chacun en son destroit, tant en general qu'en particulier, et de tous les corps et compagnies : et sur le recit, l'on deliberoit d'y pourvoir selon les occurrences : et se tenoient ces conseils quelquesfois au college de Sorbonne, en la chambre dudit Boucher, depuis au college de Forteret, où il alla demeurer, qui a esté appellé le berceau de la ligue; quelques autresfois ils se tenoient aux Chartreux, puis au logis dudit sieur de La Roche-Blond et La Chappelle, comme aussi au logis desdits sieurs d'Orleans et Crucé. Et pour fortifier la ligue le conseil donna charge à ces cinq personnes dessus nommées de practiquer le plus de gens de bien qu'ils pourroient, et parler à eux sagement et prudemment : et de fait se hasarderent (avec toutesfois grande modestie et cognoissance) de communiquer et conferer avec plusieurs bons bourgeois les uns après les autres ; et, selon qu'ils les voyoyent disposez, ils se descouvroient à eux, sans toutesfois leur rien dire de leur assemblée, mais seulement sondoient les affections des plus gens de bien qu'ils pouvoient choisir, et les entretenoient sur le discours de la malice du temps, remply de schisme, d'heresie et tyrannie ; et selon qu'ils en tiroient de resolution et cognoissoient leurs volontez, ils la rapportoient à ce petit conseil de docteurs, curez, predicateurs et notables personnes, qui, selon Dieu, leur donnoient des instructions pour conduire cest affaire, selon lesquelles le sieur de La Roche-Blond et ces cinq confederez se gouvernoient et distribuoient leurs instructions aux cœurs de ceux à qui ils avoient parlé selon leur capacité, et les instruisoient de ce qu'ils avoient à faire : à quoy ils trouvoient des volontez bien disposées qui s'y embarquoient sans s'enquerir d'où cela venoit, tant le zele et la volonté des catholiques estoit ardente et bonne; tellement qu'il n'y avoit que ces cinq personnes, avec le sieur de La Roche-Blond au commencement, qui travaillassent par toute la ville à instituër et establir la ligue, et qui cognoissoient ceux qui en estoient : et si d'avanture quelqu'un des six s'estoit hazardé de parler à quelqu'un qui fust recogneu pour homme mal vivant ou mal affectionné, on le prioit de s'en degaiger et ne luy rien communiquer : tellement que ces six personnes ne communiquoyent avec homme vivant que premierement le conseil n'eust examiné la vie, mœurs et bonne renommée de ceux à qui l'on avoit parlé, comme n'estant raisonnable de commettre la cognoissance de ceste saincte cause qu'entre les mains de gens de bien, sans reproche, fidelles et tres-affectionnez. Et combien qu'il y eust quelque peu de grandes et honnestes familles qui avoient bonne et saincte affection au party, si est-ce qu'ils ne paroissoient et ne vouloient assister aux assemblées, ny parler à beaucoup de personnes, de peur d'estre descouverts, mais sous main faisoient ce qu'ils pouvoient, et animoient ces six personnes de vouloir travailler, et conferoient avec eux à couvert, et subvenoient à la cause de leurs conseils et moyens : de sorte que tout se gouvernoit avec grand zele, grande amitié, grande consolation, grande fidelité et grande prudence.

« C'estoit la premiere resolution du commencement de la ligue que de se resouldre à la mort, et en ceste resolution y entrer : chose qui les rendoit tellement hardis en toutes leurs affaires, que le deffunt roy Henry ny tous ses agens n'y peurent jamais entreprendre ny descouvrir, sinon que par conjectures et en gros, sans certitude aucune; car après que, par le conseil et instruction des docteurs, curez et predicateurs, ces six personnes eurent beaucoup gaigné de gens de bien, et qu'il y avoit apparence de former une bonne ligue contre l'heresie et la tyrannie, les aucuns furent deputez vers feu M. de Guyse pour luy donner à entendre la volonté des bons catholiques de Paris, le zele qu'ils avoient à la conservation de la religion et à l'extinction de l'heresie et tyrannie ; lequel les receut avec grande allegresse, et de ce en communiqua à messieurs ses freres, et sur tous à feu M. le cardinal de Bourbon, qui tous loüoient Dieu de cet advertissement, et de ce qu'il luy avoit pleu de disposer les cœurs de beaucoup de catholiques à pareils effects et volontez qu'eux-mesmes avoient. Et des-lors les princes, specialement ledit feu sieur de Guyse, commencerent à entrer en conference avec les catholiques de Paris, et ne faisoient et n'entreprenoyent rien que par le consentement et advertissement les uns des autres, et envoyerent les sieurs de Meneville, Cornard et Beauregard pour conferer et communiquer avec eux, et voir leur disposition et bonne volonté : lesquels furent instruicts de toutes leurs intentions, et comment ils se gouvernoient, jusques à luy representer les projects qu'ils avoient faits, qui tendoient à trois fins : la premiere à la conservation de la religion catholique, apostolique et romaine ; la seconde d'expulser et combattre contre l'heresie et sectes contraires à la religion catholique ; et la troisiesme pour reformer les vices, impietez, injustices et maux qui possedoient la France en tous ses estats, et au lieu de l'impieté et tyrannie y faire regner la pieté et justice. Voylà les trois projects de la ligue : et outre ce, ils leur representerent, au doigt et à l'œil, la disposition qu'ils gardoient à la ville, avec la forme de leurs conseils et façons de faire.

« Ainsi deslors furent deputez quelques bons habitans de Paris, gens de cervelle, lesquels avec bonne instruction allerent en plusieurs provinces et villes du royaume pour rendre capables quelques-uns des plus affectionnez catholiques habitans desdites villes de la creation et formation de la ligue, et de l'occasion d'icelle, des projects et intelligence avec les princes, à fin de ne faire qu'un corps par une mesme intelligence en toute la France, sous la conduite des princes catholiques et conseils des theologiens, pour combattre l'heresie et la tyrannie.

« Cependant le sieur de Roche-Blond et ces cinq confederez travailloient par toute la ville, à la faveur de leurs amis et confederez qu'ils avoient gaignez au party, ayant par leur labeur et vigilance attiré et mis au party des personnes qui n'estoient moins affectionnées qu'eux-mesmes; de sorte que l'on emploioit aux affaires, tant dedans que dehors la ville, les plus zelez et capables; de façon que non seulement les six travailloient, mais soubs eux, et par leur instruction, beaucoup d'autres : comme au quartier de la Cité Compans print pour ayde Hebert, drapier, et de Laistre ; Crucé print Pigneron, Senault, Noblet et Joisel ; le sieur de La Chappelle print Emonnot, procureur, et Beguin ; le commissaire Louchart print Tronçon, colonnel, et de La Morliere, notaire ; le Clerc Bussy print Choulier et Courcelles : et Senaut y amena le sieur Fontanon, advocat en la cour, très-catholique, très-affectionné et très-resolu homme de bien et sans reproche ; comme aussi estoient les autres dessusnommez, qui tous travailloient affectueusement pour descouvrir ce qui se faisoit au prejudice de la religion et du bien public. Et les confederez dessus nommez, avec autres bourgeois qui avoient croyance aux six personnes, venoient de our à autre advertir chacun à son quartier de ce qu'ils avoient apris par la ville, des propos qu'on y tenoit, ou des menées que l'on y pratiquoit contre les catholiques; et les six ayans receu tels advertissemens ils sçavoient par ce moyen tout ce qui se passoit parmy la ville, et le rapportoient au conseil, qui, selon les occurrences, pourvoioit de remedes. Et par succession de temps croissans les affaires, mesmement les provinces et villes catholiques qui avoient esté adverties par personnes affidées et envoyées de Paris pour les advertir de la ligue des catholiques et de leurs intentions, pour les confirmer davantage ils envoyerent à Paris des agents pour s'enquerir de la verité, et s'instruire amplement; et à fin de leur donner contentement il y avoit des catholiques qui estoient commis pour recevoir lesdits agents selon les provinces, les uns de Picardie, les autres de Normandie, les autres de Bourgongne, ceux d'Orleans, de Lyon, et autres villes et provinces, avec lesquels estoit fort amplement communiqué, et s'en retournoient bien instruits, et avec bons memoires et promesses de se secourir les uns les autres pour le soustenement de la religion contre les heretiques et leurs fauteurs : et tout cela se faisoit devant les Barricades. »

Voylà le commencement, le project et l'establissement de la ligue des Seize : vous voyez qu'ils bastissent leur conjuration comme font les publicains leurs paches (1) et associations. Le commencement est au nom de Dieu, mais le diable est à la fin; car d'ordinaire c'est à qui ruinera son compagnon. Aussi les effects de ceste ligue des Seize, que nous suivrons de temps en

---

(1) *Leurs paches* : leurs pactes, leurs conventions.

temps dans ceste histoire, monstreront qu'ils ont basty leur ligue en regnards, comme vous voyez par le recit mesmes de leurs propres livres; et verrez cy après qu'ils ont regné comme lyons, et qu'aucuns d'eux sont morts par la justice des princes de leur propre party; et ceux qui n'ont voulu esprouver la clemence et misericorde du roy Henry IV, contre qui ils avoient basty ceste ligue, vivent encore miserables, bannis hors de la France.

Mais surtout est à considerer que deux grands princes qui s'attribuoient et vouloient representer en France estre, après leurs souverains, les chefs des deux plus nobles et anciennes maisons qui soient aujourd'huy au monde, sçavoir de France et de Lorraine, car M. le cardinal de Bourbon se maintenoit estre le plus proche parent du Roy, yssu de masle en masle de la maison de France depuis le roy sainct Loys jusques à aujourd'huy, et M. le duc de Guyse precedoit en France, soit au conseil, aux assemblées ou aux ceremonies de l'ordre du Sainct Esprit, tous ceux de sa maison, nonobstant que M. le duc de Mercœur pretendist le preceder pour estre fils d'un fils du duc de Lorraine, et que le duc de Guyse n'estoit que fils de François, qui estoit fils de Claude, lequel estoit fils puisné d'un duc de Lorraine; ces deux princes donc, contre ce qu'ils avoient promis au Roy par l'accord de Nemours, de se departir de toutes ligues et associations, ont laissé le plus beau pretexte de leur première ligue faicte à Peronne, *de conserver le roy Henry III et son Estat,* en entrant et jurant ceste ligue et association des Seize, qui vouloient ruiner, ce disoient-ils, l'hipocrisie et la tyrannie dont ils accusoient tacitement le roy Henry III, prince très-chrestien, et trop bon et trop doux pour de tels esprits. Mais encore avec quelles personnes estoient ils en association ou ligue? avec des gens la plus-part qui estoient d'entre le simple peuple, des procureurs, des commissaires, des notaires, des drapiers, des cousturiers et des artisans. Des princes s'associer d'une ligue populaire à qui tout chef est incontinent odieux, cela ne leur pouvoit bien succeder; d'une ligue qui a pensé ruiner et la France et leurs propres maisons; d'une ligue à laquelle il n'a pas tenu qu'elle ne fist la France subjecte à la couronne d'Espagne; ce qu'elle eust faict, comme nous dirons cy après, sans les vertueuses resolutions de leurs neveux, enfans et freres de ces deux princes.

Avant que de dire les effects de la guerre de l'an 1586, il ne sera hors de propos de voir tout d'une suite quels escrits se publierent en 1585 et 1586, tant d'un party que d'autre.

L'appast avec lequel on attire le menu peuple, ce sont les petits livrets que l'on seme parmy eux, qui, selon que la nouveauté luy plaist, se la forme tellement en son esprit, qu'il est impossible de luy oster, et principalement où il y va de la religion.

Au commencement de l'an 1585 on avoit publié le manifeste de la ligue, qui contenoit les causes et pretextes de la levée de leurs armes; le boute-feu des calvinistes, et le concordat de Magdebourg, pour faire accroire au peuple que le roy de Navarre avoit rescrit à quelque partie des estats de l'Empire, pour troubler la religion et la republique, et rallumer les feux des guerres civiles par toute la chrestienté; et mesmes qu'à Magdebourg il avoit esté faict un concordat entre tous les princes souverains protestans le 15 decembre 1584, par lequel ils promettoient mettre sus une armée de vingt-cinq mille chevaux et quarante-cinq mille hommes de pied de diverses nations, laquelle armée devoit estre employée en France dans le 15 d'avril 1585 : c'estoient toutes belles chimeres pour faire esmouvoir le peuple, et rendre tolerable la prise et la levée des armes de la ligue. Ils firent lors aussi en mesme temps publier et courir par tout le discours de ce qui se passa au cabinet du roy de Navarre lors que M. le duc d'Espernon fut vers luy en l'an 1584, affin que le peuple creust que le Roy portoit faveur et amitié au roy de Navarre, et qu'il le recognoissoit pour son seul et certain heritier, et pour faire hair au peuple le Roy et le duc d'Espernon, et luy faire croire que le roy de Navarre ne changeroit jamais sa religion. Mais la premiere œuvre que firent les Seize, ce fut de faire imprimer la bulle de l'excommunication du roy de Navarre et du prince de Condé, et autres petits traitez : ce qu'ils faisoient si dextrement, que l'on ne voyoit les premiers imprimez qu'entre les mains de ceux qui estoient entrez en leur ligue : et comme c'est la coustume en faict de ces petits livrets là que tant plus ils sont rares, tant plus ils sont desirez, et tant plustost on y croit, aussi il advint qu'à quelque pris que ce fust chacun en vouloit avoir, si bien que les libraires et imprimeurs s'hazarderent de les imprimer, et en firent de tant de sortes, que tout le menu peuple s'embarqua comme de luy mesme en ceste ligue. Quand ils virent que leur moisson estoit belle, au mois de may de l'an 1586, ils firent imprimer un livre intitulé Advertissement des catholiques anglois (¹) aux François catholiques du danger où ils estoient de perdre leur religion, et d'experimenter, comme en Angleterre, les cruautez des ministres, s'ils recevoient à la couronne de France un heretique (marquant par là le roy de Navarre) : ils le publierent au commencement fort en cachette. Or ce livre estoit d'un langage fort naïf, plain de vives pointes; il contenoit des flateries et mocqueries du Roy, exaltoit sur tout la valeur du duc de Guise, disoit mille impostures du roy de Navarre et de la feue royne de Navarre sa mere, et sur tout se plaignoit qu'on n'avoit pas bien solemnisé la Sainct Barthelemy 1571 (²), et qu'on avoit tiré moins de deux poilettes de sang (denottant par là que l'on y devoit tuer le roy de Navarre et le prince de Condé). Beaucoup de gens d'honneur, tant d'une part que d'autre religion, abhorroient alors la malice du temps, auquel le peuple n'avoit autre entretien que la lecture de ces livres, qui n'estoit que le fusil pour allumer le feu de la sedition future et prochaine.

D'un autre costé, nonostant toutes les declarations, toutes les proscriptions faites contre les huguenots et catholiques unis avec le roy de Navarre, un docte jurisconsulte catholique, dans Paris mesmes, au peril de sa vie, entreprit de respondre à tout ce que la ligue des Seize avoit fait publier, et se vid en mesme temps par les boutiques des libraires du Palais une apologie pour la deffence du roy de Navarre contre tous les

---

(¹) *Les catholiques anglois.* C'étoit là le plus fort argument que pussent faire valoir les ligueurs. L'exemple étoit récent, et il avoit suffi qu'Elisabeth parvint au trône pour que la religion catholique fût abolie en Angleterre.

(²) 1571 : lisez 1572.

libelles de la ligue, avec les moyens d'abus contre l'excommunication des roys de Navarre et du prince de Condé.

Premierement, pour respondre à la ligue, qui avoit pris les armes affin « que le Roy eust à pourvoir aux differens qui pourroient advenir pour sa succession après sa mort, » il dit que jamais l'on ne doit disputer la succession d'un roy vivant, que cela avoit esté deffendu par les conciles, et principalement par un decret au cinquiesme concile de Tolede, en ces mots : « Doncques parce qu'il est contraire à la pieté, et dangereux pour les hommes, de penser aux choses futures illicites, et s'informer des accidents des princes, pourvoir à l'advenir sur iceux; (d'autant qu'il est escrit : Ce n'est pas à vous de sçavoir les moments ou les temps que Dieu a reservez en son pouvoir.) nous ordonnons par ce decret que s'il se trouve aucun informateur de telles choses, et qui du vivant du Roy regarde un autre pour l'esperance du royaume, ou attire quelques uns à soy pour ce regard, il soit chassé par sentence d'excommunication de la compagnie des catholiques. » C'est pourquoy il conclud que tous ceux-là sont excommuniez qui s'informent et font semblant d'avoir soin ou s'enquerir qui sera leur roy après celuy qui tient le sceptre. Les exemples se lisent assez par toutes les histoires romaines que les Cæsars ne vouloient pas seulement que l'on devisast de ce qui adviendroit après leur mort; non plus que les Ottomans, qui ne veulent jamais que leurs propres enfans approchent d'eux, ne pouvans souffrir mesmes leur esperance. Aussi la jalousie que la feue royne Elizabeth d'Angleterre a tousjours eue, que, sur peine de la vie, aucun en tout son royaume ne devisast de celuy qui luy succederoit, a esté ce qui l'a maintenue en paix parmy ses subjects plus de quarante-quatre ans, et jusques à sa mort.

Secondement, pour respondre à ceux qui avoient escrit « que pas un des princes de la maison de Bourbon n'estoit capable de la succession de la couronne de France, parce qu'ils sont aujourd'huy oultre le dixiesme degré d'agnation à la maison royale, » il dit: « Le tiltre royal à la couronne de France n'est pas hereditaire simplement patrimonial ou feudal, et n'est iceluy devolu par le droit de simple heredité civile, ains le plus proche du sang royal y est appellé par succession et surrogation perpetuelle sans fin, selon l'ordre de consanguinité, ou agnation masculine. » Il prouve son dire par tous ceux qui ont escrit particulierement de la succession de ce royaume, et entr'autres Balde, lesquels soustiennent tous qu'en icelluy succedde le plus proche du sang du roy, yssu de masle en masle, ores qu'il soit au miliesme degré, et ce par droit du sang et perpetuelle coustume du royaume, et en vertu de la loy salique. Ce qui est cause que les roys de France ne deviennent jamais tyrans, pour ce qu'ils sçavent que ceux de leur sang leur doivent succeder, ce qui leur donne occasion de conserver l'estat et domaine de leur royaume comme leur propre et certain patrimoine.

Tiercement, pour respondre aux petits discours de Mathieu Zampiny et autres, qui, en faveur du cardinal de Bourbon, soustenoient qu'il estoit « le premier prince du sang, preferant par ce moyen l'oncle au neveu et fils de son frere aisné, » il monstre fort clairement que tous les docteurs ont conclud en faveur du nepveu contré l'oncle qui se dit l'aisné par le decez de son frere, soit en la ligne directe ou collateralle ez successions individuës comme royaumes, empires et duchez. Il allegue plusieurs beaux exemples qui decident ce different, et trois belles raisons ou considerations sur ce subject. La premiere, que le pere et le fils sont une mesme personne, si que le pere ne semble pas estre deceddé par la surrogation que nature faict de luy en la personne de son fils, qui est une partie de ses os, et chair de sa chair : ce qui fait qu'apres le decez du pere le fils n'acquiert pas de nouveau les droicts et successions d'icelluy, mais il en prend seulement l'administration et pleine jouissance. La seconde, que le droict d'ainesse est né et formé en la personne du pere dez qu'il a esté au monde, par consequent qu'il est transmissible, et que du vivant du pere le fils aisné est appellé roy, duc ou comte, de la qualité de sondit pere. La troisiesme est que, ores que le fils de l'aisné soit plus esloigné d'un degré que son oncle, neantmoins, estant surrogé au lieu et place de son pere, il doit estre preferé, d'autant que le droit de preference n'est pas acquis par nous seulement, ains d'abondant par le droit et personne d'autruy : tellement que, tant qu'il demeurera quelque chose de reste et relique de ceste ainesse, autre n'y peut prendre place en façon que ce soit. Mais sur tout il remarquoit une raison en ceste cause à laquelle jamais les escrivains en faveur de l'oncle ne peurent donner response, à sçavoir que M. le cardinal de Bourbon, au traicté du mariage d'entre le roy de Navarre son nepveu et madame Marguerite de France, quitta toutes ses pretentions touchant le partage de la maison de Vendosme, et passa condamnation de tous les differents et procez qu'il avoit eus pour ce suject depuis l'an 1565 avec la feue royne Jeanne de Navarre, remit, cedda et transporta audit sieur roy son nepveu tous et chacuns les droicts, noms, voix et actions presens et advenir qui luy pouvoient appartenir pour estre yssu de la maison de Bourbon, recognoissant par exprès ledit sieur roy de Navarre son nepveu pour vray fils, heritier, successeur, et representant en tout et par tout l'aisné de ladite maison.

L'excommunication du roy de Navarre et du prince de Condé luy fit faire un traicté fort ample, où il discourt principalement si le pape en excommuniant un prince le peut priver de ses biens temporels, et s'il peut excommunier les roys de France, les princes de son sang, les officiers de sa couronne, ou aucun corps ou ville subjecte au roy de France.

Il soustient que l'excommunication ecclesiastique n'est autre chose qu'une peine exterieure de n'estre point receu à la communion de l'Eglise, ou parmy le commerce exterieur des fidelles, et que le pouvoir de l'Eglise ne touche en rien les biens et choses temporelles, n'estant la puissance des ecclesiastiques autre que spirituelle, concernant le royaume de Dieu, et duquel ils sont dispensateurs et portent les clefs, lequel royaume *non est de hoc mundo*; aussi que l'excommunication n'est que pour servir d'exemple aux chrestiens quand ils jugeront la gravité du forfaict, et mesureront le scandale public, et pour occasionner le condamné à se recognoistre, avoir horreur et contrition de son offense, se voyant livré ez mains de Satan son ennemy mortel, et demander humblement d'estre reconcilié à l'Eglise catholique de laquelle il est banny. Voylà pourquoy il conclud que le pape, ny autre evesque, par sentence d'excommunication, ne peuvent priver aucun de ses biens temporels.

Mesmes que les privileges de la fleur de lys sont tels, que le pape, ou evesque quelconque, ne peuvent excommunier le roy de France, ny ses officiers et subjects en corps ou communauté, suyvant une bulle du pape Martin, et pour les causes y contenuës.

Il allegue plusieurs grandes raisons sur ce subject, et plusieurs exemples : entr'autres il dit que, l'an 1488, le procureur general du Roy appella comme d'abus de l'excommunication jettée par le pape sur les Gantois, par ce qu'ils maltraitoient l'empereur Maximilian leur comte, vassal pour ceste comté du roy de France, auquel seul il se devoit addresser pour luy pourveoir, et non au pape, qui n'a puissance quelconque sur les subjects de ceste couronne. Et dit que l'usage des appellations comme d'abus que l'on fait aux cours de parlement contre les entreprises du pape ont pris leur origine de ce temps là.

Aussi pas une des cours de parlement de France ne voulurent esmologuer ceste bulle d'excommunication. Plusieurs ont escrit que, le 6 de novembre, quelques François estans à Rome afficherent en plusieurs endroits de la ville un appel comme d'abus à un concile libre, interjecté contre ladite bulle par les roy de Navarre et prince de Condé. Le roy de Navarre mesmes s'en plaignit par lettres qui furent lors publiées par toute la France, lesquelles estoient addressées à Messieurs du clergé, de la noblesse et du tiers-estat, comme nous dirons cy-après. Il n'y eut pour lors que ceux de la ligue qui la firent trotter secrettement parmy les leurs, et sans nom d'imprimeur; car les bulles des papes ne sont observées en France si elles ne sont esmologuées et vérifiées en la cour de parlement, et en cela consiste principalement les privileges de l'Eglise gallicane.

Plusieurs, au temps que j'escris (qui est l'an 1605), ont remarqué en ces premiers mouvemens que les deux qui ont esté accusez d'avoir le mieux escrit pour l'un et l'autre party ont couru mesme fortune et mesmes dangers, tous deux encor vivans, et tous deux grands et doctes personnages; tous deux ont faict publier leurs livres sans se nommer : celuy de la ligue plus eloquent, mais calomniateur; celuy du party du roy de Navarre plus docte et françois; celuy de la ligue, au contraire du royal, a eu la recompense de ses escrits premierement, et fut fait advocat general en la cour souveraine du royaume durant la puissance de la ligue; et depuis il a eu beaucoup de peine et de mal : car, le Roy entré à Paris, il fut contraint de s'en aller hors de France, absent de sa famille, et alors luy et les siens furent affligez; après plusieurs supplications, ses amis obtindrent son retour de la clemence du roy à present regnant. Quelques paroles qu'il dit trop librement furent cause qu'il fut mené à la Conciergerie, où il demeura trois mois, pendant lesquels tous ses amis, et principalement ceux qui luy avoient procuré son retour, eurent de la peine à empescher que l'on n'entrast à la cognoissance de ce qu'il avoit escrit et dit par le passé. Quelques accusations que l'on fist contre luy, quelques calomnies que l'on alleguast qu'il eust escrites, ne peurent rien sur la foy et la clemence du Roy, qui le fit sortir de prison. Depuis il a faict un remerciement à Sa Majesté, qui est un livre digne de son bel esprit, et, continuant en son devoir, il peut avec le temps acquerir autant ses bonnes graces comme il les avoit perduës.

Mais celuy qui a escrit pour la majesté des rois a eu la peine, les prisons et les afflictions au commencement : l'an 1588 il fut enfermé dans la Conciergerie. Après la mort du duc de Guise l'on le changea de logis, la Bastille fut le lieu où il fut très-estroictement tenu plus de deux ans; et ayant trouvé le moyen d'eschapper, s'estant sauvé à Sainct Denis, il trouva M. de Vic, gouverneur pour le Roy, qui le receut, le presenta depuis à Sa Majesté, et pour recompense de ses peines il est aujourd'huy advocat general en l'une des cours souveraines de ce royaume. Voylà la parallelle que l'on fait de ces deux doctes hommes. Voyons ce que faict le roy de Navarre à Montauban.

Au commencement de ceste année le roy de Navarre estant à Montauban, après qu'il eut eu advis de l'excommunication que le Pape avoit fait contre luy, il fit publier par toute la France quatre lettres qu'il addressoit au clergé, à la noblesse, au tiers estat, et à Messieurs de Paris.

Au clergé il dit que ses ennemis n'ont fait conscience d'allumer le feu aux quatre coings du royaume pour se donner ce plaisir d'avoir mis le Roy en quelque peine, et d'avoir sceu venger les desfaveurs qu'ils s'imaginoient avoir receus de luy, par une calamité universelle; qu'il ne craint point le mal qui luy peut advenir, ny de leurs deniers, ny des armes de ses ennemis; mais qu'il plaint le pauvre peuple innocent, qui souffre presque tout seul ces folies; qu'il croit bien qu'aucuns d'entr'eux soient poussez du zele de l'Eglise; mais il leur dit : « Que dira la posterité, que vous ayez mieux aymé mettre tout en confusion que de vous disposer à un concile comme je le demandois au Roy par ma derniere declaration? mieux aymé venir au sang que conferer doucement du sens des Escritures? mieux aymé la voye de subvertir l'Estat que la voye de convertir les ames que vous pensez desvoyées, mesmes de ma personne, que vous devriez plustost instruire que destruire? » Et après leur avoir dit qu'aucuns d'entr'eux ont solicité et obtenu une declaration du Pape qui l'a declaré inhabille à la succession du royaume, il leur dit : « Ne pensez, messieurs, que ces foudres m'estonnent, c'est Dieu qui dispose des roys et des royaumes, et vos predecesseurs, qui estoient meilleurs chrestiens et meilleurs François que les fauteurs de ceste bulle, nous ont assez enseigné que les papes n'ont que veoir sur cest Estat. Il me desplaist seulement que, contre les bonnes mœurs, il se soit trouvé des gens si inconsiderez que de faire consulter à Rome la succession d'un roy vivant et en la fleur de son aage. »

Aux lettres qu'il envoya à la noblesse : « Vous estes nais, leur dit-il, tels que vous approchez assez des affaires de l'Estat pour donner le tort ou la raison à qui elle appartient, sans qu'il soit besoin de long propos pour vous ouvrir les yeux. Vous avez veu naistre en plaine paix les remuëmens de la ligue, et vous sçavez la pacience que j'ay euë, quoy qu'ils m'eussent pris pour subject de leurs armes. Vous les avez veu declarez rebelles, et poursuivis comme tels aux cours de parlement. Vous vous estes veus commandez, armez et combatans contr'eux, par l'expresse volonté du Roy, sous l'authorité des princes de son sang et des principaux officiers de sa couronne : et tout en un instant, quel changement! je vous vois armez contre le sang de France, commandez par estrangers que vous combatiez comme perturbateurs! Vous sçaurez donc bien juger que les premiers mandements procedoient de la volonté du Roy; ceux qui ont suivy depuis, de la violence des perturbateurs. Je sçay bien que vous ne me pouvez donner le tort, je sçay mesmes qu'en vos ames vous le donnez à mes ennemis. Pour transformer l'Estat comme ils desirent, il n'estoit besoin de vostre main, il n'appartenoit qu'à estrangers à l'entreprendre : pour chasser la France hors de la France le procez ne se pouvoit juger en France, elle estoit par trop suspecte en ceste cause; il failloit qu'il fust jugé en Italie. Ils se sont pris directement à moy, je me suis offert à un duël, je suis descendu au dessous de moy-mesmes, je n'ay desdaigné de les combattre, je l'ay fait, et Dieu m'en est le tesmoin, pour sauver le peuple de ruine, pour espargner vostre sang, de vous, dis-je, de qui principalement il se respand en ces miseres. Messieurs ne pensez que je les craigne; on sera plus-tost lassé de m'assaillir que moy de me deffendre : je les ay portez plusieurs années, plus forts qu'ils ne sont, plus foible beaucoup que je ne suis. Je plains vostre sang respandu et despendu en vain, qui devoit estre espargné pour conserver la France; je le plains employé contre moy qui me le devez garder, estant ce que Dieu m'a faict en ce royaume, pour, dessous l'authorité du Roy, joindre une France à la France, au lieu qu'il sert aujourd'huy à la chasser de France. »

En celle du tiers estat il dit : « S'il a esté question de la religion, je me suis soubs-mis à un concile; si des plaintes concernantes cest Estat, à une assemblée des estats. J'ay desiré mesme de tirer sur ma personne tout le peril de la France pour la sauver de misere, m'estant esgalé de mon plain gré à ceux que la nature m'a rendu inferieurs; au lieu que de leur propre interest ils ont fait une calamité commune, de leur querelle particuliere une confusion publique. J'aurois à me plaindre de ce que mes justes offres n'ont esté receuës; je m'en plains à vous, pour vous toutesfois et non pour moy : je plains les extremitez où l'extreme injure qu'on me faict m'ont reduit de ne me pouvoir defendre sans que le peuple innocent en souffre. Ces gens vous vouloient faire esperer qu'ils reformeroient les abus des finances, qu'ils diminueroient les tailles et subsides, qu'ils rameneroient le temps du roy Loys douziesme; et desjà, qui les eust voulu croire, ils se faisoient surnommer peres du peuple. Qu'est il advenu? leur guerre, après avoir rongé estrangement de toutes parts, s'est veuë terminée par une paix en laquelle ils n'ont pensé qu'à leur particulier, et ne s'y est faicte aucune mention de vous : et leur paix, qui pis est, s'est aussi-tost tournée en une guerre par laquelle le Roy est contraint de doubler les imposts, et le peuple exposé en proye aux gens de guerre. Au reste Dieu me fera la grace, après tant de travaux que j'auray, de voir cest Estat purgé de ceux qui le travaillent, de vous voir aussi jouyr d'un repos certain et asseuré qui nous face en peu de temps oublier tous les travaux passez. Je ne vous demande à tous, qui, selon vostre vocation, estes plus subjects à endurer le mal que non pas à le faire, que vos vœux, vos souhaits et vos prieres. »

A Messieurs de Paris : « Je vous escris volontiers, dit-il, car je vous estime comme le miroir et l'abregé de ce royaume, et non toutesfois pour vous informer de la justice de ma cause, que je sçay vous estre assez cogneuë, au contraire pour vous en prendre à tesmoin. Vous sçavez quel jugement le Roy a faict des autheurs de ces miseres : tout le changement qui est venu depuis, je sçay que vous l'aurez imputé non à son vouloir, ains à la force qui luy a esté faite. Et de fait je suis bien adverty qu'estant peu après requis de fournir aux frais de ceste guerre, vous avez bien sceu respondre que ces troubles n'avoeint onć esté de vostre avis, que c'estoit à ceux qui les mouvoient et non à vous d'en porter les frais : responce que n'avez accoustumé de faire quand vous pensez qu'il est question du service du Roy ou du bien du royaume, car jamais subjects n'ont esté pour ce regard plus liberaux que vous : aussi voyez vous clairement qu'on ne demande pas vos bagues pour fournir à la rançon du roy François ou de ses enfans, ou d'un roy Jean, mais pour esteindre le sang et la posterité de France. Je sçay tresbien que le Roy vous aura sceu gré de vostre responce, et je vous en ay une obligation pour le rang que Dieu m'a donné en ce royaume, et pour estre, puis qu'il luy a pleu, des enfans de la maison. Je me desplais en mon malheur de ne pouvoir deschasser le mal universel de cest Estat sans quelques maux ; je me plairay pour le moins en mon integrité, qui les ay voulu racheter de ma vie, et qui la sentiray tousjours bien employée pour la conservation de cest Estat et de vous tous. »

Il faut que je dise icy que le regret que le roy de Navarre monstra par ces lettres avoir des miseres de la France, les offres qu'il avoit faictes au Roy dez le commencement de la levée des armes des princes de la ligue, lesquelles offres avoient tesmoigné à toute la chrestienté le desir vray qu'il avoit de le servir; la patience qu'il eut entre les armes de ses ennemis, et la resolution que le Roy et la ligue, après l'accord de Nemours, prinrent de luy courir sus à luy seul desarmé, nud et surprins; tout cela apporta une si grande lumiere de son innocence, que les estrangers condamnerent ses ennemis, et plusieurs de la noblesse françoise et beaucoup de gens d'honneur catholiques; l'affectionnerent tellement deslors, qu'il a receu depuis de quelques-uns d'entr'eux des services tres-signalez, ainsi que nous dirons à la suitte de ceste histoire, selon les temps.

Le roy de Navarre estoit sur le trente-troisiesme an de son aage. Ses ennemis disoient de luy qu'il n'avoit jamais rien fait de luy-mesmes, qu'il estoit impossible que tant de grands capitaines qui l'alloient assaillir ne le ruinassent du tout. M. de Mayenne manda de Guyenne au Roy qu'il ne luy pouvoit eschaper. Au contraire de toutes ces propositions, Dieu mesnagea de telle sorte ce prince, que tout ce qui se fit ceste année contre luy, ce fut qu'en ne faisant que se deffendre, quatre grandes armées conduites par plusieurs grands chefs de guerre se ruinerent toutes sans faire choses dignes de grande memoire.

De la premiere et plus grande des quatre armées estoit chef, comme nous avons dit, M. de Mayenne, qui, à la fin de l'an 1585, avoit pris Montignac et Beaulieu. Ceste année de 1586, M. le mareschal de Matignon, gouverneur de Bourdeaux, avoit aussi de belles troupes : c'estoient deux grands chefs de guerre en une mesme province. Voicy les exploicts qu'ils firent en ceste année. Le mareschal de Matignon assiegea Castels; le sieur de Favas, brave et accort capitaine à qui ceste place appartenoit, la deffend; mais le roy de Navarre ayant resolu d'aller en Gascongne et en Bearn pour mettre un ordre parmy ses places, part de Montauban avec trois cents maistres et deux mille hommes de pied, faict lever ce siege à M. de Matignon, tire de ceste place le sieur de Favas, et l'emmene quand et luy, donnant le commandement de ceste place au comte de Gurson, gouverneur de Castelgeloux, et qui estoit son parent. Le roy de Navarre n'est si tost hors de ceste place qu'elle est derechef assiegée. M. de Mayenne y vint : peu de jours après le comte de Gurson sommé rendit ceste place par composition au duc de Mayenne; qui fut le commencement des divisions d'entre luy et M. le mareschal de Matignon, qui avoit envie de s'accommoder de ceste place. L'on tient, et est vray, que deux chefs d'armées ne peuvent durer ensemblement, ce ne sont que jalousies. Il en entra de telles entre le duc de Mayenne et le mareschal de Matignon, que du depuis ils se prindrent garde l'un de l'autre. Les gens d'esprit deslors jugerent bien que tant de gens de guerre ne feroient que ruyner le peuple des bourgades et villages, qui n'auroient le moyen de se deffendre de la picorée de leurs troupes. Voylà une place assiegée par un mareschal, soustenuë par Favas, mais toutesfois renduë au duc de Mayenne par le comte de Gurson, qui n'y avoient rien fait n'y l'un ny l'autre.

Le roy de Navarre estant au Mont de Marsan, M. Lenoncourt, qui depuis a esté cardinal, et le president Brulart l'y vindrent trouver de la part du Roy : Prevost, curé de Sainct Severin, qui estoit le second de la ligue des Seize, vint avec eux comme pour accompagner ledit sieur de Lenoncourt, car ceste ligue n'estoit encores descouverte ; mais Dieu sçait si les princes de la ligue furent advertis seurement de ce qui se passa en ce voyage : aussi en prindrent-ils de terribles allarmes, quoy que ceste ambassade n'estoit que pour dire au roy de Navarre que Sa Majesté desiroit sur tout qu'il fust catholique, affin que ses ennemis n'ayans plus de pretexte, la France eust cest heur que d'estre paisible le reste de son regne. Ils eurent pour response du roy de Navarre qu'il estoit grandement tenu au Roy de la bonne volonté qu'il luy avoit toujours portée, mais qu'il ne pouvoit changer de religion sans estre instruit. Et sur ce qu'ils luy dirent qu'ils avoient charge de luy proposer que s'il vouloit venir en Poictou, que la Royne mere s'achemineroit jusques à Champigny, où elle luy feroit entendre plus amplement l'intention de Sa Majesté, il leur promit qu'il s'y rendroit le plustost qu'il pourroit.

Quelque temps après, M. de Mayenne adverty que le roy de Navarre devoit passer la Garonne à Caumont, il envoya de bonnes troupes en embusches du costé des Lannes, dont il chargea le sieur de Puyane, gouverneur de Dacqs, et luy s'en vint avec toute son armée vers Caumont, par où il estoit asseuré qu'il devoit passer : le duc ayant eu advis que le roy de Navarre estoit arrivé sur le soir à Caumont, resolu d'y souper et d'y coucher, il despescha incontinent vers le Roy, et luy manda qu'il luy rendroit bon compte du roy de Navarre, et qu'il ne luy pouvoit eschapper : mais Dieu, qui estoit sa garde, en disposa autrement : le roy de Navarre ayant soupé se couche, s'endort ; sur la minuict advis vient du danger où il estoit au sieur de La Combe, qui estoit un sien gentil homme servant, lequel incontinent l'esveilla avec importunité, le fit lever, et seuls passerent la Garonne dans un basteau qu'ils enfoncerent après avoir passé, et, poursuivans leur chemin comme gentils hommes de l'armée du duc de Mayenne, allerent droit passer par le quartier des troupes du vicomte d'Aubeterre, qui estoient logées à Sauvetat près Aymet, où il passa franchement sans estre recognu, et tira droict à Saincte Foy, où il arriva et où il attendit trois semaines ses gens, qui allerent passer à Saincte Baseille, se sauvans le mieux qu'ils peurent pour eviter la colere de M. de Mayenne, fasché d'avoir perdu une si belle occasion de le prendre. Quelques-uns en voulurent accuser M. d'Aubeterre d'avoir donné cest advis au roy de Navarre, pour ce que c'estoit luy qui s'estoit chargé de prendre garde à ce passage, veu que M. de Mayenne s'en estoit fié à luy, principalement pour ce qu'il luy avoit dit qu'il recognoistroit plustost le roy de Navarre qu'un autre, à cause qu'il avoit esté nourry son page ; mais ce bruit rapporté au vicomte par aucuns, en la presence de plusieurs gentils hommes de l'armée, dit que quiconque le voudroit dire qu'il le feroit mentir. Ce vicomte d'Aubeterre avoit de très-belles troupes de cavalerie en l'armée du duc de Mayenne, et plusieurs ont tenu qu'à la verité il brigua d'avoir ceste garde pour faire ce service au roy de Navarre.

Le duc de Mayenne voyant que les huguenots ne paroissoient en gros d'armée par la campagne, qu'ils s'estoient tous retirez par les places en garnison, il se resoult, pour employer son armée, de prendre Saincte Baseille, ce qu'il fit, et le fit desmanteler. Puis il assiegea Monsegur qui se rendit à composition. Il print aussi Castillon et Puis-Normand. Voylà en quoy il employa toute son armée pendant l'hyver et l'esté de ceste année, jusqu'en autonne qu'il s'en retourna à Paris, ainsi que nous dirons cy après.

Les huguenots voyans que M. de Mayenne assiegeoit des villes en Guyenne (où il n'y avoit pas grand cas à gaigner, et où le vicomte de Turennes, qui avoit logé plus de trois mil harquebusiers dedans les places que le roy de Navarre tenoit sur la Dordongne, luy empeschoit souvent ses desseins), ils recommencerent à entreprendre et surprendre de tous costez : entr'autres le sieur de Plassac, gouverneur de Pons, surprint, au mois de fevrier, Royan, place forte. Le sieur de Laval, dez la fin de l'an passé, avoit faict lever le siege de Taillebourg au mareschal de Matignon, où il tenoit assiegé madame de La Trimoüille et mademoiselle sa fille par le commandement du Roy, qui l'avoit chargé de se saisir de leurs personnes. Mais, le 16 de mars 1586, M. le prince de Condé alla à Taillebourg, où il espousa mademoiselle de La Trimoüille. Le sieur de La Trimoüille et duc de Toüars, que l'on tient estre le plus qualifié seigneur du Poictou, se fit lors de la religion pretenduë reformée; toute la noblesse presque de ses vassaux prit ce party. Plusieurs petites places furent lors surprises, entr'autres Soubize, Mornak en Alvert prez Broüage, Mondevis et Chizay sur la Boutonne. Mais au commencement d'avril, en une charge que fit M. le prince de Condé sur le regiment de Tiercelin qu'il vouloit deffaire, lequel retournoit de Marennes à Xainctes, les deux freres de M. de Laval y furent tellement blessez, que deux jours après ils moururent : et luy, de douleur de voir tous ses quatre freres morts (le plus jeune estant mort peu auparavant à Sainct Jean d'Angely), mourut aussi huict jours après : si que tous les enfans qu'avoit laissez le sieur d'Andelot de madame la comtesse de Laval sa femme, moururent tous en moins d'un mois. En ce temps aussi le comte de Gurson et quatre de ses freres moururent en une rencontre qui se fit, près de Castelgeloux, contre le sieur de Castelnau, gouverneur de Marmande, dont le vicomte de Turenne dit : « J'ay peur que ceste meschante guerre nous mangera tous, si Dieu n'y met la main. »

Le Roy adverty des exploicts des huguenots en Poictou, pour les resserrer y envoye M. le mareschal de Biron, qui, arrivé à Poictiers avec douze cents chevaux et quatre mil hommes de pied, les empescha de faire leurs courses si librement; puis il alla assieger Marans, dont il leva le siege, ainsi que nous dirons cy après. Voylà donc la Guyenne, le Poictou, la Xaintonge, le Limosin et le Perigort affligez de la guerre, de la famine et de la peste.

Quelques huguenots s'eslevent aussi en la haute Auvergne, surprennent quelques forts; le duc de Joyeuse avec de belles troupes alla les chasser de Merueges, et depuis alla trouver M. le mareschal de

Joyeuse son pere, qui avoit pris Montesquiou en Lauraguais : le siege du Mas Saincte Espuelle, où mourut trente-deux capitaines et cinq cents harquebusiers, fut la ruine de leurs troupes. Tandis que toutes ces choses se font, le mareschal de Montmorency ne demeure oisif en Languedoc; il asseure toutes ses places, charge et deffaict des troupes de la ligue à Lodeve et à Sainct Pons, et les faict desnicher le plus qu'il peut de son gouvernement de Languedoc.

La Provence ne fut aussi exempte de la guerre en ceste année : M. de La Valette, qui en estoit gouverneur, travailloit fort les huguenots de ces quartiers là; le nombre en estoit fort petit. M. le duc d'Espernon son frere y fut avec huit cents chevaux et de très belle infanterie : les huguenots furent chassez de toute ceste province : après la prise de Sarenne quelques uns furent pendus. Quand le roy de Navarre en receut les nouvelles, il dit : « Quoy ! le duc d'Espernon donc nous est plus rigoureux que le Roy; ce n'est pas ce qu'il m'avoit promis. » Mais cependant que l'on oste aux huguenots une petite place en Provence, le sieur Desdiguieres, commandant pour le roy de Navarre en Dauphiné, Gouvernet, et autres capitaines, surprennent Montelimar et plusieurs bonnes places. Voylà l'exercice des François en l'année 1586.

Tandis que toutes ces choses se passoient, le Roy estoit à Paris, attendant la resolution de l'assemblée generale du clergé qui se tenoit aux fauxbourg Sainct Germain des Prez, à laquelle il avoit fait demander qu'ils eussent à le secourir d'un million d'or pour entretenir ses armées contre les heretiques, et à continuer de payer treze cents mil livres tous les ans pour les rentes deües à l'hostel de ville de Paris. Après deux remonstrances faites à Sa Majesté au nom dudit clergé, par les evesques de Sainct Brieu et de Noyon, la bulle du Pape pour alliener cinquante mil escus de rente fut verifiée au parlement le 27 de mars, et l'assemblée passa contract avec Sa Majesté, daté du mois de juin, de continuer encor pour dix ans de payer les rentes deuës à l'hostel de la ville.

Mais en ce temps arriva à Paris les ambassadeurs des princes protestans d'Allemagne, lesquels s'estoient assemblez à la poursuite des sieurs de Clervant et de Segur, agens du roy de Navarre, pour obtenir d'eux la levée d'une armée d'Allemans. Le chef de ceste ambassade estoit de la maison de Montbelliard; les princes qui les envoyerent estoient les eslecteurs de Saxe et de Brandebourg, Jean Casimir, palatin, Jean Frederic, administrateur de Magdebourg, les ducs de Saxe, Pomeranie et de Brunsvic, et le landgrave de Hesse. Ces princes ne vouloient accorder au roy de Navarre aucune levée de gens de guerre sans en avoir premierement adverty le Roy. Quand ils arriverent à Paris Sa Majesté estoit à Dolinville; l'on les faict loger aux fauxbourg Sainct Germain, à l'hostel de Ventadour, là où ils demeurerent plus qu'ils ne pensoient sans avoir audience. Trois semaines se passerent sans que le Roy retournast à Paris : venu, ils s'acquittent de leur charge, et luy disent que le roy de Navarre requeroit la levée d'une armée en Allemagne; que les princes qui les avoient envoyez n'avoient voulu la luy accorder sans l'avoir premierement supplié, comme estans ses bons amis et alliez, de redonner la paix et le repos à ses subjects en restablissant les edicts de pacification qu'il avoit luy-mesme accordé pour appaiser les troubles survenus pour les differens de la religion.

Les roys ne veulent point que les princes estrangers soient mediateurs entr'eux et leurs sujects. Le Roy eust bien desiré le repos de son royaume; mais que les princes estrangers se meslassent de ses affaires et des ordonnances qu'il faisoit, il le trouva estrange. Aussi leur respondit-il que tous les princes desquels ils estoient envoyez, avoient changé en leurs pays et seigneuries, soit en la religion, soit en la police et gouvernement de leurs Estats, ce qu'ils avoient trouvé bon, sans qu'il se fust jamais meslé de les contredire; que de mesme eux tous les autres princes souverains changent en leurs pays les edicts qu'ils ont faicts, ainsi que bon leur semble et le trouvent equitable : ce qu'il avoit faict aussi, ayant trouvé bon et raisonnable avec son conseil de changer ses edicts qu'il avoit faits pour la religion; que tous les princes donc qui soustiendroient ses subjects lesquels ne voudroient obeyr à ses edits ne pourroient le faire avec raison, et ne luy pouvoient estre qu'ennemis.

Les ambassadeurs allemans en s'en retournant ne peurent dissimuler le mescontentement qu'ils eurent de ceste responce : l'on jugea deslors que les reistres viendroient encores une fois en France. Le Roy se resoult que s'ils viennent il leur ira au devant. Ce sont nouvelles armées qu'il faut lever : les Estats qui sont affligez de la guerre ne peuvent subsister sans forces, ny les forces estre entretenuës sans un grand fondement de finances, ny les finances estres amassées sans un commun ayde et contribution de ceux qui en ont le moyen.

Or le domaine du Roy n'estoit tel qu'il estoit le

temps passé : il y en avoit d'allienć pour plus de seize millions. Les Parisiens venoient tout freschement de lever sur eux deux cents mil escus pour et par le commandement de Sa Majesté ; le peuple de toute la France estoit assez tourmenté des tailles et des gens de guerre. Pour avoir donc de l'argent pour faire la guerre, et trouver le moyen d'en avoir le plus promptement, fut de creer de nouveaux officiers ; ce qu'estant resolu au conseil, le Roy alla luy mesme en parlement sur la fin du mois de juin, où il fit verifier vingt et six edits, à la verification desquels il dit à Messieurs de la cour :

« Tant que j'ay peu avoir la paix je vous ay fait assez paroistre combien je desirois reduire toutes choses en leur ancienne splendeur : estant entré en ceste guerre dont la despence ordinaire passe plus de cinq cents mil escus par mois, je suis forcé, de peur de vous perdre, et moy avec vous, recourir à des moyens extraordinaires, et suis contrainct de faire les edits que je veux estre presentement publiez. M. le chancelier vous fera entendre les occasions qui m'ont convié à les faire. »

M. le chancelier prenant la parole, dit : « Tout ce qui se fait de nouveau en un Estat, et contre l'ordre qui y est estably, est pernicieux et dommageable. L'on n'est à present en ces heureuses deliberations là où, toutes choses estant faisables, l'on n'a qu'à choisir les meilleures; ains au contraire l'on est maintenant en l'option des maux, et l'on n'est empesché qu'à suivre les moindres pour destourner les plus grands : aussi les pilotes agitez d'une tourmente ne craignent, par le gect d'une partie de leur marchandise, soulager leur vaisseau, puis après se rejetter par la loy de la mer sur tous ceux qui en ont receu la commodité : ainsi le Roy, pressé d'une dangereuse tempeste, expose tout ce qu'il peut pour destourner les forces intestines dressées contre le repos de la France, et pour s'opposer à l'armée des Allemans preste à monter dans le royaume : les François ne voudroient que les payens et les barbares emportassent l'honneur sur eux d'exposer plus librement leurs biens et leurs personnes pour la deffence de leurs roys et de leurs pays, ce qu'ils doivent faire, puis que Sa Majesté ne refuse de payer sa part de la perte, employant en ceste guerre les revenus de ses domaines et sa propre personne. »

Les principaux poincts de la harangue de M. le premier president furent :

« Tous les preceptes que l'on peut donner à un bon prince se recueillent en deux mots : juger et combattre. Le dernier est quasi comme oisif et inutile aux republiques qui jouissent du fruit de la paix; mais le premier est tousjours necessaire, et quasi, comme on dit, tousjours en action. Par la justice les roys regnent, tant en la paix qu'en la guerre, et elle ne se peut administrer que par les officiers qui sont establis par le prince pour cest effect, avec choix pour leur integrité, et certain nombre pour l'ordre. Si une multitude inumerable y est indifferemment receuë, ce que l'on appelle creer offices et ministres de justice, sera mettre les biens et fortunes de vos subjects, Sire, à l'enchere : aussi la justice, qui est le lien du peuple avec le prince, venant à defaillir, la force, qui est l'autre partie de vostre royaume, ne sauroit estre de guere longue durée. Les loix de l'Estat du royaume ne peuvent estre violées sans revoquer en doute vostre propre

puissance et souveraineté. Il y a de deux sortes de loix : les unes sont loix et ordonnances des roys, les autres sont les ordonnances du royaume, qui sont immuables et inviolables, par lesquelles vous estes monté au throsne royal et à ceste couronne, qui a esté conservée par vos predecesseurs jusques à vous. Dieu vous a mis, Sire, les fruicts en main, et pourriez, si vous vouliez, faire de nous et de nos biens tout ce qu'il vous plairoit ; mais cela ne vous entrera jamais dans l'esprit que vous soyez roy de force et violence : aussi vostre regne est un regne de loyauté et justice, auquel vos subjects vous rendent plus de subjection et d'obeissance de bonne volonté que les Turcs ny les Barbares ne font à leurs princes par la force ny par contrainte; et cela vient de la loy du pays où ils sont nez, qui les oblige à ne rien tant aymer après Dieu que le roy, et ne vivre que pour luy. Mais ceste loy publique n'est pas seule, il y en a d'autres aussi dependantes de ceste là, qui concernent le bien public et le repos du peuple à l'endroict de son roy : celle là entre autres est des plus sainctes, et laquelle vos predecesseurs ont religieusement gardée, de ne publier loy ny ordonnance qui ne fust deliberée et consultée en ceste compagnie : ils ont tousjours estimé que violer ceste loy estoit aussi violer celle par laquelle ils sont faicts roys. » La supplication qu'il fit à Dieu de conserver le Roy en sa pieté, devotion et integrité, en luy donnant heureuse et longue vie, fut la fin de sa harangue, qui fut suivie d'une autre pour le procureur general, en ceste substance :
« Sire; les volontez des princes sont bien differentes en la guerre et en la paix : ils veulent ce que la raison ou naturelle inclination leur conseille en la paix; et en

la guerre ils veulent ce à quoy leurs ennemis les contraignent. Nous avons veu par la paix derniere six vingts edicts revoquez, un nombre d'officiers inutils en la justice demouré retranchez, et toutes choses avec vostre esprit disposées au service de Dieu et reformation de vostre Estat : mais puis que la condition de la guerre force vostre volonté à reprendre ce que vous avez tousjours rejetté, et que vous estes contraint certainement de vous servir des moyens extraordinaires qui contiennent beaucoup de choses contraires aux anciennes loix de vostre Estat, nous qui sommes tesmoins de vostre necessité, qui sçavons ce qu'avez faict devant que d'en venir là, pouvons vous en excuser devant tout le monde, et consentirons que sur le reply des lettres patentes et edits presentement publiez il soit mis qu'elles ont esté leuës, publiées et registrées. »

Voylà une publication d'edits que le Roy fit pour tirer de l'argent de son peuple sans emprunt ou taille, affin de satisfaire aux frais de la guerre. Plusieurs escrivirent pour et contre ceste invention de creer offices : ce fut un pretexte à la ligue des Seize avec lequel ils desbaucherent une infinité de menu peuple de l'obeïssance du Roy. « Car, disoient-ils, à quoy tant d'offices? Ne faut-il pas que ces officiers qui acheteront en gros revendent en destail la justice puis après? Ne sçait on pas que la vente des offices est la porte ouverte aux ignorans et aux meschans? Qui doute que la multitude d'officiers ne consomme la finance du Roy et mange le peuple? car ils veulent tous vivre et s'enrichir; tellement que plus y en a, plus il couste à plaider, et se font plus de frais en l'expedition des affaires. »

« Il eust donc mieux vallu, leur respondoit-on, ne rompre point les edits de pacification, puis que l'on ne pouvoit faire la guerre sans argent, et que l'argent ne se pouvoit tirer qu'à la foule du peuple, veu aussi que maintenant vous vous plaignez de la moindre foule avec laquelle on tire l'argent du peuple imperceptiblement, qui est la creation et vente de nouveaux offices, pour ce qu'il se trouve tousjours plus de fols acheteurs que d'estats à vendre. »

Le Roy eut advis du duc de Mayenne, par le sieur de Sesseval qu'il luy avoit envoyé exprès, que son armée de Guyenne, combatuë de la famine et de peste, se dissiperoit en bref s'il ne la faisoit refraischir de nouvelles troupes, de munitions de guerre et d'argent. Il eut le mesme advis de toutes les autres armées ; toutes demandoient munitions, vivres et argent. La surprise d'Auxonne (1) avoit troublé toute la Bourgogne : celle de Raucroy en Champagne n'avoit pas moins troublé ceste province là, et mesmes que le sieur de Chambery avoit esté tué dans ceste place, lequel estoit fidelle serviteur de Sa Majesté ; laquelle place avoit esté rendue au duc de Guise le 24 decembre, et mesmes que dez le mois de may passé il avoit pensé se saisir de Mets, et tenoit tousjours une armée sur ceste frontiere, ruynant le plat pays, s'emparant tousjours de quelque place sous pretexte de faire la guerre à Sedan, comme il avoit fait de Douzy, dez le mois de fevrier, aussi que le duc d'Aumalle s'estoit emparé de

---

(1) *La surprise d'Auxonne.* Le vicomte Jean de Tavannes, qui y commandoit pour les catholiques, fut arrêté dans une église au moment où il faisoit ses pâques, et enfermé par les protestans dans le château de Pagny.

Dourlan, avoit levé et faict vivre à discretion ses troupes en Picardie, et mesmes avoit pensé surprendre Boulogne. Sa Majesté pensa que si, avec toutes ces desfaveurs, troubles, divisions et ruines, l'armée d'Allemagne (de la levée de laquelle on faisoit courir le bruit) le surprenoit, ce seroit pour combler le boisseau des miseres de la France. Ce fut ce qui le fit prier la Royne sa mere d'aller jusques à Champigny, qui est une belle maison appartenant à M. de Montpensier, scituée sur les marches du Poictou et de la Touraine, affin de trouver un bon moyen, par quelque conference avec le roy de Navarre, de pacifier les troubles de son royaume, et ce suivant mesmes ce qu'il avoit promis de faire à M. de Lenoncourt, quand il le fut trouver au Mont de Marsan. La Royne mere entreprend ce voyage, elle se rend à Champigny; M. de Montpensier va trouver le roy de Navarre, le dispose d'entrer en ceste conference, pourveu que M. le mareschal de Biron leve le siege de devant Marans, où il avoit receu une harquebuzade qui luy avoit emporté un doigt de la main gauche et le bout du poulce. Le siege est levé à la charge que l'exercice public de l'une et l'autre religion se fera dans Marans.

Il fut donc arresté entr'eux que la conference se feroit à Sainct Bry près Congnac, chasteau appartenant au sieur de Fors qui estoit du party du roy de Navarre, et où la Royne mere iroit loger, mais que le roy de Navarre auroit les clefs du chasteau.

La Royne mere avoit M. de Nevers et plusieurs seigneurs du conseil du Roy avec elle. Le roy de Navarre avoit avec luy M. le prince de Condé son cousin, et le vicomte de Turenne, et plusieurs seigneurs de son conseil. Il y eut trois entreveuës par trois divers jours. A la premiere entreveuë, tandis que le roy de Navarre y alloit, le prince de Condé et le vicomte de Turenne avec leurs gens de guerre faisoient la garde; de mesme, quand M. le prince y alla, le roy de Navarre et le vicomte faisoient la garde; et quand le vicomte y entra, le Roy et le prince la firent. Ils avoient peur d'estre surpris, et principalement pour ce qu'il y avoit de grosses troupes de gens de guerre de l'armée de M. de Mayenne qui estoit rompue et desbandée, luy s'en estant allé en diligence à Paris pour representer à Sa Majesté que ceste conference estoit contre son edict, et contre ce qu'il leur avoit promis par l'accord de Nemours : bref il en mit toute la ligue des Seize en alarme. Or, en toute ceste conference et à toutes les entreveuës, après plusieurs detestations contre les perturbateurs d'Estat et les inventeurs des nouvelles opinions, la Royne mere exhorta tousjours le roy de Navarre, de sa part et de celle du Roy, d'estre catholique. Il luy respondit (comme aussi firent le prince de Condé et le vicomte de Turenne) qu'il ne vouloit changer de religion s'il n'estoit instruit par un concile libre. A la troisiesme entreveuë on parla de faire une trefve, à la charge que le roy de Navarre contremanderoit l'armée estrangere. Le roy de Navarre dit qu'il ne veut point de trefve, mais bien une bonne paix. La Royne dit que, s'il veut promettre de retourner en l'Eglise catholique, qu'elle accordera une trefve qui amenera la paix, ce qu'elle ne pouvoit faire autrement. Puis elle dit au vicomte de Turenne que resoluement le Roy ne vouloit qu'une religion en France. Il luy respondit : « Nous le voulons bien, madame, mais que ce soit la nostre, autrement nous nous battrons bien : » et ce faisant fit la reverence à la Royne, et se retira sans luy plus rien dire, ce qui fit mettre la fin à ceste conference. La Royne s'en retourna à Paris, et le roy de Navarre et les siens à La Rochelle, où M. le mareschal de Biron avoit pendant la conference entré par plusieurs fois. Pendant qu'il y fut ce ne furent que festins ; mais il fut mandé incontinent par Sa Majesté : si que l'hyver de ceste année les Rochellois furent libres jusques à ce que M. de Malicorne, gouverneur de Poictou, et le sieur de Laverdin, son nepveu, y recommencerent la guerre.

Dez le 20 de mars l'an 1583, le Roy avoit estably dans le couvent des Augustins une confrairie ou congregation de l'Annonciation de Nostre Dame que l'on appelloit les Penitens blancs. Sa Majesté estoit de ceste congregation ; M. le cardinal de Bourbon en fut le premier recteur, plusieurs princes, prelats et seigneurs s'y mirent. Leurs statuts et leurs reigles furent imprimez. Quand ils estoient dans leur chappelle, ou qu'ils faisoient procession, ils portoient un habit en forme de sac allant jusques sur les pieds, assez large, avec deux manches, et un capuchon cousu sur la cousture du collet par le derriere, assez pointu par en haut, et pardevant allant en pointe jusques à demy pied au dessous de la cinture, n'y ayant que deux trous pour regarder à l'endroit des yeux ; le tout d'une toile blanche de Hollande ; et estoient ceints d'une cordeliere de filet blanc avec plusieurs nœuds, pendante jusques au dessous des genoux ; sur l'espaule gauche de leur habit il y avoit une croix de satin blanc sur un fonds de velours tanné cannelé, qui estoit quasi tout en rond. Le Roy se rendoit fort assidu d'observer les reigles de ceste congregation. La ligue y trouve à redire (1), dit que tout ce qu'il en faict n'est qu'hypocrisie. Or, au commencement de l'an 1586, plusieurs pasquils (2) et peintures coururent avec dictons, tant avec le portraict du Roy que des princes de la ligue; entr'autres l'on en remarqua deux, celuy du duc de Mayenne, où il y avoit, pour son voyage de Guyenne : *Parturient montes et nascetur ridiculus mus;* et sur celuy du Roy, qu'ils habilloient en Penitent ostant le miel et la cire d'une ruche, avec ces mots : *Sic eorum aculeos evito.* Ils vouloient dire que, comme il se faut couvrir la face et les mains de quelque sac quand on veut oster le miel d'une ruche, de peur d'estre picqué de l'esguillon des mouches, ainsi que le Roy se couvroit la face d'un sac de Penitent de peur des esguillons de la ligue. Cecy n'estoit que peintures qui ne se communiquoient qu'à ceux qui avoient de l'esprit. Mais le premier et le plus hardy predicateur qui commença en preschant en chaire à mettre en execution la volonté des Seize, ce fut M. Poncet, curé de Sainct Pierre des Assis. Il mesdit du Roy et de ceste congregation des Penitents, et en dit tant de choses en ses predications, que le Roy l'envoya querir. Il fut quelque temps detenu comme prisonnier; toutesfois il fut renvoyé après quelques remonstrances que le Roy

---

(1) *La ligue y trouve à redire.* Quoique la ligue se fût élevée d'abord contre les congrégations de Pénitens, elle en profita par la suite. Ses émissaires s'y firent initier, et bientôt presque tous ceux qui les composoient adhérèrent à l'acte de 1576.

(2) *Pasquils* : pasquinades.

luy fit faire. C'estoit un hardy parleur : on sceut qu'aucuns de ces paroissiens avoient dit : « Le Roy a tancé nostre curé, il parlera bien un autre langage qu'il ne faisoit. » (Car depuis qu'il avoit descouvert quelques privautez, ou que l'on luy avoit raporté quelque chose, il ne falloit qu'aller à sa predication pour en sçavoir des nouvelles.) Il fut adverty lesquels de ses paroissiens avoient dit cela ; aussi-tost qu'il fut en chaire il leur demanda s'il avoit changé de langage, s'il parloit le langage d'un perroquet ou d'un sansonnet. Du depuis il continua à blasmer seulement les actions de la congregation des Penitens blancs et leurs habits, pour ce que le Roy estoit de ceste congregation là (quoy qu'à l'imitation des blancs deux autres congregations s'estoient aussi establies, vestués les unes de couleur bleuë, et les autres de noir, desquelles toutefois il ne disoit rien). Or il advint en ceste année qu'un advocat de Poictiers nommé Le Breton, ayant pris la cause pour une veufve et pour un orfelin, perdit sa cause et à Poictiers et à Paris. Il prend si bien ceste affaire dans la teste, qu'il s'imagine de vouloir et pouvoir reformer tous les abus de la justice. Il se presente au Roy, il luy parle, on le mesprise. Il s'addresse à M. de Guise, qui ne tient conte de luy respondre. Il va en Guyenne trouver M. de Mayenne, qui le desdaigne. Il va à La Rochelle vers le roy de Navarre, qui ne voulut prendre la peine de l'escouter. Après tous ces voyages il retourne à Paris, où il fait imprimer un livre dans lequel tous les griefs qu'il disoit avoir esté faicts à la veufve et à l'orphelin estoient descrits, avec tous ses voyages, et mille injures et calomnies qu'il entremesloit dedans contre le Roy et le parlement. L'on est adverty de l'impression de ce livre; M. Seguier, lieutenant civil, saisit le livre, prend l'autheur et le met dans la Conciergerie, où son procez luy estant fait, il fut pendu dans la cour du Palais, à quelque vingt pas des grands degrez, et son livre bruslé devant luy.

Poncet, adverty de ceste execution, et que l'on punissoit de mort ceux qui escrivoient des invectives contre le Roy, apprehende, luy qui avoit continué de parler mal en chaire contre les actions du Roy; il se couche au lit, et peu de jours après il meurt. L'execution à mort du Breton fut un des plus specieux pretextes que prirent les Seize de parler contre le Roy et la justice; aussi que, le mesme jour qu'il fut executé, il fut decapité en Greve un gentil-homme appellé Sainct Laurens, qui, après avoir protesté qu'il estoit innocent, estant sur l'eschafaut, appella sa partie à comparoir dans l'an devant Dieu : ceste partie estoit sexagenaire, qui mourut peu de jours après (toutesfois la mauvaise vie de Sainct Laurens n'estoit que trop cognuë dans le pays Chartrain); ils en tirent une calomnie, et font couler parmy eux que la justice avoit fait mourir deux innocens en un mesme jour : « Qui n'a veu mourir Le Breton, disoient-ils, avec ces mots à la bouche : *Judica me Deus, et discerne causam meam de gente non sanctá*, etc.? Qui ne luy a veu soustenir qu'il mouroit pour avoir deffendu la veufve et l'orphelin, et pour vouloir procurer la reformation des abus de la justice? Si le Roy eust voulu, ce vertueux personnage n'eust esté pendu. Mais quoy! voylà la tyrannie ouverte. Qui demandera maintenant la reformation des abus il se peut asseurer de la mort. » Ils userent aussi d'une finesse la plus subtille que l'on se sauroit adviser : les livres du Breton furent bruslez; le peuple de ce temps estoit curieux de les voir; les portepaniers du Palais sont importunez d'en recouvrer; ils font donc glisser une remonstrance faite dez l'an 1577 pour la reformation des abus, de laquelle on osta le commencement, et la vendoit on pour le livre du Breton. Ainsi le peuple, voyant une remonstrance si bien faite, se pipoit de luy-mesme, et par ce moyen on luy faisoit perdre l'amour, l'honneur et la crainte qu'ils devoient à leur Roy et à sa justice, et on luy enracinoit dans l'ame le mespris, la desobeïssance et la rebellion contre son prince et contre Messieurs de la cour de parlements. Je diray encor ce mot sur le subject des Penitents, que ces congregations, tant des blancs que des bleus, noirs et gris, ont fort peu duré à Paris (1), pource que la ligue fit oster les blancs, et les autres furent deffendus l'an 1594, accusez de n'estre que colonies de seditieux. Et toutesfois ces congregations sont très-belles, très-estimées, et louées à Rome et à Venise, et en beaucoup d'autres lieux d'Italie. Ainsi plusieurs choses sont justes et sainctes en des pays, qui sont estimées en d'autres n'estre que tyrannie et hypocrisie. L'Espagne tient son inquisition saincte, les bons François n'en veulent ouyr parler, et les Flamans l'estiment estre tyrannie : aussi les entendemens sont differens selon les climats. C'est assez sur ceste matiere, continuons ce qui se passa l'an 1587.

Au commencement de ceste année, l'hyver fut la cause que la guerre ne se fit que fort peu; les armées

---

(1) *Ont fort peu duré à Paris.* Elles se maintinrent dans le bas Languedoc, et surtout à Montpellier, où il existe encore de nos jours une congrégation de Pénitens blancs.

du Roy furent toutes congediées, aucunes troupes furent laissées ez garnisons pour tousjours empescher les courses des huguenots du Poictou, de la Guyenne, du Languedoc et du Dauphiné. La noblesse se retira de chacun pays en leurs maisons; et quelques regiments furent envoyez, tant pour vivre ez provinces où il n'y avoit point de huguenots, qu'affin d'y adjouster de nouvelles cruës pour s'en servir au printemps.

Le premier jour de l'an, la ceremonie de l'ordre du Sainct Esprit se fit aux Augustins. En ce temps le Roy descouvrit aucuns desseins de la ligue des Seize, par un qui estoit lieutenant du prevost de l'Isle de France (1); il sceut aussi que le duc de Mayenne avoit communiqué avec eux à l'hostel de Reims prez les Augustins, et que le duc de Guise n'estoit venu à Paris l'esté passé que pour les asseurer de vivre et mourir avec eux, et ne les jamais abandonner, comme fit aussi M. de Mayenne au commencement du mois de mars de ceste année. Quelques-uns sceurent si dextrement persuader à Sa Majesté que tout cela ne leur procedoit que de l'affection qu'ils portoient à la religion catholique, et de la peur qu'ils avoient à l'advenir d'estre dominez d'un roy heretique, qu'il despescha encor M. de Ramboüillet vers le roy de Navarre, pour l'exhorter pour la derniere fois de se mettre en l'eglise de Dieu, et qu'il estoit resolu de ne souffrir en son royaume autre religion que la catholique romaine. Auquel le roy de

(1) *Par un qui estoit lieutenant du prevost de l'Isle de France.* C'étoit Nicolas Poulain qui faisoit partie du comité des Seize. Ses relations avec Henri III commencèrent dès 1585. Il a laissé un Mémoire sur la conduite qu'il tint à cette époque; et nous donnerons cette pièce intéressante à la suite du *Journal de Henri III* par L'Estoile.

Navarre dit que c'estoit le moindre dessein de ses ennemis que de le voir catholique affin que le royaume fust en paix, veu qu'ils n'avoient pris les armes que pour rompre la paix, et pour diviser et partager la France entr'eux; mais que s'il plaisoit au Roy le laisser desmesler ceste querelle entre les princes de la ligue et luy, sans s'en mesler, qu'il auroit cinquante mil hommes dans trois mois, avec lesquels il esperoit renger tous les perturbateurs de l'Estat sous l'obeyssance de Sa Majesté.

La ligue veut la guerre, le roy de Navarre y est contraint. Ils parlent, comme on dit, à cheval; et le Roy n'a point assez de force pour contraindre aucun de ces deux partis à luy vouloir obeyr. Il est conseillé donc de tourner toutes ses forces contre les huguenots. Il execute ce conseil; et le printemps de ceste année la guerre se recommença en deux endroicts: M. de Guise fit la guerre à Sedan et à Jamets, places appartenantes au duc de Boüillon, où les huguenots de l'Isle de France, Picardie et Champagne s'estoient retirez : il n'y eut pas beaucoup d'efforts de ce costé-là, et les trefves qui furent faictes entre les ducs de Guise et de Boüillon aux mois de may et de juin, leur donnerent pour deux mois de repos, jusques à la venuë de l'armée des Allemans et des Suisses.

D'autre costé le roy de Navarre en Poictou commença vivement la guerre; il s'empara des places de Chisay, Sanzay, Sainct Maixent, Fontenay et Mauleon, les unes par assaut, les autres par composition, et ceste derniere par escalade; il prepare en un mois plus de besongne que M. le duc de Joyeuse, avec son armée qui vint en Poictou, n'en eut sceu faire en six.

Le duc à son arrivée se rendit maistre de la campagne, reprint Sainct Maixent et Tonnay-Charente, visita de prez les Rochelois, desfit quelques troupes du roy de Navarre à la Mothe Sainct Eloy, et reprit Maillesais; mais la peste travaillant son armée, il revint vers le Roy à Paris. Ses troupes furent mises en garnison en quelques places de Poictou, le commandement desquelles il laissa au sieur de Laverdin son lieutenant. Voylà ce que fit la cinquiesme armée envoyée contre le roy de Navarre.

Cependant que ces choses se passent, le Roy s'exerce en œuvres pieuses, il fait faire des oratoires pour les Jeronimites au bois de Vincennes : comme il est vestu de gris, il en fait aussi vestir les Suisses de sa garde. Il fait bastir les Fueillans aux faux-bourgs Sainct Honoré; il commença un bel edifice pour faire un monastere au lieu où jadis estoient les Tournelles, appellé depuis le Marché aux chevaux, et maintenant le Parc royal. Mais quoy! toutes ses devotions furent reputées par les Seize n'estre qu'hypocrisie ! Les predicateurs de la ligue feront assez leur devoir de le prescher, comme il sera dit cy-après.

Le duc de Guise cependant le vint trouver à Meaux au mois de may, tant pour l'asseurer de la levée certaine de l'armée des Allemans, affin qu'il luy donnast des forces pour leur resister, que pour se plaindre de plusieurs choses qu'il disoit avoir esté faictes contre l'edit et l'accord de Nemours. Ces plaintes furent veuës de beaucoup de personnes en ce temps-là; le jugement en fut divers, selon leurs passions. La ligue les soustenoit estre justes, d'autres les tenoient trop hardies pour estre faictes par un subject à son roy. « Quelle apparence, disoient-ils, que le duc de Guise se plaigne qu'on ait saisi les revenus du cardinal de Pellevé, archevesque de Sens, puis que l'on sçait qu'il s'est retiré à Rome, où il mesdit ouvertement contre le Roy? Quelle apparence ce duc a il de dire que l'on laisse les heretiques en leurs maisons jouyr de leurs biens, veu que le duc de Mayenne a baillé en Guyenne une infinité de sauvegardes aux dames de Caumont, de Trans, et à des seigneurs et gentils-hommes de la religion pretenduë reformée, et autres catholiques tenans le party du roy de Navarre, avec deffences à ceux de son armée de les molester à cause qu'ils ne portoient point les armes? Pourquoy veut-il contraindre le Roy de regarder d'un bon œil les seigneurs qui l'ont suivy en ceste derniere levée d'armes? Ne sçait-on pas que le sieur d'Antragues a faict tirer des coups de canon de la citadelle d'Orleans sur M. le duc de Montpensier, que le Roy y envoyoit? Et maintenant il voudroit que le Roy luy en rendist grace et le remerciast. M. de Brissac a laissé surprendre le chasteau d'Angers: Sa Majesté l'a reprins d'entre les mains des partisans du roy de Navarre: et il voudroit contraindre le Roy, s'il pouvoit, de restablir le sieur de Brissac dans ceste place. Quelle apparence?» Ainsi parloient les courtisans.

Le Roy toutesfois eust bien desiré une paix, au contentement des uns et des autres; il exhorta le duc de Guise d'y adviser, et luy fit faire des promesses particulieres, s'il y vouloit entendre, pour l'advancement des siens; mais ses desseins n'estoient pas à la paix. Il faut donc que le Roy, contre son vouloir, se resolve à la guerre: et pour s'opposer à ceste grande armée d'estrangers, qui vouloient, en traversant la France, aller joindre le roy de Navarre en Poictou, il fit publier un mandement par lequel il fut enjoinct à toutes les troupes, tant de cavalerie que d'infanterie, de se rendre dans le 4 juillet, scavoir : les unes à Chaumont en Bassigny, sous la charge de M. de Guise; à Sainct Florentin, près de Troye, sous la conduite de M. de Montpensier; et à Gyen, où le Roy luy-mesme se trouveroit.

Le conseil de la ligue des Seize à Paris, sur ceste nouvelle qu'il venoit une armée de reistres en France pour le secours du roy de Navarre, se remua plus qu'auparavant, et fit publier parmy ceux de leur faction que c'estoit le Roy mesme qui les faisoit venir, et envoyerent en plusieurs villes de France ce qu'ils avoient resolu pour s'y opposer. La lecture de leurs propres memoires fera aysement juger de leur mauvaise intention, et de leurs calomnies et practiques contre le Roy. Voicy leur premier memoire.

« Sur l'advis asseuré que nous avons receu de la volonté du Roy de faire entrer au royaume de France une grande armée de reistres et Suisses hereticques, avec lesquels il traicte jusques à leur abandonner nos vies et nos biens, sous la conduite du roy de Navarre, qu'il a appellé pour son successeur à la couronne, le tout tendant à la ruine de l'Eglise catholique, apostolique et romaine, et pour l'establissement de l'heresie; nous avons bien voulu vous adviser de nos resolutions pour nous defendre de cest orage, et resister à si pernicieuses entreprises, où le Roy, à nostre très grand regret, est porté par l'induction de gens malins qui le possedent, pour establir l'heretique en ruinant les catholiques. Et d'autant que telles entreprises ne regardent seulement la ruine de la religion catholique au royaume de France, mais de toute la chrestienté, c'est l'occasion pour laquelle nous nous sommes resolus d'y resister et nous defendre, sans toutesfois rien attenter ny entreprendre du vivant du Roy, mais seulement nous tenir sur la deffensive au cas qu'en soyons contraints, affin de nous mettre en devoir, et n'estre accusez devant Dieu et par nostre posterité d'aucune negligence ou mespris de la religion, pour n'avoit fait nostre debvoir et ce que pouvions, de resister à l'establissement de l'heresie, et empescher la ruine de nostre religion catholique, apostolique et romaine. Pour à quoy remedier nous avons (suivant le bon advis qu'en avons pris avec aucuns de vos deputez) dressé trois memoires, les coppies desquels nous vous envoyons : le premier contenant nos projects et intentions; le second la forme de s'y gouverner; et le troisiesme la forme de nostre serment; affin que les ayans veus vous nous mandiez vostre advis et resolution, ne voulant rien faire ny entreprendre qu'avec vostre bon advis et consentement, comme nos confreres et compatriotes, avec lesquels nous desirons vivre et mourir pour le soustenement de nostre religion : le tout selon que nous vous avons particulierement mandé cy-devant, et qu'avez esté advertis comme nous du peril que la chrestienté court pour les grandes entreprises que l'on fait contre les catholiques. »

Voylà le memoire, et voycy leur premier project :

« Advenant le cas que les reistres et Suisses heretiques se desmarchent pour entrer en France, comme ils se preparent et qu'ils y ont esté appellez, il est de besoin que les ecclesiastiques, gentils-hommes et communautez catholiques des bonnes villes, specialement de Paris, Roüen, Lyon, Orleans, Amiens, Beauvais et Peronne, deputent promptement quelques gens de bien et de qualité vers le Roy le supplier de preparer incessamment armée suffisante pour resister aux forces estrangeres heretiques, et, oultre ce, luy offrir, de la part des villes, un secours de vingt mille hommes de pied et quatre mille chevaux, payez et souldoyez pour un an, à la charge que lesdites villes associées feront eslection de capitaines particuliers pour leur commander qui leur seront affidez, fraterniseront avec eux, et du tout à leur devotion, sous le general que Sa Majesté ordonnera (toutesfois prince catholique, et hors de soupçon de favoriser en rien nos ennemis), promettans que leurs gens ne ravageront point la campagne, mais payeront et camperont, d'autant qu'ils seront bien payez par personnes que les catholiques establiront.

Pour cest effect, Paris en son eslection fournira quatre mille hommes de pied et mille chevaux ; Rouen et ses voisinances, autres quatre mille hommes de pied et mille chevaux : Lyon et ses voisinances d'Auvergne, autres quatre mille hommes de pied et cinq cents chevaux ; Orleans, Bourges et leurs voisinances, autres quatre mille hommes de pied et cinq cents chevaux ; Amiens, Beauvais et la province de Picardie, autres quatre mille hommes de pied et mille chevaux.

« Si ceste juste requeste est accordée par le Roy, les catholiques se pourront asseurer (moyennant la grace de Dieu) de resister aux forces heretiques, tant domestiques qu'estrangeres, et les dissiper, et par ce moyen le royaume delivré de telle tempeste et danger extresme.

« Que si ceste juste requeste et necessaire secours est refusé par la malice des conseillers du Roy, la pluspart ennemis de la religion catholique, qui nous veulent tenir les mains liées en un si grand peril où il va de la ruine de la religion catholique et monarchie françoise, pour la sousmettre à la puissance de l'heretique, il ne fauldra laisser de faire ceste levée, et faire paroistre les forces et armes catholiques, en cas que l'estrangere heretique preparée y entre; et sera, par ce moyen, le Roy contrainct d'advouer l'armée catholique, ou s'en declarer à l'ouvert ennemy, comme negligeant la deffense de la religion contre les heretiques, contre lesquels l'armée catholique paroistra et fera teste, estant conduite et commandée par les gentilshommes et capitaines catholiques affidez aux provinces et villes, qui pourront, au refus et contradiction du Roy, prendre un prince catholique pour chef, tel toutesfois que les catholiques en soient d'acord.

« Que si Sa Majesté veut dire que ceste forme de levées d'hommes est entreprendre ou diminuer son authorité, et qu'à luy seul appartient l'entiere disposition des affaires de son royaume, sans avoir de compagnon, luy sera remonstré que ceste offre de secours est un extraordinaire que son bon peuple catholique françois luy fait pour l'urgente necessité, et qu'il y a danger de mettre tel secours entre les mains de son conseil et ceux de la suitte, la pluspart desquels sont infectez d'heresie et d'atheisme, qui perdroient tout d'autant que leurs actions ne sçauroient estre aggreables à Dieu, et qu'il luy plaise croire que son peuple luy sera fidelle contre les heretiques et leurs adherans. Et cependant ne faut delaisser à tenir les forces prestes pour nous deffendre en cas que l'armée heretique et estrangere entre en France, ou que nous soyons assaillis, sans toutesfois entreprendre aucunes choses, ains se tenir tousjours prests sur la deffensive tant que le Roy vivra.

« Advenant le cas de la mort du Roy sans enfans (que Dieu ne veuille), il sera besoin lors et à l'instant d'entreprendre et prevenir les malheureux desseins des ennemis de la religion catholique, que l'on voit à veuë d'œil s'armer et couver quelque surprinse et remuëment : en sorte qu'il sera necessaire de les devancer, et à ceste fin en quinze jours faire joindre les prochaines forces ensemble entre Paris et Orleans le plus secrettement que faire se pourra, et que les ennemis soient estonnez. Ceste force sera suffisante, pour le commencement, de cinquante compagnies de gens de pied et vingt de cheval, laquelle, avec le consentement des bonnes villes, donnera entierement la force aux catholiques, qui, le plus diligemment qu'ils pourront, feront assembler les estats pour parvenir à l'eslection d'un roy catholique, et ordonner les loix du royaume, pour remettre toutes choses au cours des anciennes loix fondamentales de la France.

« Au mesme temps les catholiques prieront M. le cardinal de Bourbon de venir à Paris comme prince catholique, et l'esliront leur chef et protecteur des Estats catholiques, et envoyeront aussi vers M. de Guyse et messieurs ses freres, et autres princes catholiques, pour les supplier les assister, les occasions se presentant. Et seront les estats priez, de la part des catholiques, de favoriser à la nomination royale, sur tous les princes catholiques, mondit sieur le cardinal de Bourbon, tant parce qu'il est prince très-catholique, ennemy des heretiques, qu'aussi il est prince françois, doux, aggreable et vertueux, de la race ancienne des roys de France, qui le rend très-recommandable, non comme heritier et successeur, estant trop remot en degré, mais capable d'eslection et de l'honneste preference pour sa religion et ses vertus.

« Ceste cause est si juste et favorable, que toutes les provinces et villes catholiques de ce royaume, et les gens de bien ecclesiastiques et la noblesse s'y joindront, veu la pureté et sincerité de nostre intention : et par ce moyen la religion catholique et cest Estat, que l'on veut ruïner, seront conservés et maintenus (moyennant la grace de Dieu) sans qu'il soit à la puissance des heretiques et leurs adherans de parvenir à leurs desseins, ny à ceux qui commandent de gaster tout d'oresnavant, comme ils ont faict par cy-devant.

« Et pour nous asseurer d'avantage en la deffense et manutention, tant en la religion catholique qu'en l'Estat, que Henry de Bourbon, prince de Bearn, heretique, relaps et excommunié, veut empieter contre tout droict divin et humain, il sera très-necessaire, advenant la mort du Roy sans enfans (que Dieu ne veuille) d'advertir par bonnes et veritables instructions nostre Sainct Pere le Pape et le roy Catholique de toutes nos intentions, affin de les prevenir, et qu'au besoin Sa Saincteté nous assiste de sa saincte benediction, et le roy Catholique de ses forces et moyens pour une si saincte cause qui leur touche de prez, voire où ils y ont interest notable et principale deffense. »

Voylà leurs projects, et voicy la forme comme ils se devoient gouverner.

« Le moyen (sous la conduite de nostre bon Dieu) advisé et resolu de tenir pour essayer en ce grand desordre qui menace de toutes parts la ruine finale de nostre religion et de l'Estat de ce royaume, est de mettre un si bon ordre que nous restablissions ceste monarchie et tous les estats d'icelle selon les anciennes fondamentales loix (sans nous despartir de la deuë obeyssance que nous devons au Roy tant qu'il sera catholique, ou qu'il ne se declarera fauteur d'heretiques).

« Premierement, c'est de faire que le plus que l'on pourra de provinces et bonnes villes de ce royaume s'unissent ensemble de force et conseil, et moyens.

« Et pour y parvenir, il faut en icelles practiquer le plus de gens de bien que l'on pourra comme ecclesiastiques, mesmement des predicateurs ausquels le peuple a creance, gentils-hommes vertueux et de bonne vie, des officiers du Roy qui ne sont encores corrompus, bons et notables bourgeois et marchands, tous gens de bien et de bonne conscience, craignans Dieu, sans crime ny reproche, affin que nous ne soyons point bigarrez; lesquels, n'estans point poussez d'aucune privée passion, mais du seul zele de la religion catholique, se resolvent, quand une juste occasion se presentera, d'employer franchement leurs vies et leurs biens. Pour cest effect est besoin que les gens de bien des bonnes villes voisines ayent communication ensemble, affin qu'ez occurrences ils puissent prendre advis de ce qu'ils auront à faire.

« Et parce qu'encores que nostre intention soit saincte et juste, et que l'on ne la pourroit aucunement reprendre, toutesfois en un temps si chatouilleux on la pourroit sinistrement interpreter; il faut necessairement se comporter avec le secret, et pour ceste occasion est besoin qu'en chacune ville l'on establisse un conseil de six personnes gens de bien, fidelles et prudents, qui communiqueront une fois ou deux la semaine ensemble, et ausquels les lettres de dehors se rapporteront; car par ce moyen ils auront nouvelles de tout ce qui se passera. Chacun des six pourra pratiquer d'autres de mesme condition, ausquels ils communiqueront les choses qu'ils jugeront dont ils seront capables; et pour fortifier davantage nostre party, il faudra qu'ils essayent de practiquer en leurs voisinages des gens de bien, de qualité, ecclesiastiques, gentils-hommes, officiers de la justice et bourgeois les mieux vivans et de bonne reputation, affin que nostre corps soit composé des plus gens de bien des trois estats.

« Et parce que les princes catholiques sont parus devant nous, et ont declaré leurs intentions et icelles manifestées, par lesquelles l'on cognoist qu'ils ne tendent à autre but que celuy que nous tenons, *il nous faut prudemment chercher les moyens de nous joindre avec eux, et qu'eux representans le chef ne puissent agir sans les membres, affin que le corps soit bien uny et qu'il ne se separe, soit de subject, soit d'intention, car de là arriveroit nostre ruine.*

« Et pour prudemment pourveoir comme à chose necessaire, faudra qu'en nous joignant avec les princes catholiques, que l'honneur du commandement leur demeure, et que la force et disposition des affaires demeurent aux estats et conseil des catholiques, veu que les villes fourniront et souldoyeront les hommes et feront eslection des chefs particuliers à leur volonté, et que l'on establira cependant un conseil de gens de bien et de qualité des trois estats, par l'advis desquels les affaires se manieront en la justice et finances, dont ils cognoistront souverainement ; et les princes et la noblesse conduiront les affaires de la guerre et y commanderont : le tout en attendant la resolution de l'assemblée generale des estats, et que la trop grande licence ne les fasse oublier.

« Nous estimons cest article très-necessaire, affin que les ennemis ne puissent venir à la traverse troubler nostre deliberation, d'autant qu'il est necessaire que si Dieu nous donne juste occasion et moyen de prendre les armes, l'on y mette une telle fin à ceste fois qu'il n'y faille plus retourner. Et pour ceste occasion l'on fera promettre ausdits princes, par serment solemnel, qu'ils ne se despartiront jamais de la religion, et ne nous abandonneront en façon quelconque, comme de nostre part nous leur ferons pareille promesse, et le semblable à la noblesse catholique qui s'y voudra joindre.

« Fault que les villes particulieres escrivent le plus souvent que faire se pourra au conseil estably à Paris, affin de recevoir les instructions frequentes les uns des autres.

« Pour espargner la despense le plus que l'on pourra,

nous estimons que pour le commencement la levée de trois legions suffira, puisque les villes estant bien unies, nous n'avons maintenant à faire qu'une guerre deffensive.

« Ne faut pas oublier à pourveoir à l'amas des deniers promptement, et aux choix des capitaines, affin de tenir le tout prest, et que lesdits capitaines se garnissent de leurs soldats les plus fidelles et gens de bien qu'ils pourront, et bien disciplinez, attendu qu'ils seront bien payez. »

Voylà l'instruction qu'envoya le conseil des Seize à ceux des villes qui estoient de leur faction, et voicy le serment de leur ligue :

« Nous jurons et promettons sur les saincts Evangiles, au nom du grand Dieu vivant, rigoureux vengeur du parjure, que sans nous despartir de la deuë et legitime obeyssance que nous devons au Roy tant qu'il se monstrera catholique, et qu'il n'apparoistra favorisant les heretiques, nous employer d'oresnavant franchement et volontairement, tant de nos vies que de nos biens, pour conserver la religion chrestienne, catholique, apostolique et romaine, que tant d'ennemis veulent destruire, et pour conserver ceste monarchie françoise qu'elle ne tombe en la domination de Henry de Bourbon, prince de Bearn, heretique, relaps et excommunié, ny de ses semblables et adherans, et l'entretenir en son entier comme nos predecesseurs la nous ont laissée; resolus de mourir plustost que l'heretique y commande, ny que l'Estat soit desmembré, comme il tasche de jour à autre d'y parvenir. Et pour cest effect, sous la guide et conduitte de nostre bon Dieu, et par l'inspiration du Sainct Esprit, autheur de toute saincteté, union et concorde, nous nous sommes cejourd'huy associez les uns avec les autres, par les mains des deputez cy assemblez, nos forces, nos moyens, nos conseils, avec promesse et protestation mutuelle de ne nous abandonner jamais les uns les autres, ains que nous nous joindrons à la deffence mutuelle de la moindre des villes associées aussitost que de la plus grande, là où elle viendroit à estre en peine pour raison de la presente association, ou que les ennemis de Dieu, de la religion, de l'Estat et du Roy voudront l'offenser.

« Et non seulement nous promettons nous employer pour la conservation et deffenses des provinces et villes associées, bourgs et villages, mais aussi de tous autres de ce royaume qui seront recherchez et molestez par les heretiques et leurs adherans; estant nostre intention de deffendre tous les catholiques de ce royaume, associez ou non associez, pourveu qu'ils ne se declarent nos ennemis et qu'ils n'y adherent; desirans et voulans sur toutes choses deffendre la religion catholique, apostolique et romaine, que l'on veut oster et ruyner pour y establir l'heresie et la domination de l'heretique. Et sur ce seul subject nous avons faict et faisons la presente association.

« Nous protestons, devant Dieu et les hommes, que aucune privée paction ne nous remuë touchant les partialitez dont la France est aujourd'hui affligée, mais le seul zele de la conservation de nostre religion, laquelle, au jugement de tout le monde, l'on voit courir une evidente ruyne de tout cest Estat, par son demembrement tout evident que les heretiques et leurs adherans veulent faire, si les gens de bien et bons catholiques de ce royaume ne s'y opposoient et n'y mettoient la main.

« C'est pourquoy nous supplions messieurs les ecclesiastiques, qui ont le premier interest en ceste cause, se joindre d'une bonne volonté avec nous, nous aydans de leurs bonnes prieres et moyens ; et de nostre part nous leur promettons, par serment devant Dieu inviolable, que nous n'abandonnerons jamais la cause de Dieu et de son Eglise, et ne poserons jamais les armes, quand nous aurons esté contraints et necessitez de les prendre, jusques à ce que, par une assemblée generale des estats de ce royaume catholique, nous n'ayons, autant qu'en un siecle si grandement corrompu faire se pourra, remis l'estat de l'Eglise en ses anciennes et sainctes institutions, privileges, honneurs, libertez et franchises, selon les sainctes decrets et concilles generaux, mesmes celluy de Trente, l'emologation et publication duquel nous poursuivrons tant qu'il nous sera possible, pour estre unis et incorporez inseparablement avec l'Eglise catholique, apostolique et romaine, qui est la vraye et seule Eglise de Dieu.

« Nous supplions pareillement messieurs de la noblesse catholique de ce royaume, se resouvenir de ce à quoy la gloire de leurs ancestres les convie, veu qu'ils ont si genereusement et tant de fois combattu pour la deffence de la religion catholique, et se joindre et associer avec nous, à fin que, comme ils sont eslevez d'un degré plus haut, ils nous monstrent aussi le chemin, et nous servent de guide, chefs et conducteurs pour conserver la religion catholique, apostolique et romaine, et la patrie commune contre l'entreprise et violence des heretiques, et empescher leur domination; et en ce faisant nous leur promettons de ne les abandonner jamais, ains nous joindre avec eux et y employer nos vies et nos biens pour l'effect de ceste presente association, que nous continuerons, par la grace de Dieu, jusques à ce que, par une assemblée generalle des estats catholiques, que le Roy sera supplié faire assembler le plustost que faire se pourra, on ait pourveu à ce que ce digne corps de noblesse, appuy principal de ce royaume après Dieu, soit mis et restably en son ancienne splendeur, et maintenu en ses merites, libertez, honneurs, prerogatives et franchises honnestes et vertueuses. A condition aussi que messieurs les ecclesiastiques et nobles nous promettent pareillement de ne nous abandonner jusques à ce que par lesdits estats on ait pourveu à ce que la justice soit affermié et repurgée comme elle doit, specialement les cours souveraines, remplies en la plus-part de corruptions, heresies et tyrannies; et aussi jusques à ce que l'on ait asseuré et restably les corps et communautez des bonnes villes en leurs anciens privileges, libertez, honneurs et franchises; semblablement que l'on ait pourveu aux intolerables miseres desquelles le pauvre et commun peuple, nourricier de tous les autres estats, est aujourd'huy de milles façons barbarement oprimé : le tout sans nous departir de la deuë obeyssance que nous devons au Roy, veu que si nostre intention par l'ayde d'en haut se peut accomplir, au lieu qu'il se peut dire à present le plus pauvre et mal obey roy de la terre, on le verroit estre honnoré et mieux obey qu'autre qui vive. Le grand Dieu du ciel, qui a seul toute puissance sur les empires du monde, et qui est scrutateur des cœurs, benisse nostre saincte intention et la face prosperer à son honneur et gloire eternellement. »

J'ay mis icy tout du long ce memoire et ces projects faicts par le conseil des Seize de la ligue dans Paris, avec la forme comme tous les peuples des villes qui entreroient dans ladicte ligue se devoient gouverner, et leur serment qu'ils devoient faire, affin que le lecteur juge plus aysement de l'interieur de ceux qui ont basty ceste ligue contre leur bon et souverain prince, et comme ils se sont couverts du pretexte de la religion, en protestant *de ne se despartir de l'obeyssance qu'ils devoient au Roy,* avec ceste clause : *tant qu'il sera catholique, ou qu'il ne sera fauteur d'heretique.* Et toutesfois, dez le premier commencement de leur memoire, par ces mots, « sur l'advis que nous avons receu de la volonté du Roy de faire entrer au royaume de France une grande armée de reistres et Suisses heretiques, avec lesquels il traicte jusques à leur abandonner nos vies, etc., » ils l'accusoient desjà d'estre fauteur d'heretiques ; et sous ceste calomnie ils bastirent leur ligue dans les villes, tandis que Sa Majesté exposoit sa vie avec sa noblesse pour empescher que les rheistres ne passassent la riviere de Loire. Le lecteur peut aussi remarquer comme ils vouloient changer l'ordre de la succession en ce royaume sous le pretexte de la religion, lorsqu'ils parlent de M. le cardinal de Bourbon en ces mots : « non comme heritier et successeur, estant trop remot en degré, mais capable d'eslection et de l'honneste preference pour sa religion et ses vertus. » Il failloit bien que les desseins de ces conjurateurs pour mettre l'ordre du royaume de France sans dessus dessous, eussent pour but quelque apparence de bien; aussi ils ne vouloient que l'on receust en leur ligue que les gens de bien. Plusieurs bonnes gens du peuple s'en mirent sous le specieux pretexte de religion; mais les autheurs et gouverneurs de ceste ligue avoient bien d'autres desseins, ainsi qu'il se verra cy-après.

Or suivant ce que nous avons dit, que le Roy avoit donné le rendez-vous à toutes ses troupes, tant de cavallerie que d'infanterie, pour aller au devant des reistres en trois endroicts, sçavoir à Chaumont, à Sainct Florentin près Troyes, et à Gyen, il s'y trouva soixante-huict compagnies de gens-d'armes montans à quelque trois mil cinq cents chevaux, dix mil hommes de pied françois, douze mille Suisses et quatre mille reistres. Ce qui estoit sous la conduitte de M. de Montpensier s'adjoignit au Roy, comme nous dirons cy-après : mais les troupes qui estoient sous la charge de M. de Guise tindrent leur corps d'armée tousjours à part, sçavoir vingt-cinq compagnies d'ordonnances conduittes par les princes et seigneurs de la ligue, quelques regiments de gens de pied, avec les troupes que le prince de Parme luy envoya par le commandement du roy d'Espagne, qui estoient quatre cents lances et deux mil hommes de pied. Ceste petite armée, et toutefois gaillarde et belle, s'advance, s'adjoint aux forces du duc de Lorraine; mais elle estoit trop foible pour empescher l'entrée à trente mil estrangers et à quatre ou cinq mil François qui les conduisoient.

Tous ceux qui ont escrit pourquoy ceste grande armée d'estrangers ne fit de pareils effects que celle qu'amena le duc des Deux Ponts l'an 1569, laquelle traversa depuis les bords du Rhin jusques en Poictou, s'accordent que la mauvaise intelligence qu'il y eut entre les chefs, leur division, le sejour qu'ils firent sur les frontieres de Lorraine pour resoudre quel chemin ils devoient prendre et ce qu'ils devoient faire, en a esté la cause.

Tandis que le duc de Guise pensoit deffendre l'entrée du royaume à ceste armée estrangere, le roy de Navarre se preparoit pour leur aller au devant affin de tascher à favoriser leur passage sur la riviere de Loire, et se joindre avec eux. Le Roy qui voit ce dessein, et qui descouvre que tous les princes de la maison de Bourbon, qui sont les seuls princes de son sang, estoient dans l'ame tous faschez de ceste guerre, dont ils accusoient la maison de Guise; que les livrets en trottoient par tout, et que l'on disoit qu'elle se faisoit pour l'Estat et non pour la religion, et mesmes que le comte de Soissons, prince de son sang, et plusieurs seigneurs catholiques avoient eslevé des troupes en Normandie, au Maine et au Perche, et s'estoient allez joindre au roy de Navarre, lequel s'estoit advancé jusqu'à Montsoreau en Anjou pour recevoir ledit sieur comte et ses troupes, ce qu'il avoit faict; aussi qu'estans joints ensemble ils s'en alloient recueillir les forces dudit roy de Navarre qui luy venoient de Gascongne, pour, estans plus forts, favoriser mieux le passage de son armée estrangere; le Roy donc se resouvenant qu'estant encore duc d'Anjou, le feu admiral de Chastillon luy avoit donné tant de peine après qu'il eut receu l'armée du duc des Deux Ponts, soit au siege de Poictiers, à la bataille de Montcontour et ailleurs, il se douta bien que le duc de Guise feroit la mesme faute que les ducs de Nemours et d'Aumale avoient faite en ce temps là, pour n'avoir peu trouver le moyen d'empescher le duc des Deux Ponts d'entrer dans le royaume, ou de le combattre. Il ne fut point trompé, comme nous dirons cy-après : aussi sa prevoyance sauvera là France du peril eminent où elle estoit lors. Pour la seconde fois il envoya M. de Joyeuse avec une autre armée en Poictou, avec commandement d'empescher le roy de Navarre de ne joindre les bords de la riviere de Loire, et ce au hazard mesme d'une bataille : ce que le sieur duc de Joyeuse fit si animeusement, la jeunesse où il estoit le faisant presumer que toutes choses luy estoient possibles, qu'en poursuivant le roy de Navarre, le prince de Condé et le comte de Soissons qui alloient en Gascongne, il leur presente la bataille à Coutras, où il se perdit avec toute l'armée que le Roy luy avoit donnée : il y mourut avec un sien frere, et plusieurs seigneurs de marque ; tous les capitaines furent presque tous ou tuez, ou prisonniers. Mais quoy que le roy de Navarre acquist là l'honneur d'une grande victoire, si est-ce qu'il perdit la commodité de pouvoir secourir son armée d'Allemans ; car le Roy estant party de Sainct Agnan en Berry, il s'en alla droit à Gyen : là il receut advis que les conducteurs de ceste armée estrangere, après s'estre accordez du chemin qu'ils devoient tenir, avoient resolu de tenir la route de la riviere de Loire ; que le duc de Lorraine et le duc de Guise, pour ne leur donner envie de demeurer en Lorraine, avoient fait brusler les moulins et desmolir les fours sur le chemin par où ils avoient passé; que nonobstant cela ils avoient traversé le Barrois et Ginvillois, et que, pour toutes les longues pluyes, le peu de vivres qu'ils recouvroient, les maladies qui les tourmentoient, ils avoient passé prez de Chaumont en Bassigny, à la veuë de toutes les forces de tous les princes de la ligue; qu'ils avoient aussi passé la Seine prez de Chastillon, et s'en venoient passer les rivieres de Cure et d'Yonne, approchant tant qu'ils pouvoient de la riviere de Loire.

Le Roy, comme nous avons dit, qui s'estoit douté de ce que feroit ceste armée, y avoit preveu, ayant fait mettre de bonnes garnisons dedans toutes les villes où il y avoit des ponts pour passer. Le sieur de Rieux estoit dans Gien, le sieur de Rochefort à La Charité, le sieur de Champlemy à Nevers, et dans Dezize le comte de Grampré. Sa Majesté, accompagnée de messieurs les ducs de Montpensier, de Nevers, d'Espernon et de Rets, avec de très-belles troupes de cavallerie et d'infanterie, et huict mille Suisses, s'estoit resoluë de les combattre s'ils entreprenoient de passer la Loire. D'autre costé, les François qui estoient parmy ceste armée d'estrangers les assuroient qu'ils avoient une entreprise sur La Charité, et que quand elle manqueroit, que toutesfois au mois d'octobre la riviere de Loire estoit si basse qu'ils la guayeroient en mille endroicts: voylà deux beaux desseins, et nul des deux ne leur reüssit. L'entreprise de La Charité leur estant faillie, ils veulent tenter de passer à guay la Loire; mais ils trouverent que les guaiz par où ils pouvoient lors passer estoient tous gastez par le commandement de Sa Majesté: celuy de Sainct Firmin proche de Chastillon sur Loire fut gasté par le sieur de La Chapelle aux Ursins; celuy de Lezé, où il pouvoit y passer cent chevaux de front droict à droict sans se mouiller presque les sangles, fut gasté par M. de Nevers; celuy de Sainct Sature par M. de La Guiche, celuy de Pouilly par M. le mareschal de Rets, et celuy du Pas de Fer près Nevers par M. le mareschal d'Aumont.

Ainsi les reistres empeschez, pour ne pouvoir passer la riviere de Loyre, laquelle estoit bordée de l'armée du Roy, se resolurent le 20 d'octobre, estans à Neufvy, de tirer du costé la Beausse. Le Roy se rendit à Gyen le 24, et donna l'ordre requis pour garder ceste ville, qui estoit fort foible. L'armée estrangere alla vers Montargis, le baron d'Othnaw, qui conduisoit les reistres, se logea à Vimory. Les ducs de Guise et de Mayenne s'estoient arrestez avec leurs troupes vers Joigny, Asse et Crevant, à quinze lieuës de Neufvy où estoient logez les reistres, hors d'esperance de les plus revoir, pensans qu'il estoit impossible de leur empescher le passage de la Loire; mais quand ils eurent advis que le Roy les y avoit arrestez tout court, et qu'ils avoient pris le chemin de la Beausse, alors l'esperance leur creut que les reistres ne retourneroient tous en Allemagne. De les attaquer en gros ils n'estoient assez forts : leur dessein fut donc d'enlever quelque quartier de ceste armée. Ils s'acheminent vers Montargis, et s'aydent presque en mesme temps de la finesse et de la force.

Pour la force, le 27 octobre sur le soir ils donnent avec toutes leurs troupes dedans Vimory, pensant enlever de nuict ce quartier; mais les reistres incontinent se rallierent : il y eut là un grand combat où les ducs de Guise et de Mayenne perdirent deux cents quarante des leurs, et les reistres cent cinquante : une partie du bagage du baron d'Othnaw fut pillé, il perdit les deux chameaux qu'il devoit presenter au roy de Navarre, les deux attabales (¹) (qui sont petits tabourins de cuivre que les bachas des Turcs estans chefs d'armées font sonner et marcher devant eux), trois cents chevaux de chariots. Les ducs après cest exploict se retirerent avec leurs troupes vers Nemours.

Voylà ce qui se passa à Vimory. Depuis, l'armée estrangere s'advança dans le Gastinois ; le duc de Boüillon y prend et bat Chasteau-Landon, le reistre le pille. Le duc de Guise ne dort point, la finesse est aussi utile à la guerre que la force ; il s'ayde de d'Escluseaux, qu'il avoit mis dans Montargis, pour faire une entreprise double, et offrir au sieur de Chastillon pour de l'argent de le faire maistre, tant du chasteau que de la ville : il avoit envie de l'y attraper, mais l'entreprise fut descouverte.

Les reistres tirent droict en Beausse ; les pluyes les incommodent, la plus-part des Suisses et des lansquenets laissent leurs souliers parmy ses terres grasses, les chevaux des reistres s'y deferrent. Le Roy ne les abandonne point qu'il ne soit ou à leur teste ou à leur main gauche. Le duc de Guise les suit, et les tient contraincts sur leur aisle droite de se tenir serrez. Ainsi les reistres passent auprès d'Estampes, et tirent droict pour aller à Chartres. Ils se logent à Auneau ; leurs mescontentements croissent, ils demandent aux François qui les conduisoient argent, munitions et vivres ; tout leur manque. Quelques troupes qu'avoit levées M. le prince de Conty au Mayne s'advancent à Prunay

(¹) *Attabales* : lisez arabales.

près Chartres, où M. le duc de Bouillon luy rend la cornette blanche ; tout cela ne contente le reistre ny le Suisse; ils trouvoient bien de quoy vivre, mais l'argent ny l'armée du roy de Navarre ne paroissoit point.

Le dessein du Roy estoit de les separer, et sans perdre les siens trouver le moyen de faire vuider ceste armée estrangere de son royaume. Le duc de Guise, au contraire, voyant que tout luy rioit, ne vouloit qu'ils s'en retournassent à si bon marché; et quoy que le duc de Mayenne estoit retourné en Bourgongne avec ses troupes depuis la charge de Vimory, il continuë son dessein de tascher à enlever le quartier du baron d'Othnaw, logé à Auneau, lequel le mesprisoit pour le peu de troupes qu'il avoit. Or M. de Nevers, par le commandement du Roy, avoit faict si bien, que les douze mil Suisses accorderent de s'en retourner en leur pays moyennant de l'argent : par ce moyen ceste grande armée d'estrangers tout à coup se trouve estre affoiblie de la moitié, ce qui fut la seconde cause de la deffaite de ceste armée, laquelle, ne se trouvant plus assez forte pour respondre à l'armée royalle, minuta sa retraite affin d'aller passer à la source de Loire, et gaigner le Vivarais, le Languedoc et la Gascogne, pour voir le roy de Navarre et son argent. Mais le duc de Guise leur dresse une aussi belle entreprise et aussi subtile qu'il se sçauroit imaginer, qui fut telle: Le concierge du chasteau d'Auneau, qui appartenoit à la maison de Joyeuse, estoit avec quelque garnison dans le chasteau ; ayant juré sur sa foy qu'il n'entreprendroit rien, le baron d'Othnaw l'y laisse : ce fut une faute grande qu'il fit. Le duc de Guise somma le concierge sous main de favoriser son entreprise, il le gaigne : il luy accorde de faire entrer les siens dans le chasteau. Ainsi que le baron d'Othnaw s'appreste pour sortir, que tous les chariots estoient chargez prests à partir, le duc de Guise faict couler toute son infanterie par les portes de la ville, plusieurs sortirent aussi du chasteau ; le reistre se trouva si esperdu lors se voyant surpris, qu'il n'eut aucun moyen de se rallier ; le baron d'Othnaw n'eut point d'autre recours que de se sauver, à la faveur de la nuict, par dessus les murailles, avec fort peu des siens. Il y perdit sept cornettes qui furent toutes deffaictes, et le reistre qui s'estoit renfermé dans les logis fut contraint de se rendre à la discretion des victorieux, qui y gaignerent force bagues et chaisnes d'or, et bien deux mille chevaux et huict cents chariots.

Ceste charge haussa de beaucoup le courage à M. de Guise, il s'y comporta valeureusement, bref elle luy fut fort honorable, et d'autant plus qu'il n'y perdit que fort peu de soldats. Ce coup aussi fut la troisiesme cause de leur desroute, et lequel fit le plus haster les reistres d'avancer leur voyage pour gaigner la source de Loire. De retourner en Allemagne il leur estoit impossible ; tous les chefs françois qui estoient avec eux s'obligent et leur respondent de leur deub, pourveu qu'ils avancent le plus de chemin qu'ils pourront : ils prennent leur route par auprès de la forest d'Orleans, se hastent pour trouver la source de Loire, puis que le duc de Guise n'estoit assez fort pour deffaire encor vingt-deux cornettes de reistres en campagne raze. Les François qui estoient des provinces de deçà Loire se retiroient le mieux qu'ils pouvoient chez leurs amis, et les abandonnoient ; mais le sieur de Chastillon et ses troupes ne les abandonnerent jamais.

Le Roy craignoit toutefois qu'ils ne joignissent le roy de Navarre, car il avoit eu advis qu'il prenoit son chemin de tournoyer l'Auvergne pour les venir joindre en Vivarets : il sçait que tout harassez qu'ils estoient, s'ils pouvoient le joindre et estre refraischis, qu'ils luy donneroient de la peine. Ce fut pourquoy il fait advancer M. d'Espernon avec toute sa cavalerie, qui les poursuivit jusques à Marsigny, là où il leur fit offre que s'ils vouloient se retirer en leur pays, que le Roy leur feroit donner passage. Ils aimerent mieux choisir de s'en retourner en Allemagne que de passer plus outre et aller courir en Guyenne. Leur accord estant fait, ils sont conduits jusques à Mascon, où ils passent et tirent droict à Geneve (1); le baron d'Othnaw, avec le reste de ses reistres, porte en Allemagne les nouvelles de la valeur du duc de Guise, qui le poursuivit avec le marquis du Pont jusques aux montaignes Sainct Claude. Ces deux princes voyans que les reistres estoient eschappez de leurs mains, ils tournerent à gauche, et ruinerent le pays du comté de Montbelliard, d'où ils revinrent à Nancy. Quant à M. de Bouillon (2) il decedda à Geneve le 11 janvier 1588. Le seul sieur de Chastillon avec ses François ne voulut nulle composition ny traicté d'accord avec Sa Majesté; il advise à sa retraite : les reistres avoient eu envie de se

(1) *Et tirent droict à Geneve.* Malgré l'accord qui avoit été fait avec les reistres, ils furent presque tous exterminés avant de pouvoir sortir de France.

(2) *M. de Bouillon:* Guillaume-Robert de La Marck, duc de Bouillon. Il laissa sa principauté à Charlotte sa sœur, qui épousa depuis le vicomte de Turenne, lequel devint duc de Bouillon.

saisir de luy pour l'asseurance de leur payement; il se resoult de passer au travers du Lyonnois et gaigner le Vivarais : il execute si courageusement son dessein, que les sieurs de Mandelot et de Tournon qui l'en vouloient empescher, estans plus forts dix fois que luy, n'en peurent trouver le moyen quelque diligence qu'ils fissent, et les enfans de Lyon qui s'advancerent trop près de sa troupe se trouverent si soudain envelopez et tuez à coups de coutelats, qu'il ne print plus envie aux autres de le poursuivre ; et ainsi il arriva à Aubenas et à Privas sans avoir depuis aucun empeschement, où il se rafraichit après avoir en quatre mois fait une partie du circuit de la France, car il estoit party de La Rochelle par le commandement du roy de Navarre, et avoit traversé la Guyenne, le Languedoc et le Dauphiné, passé à Geneve, traversé par la Franche-Comté, et, estant arrivé à Gresille près La Mote en Lorraine, il s'estoit joint à l'armée des reistres, de laquelle il avoit tousjours esté conducteur de l'advantgarde. En fin ceste armée estrangere n'emporta rien de la France, comme les autres qui y estoient venues aux premiers, seconds, troisiesmes et quatriesmes troubles; au contraire elle y laissa son bagage et plusieurs milliers de gens de guerre. La desroute fut honorable et profitable aux François, mais il advint que les uns en attribuerent l'honneur au Roy, à qui seul il appartenoit (comme les gens d'honneur et d'esprit l'ont tousjours recogneu), et les gentils-hommes et soldats qui avoient butiné sur le reistre, la ligue des Seize, les predicateurs qui estoient de leur faction, en rapportoient tout l'honneur à M. de Guise ; dont il s'engendra des jalousies qui ont esté la cause principale de la continuation des troubles dont la France a esté depuis affligée.

Si les estrangers qui estoient venus en corps d'armée furent si mal traictez par le Roy, les deux mil Suisses qui estoient passez à Geneve pour aller en Dauphiné le furent encor plus mal. Le colonel Alphonse d'Ornano, gouverneur dans le Pont Sainct Esprit, sçait qu'ils s'advancent en Dauphiné; il en advertit M. de La Valette, et convie tous les catholiques de prendre les armes pour empescher qu'ils ne joignent le sieur Desdiguieres, lequel avoit aussi amassé toutes ses forces pour les aller recevoir et garentir de tomber sous la puissance des armes des catholiques. Mais si tost que les garnisons de Montelimar furent sorties pour aller trouver le sieur Desdiguieres, les catholiques executent une entreprise qu'ils avoient dez long temps sur ceste place; ils surprennent la ville et non la citadelle : Desdiguieres pour la secourir est contraint de retourner; le sieur de La Valette et le colonel au contraire s'advancent, et executent si bien leur dessein, qu'ils attaquent ces deux mille Suisses et les desfont, si que fort peu se sauverent de la fureur de leurs armes. Cependant les sieurs Desdiguieres, Gouvernet, Poyet et autres, s'advancent vers Montelimar, et à la diane entrent par la citadelle, et donnent si vivement dans la ville, qu'après avoir rompu les barricades et les premiers corps de garde, ils renversent et tuent tout ce qui se presente en armes devant eux, et reprennent ceste place : il y eut en ceste reprise plusieurs seigneurs de marque de tuez, et grand nombre de soldats, pource qu'ils ne se peurent sauver, à cause que le comte de La Baume entendant l'alarme sortit; mais il fut incontinent tué : or il avoit les clefs des portes, pource qu'il estoit le seigneur le plus qualifié qui fust dans ceste place, lesquelles ne pouvant à ceste occasion estre trouvées pour ouvrir les portes, ils demeurerent tous sous la puissance des victorieux, qui en espargnerent fort peu.

Voylà pour le faict des armes comme la France en a esté tourmentée l'an 1587. Pour la famine, au mois de juin la ville de Paris et les pays où les armées passerent en furent fort affligez. Ce sont les fruicts qu'elle reçoit pour la rupture des edicts de pacification.

Le Roy après l'entiere desroute des reistres retourne à Paris, il y passe son hyver. Il avoit pourveu de l'estat d'admiral de France M. le duc d'Espernon, il luy avoit aussi donné le gouvernement de Normandie, qui estoit les deux plus belles charges qu'avoit feu M. de Joyeuse, duquel les funerailles se firent lors à Paris telles que l'on les faict aux enfans de France : ce fut un nouveau subject de mescontentement aux princes de la ligue, qui portoient de l'envie à ce seigneur d'autant que le Roy l'aymoit. Les mal-contents sont tousjours ennemis des favoris des princes; aussi tous les conseils que tenoit la ligue des Seize à Paris, et tout ce qui se fit en l'assemblée tenuë à Nancy (où le duc de Guise se trouva en fevrier 1588, au retour de la course qu'il avoit faite en la comté de Montbelliard), ne fut que pour trouver moyen d'oster le duc d'Espernon d'auprès de Sa Majesté.

L'esmeute de Crucé et de La Haste (que les Seize ont appellé entr'eux l'heureuse journée de Sainct Severin, en laquelle ils prirent la premiere fois les armes, sonnerent le toxin en l'eglise Sainct Benoist, et eurent la hardiesse de repoulser les archers des gardes du Roy, deux commissaires et quelques sergents qui avoient eu commandement de se saisir de quelques predicateurs lesquels avoient presché que le Roy estoit un tyran et fauteur d'heretiques) ayant esté endurée par Sa Majesté, qui n'usa lors de sa force et de son authorité pour punir ceste premiere sedition des Seize, qui ne parurent lors que cent personnes au plus en armes, a esté estimée une signalée faute, et pareille à celle qu'il fit dez le commencement que les princes de la ligue prirent les armes en 1585. Il faut dire la verité : la rebellion et la mutinerie se doit punir dez qu'elle est descouverte, l'on ne la doit point endurer. Aucun prince ne s'est jamais bien trouvé de tolerer les seditieux, car ils deviennent de plus en plus insolens et hardis d'entreprendre contre luy, le peuple les suit voyant qu'ils ne sont chastiez. Les roys doivent user en ces accidents là promptement de leur force et authorité, affin de remedier aux inconvenients qui en adviennent, et non pas dilayer sous ombre de cuyder user de prudence.

Les Seize depuis ceste esmeute devinrent si hardis, et multiplierent tellement, qu'il fut hors de la puissance du Roy de les remettre en leur devoir : ils contre-disoient librement toutes ses actions, publioient mille menteries de Sa Majesté, entr'autres qu'il avoit faict venir luy-mesmes l'armée estrangere des reistres pour ruyner les princes et le peuple catholique, qu'il l'avoit payée de ses deniers, et l'avoit renvoyée et fait reconduire jusques aux frontieres par M. d'Espernon, auquel seul il donnoit tous les plus beaux estats de la couronne; que le duc de Guise et les princes et scigneurs de la ligue avoient seuls combatu l'armée estrangere sans avoir aucune recompense ny bien-faict de Sa Majesté, mesmes que le sieur de La Chastre, mareschal de l'armée du duc de Guise, luy allant porter la nouvelle de la desfaicte d'Auneau, au lieu de luy donner, selon la coustume des roys, une rescompense digne d'une telle et si bonne nouvelle, ne l'avoit pas presque voulu voir; que les intelligences secrettes et les faveurs qu'il portoit au roy de Navarre n'estoient que trop cognuës, lequel il avoit envie de faire son successeur. Voylà dequoy ils entretenoient le peuple. Quelques livrets trotoient aussi, avec lesquels ils amusoient les curieux, et ne manquoient d'en envoyer aux villes et provinces avec lesquelles ils avoient conferé, ainsi que nous avons dit, et les instruisoient fort particulierement de ce qu'ils faisoient et comme ils resistoient aux mauvais effects et deportements du Roy et de son conseil. Au mois de fevrier la nouvelle leur vint de la resolution que le duc de Guise avoit prise avec les principaux de sa ligue à Nancy; ils en advertissent tous leurs confederez, les articles trotent de leur main secretement parmy les principaux d'entr'eux, la substance desquels estoit:

Pour remettre le service de Dieu et la religion catholique en sa pristine splendeur, que le Roy seroit requis de faire publier le concile de Trente, et de faire establir la saincte inquisition ez villes où il y a archevesques ou evesques.

Pour ruyner l'heresie et chasser par armes les heretiques, que le Roy entretiendroit une armée sur la frontiere de Lorraine, assez forte pour empescher les reistres de revenir plus en France; qu'il donneroit des villes sur la frontiere du royaume pour y mettre des gens de guerre, selon que la necessité le requerroit, et qu'il seroit requis (afin que les entreprises de la ligue pour chasser l'heresie fussent executées) de jōindre à l'advenir ses forces et ses desseins avec ceux des princes de la ligue.

Pour entretenir la guerre, que les biens immeubles des huguenots seroient vendus.

Et affin que ces demandes fussent sainctement et fidelement executées, que le Roy chasseroit d'auprez de luy quelques uns qui luy seroient nommez, ausquels il osteroit les estats et gouvernements qu'il leur avoit donnez.

Les ames catholiques et purement françoises jugerent incontinent que ces articles estoient dressez par des esprits qui vouloient commander et s'establir sous le pretexte de la religion, et rendre le Roy subject à leur volonté, et disoient :

Qu'il y avoit assez de raisons pertinentes pourquoy les roys de France ny les cours souveraines ne doivent recevoir le concile de Trente, lesquelles avoient esté escrites et publiées par plusieurs doctes jurisconsultes; et principalement que ce concile attribuoit aux evesques la cognoissance de plusieurs choses temporelles lesquelles appartenoient à la justice royale; qui estoit une des principales occasions pourquoy plusieurs princes chrestiens n'avoient voulu recevoir ce concile.

Que l'inquisition, comme elle est exercée en Espagne, doit estre plustost qualifiée du tiltre de tyrannie que de justice, mesmes que le roy Philippe II l'avoit de nouveau corrigée, à cause qu'elle entreprenoit sur sa justice royale, combien qu'ils avoüoient qu'elle estoit necessaire pour les *marranes, moriscats* et *nuevos christianos* de l'Espagne.

De faire la guerre aux heretiques: l'on sçait que le Roy ne parle d'autre chose que du voyage qu'il veut faire en Guyenne pour les exterminer. Mais à quel propos entretenir une armée en Lorraine? L'on descouvre trop ce dessein. Ils veulent envahir et deposseder s'ils peuvent l'heritiere de la maison de Bouillon (1) de ses villes de Sedan et de Jamets, et que l'argent et les forces de Sa Majesté servent à ruyner une orpheline. Cela ne seroit juste. Mais ne sçait-on pas aussi que le duc de Guyse a traité avec le conseil de l'heritiere de Bouillon pour luy donner le duc de Ginville son fils pour mary, et à ceste condition qu'il luy laisseroit son exercice de la religion pretendue reformée libre? Ne sçait on pas que le pape Xiste en ayant esté adverty, a recognu par là l'intention sinistre des princes de la ligue?

Quant à la crainte qu'ils ont que les reistres ne viennent en Lorraine prendre vengeance des bruslemens qu'ils ont fait en la comté de Montbelliard, le Roy leur a il commandé de les faire? Il ne les y a pas envoyez. S'ils font des ennemis de gayeté de cœur, qu'ils trouvent des commoditez de s'en deffendre.

Pour la vente des biens des huguenots; qui est celuy qui ne sçait qu'elle se faict et poursuit à toute rigueur? mais, quand il a esté question de vouloir proceder à la vente des biens immeubles de la maison de Vendosme appartenant au roy de Navarre, n'a t'on pas

---

(1) *L'heritiere de la maison de Bouillon:* Charlotte de La Marck, dont nous avons parlé dans la note de la page 342.

ouy dire à M. le cardinal de Bourbon, en parlant au Roy : « Il vous plaira, Sire, qu'on ne touche point aux biens de nostre maison. » N'est-ce pas à dire qu'ils veulent ruyner seulement le petit peuple huguenot, et conserver les biens des grands qui leur appartiennent?

Que le Roy chasse d'auprès de luy ceux qu'il ayme, et qu'il leur oste les bien-faicts qu'ils ont receus de luy; c'est-à-dire que le Roy chasse ceux qui luy sont obligez par ses bien-faicts de le servir fidellement, et qu'il leur oste leurs charges et gouvernements pour en pourvoir les princes de la ligue; qu'il se prive de ce qu'il ayme, et cherisse et advance ceux qui l'ont contraint d'entrer en une guerre qui est la ruyne de son peuple et la perte de son sang et de sa noblesse.

Et quoy que dans ces articles de Nancy ils ne nommoient pas les noms de ceux qu'ils vouloient que le Roy chassast, si fut il dèslors conjecturé que c'estoit au duc d'Espernon et au sieur de La Vallette son frere à qui ils en vouloient.

Le Roy est adverty de ceste assemblée, il en voit les articles, il a advis que plusieurs des princes de la ligue viennent à Soissons, qu'ils doivent se rendre à Paris en bref, et le sommer d'embrasser leurs entreprises; il avoit sceu que les Seize avoient esté si hardis que de courir sus au duc d'Espernon ainsi qu'il passoit sur le pont Nostre Dame, qu'ils parloient plus hautement et mesdisoient plus librement de Sa Majesté qu'ils n'avoient fait encor jusqu'à present, et mesmes menaçoient que dans bref, à l'ayde des princes catholiques, ils chasseroient bien tous les mignons de la Cour. Leur entreprise est fort particulierement descouverte au Roy, lequel, ayant receu advis que le duc de Guyse, avec le cardinal de Guyse, et le prince de Ginville son fils, nouvellement revenu d'Italie, estoient arrivez à Soissons, envoya M. de Bellievre vers luy pour luy dire qu'il ne vinst pour le present à Paris, affin qu'il n'eust occasion à l'advenir de l'accuser des malheurs que quelques factieux avoient projetté pour troubler sa cour et son repos.

Toutes les raisons de M. de Bellievre ne peurent retenir ce prince qu'il ne se rendist dans Paris le 9 de may, trois heures après que M. de Bellievre y fut retourné, où il y arriva accompagné de huict gentils-hommes (1), mais deux jours après tout son train et plusieurs gentils-hommes de son party y arriverent. Il va droict trouver la Royne mere, qui le conduit au Roy : leurs paroles et leurs contenances monstroient assez leurs desfiances.

La faction des Seize, voyant que le duc de Guyse leur avoit tenu son serment de vivre et mourir pour et avec eux, porte toute autre face qu'elle n'avoit fait depuis la semaine saincte de devant Pasques, que le Roy avoit envoyé querir aucuns d'eux, entr'autres le president de Neuilly qu'il avoit menacé de faire pendre et tous ceux qui estoient de sa faction, s'ils ne se

---

(1) *Il y arriva accompagné de huict gentils-hommes.* Son entrée à Paris fut un triomphe : la multitude se précipita sur ses pas, les femmes aux fenêtres lui jetoient des fleurs. On crioit de toutes parts : *Vive Guise! Hosanna filio David!* Balzac, qui donne ces détails, ajoute : « On a vu
« des assemblées nombreuses se rendre en un instant à sa bonne mine;
« il n'y avoit point de cœur qui pût tenir contre ce visage : il persuadoit
« avant que d'ouvrir la bouche. Le premier regard qu'il jetoit sur ses
« ennemis ôtoit d'abord de leur esprit toute l'aigreur qu'ils avoient ap-
« portée contre lui; et j'ay ouï dire à un courtisan de ce temps *que les
« huguenots estoient de la ligue quand ils regardoient le duc de Guise.* »

comportoient en leur devoir. Bref, les Seize, asseurez de la presence du duc de Guyse, parlent à l'ouvert, et menacent en chantant les cris d'allegresse de sa venuë.

Le Roy fut adverty que le duc de Guyse n'estoit venu qu'avec huict gentils-hommes, mais que l'archevesque de Lyon son confident, et tous les principaux capitaines de la ligue estoient venus sous ombre d'avoir quelques affaires à Paris, et s'estoient logez par tous les quartiers de la ville. La hardiesse du duc de Guyse, qui y estoit aussi venu contre son commandement, luy tenoit au cœur; les conjurations des Seize, qui luy avoient esté descouvertes, le rendent soupçonneux; il se resoult donc de faire sortir tous les gentils-hommes de la ligue qui estoient venus de nouveau à Paris, et de se rendre le plus fort pour chastier quelques factieux des Seize; mais voicy ce qu'il en advint.

Le 12 may à la pointe du jour le Roy fait entrer par la porte Sainct Honoré le regiment de ses gardes françoises et celuy des Suisses : les Suisses furent placez au cimetiere Sainct Innocent, à la place de Greve et au Marché-Neuf; les gardes françoises se rangerent sur le Petit Pont, sur le pont Sainct Michel et sur le pont Nostre-Dame. Le prevost des marchands et les eschevins de la ville estoient advertis de l'intention du Roy; il avoit envoyé mesmes à M. de Guyse luy dire qu'il luy envoyast le nombre de ses gens : mais les Seize, qui estoient en perpetuelle deffiance, se douterent bien que l'on en vouloit à eux. Les gens de guerre du Roy ne commençoient que d'entrer dans la rue Sainct Honoré, que Crucé, procureur du Chastelet, l'un des Seize et l'autheur de leur premiere esmeute, appellée du depuis l'esmeute de Crucé, en receut l'advis; et sur les quatre heures et demie du matin, il fait sortir trois garsons de sa maison, sans manteau, lesquels allerent par toute l'Université crians : *Alarme! alarme!* Les bourgeois qui n'estoient de la faction des Seize leur demandoient que c'estoit : « C'est Chastillon, respondoient-ils, avec ses huguenots, qui est dans le faux-bourg Sainct Germain; » et sans s'arrester continuoient leur cry *Alarme! Alarme!* Tous ceux de ceste faction sortirent incontinent avec leurs armes; chacun se rend au corps de garde de son quartier, et (comme rapporte le livre du Manant et du Maheustre), suyvant la resolution qu'ils en avoient prise entr'eux plus d'un an devant, ils se barricaderent par toute l'Université, et jusques contre le petit Chastelet : et comme les sentinelles d'un costé de la ruë se posoient par les gardes du Roy, Crucé mit des mousquetaires de l'autre. Aussi tost que quelques uns des Seize qui demeuroient en la Rue Neufve veirent que les Suisses se mettoient dans le Marché Neuf, ils firent tendre la chesne de la ruë Neufve Nostre Dame, la font border de muids, et tous ceux de leur faction, dont il y en avoit nombre en ces quartiers là, borderent incontinent ceste barricade de mousquets, et monstrerent, avec leur contenance, aux Suisses qu'ils les feroient bien tost retirer de devant eux. Les mareschaux de Biron et d'Aumont, et plusieurs chevaliers des ordres du Roy arriverent lors, qui, voyans que le peuple fermoit ses boutiques et couroit aux armes, leur commandoient de ne le pas faire, monstroient leurs ordres au peuple, disoient leur qualité, les asseuroient sur leurs vies qu'aucun tort ne leur seroit fait, qu'ils avoient charge du Roy de les en asseurer; mais les gentils-hommes et capitaines du party du duc de Guyse, qui se trouverent incontinent departis, et qui estoient logez par toutes les disaines, avec les plus remuans des Seize, disoient au peuple : « Ne croyez ces politiques, ils vous pipent; ces gens-d'armes et ces Suisses ne sont entrez pour autre effect que pour les mettre en garnison en vos maisons, pour vous rendre miserables, piller vos biens, et en contenter les mignons. » La Cité et toute l'Université fut toute barricadée sur les neuf heures, la ville ne le fut que sur le midy; et furent continuées les barricades si vivement, que les sentinelles furent mises à trente pas du Louvre. Crucé, qui conduisoit ceux de l'Université, estoit des plus ardents; des paroles il vint aux effects, les siens font retirer les gardes du Roy, et se saisissent du petit Chastelet. En mesme temps que le Roy est adverty de ce tumulte, il commande que l'on face donc retirer ses gardes; il n'estoit plus temps de le dire, car, sur l'occasion d'un coup qui fut tiré, ceux qui estoient dans la Rue Neufve et du Petit Chastelet sortent, tirent sur les Suisses qui estoient au Marché Neuf, qui ne se deffendirent point; il en fut tué quelque vingtaine, et vingt-cinq ou trente de blessez. M. de Brissac, qui avoit charge du duc de Guyse de commander au quartier de l'Université, voyant qu'ils crioient : *Bonne France! bon catholique!* aucuns d'eux monstrans leurs chapelets, fit cesser la tuerie, et les fit tous retirer dans la boucherie du Marché Neuf. En mesme temps les gardes du Roy [1] qui estoient sur les ponts furent chargez et renversez, aucuns desarmez, et contraints de s'enfer-

---

[1] *Les gardes du Roy*. Les rebelles ne montrèrent tant d'audace contre les troupes du Roi, que parce qu'ils savoient qu'on leur avoit défendu de faire usage de leurs armes. (Pasquier, liv. xii, lettre 4.)

mer dans quelques maisons; mais, sur le commandement de M. de Guyse, le sieur de Brissac fit sortir et conduire les Suisses du Marché Neuf, où ils estoient enfermez, jusques au Louvre; le capitaine Sainct Paul, qui commandoit au quartier de la Cité, fit en mesme temps retirer les gardes du Roy, les armes bas et le bonnet au poing. Les Suisses qui estoient aux autres places firent le mesme. Cependant les Seize se saisissent de l'Hostel de Ville, de la porte Sainct Antoine et de toutes les places publiques de la ville, bref ils ont tous la main à la besongne. Le lendemain on conseille au Roy de faire retirer tous les gens de guerre qu'il avoit, et que le peuple s'appaiseroit; il les faict sortir.

Mais nonobstant cela il est adverty que les Seize ne se contentent, qu'ils veulent passer plus outre, qu'ils ne veulent demeurer en si beau chemin, que tout s'arme de nouveau, qu'ils veulent avoir le Louvre et sa personne, que l'on assembloit mesme dans le cloistre de Sainct Severin les jeunes escoliers, prestres et moynes, qui avoient tous les bords de leurs chapeaux retroussez, et sur le troussis chacun une croix blanche, armez d'espée et de poignard, et que l'on descendoit mesmes quantité de faisseaux de picques d'un logis au carrefour Sainct Severin, lesquelle on leur devoit bailler pour venir droict au Louvre.

Messieurs du conseil remonstrerent lors au Roy quelques exemples de la furie des peuples, lesquelles il vaut mieux esviter qu'attendre; le conseillent de se retirer de Paris, et fonderent leur jugement sur quatre advis qui arriverent coup sur coup d'une resolution prise à l'hostel de Guise de se saisir et du Roy et du Louvre. La Royne mere conteste contr'eux, leur dit : « Hier, je ne cognus point aux paroles de M. de Guise qu'il eust d'autre envie que de se ranger à la raison : j'y retourneray presentement le veoir, et m'asseure que je luy feray appaiser ce trouble. » Elle se trompa ; car estant retournée vers luy, l'ayant prié d'appaiser ceste esmotion, et qu'il pouvoit s'asseurer sur sa foy de venir trouver le Roy, duquel elle luy feroit avoir tout le contentement qu'il en pouvoit esperer ; il luy respondit fort froidement qu'il n'estoit point cause de l'esmotion du peuple, qu'il ne l'avoit assisté que pour la necessité où il s'estoit trouvé, et que ses amys ne le conseilleroient pour le present d'aller au Louvre, foible et en pourpoint, à la mercy de ses ennemis. La Royne mere cognut lors que les advis que le Roy avoit receus approchoient de la verité. M. Pinart, secretaire d'Estat, estoit avec elle ; elle le fit tout soudain retourner en diligence vers Sa Majesté, pour l'avertir qu'elle avoit recognu qu'il y avoit quelque dessein extraordinaire contre luy.

Entre les cinq et six heures du soir le Roy reçoit cest advis ; il sort de Paris à l'heure mesme par la Porte Neufve ; en se bottant il a larme à l'œil : ceux qui estoient avec luy le suyvent, aucuns desquels estoient bien estonnez, car tel conseiller d'Estat l'estoit allé trouver au Louvre avec sa robbe longue, qui sans bottes montoit pour le suivre sur le premier cheval de l'escuërie ; aucuns le suyvirent ainsi jusques à Rambouillet, d'où il partit incontinent, et se rendit le lendemain matin dans Chartres.

Ainsi que le Roy sortoit par la Porte Neufve, quelque quarante harquebusiers que l'on avoit mis à la porte de Nesle tirerent vifvement sur luy et sur ceux de sa suitte : le menu peuple, qui ne va que comme on le pousse, crioit du bord de l'eau mille injures contre le Roy, et mesmes, comme ils virent que quelques uns passoient le barq des Tuilleries, pensant qu'il fust dedans, ils en couperent la corde.

Si tost que l'advis fut venu au duc de Guise de la retraicte du Roy, il vid bien qu'il ne rendroit pas si bon compte de Sa Majesté qu'il se l'estoit promis; il s'en trouve d'abordade un peu estonné : il void bien que le blasme de toute ceste esmotion tumberoit sur luy s'il n'y donnoit ordre. Ce qu'il n'avoit voulu faire auparavant pour toutes les prieres de la Royne mere, il fut contraint au bout d'une heure de le faire sans estre prié. Il part de son hostel avec le chevalier d'Aumale et plusieurs gentils-hommes de sa suitte; il s'achemine droict au Palais; par tout où il passe il commande que l'on tourne une partie des barricades, affin que le chemin fust libre; il est promptement obey : il envoya aussi M. le chevalier d'Aumale en faire autant sur tous les ponts; ce que l'on fit incontinent.

Ainsi le duc, arrivé au Palais, alla droict au logis de M. le premier president, avec messieurs d'Espinac, archevesque de Lyon, et Brezé, evesque de Meaux, où, après quelques paroles touchant l'esmotion du peuple et comme il s'estoit barricadé, et comme le Roy s'estoit retiré, il luy dit que ses ennemis qu'il avoit prez du Roy estoient la cause de tout ce trouble; que, quelque disgrace qu'il pourroit avoir de Sa Majesté, qu'il continueroit les services qu'il luy avoit faicts et à la couronne ; mesmes qu'il alloit prier le peuple de rompre et oster toutes leurs barricades, affin que le lendemain matin Messieurs de la cour de parlement pussent se rendre librement au Palais pour y continuër la justice, à la manutention de laquelle il s'employeroit tousjours. M. le premier president approuve sa bonne intention (1) pour la manutention de la justice; quelques discours se passerent entr'eux le long de l'allée du jardin du Roy, au bout de laquelle M. de Guise sortit avec lesdits sieurs archevesque et evesque par la petite porte de derriere qui est auprès du Pont Neuf, là où M. le premier president print congé d'eux.

Le duc de Guise passe du Pont Neuf vers les Augustins, et alla voir tous les presidens de la grand-chambre l'un après l'autre en leur logis; les prie de se trouver au Palais le lendemain, affin que la justice se continuë; à tous il s'excuse de l'esmotion du peuple, accuse ses ennemis d'en estre la cause : bref, il est fort prez de minuict quand il se retire chez luy, et est si bien obey des Seize et du peuple, que le lendemain matin il sembloit qu'il n'y eust point eu d'esmotion. La justice alla au Palais, et la Royne mere envoya dire à Messieurs de la cour que, nonobstant l'absence du Roy, qu'ils continuassent leurs charges et offices, et qu'elle esperoit pacifier ce trouble.

Voylà donc la faction des Seize victorieuse, le Roy hors de Paris, les serviteurs de Sa Majesté contraints de le suivre et leur quitter la place; tout à un coup ceste grande ville change de face et perd ce lustre de

---

(1) *Approuve sa bonne intention.* Le premier président, Achille de Harlay, répondit tout autrement au duc de Guise. « Quand la majesté « du prince est violée, lui dit-il, le magistrat n'a plus d'autorité. Au « reste, mon ame est à Dieu, mon cœur est au Roy, et mon corps est « entre les mains des méchans. »

la grandeur royale qu'elle avoit, et l'authorité tombe entre les mains des factieux et du populaire. M. de Guise est respecté et honoré par les Seize comme chef de la ligue, et luy se gouverne par leur conseil : ils se saisissent de la Bastille, de l'Arsenac et des lieux forts; Bussy Le Clerc, simple procureur à la cour, est mis capitaine dans la Bastille; le sieur de Perreuze, prevost des marchands, est arresté prisonnier, et trois des quatre eschevins trouvent moyen de suyvre le Roy; un seul d'entr'eux se trouva du costé des factieux. Deux jours après les Barricades, les Seize se voyants en beau chemin, firent faire une assemblée generale du peuple en l'Hostel de Ville, où ils proposerent qu'il falloit eslire d'autres prevost des marchands et eschevins, mais qu'ils devoient estre esleus, selon la liberté ancienne, par la voix commune du peuple. On procedde à l'eslection : La Chappelle-Marteau fut esleu pour prevost des marchands; Roland, Compan, Coteblanche et Desprez pour eschevins : ce dernier seul n'estoit de la faction des Seize, les quatre autres l'avoient aydée à bastir; toutesfois la Royne mere receut le serment d'eux, et les eut pour aggreables; mais, du consentement du duc de Guise, la premiere chose qu'ils firent, ce fut de changer les colonels, capitaines et quarteniers qui n'estoient de leur faction, et lesquels ils pensoient estre serviteurs du Roy : la Royne mere y contredist fort, et, quelque regret qu'elle en eut, il fallut qu'elle l'endurast. Bref, l'on osta les presidents, conseillers et officiers du Roy qui avoient esté creés colonels et capitaines l'an 1585, et y mit on en leur place, en quelques quartiers, des bourgeois de la faction des Seize; mais en la pluspart l'on en meit de si indignes de ces charges honorables, que le menu peuple mesme les mesprisoit et les appelloit capitaines de la moruë, capitaines de l'aloyau, selon le mestier dont ils estoient. Voylà donc les officiers de toute la ville changez, mesme Brigard fut mis par M. de Guise pour occuper la place de Perrot, procureur du Roy de l'Hostel de la ville.

Voylà les principaux des Seize tous establis, tous ont quelques charges; ce sont autant de petits gouverneurs en leurs quartiers. Ils voyent le parlement qui ne leur dit mot, et toutesfois ils croyent qu'il n'approuve nullement ces remuëments, mais ils n'oseroient s'en plaindre, et n'oseroient encore attaquer ce senat. Ils ne disent donc mot pour un temps, et seulement pratiquent pour ceste fois que le chef de la justice qui se rend au Chastelet fust à la devotion de leur faction, pour ce que c'est le presidial où toutes causes se jugent en premiere instance, et où les contraventions qui se font, et les abus qui se commettent contre la police de la ville, sont jugez par le lieutenant civil, qui est chef de cette justice. Trois doctes et nobles personnages de la maison des Seguiers avoient exercé l'estat de lieutenant general et civil en la prevosté et vicomté de Paris, un de ceste mesme race l'exerçoit encor, qui estoit le sieur d'Autruy Seguier, bon justicier, catholique et François : les Seize l'avoient faict sonder, pour entrer en leur leur faction; ils le trouverent ferme au service du Roy, et ne peurent avoir nulle prise sur luy. Aussi tost qu'ils se veirent maistres de Paris ils le menacent et le contraignent de se retirer avec le Roy : cependant La Bruiere, lieutenant particulier, l'un des plus factieux, occupa ce siege, et, nonobstant l'accord qui fut faict entre le Roy et le duc de Guise en juillet de ceste mesme année, il l'a tousjours occupé jusques en l'an 1594, que leur faction fut du tout abolie.

Les voylà donc maistres de l'Hostel de Ville, de la justice de la prevosté et vicomté de Paris. Les docteurs et predicateurs de ceste faction se rendent aussi maistres de la Sorbonne et de l'Université, et les anciens docteurs sont contraints de ceder pour un temps à la violence du docteur Boucher, et autres jeunes docteurs et bacheliers.

Le Roy donc est à Chartres, et le duc de Guise à Paris. Le 17 may ils font publier tous deux leurs lettres, pour advertir tout le monde des occasions de la journée des Barricades. Dans celle du duc il dit :

Qu'il estoit venu à Paris, accompagné seulement de huict gentil-hommes, pour se purger des faux bruits que ses ennemis faisoient courir contre son honneur, sçavoir, qu'il vouloit prendre le Roy et vouloit saccager la ville de Paris; mais que trois jours après qu'il y fut arrivé, le Roy fit entrer douze enseignes de Suisses et huict des gardes françoises, lesquelles ainsi que l'on les separoit aux places publiques de Paris, Dieu voulut qu'il en eut advis, et que ce mesme Dieu excita le peuple à courir unanimement aux armes; et asseurez de sa presence, et de l'ordre qu'il mit parmy eux, ils se barricaderent de telle promptitude, qu'en moins de deux heures ils firent entendre aux troupes du Roy qu'elles eussent à se retirer ; mais qu'un Suisse ayant blessé un habitant, les habitans chargerent les Suisses, en tuërent douze ou quinze et en blesserent vingt ou vingt-cinq, et à l'instant que les gardes du Roy furent chargées et renversées; ce qui fut cause qu'il marcha par la ville, et d'abordée delivra neuf cents Suisses prisonniers et les gardes du Roy qu'il fit reconduire au Louvre. Qu'en ceste journée, toute reluisante de l'infaillible protection de Dieu, qu'il alla par toutes les ruës jusques à deux heures après minuit, priant, suppliant et menaçant le peuple, si bien qu'il ne s'en est ensuivy aucun meurtre, massacre ny pillerie, quoy que le peuple fust extremement envenimé, pour avoir sceu qu'il y avoit eu vingt potences prestes avec quelques eschaffaux, et avoir veu les executeurs de justice, pour faire mourir cent ou six vingts personnes. Qu'ayant peu faire tout cela, dequoy l'on l'accusoit; et l'ayant au contraire empesché, qu'il rendoit muëts tous ses ennemis, lesquels avoient tant fait qu'ils avoient persuadé au Roy de s'en aller hors de Paris vingt-quatre heures après qu'il eust peu mille fois l'arrester s'il eust voulu; mais qu'il n'y avoit jamais songé. Qu'après le departement de Sa Majesté, il avoit receu entre ses mains l'Arsenac, la Bastille et les lieux forts, et fait sceller les coffres des finances, pour rendre le tout entre les mains de Sa Majesté pacifique, tel qu'il l'esperoit rendre par l'intercession du Pape et de tous les princes chrestiens. Mais que si le mal continüoit, qu'il esperoit avec les mesmes moyens conserver ensemble et la religion et les catholiques, et les desgager de la persecution que leur preparoient les confederez des heretiques auprès du Roy. Voylà la substance de la lettre avec laquelle il se justifioit de la journée des Barricades. Mais il en escrivit aussi une particuliere au Roy, dans laquelle il luy dit :

« Les ennemis du repos public et les miens, ne pouvans souffrir ma presence auprès de vous, estimans que dans peu de jours elle descouvriroit les impostures dont l'on usoit pour me rendre odieux, et peu à peu me donneroit place en vos bonnes graces, ont mieux aymé, par leurs conseils pernicieux, remettre toutes choses en confusion, et vostre Estat et vostre ville de Paris en hazard, que d'endurer que je fusse auprès de vous. Leur mauvaise volonté s'est manifestement recognuë en la resolution que, sans le sceu de la Royne vostre mere, et contre l'advis de vos plus sages conseillers, ils ont fait prendre à Vostre Majesté de mettre, par une voye inusitée, et en un temps plein de soupçon et de partialitez, des forces en vostre ville de Paris pour occuper les places publiques d'icelle; et la voix commune publie qu'ils esperoyent, après s'estre rendus maistres, pouvoir encores vous induire à beaucoup de choses, toutes alienes de vostre bon naturel, et que j'ayme mieux passer sous silence. L'effroy de cela, Sire, a contraint vos bons et fidelles sujets de s'armer, pour la juste crainte qu'ils ont en ce que par ceste voye on ne voulust executer ce dont on les menaçoit long temps auparavant. Dieu, par sa saincte grace, a contenu les choses en meilleurs termes qu'on ne les pouvoit esperer, et a *comme miraculeusement* conservé vostre ville d'un très perilleux hazard; le commencement, la suitte et l'evenement de cet affaire a tellement justifié mes intentions, que j'estime que Vostre Majesté et tout le monde cognoist assez clairement par là combien mes deportemens sont eslongnez des desseins dont mes calomniateurs m'ont voulu rendre coulpable. La forme de laquelle je me suis volontairemeut jetté en vostre puissance monstre la confiance que j'ay prins de vostre bonté et de la sincerité de ma conscience. L'estat auquel on me trouva lorsque j'eus les premiers advis de ceste entreprinse, et dequoy vous peuvent tesmoigner plusieurs de vos serviteurs, fait assez cognoistre que je n'avois ny doubte d'estre offencé, ny volonté d'entreprendre, estant plus seul et desarmé en ma maison que ne peut et doit estre un de ma qualité. Le respect dont j'ay usé, me contenant dans les simples bornes d'une juste deffence, vous tesmoigne assez que nulle occasion ne me peut faire decheoir du devoir d'un très-humble subject. La peine que j'ay prinse pour contenir le peuple et empescher qu'il ne vinst aux effects qu'ameinent le plus souvent tels accidents, me descharge des calomnies que l'on m'a cy devant imposées, que je soulois troubler vostre ville de Paris. Le soucy que j'ay prins de conserver ceux mesmes que je n'ignorois point de m'avoir fait de mauvais offices envers vous, à la suscitation de mes ennemis, fait veoir à chacun clairement que je n'ay jamais eu intention d'attenter aucune chose contre vos serviteurs et officiers, comme l'on m'a faulsement accusé. La façon dont je me suis comporté, et envers vos Suisses et envers leurs capitaines et soldats de vos gardes, asseure assez que je n'ay jamais rien tant craint que de vous desplaire. Si Vostre Majesté a sceu toutes ces particularitez, comme j'estime que plusieurs de vos bons serviteurs aymans le repos public, qui en sont tesmoins, ne les luy auront pas celées, je tiens pour asseuré qu'elle demeure par là esclaircie que je n'ay jamais eu la moindre des mauvaises intentions dont mes ennemis, par faux bruits, m'ont voulu rendre odieux. »

La fin de ceste lettre estoit qu'il esperoit se comporter en telle sorte, que Sa Majesté le jugeroit son très fidelle sujet, serviteur et utile.

Ces lettres ne furent si tost publiées et imprimées, que le duc de Guise eust voulu les retenir en son cabinet : le commissaire Louchart fut employé pour en soliciter la deffence; il meine les imprimeurs et ceux qui les vendoient prisonniers. Il fut toutesfois comme contraint de les laisser vendre, puis qu'aussi bien il ne retenoit pas les copies qu'il avoit luy-mesme avec le conseil des Seize envoyées hors et dedans le royaume. Ces lettres furent bien examinées : il n'y eut mot qui ne fust expliqué par les responces que l'on y fit (aucunes desquelles nous dirons cy-après), et principalement sur le commencement de la lettre qu'il escrivoit au Roy, où il y avoit : *Sire, je suis si mal-heureux;* ce qui fut jugé à un mauvais augure pour luy.

Voylà quelles estoient les lettres du duc de Guise, dans lesquelles il se voit qu'il dit que le Roy a creu des conseils pernicieux, et que si le mal continuë qu'il conservera et desgagera les catholiques de la persecution des confederez des heretiques : ces paroles sont un peu trop hardies d'un subject à son roy. Voyons maintenant combien le Roy parle plus doucement que luy.

« Nous estions en nostre ville de Paris, où nous ne pensions à autre chose qu'à faire cesser toutes sortes de jalousies et empeschemens du costé de Picardie et ailleurs, qui retardoient nostre acheminement en nostre pays de Poictou, pour y poursuivre la guerre commencée contre les huguenots, suivant nostre deliberation, quand nostre cousin le duc de Guise y arriva à nostre desceu le 9 de ce mois de may. Sa venuë en ceste sorte augmenta tellement lesdites deffiances, que nous nous trouvasmes en bien grande peine, parce que nous avions auparavant esté adverty d'infinis endroits qu'il y devoit arriver de ceste façon, et qu'il y estoit attendu par aucuns des habitans de ladite ville qui estoient soupçonnez d'estre cause desdictes deffiances, et luy avions à ceste occasion faict dire auparavant que nous ne desirions pas qu'il y vinst que nous n'eussions composé les troubles de Picardie, et levé les occasions desdites deffiances. Toutesfois, considerant qu'il estoit venu seulement accompagné de quatorze ou quinze chevaux, nous ne voulusmes pas laisser de le veoir, pour essayer de faire avec luy que les causes desdictes deffiances et troubles de Picardie fussent ostez. A quoy voyans que nous n'avancions gueres, et que d'ailleurs nostredite ville se remplissoit tous les jours de gentils-hommes et autres personnes estrangeres qui se rallioient à la suitte dudit duc, que les recherches que nous avions commandé estre faictes par la ville, par les magistrats et officiers d'icelle, ne se faisoient qu'à demy, pour la crainte en laquelle ils estoient, et aussi que les cœurs et volontez d'aucuns desdicts habitans s'aigrissoient et alteroient tous les jours de plus en plus, avec les advertissements ordinaires qui nous redoubloient journellement qu'il devoit esclorre quelque grand trouble en ladite ville, nous prismes resolution de faire faire lesdictes recherches plus exactement par les quartiers d'icelle que les precedentes, à fin de recognoistre au vray l'estat de la ville, et faire vuider lesdits estrangers qui ne seroient advouez comme ils devoient estre. Pour ce faire, nous avisames de renforcer certains corps de gardes des habitans et bourgeois de ladite ville, que nous avions ordonné estre dressez en quatre ou cinq endroits d'icelle, des compagnies de Suisses et de celles du regiment de nostre garde qui estoient logez aux faux-bourgs d'icelle, et de commander aussi à aucuns seigneurs de nostre conseil et chevaliers de nostre ordre du Sainct Esprit d'aller par les quartiers avec les quarteniers et autres officiers de ladite ville, par lesquels on a accoustumé de faire faire lesdites recherches, pour les authoriser et assister icelles, comme il s'est fait par plusieurs fois; dont nous fismes advertir ledit duc et tous ceux de ladite ville, à fin que personne n'en prinst allarme et ne fust en doute de nostre intention en cet endroict; ce que du commencement les habitans et bourgeois de ladite ville firent contenance de recevoir doucement. Toutesfois, quelque temps après les choses s'eschauferent de telle façon par l'induction d'aucuns qui alloient semant et imprimant au cœur desdits habitans que nous avions faict entrer lesdites forces pour establir des garnisons estrangeres en ladite ville et leur faire encor pis : de sorte qu'ils les eurent bientost tellement animez et irritez contre icelles, que si nous n'eussions expressement deffendu à ceux qui leur commandoient de n'attenter aucunes choses contre lesdits habitans, et d'endurer et souffrir plustost toutes les extremitez du monde que de ce faire, nous croyons certainement qu'il eust esté impossible d'eviter un sac general de ladite ville, avec une très-grande effusion de sang. Quoy voyant, nous nous resolusmes de ne faire executer plus avant lesdites recherches commencées, et de faire retirer quant et quant lesdites forces, que nous n'avions faict entrer que pour ceste seule occasion ; estant vray semblable que si nous eussions eu autre volonté, nous l'eussions tentée et peut estre executée entierement, selon nostre desir, devant l'esmotion desdicts habitans, et qu'ils eussent tendu les chaines et dressé des barricades par les ruës, comme ils commencerent à faire incontinent après midy, et quasi en mesme temps par toutes lesdites ruës de ladite ville, à ce instruits et excitez par aucuns gentils-hommes, capitaines ou autres estrangers envoyez par ledit duc de Guise, qui se trouverent en bien peu de temps departis et rangez par chacune des dizaines pour cest effect, faisant retirer lesdictes compagnies suisses et françoises. Il y eut, à nostre très-grand regret, quelques arquebusades tirées et coups ruez par lesdits habitans, qui porterent principalement sur aucuns desdicts Suisses que nous fismes retirer et loger ce soir là ez environs de nostre Louvre, à fin de voir ce que deviendroit l'esmotion en laquelle estoient lesdits habitans, et fismes tout ce qu'il nous fut possible pour l'amortir, jusqu'à faire le lendemain du tout sortir et retirer de ladite ville lesdictes compagnies, reservé celles que nous avions devant leur entrée posé en garde devant nostredit chasteau du Louvre, nous ayant esté remonstré que cela contenteroit et pacifieroit grandement lesdicts habitans. Nous fismes aussi arrester quelque reste de compagnies de gens de pied du regiment de Picardie qui estoient toutesfois encores à sept ou huict lieuës de ladite ville, ensemble quelques seigneurs et gentils-hommes nos serviteurs qui nous venoient trouver, voyant que l'on en avoit donné ombrage à ce peuple, et que l'on se servoit de ceste couleur pour esmouvoir davantage lesdicts habitans. Neantmoins, au lieu d'en veoir l'effect tel que nous attendions pour leur propre bien et nostre contentement, ils auroient continué depuis à hausser davantage lesdictes barricades, renforcer leurs gardes jour et nuict, et les approcher de nostredit chasteau du Louvre jusques contre les sentinelles de nostre garde ordinaire, et mesmes se seroient saisis de l'Hostel de ladite ville, ensemble des clefs de la porte Sainct Anthoine, et autres portes d'icelle. De sorte que les choses seroient passées si avant le treiziesme de ce mois, qu'il sembloit qu'il n'estoit plus au pouvoir de personne d'empescher l'effect d'une plus grande esmotion, jusques au devant de nostredit chasteau. Quoy voyant, et ne voulant employer nosdictes forces contre lesdits habitans, pour nous avoir tousjours esté la conservation de ladite ville et des bons bourgeois d'icelle aussi chere et recommandée que celle de nostre propre vie, ainsi qu'ils ont esprouvé en toutes occasions, et très-notoires à un chacun, nous nous resolusmes d'en partir ledit jour, et plustost nous absenter et esloigner de la chose du monde que nous aymions autant, comme nous desirons faire encor, que de la veoir courir plus grand hasard, et en recevoir aussi plus de desplaisir ; ayant supplié la Royne nostre très-honorée dame et mere d'y demeurer pour veoir si par sa prudence et authorité elle pourra faire en nostre absence assoupir ledict tumulte, ce qu'elle n'a peu faire en nostre presence, quelque peine qu'elle y ait employée. Et nous en sommes venus en ceste ville de Chartres ; d'où nous avons bien voulu incontinent vous faire la presente, pour vous prier de mettre en consideration la consequence de ce fait, combien il apportera de prejudice et de desadvantage à la cause publique, et principalement à nostre saincte religion catholique, apostolique et romaine, s'il passe plus avant, puis que ceux qui avoient accoustumé de combattre ensemble pour la propagation d'icelle seront par cest accident, s'il n'est reparé, des-unis et contraints de tourner leurs armes les uns contre les autres. Aquoy nous vous prions de croire que nous ferons de nostre costé tout ce qu'il nous sera possible pour n'y tomber, tant a de puissance sur nous le zele que nous portons à nostredite religion, que nous avons fait paroistre jusques à present. Et vous prions et exhortons, tant qu'il nous est possible, de faire prier Dieu en vos églises pour ceste reünion, et que l'obeissance qui nous est deuë nous soit conservée comme il appartient, et ne permettre que les habitans de nostre ville, etc., se desvoyent du droict chemin d'icelle, mais les admonester et confirmer à demeurer fermes et constans en leurs loyautez envers leur roy, en union et concorde tous ensemble, pour se maintenir et conserver sous nostre obeyssance, et ne tomber aux inconveniens qui leur sont preparez s'ils tiennent autre chemin. Et outre que vous ferez chose digne de vostre prudence, fidelité et devoir, qui servira d'exemple à tous nos subjects, nous vous en sçaurons gré, et le recognoistrons à jamais envers vous et les vostres. Donné à Chartres le dix-septiesme jour de may 1587. »

Les jugements furent divers que l'on fit lors, tant sur les lettres du Roy que sur celles du duc de Guise. Celles du duc furent trouvées plus hardies, comme nous avons dit, lesquelles il finissoit, comme par menace, *que si le mal continuoit qu'il conserveroit et desgageroit ceux de son party.* Celles du Roy au contraire furent jugées tenir trop de la douceur et comme tendantes à crainte et timidité, car il *exhortoit seulement ses subjects de prier Dieu qu'il reunist le duc de Guise et les Parisiens sous l'obeyssance qui luy estoit deue, afin que les catholiques ne fussent dès-unis et contraints de tourner leurs armes les uns contre les autres.* Voylà pourquoy le duc de Guise et le conseil des Seize (qui usurperont d'oresnavant et prendront le nom de Messieurs de la ville de Paris) envoyerent des deputez à Chartres ainsi que nous dirons cy-après. Mais que nous ayons dit quelques traits qu'ont remarqué plusieurs beaux esprits sur les lettres du Roy et du duc de Guise.

Le Roy dit que quand le duc de Guise arriva à son desceu, *qu'il ne pensoit qu'à faire cesser toutes sortes de jalousies et empeschemens du costé de Picardie.* Or tous ceux qui ont escrit sur ce subject disent que la cause des jalousies et desfiances estoit que le duc d'Aumalle ayant desiré estre gouverneur de la Picardie, dez le commencement de l'an 1585 il avoit saisi Ruë, laquelle place luy fut laissée pour son asseurance par l'accord de Nemours faict en juillet audit an, entre le Roy et les princes de la ligue, qui, ne pouvans se contenir en leur devoir comme ils avoient promis et juré au Roy, s'emparerent de plusieurs places et continuërent tousjours leur ligue et leurs pretentions. Le duc d'Aumalle surprint Dourlens en 1586, et Pont-dormy au commencement de l'an 1587; du depuis il continua de pratiquer le plus qu'il put de gouverneurs qui estoient dans les places de la province de Picardie, en-

24.

tr'autres il gaigna ceux de Monstr'œil, Han, Abbeville, Peronne, Roye et Montdidier : ce que luy ayant succedé, il jetta ses desseins sur le Boulenois, qui est un petit pays sur le bord de la mer, tirant, au bout de la Picardie, vers le septentrion, dont estoit lieutenant pour le Roy M. le duc d'Espernon, qui avoit mis dans Bologne le capitaine Bernet ; en fin toutes les entreprises du duc d'Aumalle sur Bologne ayant esté descouvertes, il se resolut à la forcer; mais il avoit trop peu de gens pour ce faire. Après avoir ruyné le plat-pays, il logea ses troupes comme par garnisons aux environs de Boulogne, et nonobstant tous les mandemens que le Roy luy envoya de les retirer, il n'en voulut rien faire: Après la mort de feu M. le prince de Condé, qui estoit gouverneur de Picardie, et lequel mourut le 5 mars an present à Sainct Jean d'Angely, M. le duc de Nevers avoit esté pourveu de ce gouvernement. Le Roy l'y vouloit envoyer pour pacifier tous les remuëmens faicts par le duc d'Aumalle : c'est ce que veut dire Sa Majesté par ces mots : *Nous ne pensions à autre chose qu'à faire cesser toutes sortes de jalousies et empeschements du costé de Picardie.* Le duc de Guise dans sa lettre s'en veut excuser en disant : *Nous allons rendre le Roy content des garnisons de Picardie.* Mais qu'avoient affaire, disoient-ils, ny le duc d'Aumalle ny le duc de Guise de troubler ceste province de Picardie, veu qu'il n'y avoit point de huguenots, ny que jamais aucun de leur maison n'en avoit esté gouverneur et n'y avoient eu aucun droict? Pource, disoient les ennemis de la ligue, que tout leur estoit loisible, puis qu'ils vouloient regner.

Mais, disoient-ils encor, puis que M. de Bellievre fut à Soissons dire au duc de Guise que le Roy ne vouloit qu'il vinst à Paris pour ceste fois, pourquoy n'obeyssoit-il au commandement de Sa Majesté? Il ne pouvoit, pource que les Seize luy avoient mandé qu'ils estoient tous perdus s'il ne venoit en diligence : plusieurs d'entr'eux en le saluant luy dirent : *Bon prince, nous estions perdus si vous ne fussiez venu;* car, leurs conjurations descouvertes et les calomnies que publiquement ils disoient du Roy ne pouvans estre plus tolerées, l'on avoit resolu d'en faire justice. Or il avoit juré de vivre et mourir avec eux (ce qui estoit le premier serment de la ligue); à quoy il ne voulut faillir de les secourir de sa presence, et pour executer quand et quand ce qui avoit esté resolu en l'assemblée de Nancy. Et quoy qu'il fust bien asseuré de toute la faction des Seize, si est-ce que, quand il fut arrivé à Paris et que la Royne mere le mena au Louvre pour saluër le Roy, qu'il luy dit, dez qu'il le vid : « Mon cousin, pourquoy estes vous venu? » Il respondit tout tremblant : « Sire, me voicy pour respondre aux calomnies qu'on a dressé contre moy pour me faire odieux à Vostre Majesté. » Lors le Roy luy repliqua : « Ne vous avois-je pas expressement mandé de ne venir pas en ceste saison si pleine de deffiances, et d'attendre encor un peu? » Le duc ne sçait que dire, sinon : « Sire, l'on ne m'a pas representé vostre intention en telle sorte que ma venue vous fust desagreable. » M. de Bellievre, qui estoit là present, commença, par le commandement du Roy, à dire au duc ce qu'il luy avoit dit à Soissons; mais la Royne mere, tirant le Roy à part, empescha que M. de Bellievre ne continuast de dire comme il avoit accomply le commandement de Sa Majesté. Plusieurs grands personnages ont remarqué que le Roy fit lors une très-grande faute, car, veu que le duc estoit venu contre son commandement, il le devoit, disoient-ils, faire sortir à l'heure mesme de Paris, ou bien l'arrester prisonnier, et puis qu'il estoit bien adverty qu'il y devoit arriver de ceste façon, il se devoit preparer pour luy faire cognoistre qu'il estoit roy, et qu'il le feroit obeyr comme son subject.

Le Roy dit dans sa lettre qu'il vouloit faire une recherche exacte pour faire vuider les estrangers qui estoient dans Paris lesquels ne seroient advouez; c'est à dire les gentils-hommes et autres gens de guerre qui estoient entrez dans Paris et se rallioient à la suitte du duc de Guise. Quoy! douze enseignes de Suisses et huict compagnies françoises pouvoient ils faire cela? non pas deux fois autant. Qu'une faction des Seize, laquelle, depuis deux ans et demy, l'on avoit laissé croistre d'un si grand nombre de factieux, et enduré d'eux une infinité d'insolences, assistée de noblesse et d'un grand chef de guerre, tel que le duc de Guise, ayans descouvert que c'estoit à eux qu'on en vouloit, se fussent ils tous allez cacher dans leurs caves? il n'y avoit point d'apparence de le croire. Et la response est prompte à ceux qui disent que M. le duc de Mayenne, l'an 1591, n'ayant au plus que cinq cents chevaux dans Paris, les avoit bien empeschez de se bouger, et mesmes qu'il en avoit fait pendre quatre des plus factieux : ouy ; mais les Seize alors n'avoient plus de chef, plus de noblesse, ils estoient divisez entr'eux, et la noblesse et le chef de la ligue estoient contr'eux. Au contraire, à la journée des Barricades ils avoient un chef, ils avoient la noblesse de la ligue, et estoient tous d'un accord. Aussi ceux qui conseillerent le Roy et entreprindrent ceste recherche, en la faisant ils devoient estre, comme l'on dit, garnis de fil et d'esguille, tant pour executer leur entreprise que pour resister à toutes les occasions qui y pouvoient survenir.

Un capitaine, très-habille homme, alla dire au Roy qu'avec cinq cents hommes et deux pieces de canon, qu'il vouloit perdre la vie s'il ne rompoit toutes les barricades. Un qui estoit là luy respondit : « Ouy, s'il y avoit moyen de tirer du canon de l'Arsenac; mais qui entreprendra maintenant de l'aller querir, puis que toutes les ruës sont barricadées? » Au contraire les Seize avoient pourveu et preveu à toutes les occasions qui leur pouvoient advenir; ils s'estoient resolus plus d'un an devant à se barricader, sans que le Roy en eust jamais rien descouvert; ils avoient faict mettre, en deux maisons proches des advenuës des ponts, quantité de picques et quelques petites pieces montées sur rouës portant gros comme un esteuf, dont ils garnirent leurs premieres barricades, et par ce moyen se rendirent incontinent en estat de forcer et non pas d'estre forcez.

Mais l'on disoit : « Le Roy n'avoit fait entrer les Suisses et ses gardes françoises *que pour renforcer les corps de garde des habitans et bourgeois*, affin qu'ils fussent plus forts pour faire faire la recherche qui se devoit faire par les quarteniers et officiers de la ville; et encor le prevost des marchans, les eschevins, les colonels et capitaines qui estoient tous officiers de son parlement et de sa chambres des comptes, en estoient advertis; il y avoit les deux tiers des habitans et bourgeois qui n'estoient de la faction des Seize : tous ces gens estoient plus que suffisants pour empescher le duc de Guise, tous les siens et tous les factieux. » Il est vray, mais il en arriva des effects tout au contraire de ce que l'on s'estoit proposé.

Les capitaines et colonels qui commandoient aux corps de gardes des habitans que l'on avoit mis dez le soir à l'advenuë de tous les ponts et en quelques places par le commandement du Roy, ne dirent jamais à pas un bourgeois à quel dessein ces corps de garde se faisoient, ny pour quelle occasion : l'on les tint tout du long de la nuict en des quartiers à l'opposite des leurs (car il faut noter qu'à Paris chacun fait la garde en son quartier), sans les advertir qu'il y eust aucune entreprise contre l'authorité du Roy; bref, il n'y eut jamais rien de si mol, rien de si mal conduit que ces corps de garde. Au contraire, auparavant et depuis la venuë du duc de Guise, les Seize avoient esté tousjours au guet, le menu peuple d'entr'eux avoit intention d'un pillage, et les chefs, de peur d'estre chastiez de leurs conjurations, s'entendoient tous; durant ceste nuict ils avoient pris des sentinelles de tous ces corps de garde, s'estoient fait bailler le mot. La Ruë, tailleur d'habits, suivy d'une dizaine de factieux, sort sur les trois heures du matin de sa maison, va au corps de garde du pont Sainct Michel : quelques vieux officiers du Roy y avoient passé la nuict : à la seule morgue-mutine qu'il leur fit, les menaçant de les tailler tous en pieces s'ils ne se retiroient, capitaines et habitans retournerent chacun en leur quartier; si bien que quand les gardes du Roy y arriverent, il n'y avoit personne; si les autres corps de garde en firent autant, il n'en faut pas douter. Le Roy aussi alors ny du depuis n'osa nommer que le duc de Guise fust son ennemy, sinon qu'après qu'il l'eust fait mourir; comment eust il voulu donc que ses serviteurs l'eussent deviné, veu qu'ils le voyoient tous les jours parler à luy. L'on voyoit bien que le duc de Guise entreprenoit plus qu'un subjet ne devoit sur l'authorité de son prince; à qui estoit ce à le dire qu'au Roy et à ses officiers? En telles actions que celles là, et quand les princes veulent ruyner une faction formée dans leur Estat, leurs officiers doivent hardiment s'opposer, dire la volonté du prince au peuple, parler à l'ouvert contre les factieux; le prince doit aussi de son costé se monstrer à son peuple comme un soleil, affin de dissiper par sa presence tous les brouillons qui veulent empescher qu'il ne luyse et troublent sa puissance. Les bons sujects n'aprouvent en leur ame le tort que l'on veut faire à leur prince, mais ils ne le peuvent pas deviner, il le leur faut dire. Le Roy n'osa dire à qui il en vouloit, et les factieux nommerent si librement qu'il estoit leur ennemy, que toute la racaille, tout le menu peuple, qui les voyoit seuls en armes, se jetterent de leur costé, et les estimerent (par les faulses persuasions qu'ils leur donnerent que le Roy leur vouloit mettre des garnisons dans Paris) les autheurs de leur liberté; et mesmes ceux qui avoient du jugement pour discerner à quoy toutes ces choses tendoient, de peur d'estre pillez, ce qui advient d'ordinaire en tels accidents, se jetterent du costé des factieux, et tel fit bien du bon serviteur en la barricade de son quartier, qui trois jours après chercha le chemin pour trouver et suivre le Roy.

Quand aux lettres du duc de Guise, dans lesquelles il dict *qu'il estoit venu pour se purger des faux bruits que ses ennemis faisoient courir contre son hon-*

neur, celuy qui a faict le discours libre sur l'estat de France (1) y respond en ces termes :

« On t'accusoit d'avoir mutiné le peuple de quelques villes de ce royaume contre les gouverneurs que le Roy vouloit y establir : tu as effacé ce bruit en mutinant celuy de Paris contre le Roy mesme. On te blasmoit d'avoir à Chaalons, à Reims, à Soissons, et par tout où tu mets le pied, saisi ses deniers : tu t'en es purgé en prenant ceux de son espargne dans sa ville capitale. On te soupçonnoit d'avoir des entreprises contre l'Estat, et d'aspirer à la couronne, et pour cest effet de t'estre desjà emparé de quelques bonnes villes tenuës par toy ou par tes partisans, ausquelles le Roy n'est point obey : tu as faict evanouyr ce faux bruit en venant toy-mesme te rendre le maistre de Paris, et en chassant le Roy après avoir forcé, tué et desarmé les gardes, et faict prendre les armes à la populace contre luy. Tu te vantes encore dans ta lettre *que l'on avoit persuadé au Roy de s'en aller vingt quatre heures après que tu eusses peu mille fois l'arrester si tu eusses voulu.* Retenir un roy de France, c'est une entreprinse bien hazardeuze en un Estat paisible et un royaume tranquille ; ceste seulle parole t'eust cousté la teste (2). »

(1) *Le discours libre sur l'estat de France.* Cet ouvrage, très-remarquable, est intitulé : *Excellent et libre discours sur l'estat present de la France.* Il a 55 pages in-12, et fait partie du troisième volume des Mémoires de la Ligue.

(2) *Ceste seule parole t'eust cousté la teste.* Dans ce discours, qui est écrit avec une pureté et une précision peu communes à cette époque, l'auteur parle ainsi des dispositions du peuple à l'égard de Henri III :
« Ceux là perdent le cœur, voyans que luy mesme l'a perdu ; ceux là
« n'osent pas s'affermir auprès de lui, voyans que lui mesme bransle,

Ce fut aussi pour ceste libre parole, d'avoir peu retenir le Roy, que le duc de Guise eust voulu estre à rescrire ceste lettre. Chacun sçait aussi que jusques alors que le Roy s'en alla il n'avoit pas songé, ny tous les Seize, qu'à se mettre sur la deffensive; mais si le Roy fust demeuré encor une heure, les preparatifs qu'ils faisoient pour assaillir donnoient à juger qu'ils eussent peu faire un grand effort.

Retournons au fil de nostre histoire. Si tost que le duc de Guise eut donné advis à tous les gouverneurs des villes qui estoient de son party de ce qui s'estoit passé à Paris, ils chasserent tous ceux qu'ils pensoient estre serviteurs du Roy, lesquels ils surnommoient Politiques, et mesmes en prinrent plusieurs prisonniers à Orleans, à Bourges, à Amiens, à Abbeville, et par tout où la ligue commandoit.

Suyvant le mandement du duc de Güise, le sieur de Rosne, qu'il avoit laissé autour de Sedan, s'en vint le trouver avec les troupes qu'il luy avoit laissées; et le duc quittant dez lors tous ses desseins de pouvoir avoir

« et n'osent s'attacher à bon escient à ceux qui lui font la guerre, voyans
« que lui mesme l'endure et à peine s'en ose plaindre. De ceste façon,
« tout son conseil, toutes ses villes, tous ses sujets sont partiaux, et crois
« certes que de tant qu'il y en a qui s'approchent de sa personne, il
« n'en void pas un, excepté un ou deux de ses creatures, en qui il
« puisse assurement se fier, qui n'ait point de dessein particulier autre
« que le sien, qui n'ait part avec les uns ou les autres de ses ennemis.
« Car, depuis qu'un roy fait cognoistre qu'il craint quelqu'un dans son
« royaume, qu'il y a quelqu'un qui peut estre plus grand que luy, il n'a
« plus de majesté, il n'est plus rien, tout le monde court à cestuy là.
« Si nous ne pouvons estre libres, à tout le moins nous ne voulons avoir
« qu'un maistre. Si ce maistre là a un autre maistre par dessus luy, in-
« continent nous laissons le premier pour courir au dernier. C'est le
« naturel de l'homme. » (Page. 7)

Sedan par force ou par alliance de mariage, il les laissa au duc de Lorraine et aux siens, ainsi que nous dirons cy après. L'occasion de cela fut que le Pape manda un bref au duc de Guise à ce qu'il n'eust à poursuivre nulle alliance des siens avec l'heritiere de Bouillon, et qu'il eust à se comporter avec fidelité envers le Roy son souverain seigneur. Du depuis le duc fit proposer le mariage de son fils le prince de Ginville avec une des niepces de Sa Saincteté, ce qui toutesfois n'est venu à effect.

Le duc de Guise donc assembloit des forces à Paris, tous ses amis l'y venoient trouver. M. d'Antragues, gouverneur d'Orleans, et M. de La Chastre, gouverneur de Berry, avec leurs amis, se rendirent aussi auprès de luy. Cependant le Roy est à Chartres. M. d'Espernon l'estoit venu trouver au retour du voyage de Normandie, où il avoit esté prendre possession de ce gouvernement; mais comme le Roy vid que le duc de Guise et les Seize ne prenoient leur plus grand pretexte que sur l'amitié et sur les biens-faicts qu'il avoit faicts au duc d'Espernon, il luy commanda de se retirer en Angoumois et en Xaintonge.

Il luy fit expedier les lettres pour commander en ces provinces là, et à l'instant il partit pour s'y en aller, après qu'il eut cedé et quitté celles de gouverneur de Normandie, dont à l'heure mesme le Roy en fit pourvoir M. le duc de Montpensier qui l'estoit venu trouver; comme aussi incontinent se rendirent auprès de luy tous les officiers de la couronne, tous les seigneurs de qualité, et ses forces se trouverent incontinent bastantes pour faire ranger les plus remuans en leur devoir; mais la Royne mere l'asseura qu'elle partoit de

Paris pour l'aller voir, qu'elle esperoit que tout se pacifieroit, et qu'elle devoit aussi amener quant et elle les deputez de la ville de Paris, qui avoient à luy presenter une requeste, et qu'il valloit mieux composer doucement ces derniers differents que non pas les aigrir.

Les capuchins de Paris allerent tous en procession à Chartres; un d'entr'eux, quand ils furent prez l'eglise Nostre-Dame, portoit une fort grande croix, comme on peint que nostre Seigneur Jesus-Christ la portoit en le menant au mont de Calvaire, voulans par là representer que le Roy des roys avoit porté sa propre croix, et qu'il avoit enduré d'estre soufleté et batu, et toutesfois qu'il avoit pardonné à ceux qui luy avoient faict ces outrages; toutes ces choses se faisoient par ces bons religieux, pour preparer le Roy à pardonner et à appaiser sa juste colere.

Le cardinal de Bourbon, le duc de Guise et tous leurs amis se trouverent aussi en une procession qui se fit aux faux-bourgs Sainct Germain pour supplier Dieu de destourner les grands maux qui estoient pronostiquez à la France par la conjonction qui se faisoit au ciel de deux grandes planettes. Ils sont bien d'accord qu'il adviendra de grands maux, ils prient Dieu de les destourner, et toutesfois ils ne s'aydent du pouvoir qu'ils avoient entre leurs mains d'en empescher l'evenement, ce qu'ils pouvoient faire se contenans dans les bornes de la juste obeyssance qu'ils devoient à leur roy, et qui par ce moyen eust donné le repos à ses subjects, et à eux une plus longue vie.

La Royne mere arrive à Chartres : elle presente au Roy les deputez des princes et de Messieurs de la ville de Paris. Ils firent ceste harangue estans prosternez aux pieds de Sa Majesté : « Que si, en nostre doleance generale et commune, Vostre Majesté trouve quelque proposition un peu plus libre que de coustume, nous la supplions très-humblement qu'elle se resouvienne de son commandement, du propre interest de son service et du grief de ses pauvres subjets : sa clemence veut que nous disions nostre mal, et le mal qui nous presse le plus, c'est le dommage et le prejudice que ces derniers accidens entr'autres ont apporté au service de Vostre Majesté. De sorte que si nous en parlons autrement que nous ne fismes jamais, nous ressemblerons à celuy qui, ayant esté muet (1) toute sa vie, ne commença point à parler que quand il vid l'espée tirée pour blesser son pere, son seigneur et son roy, car lors la nature rompit les obstacles, et s'escria : « Ne faictes pas mal au Roy. » Sire, la passion que nous avons à vostre service comme de nostre pere, nostre roy, maistre et seigneur, nous fait rompre à ce coup nostre long silence pour faire un semblable cry : Ne faites pas mal au Roy, ne le divisez point de ses bons subjects, de sa noblesse, des officiers de sa couronne, de ses princes, de ses cours souveraines, de ses finances, de sa grandeur. Ne luy ostez point l'honneur de son zele, de sa pieté, de sa justice, de sa clemence, douceur, bonté et humanité tant renommées, tant esprouvées, tant haut louées ; car si quelquesfois par le passé il a esté, certes, par ce dernier accident de Paris, tel danger a semblé plus proche que jamais, et c'est aussi le grief qui faict que nous parlons avec beaucoup de ressentiment, pour ce qu'il nous a touché du mesme

---

(1) *Celuy qui ayant esté muet.* Le fils de Crésus, lorsque Cyrus prit la ville de Sardes.

peril. Que si Vostre Majesté avoit entendu la chose comme elle est passée, elle auroit desjà veu assez quel subject nous avons de nous en lamenter; mais, puis qu'elle ne l'a pas sceu, nous pouvons tant plus esperer qu'elle supportera les cris de ses pauvres sujets innocens qui l'appellent et l'invoquent elle seulle en ce monde, après Dieu, contre ceux qui, abusans de son authorité, les ont voulu si honteusement perdre et massacrer. C'est chose, Sire, que j'ay charge de representer à Vostre Majesté de la part des princes comme tellement veritable, qu'ils offrent de le bien verifier quand il luy plaira qu'il en soit informé. En ceste concurrence donc de tant de justes plaintes, nous supplions très-humblement Vostre Majesté de prendre de bonne part nos très-humbles remonstrances, et croire, pourveu que nous puissions vivre asseurez sous sa protection en la religion, de laquelle elle nous donne si bons exemples, qu'il n'est rien advenu qui nous puisse oster la devotion que nous avons à l'execution de toutes ses volontez, et l'entiere obeyssance de ses commandemens, et qu'il n'y a sorte d'humilité, submission et satisfaction que nous ne soyons disposez de luy rendre, non seulement en parole, mais en effect. »

Après que la harangue fut achevée, ils presenterent leur requeste, laquelle contenoit plusieurs demandes, la plus-part tirées des articles faicts à Nancy, et supplioit par icelle le Roy,

I. D'extirper les heretiques, et de joindre ses armées avec celles de la ligue.

II. De chasser le duc d'Espernon et le sieur de La Valette son frere (qu'ils accusoient d'estre autheurs du desordre en tous les bons reiglemens et police de France, d'avoir mis en leurs coffres toutes les finances de France, d'avoir attenté aux principaux offices de la couronne, et faict esloigner d'auprès de Sa Majesté beaucoup de ceux qui le pouvoient bien et fidellement servir), les esloigner de sa personne et de sa faveur, les despouiller de toutes les charges et gouvernements qu'ils tenoient en ce royaume sans les avoir meritez, et abolir la pratique des comptans et tous les abus qu'ils avoient introduits.

III. D'oublier les derniers remuëments de Paris.

IV. De confirmer la nouvelle eslection des prevost et eschevins de la ville de Paris, laquelle ils avoient faicte deux jours après les Barricades.

V. Et en fin de restablir les anciennes et belles ordonnances du royaume.

Le Roy respond à ces deputez qu'il feroit assembler les estats generaux de son royaume au mois de septembre prochain, pour y entendre les plaintes en general de tous ses subjects, et regler les desordres qui se sont glissez par tout son royaume, dont il ne desire rien tant que la reformation. Qu'il avoit, durant la paix et durant ceste derniere guerre, donné assez de tesmoignage qu'il ne desiroit rien tant que la conservation de la religion catholique romaine en son royaume. La seule route des reistres en estoit une assez ample preuve, lesquels, sans luy, eussent passé la riviere de Loire où ils estoient venus; mais que les jalousies et les desfiances survenues depuis entre aucuns avoient esté l'occasion que l'on n'avoit tiré contre les heretiques aucun fruict de ceste desroute. Qu'il avoit tasché tousjours à oster ces jalousies et deffiances, en ayant cherché tous les moyens; et mesmes qu'il estoit encor tout prest d'oublier tout ce qui estoit advenu aux barricades de Paris, si les habitans se confioient, comme ses subjects, en sa clemence. Que la plainte qu'ils faisoient contre le duc d'Espernon et La Valette estant particuliere, si elle estoit veritable qu'il prefereroit tousjours l'utilité du public à toute autre consideration.

Le duc d'Espernon et le sieur de La Valette firent publier une ample apologie pour responce à la requeste des princes de la ligue, dans laquelle ils rejettoient sur la maison de Guise toutes les causes des miseres de la France. Les uns firent imprimer leur requeste et les autres leur apologie : le lecteur curieux les pourra rechercher s'il veut voir comme ils s'accusent et se deffendent les uns contre les autres; mais seulement je diray icy quelques raisons qu'un particulier publia lors contre ceste requeste, laquelle le duc de Guise, dans la lettre qu'il escrivoit au sieur de Bassompierre, dit estre presentée *directement à la ruyne du duc d'Espernon*, et qu'aussi toute la faction des Seize n'avoit autre subject de plainte contre le Roy, sinon qu'il avoit eslevé des mignons aux plus grands estats du royaume; qu'il leur ayoit mis les places d'importance en main, et au contraire qu'il avoit reculé hors d'auprès de luy les princes catholiques de la ligue, les avoit esloignez de sa faveur et de sa bonne grace, sans leur plus ayder de ses liberalitez royales.

Voicy donc la responce qu'il leur fit : « Vous voulez donner à Sa Majesté des mignons, favoris et conseillers tels qu'il vous plaira? Voudriez-vous qu'en vos maisons il vous en baillast à son affection et non à la vostre? Voulez-vous qu'il soit vostre inferieur, et que de royet maistre il devienne vostre vassal? Voulez-vous, au contraire de sujets et vassaux, mettre sa couronne sur vos testes et son sceptre en vostre main? Je passeray plus outre; car il me semble qu'un prince sans favori et special conseiller est plustost un prince imaginaire et en peincture qu'en verité. Quel estat pouvez-vous faire d'un prince qui ne sçait aimer fermement? Comment sçaura-il chastier les vices s'il ne sçait bien aimer la vertu et hayr ce qu'il luy est contraire? De combien est important à un Estat de monstrer en un seul ou en peu de personnes, qu'un roy est constitué de Dieu pour remplir de biens, voire en un moment, ceux qui s'adonneront à la vertu ! Ostez les recompenses, n'ostez-vous pas le chemin à ceux qui sont conduits au bien pour l'amour et l'envie qu'ils ont de bien faire, comme ostant la justice, vous incitez un chacun à piller et s'entretuer? Qui est le moindre prince en l'Europe qui n'ait un amy et familier, qu'il avance suivant et se laissant transporter à un particulier et juste instinct de nature, par lequel nous en aymons les uns plustost que les autres? Et neantmoins où trouverez vous pour cela de nostre aage que les subjects se soyent bandez contre leur seigneur? Vous me confesserez que Sa Majesté a bien autant de pouvoir en son royaume qu'un pere de famille a en sa maison. Qui est celuy d'entre vous qui quelquefois ne monstre plus grande privauté et amitié à l'un de ses enfans qu'à l'autre? Voire mesmes l'on verra qu'un honneste et sage pere de famille fiera plustost sa bourse et sa maison à un sien facteur qu'à son propre enfant.

Pour cela avez-vous veu que les enfans se soyent eslevez contre leurs peres? S'il s'en presentoit maintenant parmy vous un qui fist ou attentast quelque chose de semblable, ne l'auriez vous pas en execration? Si vous pensez que cela vous soit permis en vos maisons, pourquoy non à un roy ès pays de son obeissance? Et ce d'autant plus que les souverains magistrats sont douëz d'enhaut d'une grace plus speciale que les particuliers, tant pour ce que Dieu les a choisis d'entre tout un peuple comme vases d'honneur, qu'aussi il n'y a moment du jour auquel ils ne soyent occupez aux affaires, et qu'ils ne voyent et entendent la vraye pratique et experience de vertu, qui les rend mesmes, dès leur jeune aage, sages, advisez et augustes plus que nuls autres. »

Voylà ce qui fut publié en ce temps-là pour responce à ceux qui pallioient leurs seditions et mutineries du pretexte des grands bien-faicts que le Roy faisoit à ses favorits.

Toutes les bonnes villes du royaume desirèrent faire leur profit de la faute des Parisiens : où le Roy faits a residence ordinaire le peuple s'enrichit. La ville de Tours avoit souvenance de combien de commoditez le pays de Touraine avoit profité durant que les roys Loys xi, Charles viii et Loys xii avoient fait leur residence aux chasteaux du Plessis les Tours, Amboise et Blois; aussi les habitans de ceste ville despescherent des principaux d'entr'eux vers Sa Majesté à Chartres, le prierent de venir en leur ville, et se souvenir qu'ils avoient esté tousjours très-fidelles aux roys. La ville de Lyon luy envoya aussi faire les mesmes offres et supplications; mais avant qu'aller faire sa demeure ordinaire en ses chasteaux sur la riviere de Loire, il delibera d'aller un tour à Roüen; ce qu'il avoit resolu de faire affin que les Parisiens cogneussent par cy après combien de grands biens et commoditez leur avoit apporté la longue demeure qu'il avoit faite en leur ville, voire plus qu'aucun autre de ses predecesseurs, et la faute par eux faite en la journée des Barricades.

Mais devant qu'il partist pour aller à Rouën, les deputez de la cour de parlement de Paris arriverent à Chartres. La substance de la harangue qu'ils firent au Roy, fut qu'il les excusast si, en ceste si grande esmotion du peuple de Paris, l'impuissance et la crainte leur avoit fait ployer les espaules; qu'ils avoient un extreme regret de ce qu'il avoit esté contraint de sortir de son Louvre, le suppliant d'y revenir et de destourner sa juste vengeance de la teste de ses subjects, et de leur continuër sa clemence; que son retour en la ville de Paris dissiperoit toutes les divisions qui s'y estoient eslevées. La fidelité qu'ils continueroient tousjours envers Sa Majesté, avec la supplication à Dieu de luy donner un long et heureux règne fut la fin de leur harangue. Le Roy leur respondit :

« Je ne doute point de vostre fidelité et de l'affection que vous avez tousjours monstrée envers mes predecesseurs, et je sçay bien que s'il eust esté en vostre puissance de donner ordre au desordre de Paris, vous l'eussiez fait. Je ne suis pas le premier à qui tels malheurs sont arrivez. Toutesfois je seray tousjours bon pere à ceux qui me seront bons enfans. Je traiteray tousjours les habitans de ma ville de Paris, en ceste qualité de pere, comme fils qui ont failly contre leur devoir, et non comme des valets qui ont conspiré contre leur maistre. Continuez vos charges ainsi que vous avez accoustumé, et recevez de la bouche de la Royne ma mere les commandements et intention de ma volonté. »

Sur ceste responce les deputez prirent congé de Sa Majesté, en intention de s'en retourner à Paris l'apresdinée du mesme jour; mais, comme ils estoient prest à partir, le Roy les envoya querir, et leur dit encores :

« Je suis adverty des propos que l'on a tenu que je voulois mettre garnison en ma ville de Paris; je suis fort esbahy que cela leur est entré en l'esprit : je sçay que c'est des garnisons; on les met ou pour ruiner une ville, ou pour deffiance que l'on a des habitans. Ils ne devoient pas estimer que j'aye eu volonté de ruiner une ville à laquelle j'ay rendu tant de tesmoignages de bonne volonté, et que j'ay bonifiée par ma longue demeure en icelle, pour m'y estre tenu plus que de dix de mes predecesseurs auparavant moy n'avoient faict; ce qui a apporté aux habitans, jusques aux moindres artisans, toutes les commodités qui paroissent aujourd'huy, et dont dix ou douze autres villes se pouvoient ressentir; et où mes officiers ont eu affaire de moy, et autres, comme marchands, je leur ay fait plaisir, et puis dire que je me suis monstré vers eux un très-bon roy. Moins pouvois je entrer en deffiance de ceux que j'aymois, et desquels je me devois asseurer, comme je l'ay creu. Doncques l'amitié que je leur ay tesmoignée devoit leur faire perdre ceste soudaine opinion que j'ay pensé de leur vouloir donner garnisons; et de faict, il ne se treuve point que personne soit entré ny mis le pied en aucune maison, ny prins un pain ny autre chose quelconque; au contraire, leur ay envoyé des moyens et ce qui leur estoit necessaire, et n'y eussent esté vingt-quatre heures au plus, qui eust esté jusques au lendemain, sans coucher ailleurs qu'aux places mesmes, où ils estoient, comme s'ils eussent esté campez. Je voulois faire une recherche exacte de plusieurs estrangers qui estoient en ma bonne ville de Paris; et, ne desirant offencer personne, j'avois envoyé aux seigneurs de ma cour, mesmes à M. de Guise, afin qu'ils me baillassent un roolle de leurs serviteurs domestiques, et faire sortir le surplus, que j'estois adverty estre en grand nombre, et jusques à quinze mille; ce que je faisois pour la conservation de ma bonne ville de Paris et seureté de mes sujets. C'est pourquoy je veux qu'ils recognoissent leurs fautes avec regrets et contributions; je sçay bien que l'on essaye de leur faire croire que, m'ayant offensé comme ils ont, mon indignation est irreconciliable; mais je veux que vous leur fassiez sçavoir que je n'ay point ceste humeur ne volonté de les perdre, et que comme Dieu, à l'image duquel je suis en terre, moy indigne, ne veut la mort du pecheur, aussi ne veux-je pas leur ruine. Je tenteray tousjours la douce voye, et quand ils se mettront en devoir de confesser leur faute et me tesmoigner par effet le regret qu'ils ont, je les y recevray et les embrasseray comme mes sujets, et me monstreray tel qu'un pere vers son enfant, voire un amy envers son amy. Je veux qu'ils me recognoissent comme leur roy et leur maistre : s'ils ne le font et me tiennent en longueur, fermant ma main en toutes choses, comme je puis, je leur feray sentir leur offense, de laquelle à perpetuité leur demeurera la marque; car estant la

premiere et principalle ville, honorée de la premiere
et supreme cour de mon royaume, d'autres cours,
privileges, honneurs et universitez, je puis, comme
vous sçavez, revoquer ma cour de parlement, chambres des comptes, des aydes, et autres cours, et Universitez, et qui leur tourneroit à grande ruine ; car, cela
cessant, lesdits trafficqs et autres commodités en amoindriroient, voire cesseroient du tout, comme on a veu
qu'il estoit advenu en l'année 1580, durant la grand'
peste, pour mon absence et la cessation du parlement,
s'estant retiré grand nombre de mes conseillers, jusques à ce que l'on veit, en ladite année, la plus part
des boutiques serrées, et le peuple, adonné à oysiveté,
employer le temps en jeux et berlans par les ruës. Je
sçay qu'il y a beaucoup de gens de bien en ma ville de
Paris, et des quatre parts les trois sont de ce nombre ;
que tous sont bien marris du mal-heur qui est arrivé.
Qu'ils facent donc que je sois content; qu'ils ne me
contraignent pas d'user de ce que je puis, et que je ferois à grand regret. Vous sçavez que la patience irritée
tourne en fureur, et combien peut un roy offencé.
J'employeray tout mon pouvoir, et ne laisseray aucuns moyens en arriere pour me venger, encor que
je n'aye l'esprit vindicatif; mais je veux que l'on sçache que j'ay du cœur et du courage autant qu'aucun
de mes predecesseurs. Je n'ay point encores, depuis
que suis appellé à la couronne par le decez du roy
mon frere, et depuis mon retour de Pologne, usé de
rigueur et de severité envers personne : vous le sçavez, et en pouvez fort bien tesmoigner; aussi ne veux
je pas que l'on abuse de ma clemence et douceur. Je
ne suis point usurpateur, je suis legitime roy par suc-

cession, comme vous sçavez tous, et d'une race qui a tousjours doucement commandé. C'est un conte de parler de la religion, il faut prendre un autre chemin. Il n'y a au monde prince plus catholique ny qui desire tant l'extirpation de l'heresie que moy : mes actions et ma vie l'ont assez tesmoigné à mon peuple. Je voudrois bien qu'il m'eust cousté un bras, et que le dernier heretique fust en peinture en ceste chambre. Retournez faire vos charges, et ayez tousjours bon courage; vous ne devez rien craindre, m'ayant pour vous. Je veux que leur faciez bien entendre ce que je vous dy. »

Messieurs les deputez du parlement retournez à Paris s'acquitterent du commandement que le Roy leur avoit faict. La responce et les propos que le Roy leur avoit tenus furent imprimez; les plus grands ligueurs mesmes qui les virent recogneurent bien alors qu'il leur failloit user d'humilité, et non pas de violence, pour parvenir au but de leurs desseins : ils sceurent si dextrement entretenir la Royne mere, qu'ils obtindrent le second edit de juillet, ainsi que nous dirons cy après. Voyons un peu ce que le roy de Navarre, le prince de Condé et le comte de Soissons firent depuis la bataille de Coutras jusques à la journée des Barricades.

Après la bataille de Coutras, le roy de Navarre ayant entendu, par le sieur de Montmartin, que les Suisses avoient composé avec le Roy, que les reistres avoient esté battus, et que toute ceste grande armée s'en alloit en desroute, toutesfois il le dissimula pour quelque temps, et ne se tenoit en son armée autre propos que de les aller rencontrer à la source de Loire; mais estant à Nerac, la totale desroute divulguée, il separa son armée en trois. Les gentils-hommes et soldats des garnisons de Poictou, Xainctonge et Angoumois, se retirerent avec M. le prince de Condé, qui s'en alla à Sainct Jean d'Angely. M. le vicomte de Turenne, d'autre costé, alla derechef renger les villes de Tulles et de Brive la Gaillarde. Et le roy de Navarre, avec M. le comte de Soissons et les gentils-hommes et troupes de Gascogne, s'en alla à Pau voir madame sa sœur, où le plus commun bruit estoit qu'il la vouloit bailler en mariage audit sieur comte ; quelques pourparlers en furent lors tenus, mais tout fut remis au retour d'un voyage que ledit sieur roy de Navarre alla faire à Montauban.

La perte de l'armée estrangere fut du commencement suportée fort à regret par le roy de Navarre et ceux de son party ; mais quand il eut advis de l'intention d'aucuns chefs estrangers qui la conduisoient, lesquels, par intelligence secrette, avoient entrepris, s'ils l'eussent joint, de se saisir de sa personne et l'emmener en Allemagne sous le pretexte de leur payement (ce qu'ils avoient comploté par entreprises particulieres avec aucuns des ennemis couverts dudit sieur roy de Navarre, lesquels feignoient estre ses amys), cela luy diminua le regret de la desroute de ceste armée estrangere. Quelques lettres en furent escrites au duc de Bouillon et au sieur de Clervant, et à d'autres qui avoient charge en ceste armée, que l'on tient estre morts de regret de s'estre veu trompez, dont ledict duc, comme nous avons dit, mourut à Geneve, et le sieur de Clervant en Bresse, dans une des maisons du sieur de Chasteau-Vieux, son beau-frere, capitaine des gardes du roy Très-Chrestien.

Je diray encore ce mot sur le subject de ceste armée et du malheur qui la conduisoit : Le duc Casimir envoyoit quelques presents rares au roy de Navarre pour demonstration de l'amitié qu'il luy portoit; tout fut perdu à la charge de Vimory ; d'autre costé le roy de Navarre s'estoit preparé de recevoir royalement tous les chefs et colonels de ceste armée estrangere, lesquels il sçavoit principalement estre curieux de presents d'or et d'argent; il fit, pour cest effect, fondre une grande quantité de medailles et autres belles pieces et beaux ouvrages d'or et argent qu'il prit du thresor de la maison de Navarre, qui estoient pieces très-excellentes, dont il fut fait plusieurs chesnes pour donner aux chefs et capitaines des reistres et Suisses; mais comme les presens du duc Casimir tomberent entre les mains de la ligue, d'autre costé aussi il fut fait un tel degast des chesnes qu'on avoit fait pour donner aux reistres, que plusieurs qui estoient lors à la cour de Navarre s'en approprierent, et mesmes aussi de plusieurs desdites antiques, si bien qu'ils ruynerent par leurs practiques et despouillerent de beaucoup de richesses ledit thresor. C'est assez dit de ceste armée estrangere, que les malheurs et les disgraces n'ont jamais abandonné.

Le voyage du roy de Navarre estoit grandement necessaire en Bearn : en y allant il asseura Tarbes, reprit Ayre et quelques bicoques tenuës par quelques voleurs dont il nettoya le pays; et sur la proposition qui fut faite en son conseil que si le duc de Mayenne, après avoir failly de le prendre à Caumont, comme il a esté dit cy-dessus, eust donné droict dans le Bearn, qu'il eust pris madame la princesse sa sœur et gaigné tout le plat pays, ce qui eust apporté un grand desadvantage à ses affaires, il commanda au sieur de Sainct-Geniez, son lieutenant en Navarre et Bearn, de munir encor certaines advenuës et destroicts où on n'avoit pas pris garde, tant du costé de France que d'Espagne. Il visita aussi sa forteresse de Navarrins, et se pourmena par tous ces quartiers là comme s'il eust esté en plaine paix; il fut aussi en Chalosse et Agemaux, à Nerac et à Montauban, d'où M. le comte de Soissons vint encor révoir madame la princesse à Pau; mais, retourné à Montauban, la triste nouvelle de la mort de M. le prince de Condé, advenuë le samedy 5 de mars, remmena le roy de Navarre et ledit sieur comte vers La Rochelle.

Ainsi que le roy de Navarre donnoit l'ordre requis par toutes les places du pays de Poictou et de Xainctonge où M. le prince de Condé commandoit, la nouvelle luy arrive de la journée des Barricades. M. le comte de Soissons alors print congé de luy pour venir trouver le Roy à Chartres, où il arriva au commencement du mois de juin. Le Roy le vit d'un bon œil, et receut ses excuses d'avoir esté avec le roy de Navarre, non pour le soustien de la religion pretenduë reformée, mais qu'il y avoit esté seulement pour le maintien de la maison de Bourbon, à la ruyne de laquelle tous les princes de la ligue avoient conjuré. Cependant que le Roy va à Rouën ledit sieur comte de Soissons s'en alla en sa maison de Nogent le Retrou pour se preparer et s'equiper, comme aussi faisoient tous les princes et seigneurs des meilleures et plus grandes maisons de France, qui tous leverent des troupes pour le service de Sa Majesté, laquelle s'estoit resoluë de se venger du duc de Guise.

Tandis que le Roy est receu par les habitans de Rouën avec toutes sortes d'allegresses, la Royne mere, au nom du Roy d'une part, et le cardinal de Bourbon et le duc de Guise, tant pour eux que pour tous les princes, seigneurs, villes et communautez de la ligue, d'autre part, accorderent trente deux articles secrets (1) et dix autres qui devoient estre publiez et verifiez aux cours de parlements sous le nom d'edict du Roy sur l'union de ses sujets catholiques.

Le Roy tout d'un coup rejette l'advis de ceux qui luy conseillent de restablir les edits de pacification et de donner une bonne et ferme paix, tant aux huguenots qu'aux catholiques, et de les faire obeyr les uns et les autres par les armes. Il rejette tout à plat ce qu'il fut contraint de rechercher neuf mois après, comme nous dirons cy-dessous. Bref on luy representa qu'il luy estoit plus seur, et qu'il y avoit moins de danger pour luy, de demeurer et s'unir avec ses sujects catholiques, qui s'estoient liguez pour extirper l'heresie, que de faire la paix avec les heretiques. La peur de la grande armée navale d'Espagne qui costoyoit la Bretagne, preste à entrer dans la Manche d'Angleterre, et qui du depuis passa à la veuë du Havre de Grace et d'autres ports de la Normandie qui estoient à la devotion de la ligue, luy firent accorder, à ce que plusieurs ont escrit, tous ces articles, et les signer; dont

---

(1) *Accorderent trente deux articles secrets.* Ce traité honteux fut signé le 15 juillet 1588 par les deux reines, le cardinal de Bourbon et le duc de Guise. Il fut publié le 21 du même mois sous le nom *d'édit de réunion.*

la publication s'en fit par tout en ces mots : « Sa Majesté ayant, par la grace de Dieu et sagesse de la Royne sa mere, reunis à luy M. le cardinal de Bourbon, M. le duc de Guise et autres princes, prelats, gentils-hommes, villes et communautez estans avec eux, faict deffences de faire plus aucuns actes d'hostilité, etc. »

Voicy la substance de ce qui estoit contenu dans cest edict d'union, qui fut verifié au parlement de Paris le 21 juillet.

I. Que le Roy jure d'employer jusques à sa propre vie pour extirper l'heresie de son royaume, et de ne faire jamais paix ou trefve avec les heretiques, ny aucun edict en leur faveur.

II. Que tous ses subjects, de quelque qualité qu'ils fussent, feront le mesme serment d'employer leurs vies pour extirper les heretiques.

III. Que le Roy ne favorisera ou advancera de son vivant aucun heretique, et veut que tous ses subjects jurent qu'ils ne recevront à estre roy après son decez aucun prince qui soit heretique ou fauteur d'heresie.

IV. Qu'il ne seroit pourveu aux charges militaires, ny aux offices de judicature et finances, que personnes catholiques.

V. Qu'il conserveroit et traicteroit tous ses subjects ainsi que doit faire un bon roy, et defendroit de tout son pouvoir ceux qui l'avoient servy et exposé leurs personnes par son commandement contre les heretiques et leurs adherans, comme aussi les autres qui s'estoient associez et liguez ensemble contre lesdits heretiques, lesquels il a presentement reünis avec luy : promettant de conserver les uns et les autres de la violence que les heretiques et leurs fauteurs leur voudroient faire.

VI. Que tous ses subjects ainsi unis jureront de se conserver les uns les autres, sous son auctorité, contre les oppressions des heretiques.

VII. Que tous ses subjects jureront de vivre et mourir en la fidelité qu'ils luy doivent et aux enfans qu'il plaira à Dieu luy donner.

VIII. Que tous ses sujects, de quelque qualité qu'ils soient, se departiront de toutes unions, pratiques, intelligences, ligues et associations qu'ils ont, tant dedans que dehors du royaume.

IX. Il declare tous ceux qui refuseroient à signer le present edict d'union criminels de leze majesté, et que les villes qui desobeyroient à cest edict seroient privées de tous privileges, graces et octrois.

X. Qu'à fin de rendre l'union des catholiques durable et permanente, il promet d'ensevelir la memoire des troubles et divisions passées entre ses sujects catholiques, et qu'il ne se feroit aucune recherche de toutes les intelligences, associations et autres choses que lesdits catholiques liguez auroient faictes, tant dedans que dehors son royaume, attendu qu'ils luy ont faict entendre que tout ce qu'ils en ont faict n'avoit esté que pour le zele qu'ils portoient à la conservation et à la manutention de la religion catholique. Et particulierement il veut que tout ce qui s'estoit passé le 12 et le 13 de may dernier, qui est les Barricades de Paris, soit esteint, assoupy et comme non advenu, et generalement tout ce que lesdits catholiques liguez auroient fait et executé à l'occasion ou pour l'effect desdits troubles depuis ledit 12 may jusques au 21 juillet, que ledit edict fut publié au parlement de Paris. Davantage, qu'il tenoit quittes tous ses receveurs et comptables des deniers qu'ils feroient apparoir avoir fournis pour les causes susdites depuis ledit 12 may, en raportant les mandements, ordonnances et quittances, sans que ceux qui auront receu lesdits deniers en puissent estre comptables, en baillant à Sa Majesté un estat des deniers qui auront esté ainsi pris.

Voylà ce qui estoit contenu dans l'edict d'union; mais dans les trente-deux articles particuliers tout ledit edict y estoit aussi compris, et d'avantage tout ce que les princes et seigneurs de la ligue estimerent estre de leur propre et particulier interest.

Le premier article portoit que les articles accordez à Nemours en juillet 1585, et tous les edits et declarations faites sur iceux, seroient inviolablement observez.

II. Que le Roy feroit l'edit d'union cy-dessus.

III. Que le Roy et tous ses subjects jureroient d'employer leurs moyens et personnes, et mesmes leurs vies, pour extirper les heresies de toute la France.

IV. Qu'après le decez de Sa Majesté, l'on ne recevroit pour roy aucun prince heretique ou fauteur d'heresie, quelque droict ou pretention qu'il y puisse avoir.

V. Que l'on defendroit et conserveroit la personne de Sa Majesté envers tous et contre tous.

VI. Que le Roy conserveroit tous ceux qui entreroient en l'union, sçavoir, tant les catholiques qui estoient demeurez sous son obeyssance, que les catholiques associez, et les deffendroit tous de l'oppression des heretiques.

VII. Que les catholiques associez ou liguez se departiroient de toutes pratiques, intelligences, ligues et associations, tant dedans que dehors le royaume.

VIII. Que Sa Majesté, les princes, les cardinaux, tous les officiers de la couronne, et tous les corps des villes et communautez, jureront l'observation de l'edict de l'union.

IX. Que pour extirper les heresies, le Roy dresseroit deux armées, l'une pour aller en Poictou et Xainctonge, commandée par tel qu'il plairoit à Sa Majesté, et l'autre en Dauphiné, dont elle donneroit la charge à M. de Mayenne.

X. Que le concile de Trente seroit publié au plustost, sans prejudice des droicts et authoritez de Sa Majesté et des libertez de l'Eglise Gallicane, lesquels seroient dans trois mois amplement specifiez par aucuns prelats que Sa Majesté deputeroit à cest effect avec quelques officiers de ses cours souveraines.

XI. Que, pour seureté de l'observation des presents articles, la garde des villes delaissées par ceux de Nemours seroit encores accordée aux princes et seigneurs de la ligue pour quatre ans, outre et par dessus les deux termes qui restoient à expirer du terme à eux accordé, et pareillement de la ville de Dourlans.

XII. Que les princes et seigneurs de la ligue qui auroient lesdites villes en garde les remettroient ez mains de Sa Majesté dans six ans.

XIII. Et d'abondant le Roy leur accordoit, pour le mesme temps de six ans, les villes d'Orleans, Bourges et Montreuil, et que s'il advenoit que les capitaines et gouverneurs desdites villes decedassent durant le susdit temps de six ans, Sa Majesté n'en pourvoiroit point d'autres que ceux qui luy seroient nommez par lesdits princes, durant ledit temps de six ans.

XIV. Que ledit temps de six ans passé, lesdictes villes seroient remises ez mains de Sa Majesté.

XV. Que le sieur de Gessans seroit remis dans la citadelle de Valence.

XVI. Que le sieur du Belloy seroit reintegré en sa capitainerie du Crotoy.

XVII. Que le capitaine Bernet sortiroit de Bologne, et que sa charge seroit donnée à un gentil homme de Picardie; et moyennant ce, que les princes de la ligue feroient retirer leurs gens de guerre des environs de Bolongne.

XVIII. Que toutes les villes qui se sont declarées du party et se sont unies avec les princes de la ligue jusques au jour du present accord, seront delaissées en l'estat qu'elles sont, sans qu'il y soit rien innové en consideration des choses passées.

XIX. Que d'une part et d'autre les capitaines et gouverneurs des places qui ont esté depossedez y seront reintegrez, et toutes garnisons qui y ont esté mises depuis le 12 may ostées.

XX. Que les biens des heretiques et de ceux qui portent les armes contre Sa Majesté seront vendus.

XXI. Que les regiments de Sainct Paul et de Sacremore seront payez comme les autres qui serviront aux armées.

XXII. Que les garnisons de Thoul, Verdun et Marsal, seront traitées et payées comme celle de Mets.

XXIII. Quand le Roy se servira des compagnies de ses ordonnances, qu'il employera celles desdits princes de la ligue pour estre payées comme les autres.

XXIV. Que le prevost des marchans et eschevins de la ville de Paris nouvellement esleus seroient continuez encor pour deux ans, du jour de la Nostre Dame d'aoust prochain venant.

XXV. Que Brigard, commis par lesdits princes, continuëroit l'office du procureur du Roy de la ville, et que Perrot, qu'ils en avoient osté, et lequel estoit pourveu par le Roy dudit estat, jouyroit seulement des gages jusques en l'an 1590, qu'il en seroit remboursé par celuy qui seroit esleu.

XXVI. Le chasteau de la Bastille sera remis entre les mains de Sadite Majesté pour en disposer ainsi qu'il luy plaira.

XXVII. Sa Majesté fera eslection d'un personnage à elle agreable et à ladite ville, pour estre pourveu de l'estat de chevalier du guet.

XXVIII. Les magistrats, conseillers, capitaines et autres officiers des corps de villes qui ont esté changez ez villes de ce royaume qui ont suivy le party desdits sieurs princes, se remettront pareillement entre les mains de Sadite Majesté desdites charges, laquelle les y fera reintegrer promptement pour le bien et tranquilité d'icelle.

XXIX. Tous prisonniers faits depuis le 12 de may à l'occasion des presens troubles, seront mis en liberté de part et d'autre sans payer rançon.

XXX. L'artillerie prise à l'Arsenac sera remise avec les autres munitions qui ont esté enlevées, qui resteront en nature.

XXXI. Si, après la conclusion du present accord, aucuns, de quelque qualité ou condition qu'ils soient, entreprennent contre les villes et places de Sadite

Majesté, ils seront tenus pour infracteurs de paix, et comme tels poursuyvis et chastiez, sans estre favorisez et soustenus par lesdits sieurs princes, ny par autres, sous quelque pretexte que ce soit.

XXXII. Pareillement aussi, si aucunes des villes et places qui sont baillez pour seureté venoient à estre prises par quelques-uns, ceux qui les auront prises seront punis et chastiez comme dessus, et estans lesdites villes reprises, seront remises entre les mains desdits sieurs princes pour le temps qu'il leur a esté accordé.

Cest edict de l'union des catholiques, et ces articles particuliers accordez entre le Roy et les princes et seigneurs de la ligue, selon l'apparence humaine, devoient estre sans doute la ruine totale des heretiques et de l'heresie. Le Roy de son costé satisfit de tout ce qui fut en son pouvoir pour le faire executer de point en point : de son propre mouvement et de sa seule volonté, comme on luy porta signer les articles, il fit oster ces mots de *la ligue des catholiques*, et y fit mettre *l'union des catholiques*, pour ce, disoit-il, que ce mot de ligue avoit tousjours esté le tiltre que prenoient d'ordinaire les factieux et remueurs d'Estat. Mais le fruict qu'il se promettoit de cest edict estoit que des trois partis qu'il y avoit en France il n'y en auroit plus que deux, et qu'il seroit le seul chef des catholiques de son royaume, lesquels n'auroient plus d'autre dessein que le sien quand ils auroient juré cest edict, ny d'autre volonté que la sienne. Voyons un peu comme cet edict fut observé par le Roy d'un costé, et par les princes de la ligue de l'autre : car ce fut le seul pretexte sur lequel tant de peuples et de villes se revolterent contre le Roy après la mort du duc de Guise, disant que Sa Majesté avoit contrevenu à son edict d'union; et d'autre costé le Roy et ceux qui ont escrit en sa faveur ont rapporté les causes principales de la mort du duc de Guise à ce qu'il n'avoit gardé les principaux articles dudit edict d'union. Il est donc très-necessaire icy de voir les raisons des uns et des autres, affin de comprendre mieux la cause des troubles de l'an 1589 et des années suivantes, qui est le vray subject de nostre histoire.

Le Roy, après qu'il eut faict rendre graces à Dieu et chanter le *Te Deum* dans la grande eglise de Rouën pour son edict d'union, il s'en retourna à Chartres, et n'alla point à Paris, quoy qu'il en fust très-instamment prié, et s'excusa sur les preparatifs des trois estats à Blois, où il se vouloit rendre au commencement de septembre. La Royne mere et la Royne partirent alors de Paris avec messieurs le cardinal de Bourbon, les ducs de Guise et de Nemours, et furent trouver le Roy à Chartres, où Sa Majesté s'effectua de leur communiquer à tous ses faveurs et ses bonnes graces, affin qu'ils abandonnassent toutes leurs ligues et associations qu'ils avoient, tant dedans que dehors le royaume, et qu'ils n'eussent plus aucun subject de se plaindre.

Par ses lettres patentes du dix-septiesme d'aoust il declara M. le cardinal de Bourbon le plus proche parent de son sang, luy permettant, pour ceste consideration, de creer un maistre de chacun mestier en chacune ville de son royaume, et que les officiers et serviteurs domestiques et commensaux dudit sieur cardinal jouyroient de semblables privileges, exemptions et immunitez que les officiers domestiques de Sa Majesté. Ces lettres furent veriffiées en parlement à Paris le 28 d'aoust, à la verification desquelles Hotman, advocat dudit seigneur cardinal, dit que l'honorable tesmoignage que le Roy faisoit audit sieur cardinal de le recognoistre pour le plus proche prince du sang du costé paternel, estoit une belle lueur sans nuage et à descouvert qui refleschiroit plus clairement sur les autres princes de la mesme famille des Bourbons, selon qu'ils se trouveroient plus proches et vrais imitateurs de la pieté et des vertus du roy sainct Loys, duquel ils sont descendus, à ce que toute la France eust occasion de chanter en sa loüange : *Benedictus Dominus, qui non passus est ut deficiat successor familiæ tuæ.*

Dez le 14 d'aoust (1), par ses lettres patentes, il avoit aussi donné à M. le duc de Guise pouvoir, puissance et authorité de commander en l'absence de Sa Majesté sur toutes ses armées, et de faire observer tous les reiglements faicts sur la gendarmerie, la faire vivre en bon ordre, faire punir les delinquans, commettre commissaires pour faire les monstres, relever les absens desdites monstres, en bailler ses mandements pour en servir d'acquit : bref, il le fit lors son lieutenant general par toutes ses armées, et ne luy

(1) *Dez le 14 d'aoust.* Cet édit, qui existe en entier dans le troisième volume des *Mémoires de la Ligue*, est du 4 août 1588. En voici le préambule : « Sçavoir faisons que nous, bien et duement informés de la lon-
« gue expérience de nostre cousin au faict de la guerre et en la con-
« duite de nos armées, pour ces causes et aultres à ce nous mouvans,
« de l'advis de la Royne, nostre très honorée dame et mere, avons
« donné et donnons par ces presentes, etc. »

manquoit que le tiltre de connestable. Il luy promit aussi qu'il escriroit à Sa Saincteté en faveur du cardinal de Guise, pour luy faire avoir la legation d'Avignon.

M. de Nemours aussi eut promesse d'estre pourveu du gouvernement de Lyonnois; mais ces lettres ne furent expediées que durant les estats à Blois.

M. l'archevesque de Lyon eut l'entrée au conseil secret, qui ne l'avoit qu'au conseil d'Estat, et mesmes il rescrivit en sa faveur au pape Xiste, pour luy faire avoir un chapeau de cardinal.

M. de La Chastre eut l'estat de mareschal de camp en tiltre d'office, et le sieur de Mayneville fut creé conseiller d'Estat. Bref, il distribua de ses faveurs à tous ceux qu'il pensoit avoir du credit dans la ligue, afin que les effets de sa bonne volonté en leur endroit les fist recognoistre et retirer de tout autre dessein contraire à sa volonté. Il leur ouvre son cœur, il leur communique ses secrets. Il accorde plusieurs demandes aux villes qui s'estoient unies de leur party, et confirma tous les officiers et capitaines qui y avoient esté introduits au prejudice des anciens.

L'estat des gens de guerre pour aller aux deux armées qui se dressoient pour le Dauphiné et le Poitou fut publié par tout. De celle de Poitou la charge en fut donnée à M. le duc de Nevers, qui supplia le Roy de l'en descharger, non pas qu'il voulust s'exempter d'employer sa vie en une telle guerre, en laquelle il promettoit à Sa Majesté de le servir durant trois ans continuels avec cent gentils-hommes armez et payez à ses despens, mais pource qu'il failloit de grandes forces pour accabler les heretiques, et grand nombre de deniers, afin de ne tomber en l'inconvenient, disoit-il; où se trouva plusieurs fois Simon de Montfort contre les Albigeois, lequel fut contraint de lever le siege de plusieurs villes faute de secours. Nonobstant, le Roy chargea ledit duc de Nevers de la conduite de ceste armée; mais, pource que le duc de Guyse avoit esté declaré lieutenant general par toutes les armées, sur quelques devis des incidents qui eussent peu advenir que le duc de Nevers eust esté contraint, si le duc de Guyse fust allé en Poictou, de luy ceder sa charge, le Roy luy en bailla particuliere declaration, et voulut qu'il fust seul son lieutenant general en ceste armée.

Voylà comme le Roy execute ses promesses, et mesmes employa en ses armées les compagnies des gens-d'armes des princes de la ligue, ainsi qu'ils l'avoient stipulé par les articles secrets, et les regiments de Sainct Paul et de feu Sacremore y furent payez comme les autres; et fit d'abondant jurer ledit edict d'union par l'assemblée des estats, ainsi qu'il sera dit cy après. Voyons maintenant comme les princes de la ligue satisfirent à l'edict d'union, cependant que le roy de Navarre se preparoit à la deffensive, ayant chassé les gens de guerre du sieur de Laverdin qu'il avoit laissez dans Marans et dans l'isle de Charon, et mis de bonnes garnisons par toutes ces places.

La galeasse generale de la grande armée navalle d'Espagne fut emportée d'une courante sur le sable prez le port de Calais; le sieur de Gordan envoya vers le Roy à Chartres tous les forçats qui estoient dedans ceste galeasse pour en faire ce qu'il voudroit. Quatre jours auparavant qu'ils y arrivassent, l'ambassadeur d'Espagne estoit party de Paris pour aller dire au

Roy l'heureux succez de l'armée de son maistre, comme elle avoit esté victorieuse de l'armée d'Angleterre, dont mesmes il en avoit faict imprimer le discours par Guillaume Chaudiere, libraire à Paris. Cet ambassadeur, arrivé dans l'eglise Nostre Dame de Chartres, devant qu'entrer à l'evesché où estoit logé le Roy rendit graces à la Vierge Marie de l'heureuse victoire qu'elle avoit donnée à sa nation, avec demonstration de joye. Au sortir de l'eglise, venant pour trouver Sa Majesté, avec une façon toute espagnole, aux gentilshommes qu'il rencontroit et cognoissoit de la ligue des catholiques il leur disoit : *Victoria! Victoria!* Et ainsi il vint trouver Sa Majesté, à laquelle il monstra une lettre qui luy estoit venuë de Diepe : mais le Roy luy monstra celle du sieur de Gourdan, gouverneur de Calais, par laquelle il luy mandoit que l'armée angloise avoit tellement canonné l'espagnolle, qu'elle l'avoit diminuée de douze vaisseaux et de plus de cinq mille hommes, et qu'il leur estoit impossible de mettre le pied en Angleterre. L'ambassadeur alors eut recours au duc de Guise pour impetrer du Roy que les forçats de la grande galeasse que le sieur de Gourdan envoyoit luy fussent rendus, attendu la paix qu'il y avoit entre l'Espagne et la France, affin d'estre renvoyez et remis aux galleres, et qu'ils ne servissent à la cour du roy de France d'un tesmoignage de la perte de son maistre. Le duc de Guise tasche de l'obtenir : le Roy dit qu'il faut en deliberer au conseil. Cependant tous ces pauvres forçats arrivent au nombre de quelque deux à trois cents; ils se mettent le long des degrez de l'eglise par où le Roy devoit passer pour aller à la messe, où, dez qu'ils le veirent, ils se jetterent tous à genoux, ayant abbatu leur farset et capan, estans nus comme ils sont quand ils tirent la rame, crians *Misericordia! Misericordia!* Le Roy les regarde; le conseil se tient l'apresdinée, où, nonobstant toutes les remonstrances de l'ambassadeur d'Espagne, attendu que c'estoient Turcs, Mores et Barbares que l'Espagnol avoit rendu esclaves par le hazard de la guerre, et lesquels estoient arrivez par autre hazard de guerre aux terres de France, où l'on n'usoit d'esclaves ny de forçats s'ils n'estoient malfaicteurs, il fut dit qu'ils avoient acquis leur liberté, et qu'estans des terres de l'obeissance du Turc, auquel les François avoient alliance, qu'ils seroient renvoyez à Constantinople par la voye de Marseille où ils seroient conduits, et qu'à chacun il leur seroit baillé un escu en les embarquant dans les premieres navires turquesques qui s'en retourneroient en Levant. Le Roy recognut lors les diverses affections de ceux de son conseil; car ceux qui estoient de la ligue ne se peurent tenir qu'ils ne soustinssent la requeste de l'ambassadeur d'Espagne; mais le duc de Nevers et le mareschal de Biron s'y opposerent lors tellement pour la manutention de la liberté de la France, qu'ils furent comme contraints de suivre leur opinion.

Tous les plus clair-voyans et sages politiques voyoient bien que le Roy par l'edit d'union avoit acheté la paix avec ses subjets, et que nonobstant tous les bien-faicts qu'il faisoit aux princes de la ligue, qu'il faudroit qu'il en vinst à une cruelle guerre contr'eux, car voicy ce que plusieurs en escrivirent dèslors :

I. Que l'edict de l'union ne fut si tost juré au parlement de Paris, par lequel il estoit dit que tous les subjects du Roy, de quelque qualité qu'ils fussent, se departiroient de toutes ligues, practiques et intelligences qu'ils avoient, tant dedans que dehors le royaume, que les deputez du roy d'Espagne se sentans offensez de voir que, par l'edict d'union, les princes, seigneurs et villes de la ligue s'estoient obligez de se departir des traictez qu'ils avoient avec eux, et par ce moyen que le roy d'Espagne perdroit, outre les grosses sommes de deniers qu'il leur avoit données depuis le traicté qu'ils avoient faict ensemblement à Ginville au commencement de l'an 1585, l'esperance de recouvrer Cambray par leur moyen, comme ils luy avoient promis, ils reprocherent aux princes et conseil de la ligue qu'il n'y avoit nulle stabilité parmy eux, veu qu'à toutes les deux fois qu'ils avoient faict la paix avec le Roy, ils n'en avoient point adverty le roy d'Espagne leur maistre, comme ils estoient tenus faire par ledit traicté de Ginville; à quoy il fut respondu par les princes et conseil de la ligue des Seize à Paris qu'ils n'entendoient aucunement de se departir de la confederation qu'ils avoient avec le roy d'Espagne, ainsi qu'ils l'approuveroient et reconfirmeroient derechef, et que ce qu'ils en avoient faict n'avoit esté que pour mieux preparer les choses à leur intention.

II. Que les brigues par toutes les provinces à ce que ceux qui seroient esleus et envoyez aux estats fussent de leur party n'estoient que trop descouvertes. Dans Chartres mesmes où le Roy estoit, le sieur de Lignery, de leur party, en estoit venu jusques aux injures contre le sieur de Maintenon. Les brigues du lieutenant nommé le roy d'Amiens n'estoient que trop sceuës, et que mesmes les deputez de la ville de Paris pour aller aux estats avoient esté esleus des plus remuans de la faction des Seize, le conseil desquels leur avoit baillé de très-amples memoires pour saper et abattre l'authorité royale; et mesmes que toutes les villes et communautez de la ligue, nonobstant tous les serments de renoncer à toutes ligues et associations, se regloient au conseil des Seize de Paris, et y prenoient les instructions suivantes, que l'on intituloit : Articles pour proposer aux estats et faire passer en loy fondamentale du royaume. 1. Que le concile de Trente seroit receu en France, sans prejudice des droicts de l'Eglise Gallicane, sous l'octroy et confirmation de Sa Saincteté. 2. Que nul ne seroit receu roy de France s'il n'estoit de la religion catholique, apostolique et romaine, et recogneu tel par le continuël exercice qu'il en auroit tousjours faict. 3. Que les princes yssus du sang royal, de quelque costé, estoc ou ligne que ce fust, lesquels seroient heretiques ou fauteurs d'heresie, seroient declarez incapables de la couronne de France, quelque pretention ou droict qu'ils pourroient alleguer, attendu que les roys de France sont plus roys par la grace de Dieu que par nature. 4. Que le peuple de France, en cas que le Roy tombast en heresie, ou la soustinst ou permist directement ou indirectement, seroit declaré et tenu quitte de l'obeyssance qu'il devoit au Roy. 5. Que les roys ny le royaume de France ne pourroient avoir confederation, association, intelligence, practique, alliance ou ligue avec les infidelles ou heretiques. 6. Que les roys de France n'useroient plainement de leur souveraine et royale authorité qu'ils ne fussent oingts et sacrez, d'autant que la grace de Dieu qui suit leur sacre leur donne et conserve plus de droict à la couronne que ne faict la nature qu'ils ont extraicte de leurs progeniteurs : cependant que l'administration et regence du royaume seroit ez mains de qui de droict et coustume elle devoit estre. 7. Que la souveraine authorité des roys seroit contenuë et arrestée dans les bornes et termes de la raison, de l'equité et des loix fondamentales du royaume, et, en cas que les roys y contrevinssent, les estats generaux en prendroient cognoissance, et justement se maintiendroient au droict et practique de leurs predecesseurs, usants du pouvoir et de l'authorité de laquelle ils ont premierement revestu leurs roys, et qui leur seroit devoluë. 8. Que la guerre ny la paix ne se feroit sans l'advis des estats generaux, ny aucune levée de deniers sans leur consentement. 9. Que les dons, octrois, estats et amplifications de pouvoir donnez par le Roy seroient validez par les estats ou invalidez. 10. Qu'en chacune cour souveraine il y auroit une chambre composée de personnes esleuës par les estats, à laquelle les plaintes du peuple, et les contraventions aux ordonnances des estats generaux seroient raportées, et en cognoistroit en dernier ressort. 11. Que chacun ordre des trois estats auroit un syndic general à la suitte de la cour qui recevroit les advertissements, memoires et instructions par les syndics provinciaux, et les provinciaux par ceux de chasque bailliage, pour procurer au conseil du Roy ce qui concerneroit le bien de l'Estat. Le reste desdits articles estoit pour reformer plusieurs abus touchant la confidence, simonie, ignorance et concubinage d'aucuns de l'ordre ecclesiastique, et pour adviser que les gouvernements des provinces et villes et les estats de judicature ne fussent plus venaux; aussi que les actions de ceux qui se seroient enrichis par moyens illicites du sang du peuple, fussent examinées pardevant les estats. Voylà la substance des memoires secrets que le conseil de la faction des Seize envoyoit à tous ceux de leur party, et comme ils vouloient faire tomber la souveraine puissance royale entre les mains de l'assemblée des estats, et faire que les roys de France à l'advenir fussent maistres et valets tout ensemble, ce qu'ils penserent faire venir à effect, ainsi qu'il sera dit cy-après. Aussi en mesme temps ils firent imprimer une remonstrance sur les desordres et miseres de ce royaume, causes d'icelles et moyens d'y pourvoir, qu'ils envoyerent à tous leurs partisans : ils firent courir le bruit que c'estoit l'archevesque de Lyon qui l'avoit faicte; du depuis il fut sceu qu'ils y avoient tous travaillé, que c'estoit un livre de plusieurs peres, et que l'advocat Roland y avoit la plus grand'part. Le Roy remarqua luy-mesme qu'au tiltre de ceste remonstrance ils ne l'appelloient point Très-Chrestien, et qu'ils accommodoient ce passage du premier livre des Roys, chap. 12 : *Craignez Dieu et le servez en verité et de tout vostre cœur, car vous avez veu les choses magnifiques qu'il a faictes parmy vous; que si vous perseverez en malice, et vous et vostre roy perirez ensemble*, affin de rendre Sa Majesté odieuse à son peuple si elle ne vouloit suivre la teneur de leurs remonstrances, pleines de propositions que le temps et la necessité des affaires ne pouvoit permettre, voulans entre autres choses qu'il fist la guerre à l'heresie, laquelle ne se pouvoit faire sans argent, et l'argent ne se pouvoit recouvrer qu'à la foule du peuple; et toutesfois ils vouloient qu'il soulageast le peuple par la descharge des tailles, et que les estats et offices ne fussent plus vendus. Ainsi, sous le voile du bien public, la faction des Seize couvroit sa revolte et sa rebellion contre le Roy leur souverain seigneur.

III. Que les Seize avoient faict imprimer à Paris et publier l'histoire de Gaverston, dont le bruit estoit que le docteur Boucher estoit l'autheur, où l'on comparoit le Roy au roy d'Angleterre Edouard II (1), qui estoit un prince sanguinaire, hypocrite et tyran, et le duc d'Espernon à Gaverston, gentil-homme gascon et favorit d'Edouard : ce livret estoit plein de presumptions et calomnies indignes d'estre dites et leuës.

IV. Que la ligue, nonobstant le vingt-neuviesme des articles secrets de l'edict de reünion, portant qu'ils n'entreprendroient rien contre les villes et places de Sa Majesté, sur peine d'estre punis comme infracteurs de paix, avoit, le 10 d'aoust, fait faire une revolte par le peuple d'Angoulesme, à ce induit par les sieurs de Meré, de Messeliere, de Macquerolle et Desbouchaux, gentils-hommes de leur party, qui avoient entrepris sur la vie du duc d'Espernon, lequel mesmes avoit fait publier l'edict d'union dans Angoulesme, et ce sur certaines impostures et faux bruits qu'ils avoient fait courir que le sieur duc d'Espernon vouloit faire entrer quelques troupes des huguenots dans le chasteau pour piller la ville, et mesmes que pour executer

(1) *Edouard II.* Ce prince fut détrôné en 1326 par Isabelle de France son épouse. Il n'étoit ni *sanguinaire* ni *tyran*. Son caractère avoit plus d'un rapport avec celui de Henri III.

leur conspiration, le maire d'Angoulesme, suivy des plus mutins du peuple, estoit entré au chasteau où estoit le duc d'Espernon, en feignant de luy vouloir presenter des courriers qui venoient de la Cour; sur laquelle feinte il estoit monté en l'antichambre du duc, criant: *Tuë! tuë!* et faisant deslacher quelques coups de pistoles; ce qu'entendu par le duc, qui estoit dans sa chambre, et par quelques siens gentils-hommes, ils avoient esté contraints ensemblement de courir aux armes, avec lesquelles ils avoient repoulsé la populace, tué le maire; ce qui avoit donné l'alarme par la ville, dont tout le peuple s'estoit barricadé contre le chasteau et la citadelle, de laquelle ils avoient pris le capitaine prisonnier avec madame d'Espernon, comme elle sortoit de la messe des Jacobins : laquelle entreprise et conspiration eust apporté un estrange trouble en ceste province, si le sieur de Tagens, qui le lendemain arriva au secours dudict duc son cousin, n'eust moyenné l'accord et la paix des habitans d'Angoulesme, avec un oubly de leur mutinerie. Le duc de Guise, au recit que l'on luy fit de ceste entreprise, et comme le duc d'Espernon avoit repoulsé la mutinerie de ce peuple, dit : « Il a monstré en cest acte là ce que je n'avois jamais creu de luy; sa valeur l'a sauvé, et sa prudence, avec laquelle il a excusé la folie du peuple d'Angoulesme, sera l'establissement de ses affaires en ceste province là. »

V. Que sur ce mot de *fauteurs d'heresie*, contenu au quatriesme article de l'edict d'union, le Roy ayant donné ses lettres d'abolition à M. le comte de Soissons, l'un des princes de son sang et catholique, pour avoir, contre la volonté de Sa Majesté, esté avec quelques. troupes secourir de ses armes le roy de Navarre son cousin germain paternel, et M. le prince de Condé son frere, pource qu'alors chacun jugeoit que la ligue n'en vouloit pas tant à l'heresie qu'à la maison de Bourbon, et lequel sieur comte estoit venu trouver Sa Majesté pour le servir contre la ligue après la journée des Barricades; mais sur ce qu'ayant, selon l'ordre accoustumé en France, envoyé verifier ses lettres au parlement, tous les mutins de la faction des Seize de Paris s'estoient opposez à la verification d'icelles, avec menaces à la Cour, disans qu'il failloit qu'il eust absolution du Pape aussi bien que s'il eust esté heretique, le Roy trouva ceste hardiesse estrange, et cognut lors que l'on vouloit faire pratiquer l'edict de l'union autrement qu'il ne l'avoit entendu : car, de contraindre les princes de son sang et ses subjects à l'advenir d'aller demander absolution au Pape pour quelque desobeissance particuliere, quant ils n'avoient point esté heretiques, cela n'avoit jamais esté pratiqué : tous les princes et seigneurs qui avoient esté en Flandres avec feu M. le duc d'Anjou, et avoient combatu avec les heretiques de Flandres, et lesquels estoient mesmes à present des principaux de la ligue, n'avoient esté astreints à la rigueur que l'on vouloit estre pratiquée contre iceluy prince : bref, le Roy fut contraint d'en parler au cardinal Morosini, legat en France, et en rescrivit au Pape; et le comte envoya le sieur Jules Richi à Rome en prier Sa Saincteté. La ligue lors remua ce qu'elle peut pour empescher ceste absolution, et employa ses amis au consistoire pour la traverser; mais Richi ayant esté introduit vers Sa Saincteté, qui estoit lors en sa galerie, il luy dit (de genoux) la supplication de son maistre. Le Pape luy demanda s'il avoit esté à la bataille de Coutras, et s'il avoit tousjours accompagné son maistre cependant qu'il avoit esté avec le roy de Navarre. Richi luy dit qu'il l'avoit assisté par tout où il avoit esté. « Dites moy, dit le Pape, et à la verité, comme ceste bataille se passa, et ce que vous avez cognu du naturel du roy de Navarre. » Richi luy dit tout ce qui s'estoit passé à Coutras, et comme le duc de Joyeuse, ayant disposé son armée pour combattre en haye, afin de favoriser la plus-part de ses jeunes capitaines de gend'armes qui vouloient donner chacun avec sa compagnie, attaqua le roy de Navarre, l'armée duquel estoit composée de cinq gros bataillons de cavalerie, qui sortit d'un fonds où il estoit, et chargea de telle furie l'avantgarde du duc qu'il la mit à vauderoute : ce que voyant le duc, sans donner loisir à ceux qui estoient devant luy, avoit pris la charge; et, comme il estoit près de rompre son bois, les deux generals n'estans qu'à vingt pas l'un de l'autre, une compagnie de l'advantgarde du duc fuyant se vint jetter entre ses bras, qui l'avoit empesché d'aller à la charge et contraint de faire ferme, regardant le bataillon du roy de Navarre, lequel soudain fit tirer de telle sorte une quantité d'arquebusiers de cheval qu'il avoit, qu'en un moment ils mirent par terre la moitié de la cornette blanche du duc, qui lors fut blessé au petit ventre, son cheval tué; mais estant remonté, et plus de cinq cents des siens ayant pris la fuite, le roy de Navarre en mesme temps chargea le duc à sa gauche et à sa droite, lequel, après avoir rompu son bois, assisté de bien peu de gens, vit sa cornette blanche enlevée et celuy qui la portoit tué tout d'un coup devant luy, et à l'instant un autre bataillon de cavalerie qui le vint charger, où, pour la poussiere qui estoit, et pour la fumée que rendoient les mousquetades et harquebusades, il estoit impossible de rien recognoistre. Le duc pensant faire ferme, son cheval et luy furent tuez, et tous ceux qui l'accompagnoient terrassez; et ainsi toute l'armée fut desfaicte, et tous les capitaines presque tuez, blessez ou pris. Pour les prisonniers, et pour le traitement qu'ils avoient receu après ceste bataille, que les sieurs de Sainct Luc, de Montigny, de Piennes et autres gentils-hommes, porteroient tousjours le tesmoignage des courtoisies qu'ils avoient receus en leurs prinses de la maison de Bourbon, et mesmes que le roy de Navarre avoit à d'aucuns d'entr'eux fait rendre leurs cornettes et drapeaux, à d'autres leurs equipages et chevaux, et estants retournez vers le Roy, avoient assez publié par tout où il passoit la generosité du roy de Navarre, sa valeur, et la diligence et celerité dont il usoit en ses exploicts militaires. « J'ay sceu, dit Sa Saincteté, tout cela; mais, dites moy, vostre maistre a il parlé avec le mareschal de Montmorency, se sont ils entreveus, sont ils en bonne amitié ensemble? » Richi, se tenant tousjours en son devoir, luy dit la bonne intelligence que son maistre avoit tousjours euë avec ledit sieur mareschal, et les caresses et desmonstrations d'amitié dont ils s'estoient reciproquement honorez à leur entreveuë en Languedoc. Le Pape luy dit lors : « Je suis très-aise de leur bonne amitié, je desire que vostre maistre la continuë; je ne croiray point ceux qui me persuadent de vous remettre à une assemblée generale des cardinaux, qui ne pourroit estre que dans six mois, pour vous donner responce à la suplication de vostre maistre. Je vous feray expedier dans demain vostre demande. » Ceux qui ont escrit sur ceste absolution ont remarqué que l'intention de la ligue estoit double : l'une de gratifier Sa Saincteté et luy faire cognoistre que doresnavant tous ceux qui assisteroient ou porteroient faveur aux heretiques, ores qu'ils fussent catholiques, outre l'abolition que le Roy leur en donneroit, qu'ils seroient contraints d'en avoir son absolution, ce qui n'avoit jamais esté practiqué en France; et d'avantage que, commençant par un prince de telle qualité, cela s'observeroit jusques aux moindres : ce qui n'a esté depuis toutesfois practiqué. L'autre intention estoit de traverser tellement iceluy prince, qu'il ne peust tenir son rang en l'assemblée des estats. Mais le Roy ayant descouvert leur dessein, et que le mariage du prince de Ginville se practiquoit à Rome avec une niepce du Pape, sur l'esperance que le duc de Guise son pere donnoit de le faire grand, mesmes que Sa Saincteté avoit rescrit des lettres au duc de Guise pour seurement communiquer avec le cardinal Morosini, l'on fit faire la proposition du mariage dudit sieur comte de Soissons avec la niepce de Sa Saincteté, ce qui auroit esté une des principales causes que ledit sieur comte obtint si promptement son absolution, nonobstant toutes les traverses de la ligue. C'est assez sur ce sujet. Voyons la sixiesme contravention des princes de la ligue à l'edict d'union.

VI. Que le sieur de Chattes, gouverneur du Havre de Grace, le sieur de Corbon, gouverneur de Han en Picardie, et les gouverneurs de Mouson, de Maubert-Fontaine, de Rocroy et de Vitry, ayant envoyé en la ville de Paris pour sçavoir comme ils se devoient gouverner, puis que par l'edict d'union ils avoient juré de se departir de toute ligue, et que, suivant ledit edict, ils se devoient ranger du tout auprès du Roy, le conseil des Seize leur avoit fait response qu'il ne falloit rien changer de l'intelligence et association precedente qu'ils avoient entr'eux, mais qu'il failloit tousjours continuer plus que jamais affin de parvenir à l'effect desiré.

VII. Le sieur de Balagny (1), estant gouverneur de Cambray pour la Royne mere (comme s'estant portée heritiere de feu M. le duc d'Anjou), au prejudice de ses bienfaicteurs minutoit l'establissement d'une future principauté particuliere dans Cambray pour se faire nommer à l'advenir prince de Cambresis. La Royne mere est advertie de toutes ses practiques, elle prie le Roy d'y donner ordre : le Roy ne s'en veut mesler à l'ouvert, quoy qu'il eust bien desiré tirer le sieur de Balagny de ceste place, lequel peu après descouvrit quelques intelligences et pratiques que M. le duc d'Espernon avoit sur la citadelle de Cambray. Ce fut lors que Balagny eut recours au duc de Guise, qui envoya le sieur de La Fougere à Cambray avec ample pouvoir pour traicter et accorder avec luy, ce qu'ils firent le 15 janvier 1587. Premierement, que le duc de Guise employeroit sa vie et ses moyens, et de tous les princes et seigneurs catholiques alliez avec luy, pour la conservation et deffense du sieur de Balagny, ses biens et honneurs, et particulierement de

---

(1) *Le sieur de Balagny*. Il étoit fils naturel de Jean de Montluc, évêque de Valence. Il eut depuis cette souveraineté de Cambrai à laquelle il prétendoit; mais il ne la posséda pas long-temps.

l'authorité qu'il avoit dans la ville et citadelle de Cambray et pays de Cambresis. 2. Que ledit duc le secourroit envers et contre tous sans nul excepter, soit sous main, ou à visage descouvert. 3. Qu'advenant la mort du sieur de Balagny, ledict sieur duc et tous les princes ses alliez et confederez continueroient les mesmes obligations envers la femme et enfans dudit sieur de Balagny. 4. Qu'en cas que les ennemis dudit sieur de Balagny luy fissent desnier les payements et entretenements de sa garnison, ledict sieur duc luy fourniroit huict monstres par an selon l'estat des dernieres qui s'y sont faites, dont sur et tant moins il luy seroit baillé douze mil escus par advance, desquels il tiendroit compte. 5. Que ledit sieur duc fourniroit six mil escus tous les ans audit sieur de Balagny pour les despences extraordinaires qu'il luy conviendroit faire, et vingt mil escus pour une fois qui luy seroient donnez presentement par ledit sieur duc. 6. Que moyennant les conditions cy-dessus le sieur de Balagny se joindroit d'amitié et d'intelligence avec ledit sieur duc et les autres princes et seigneurs catholiques, pour resister aux pernicieux desseins des heretiques et de leurs adherens, et qu'il jureroit et protesteroit d'employer sa vie et ses moyens pour un si sainct œuvre, et de tout, specialement de sa place de Cambray, favoriser les sainctes entreprises du duc de Guise, et sur tout qu'il ne se desferoit de l'authorité, charge et pouvoir qu'il avoit dans la ville et citadelle de Cambray. Moyennant cest accord, le sieur de Balagny se declare de la ligue; le duc de Guise satisfaict à sa promesse, et tire trois compagnies de chevaux legers de Cambray pour s'en servir parmy ses troupes. Mais dès que l'édit d'union fut publié, le sieur de Balagny envoya son secretaire au conseil de la ligue à Paris, pour sçavoir leur intention et estre esclaircy de deux choses : la premiere, s'ils avoient intention de rompre le susdit accord qu'il avoit fait avec le duc de Guise et les princes et seigneurs de la ligue, pource que ledit edict portoit qu'ils devoient renoncer à toutes ligues, tant dedans que hors le royaume ; la seconde, qu'il avoit pressenty une promesse que lesdits sieurs princes de la ligue avoient faicte audit traicté de Ginville, de remettre la ville de Cambray en l'obeissance de l'Espagnol. A la premiere il luy fut respondu que tant s'en faut que l'on eust intention de rompre l'accord faict avec luy, que l'on luy confirmoit, et l'asseuroit on de faire mieux en son endroit que l'on n'estoit obligé par ledit accord. A la seconde, que ce n'estoit qu'une promesse particuliere faicte au roy d'Espagne, qui n'estoit couchée dans le traicté de Ginville ; et quand elle y seroit, qu'ils n'y estoient plus tenus d'y satisfaire, veu mesmes que l'Espagnol ne leur avoit tenu tout ce qu'il leur avoit promis par ledit traicté. Sur ce sujet il fut remarqué trois choses : la premiere, que les princes de la ligue s'estoient obligez au roy d'Espagne de luy faire recouvrer Cambray, qui estoit la seule place restée des labeurs de feu M. le duc d'Anjou, lequel l'avoit laissée à la Royne sa mere, avec charge de la conserver pour la grandeur de la couronne de France ; la seconde, qu'ils avoient promis de conserver le sieur de Balagny en son gouvernement de Cambray envers tous et contre tous, et mesmes sa femme et ses enfans après sa mort ; et la troisiesme, qu'ils avoient juré, l'an 1585, l'edict de Nemours, et en ceste année 1588 l'edit d'union, et promis de se departir de toutes ligues, tant dedans que dehors le royaume, et se reünir sous l'obeissance du Roy. Il sera assez aisé au lecteur de juger, à la suite de ceste histoire, lesquelles de ces trois promesses les princes de la ligue avoient envie de mettre à execution.

VIII. Que le susdit sieur de La Fougere avoit aussi esté envoyé vers M. le mareschal de Montmorency pour traicter de nouveau avec luy, et principalement pour luy proposer un mariage d'un des enfans dudit sieur duc de Guise avec une des filles dudit sieur mareschal.

IX. Qu'ils avoient aussi envoyé en Suisse pour y continuer leurs intelligences, et dire au colonel Phiffer qu'ils vouloient entretenir tout ce qui luy avoit esté promis, et qu'ils luy feroient tenir sa pension annuelle et aux autres capitaines suisses, suyvant leur accord.

X. Que M. le duc d'Aumale continuant ses pretentions sur le gouvernement de Picardie, y estoit allé pour s'en faire eslire gouverneur et en deposseder M. de Nevers, qui en estoit pourveu du gouvernement; dont le Roy adverty avoit commandé audict sieur de Nevers de s'y acheminer promptement avec deux maistres des requestes deputez par le Roy pour l'accompagner et pour corriger ceux qui faisoient des brigues pour les estats; mais M. de Nevers estant prest à partir de Paris pour aller en Picardie, le prevost des marchands et eschevins de Paris, qui estoient, comme il a esté dit cy-dessus, les premiers du conseil de la ligue et faction des Seize, le vindrent trouver en son logis, et luy dirent qu'il se donnast de garde de toucher au lieutenant general d'Amiens et à d'autres leurs confederez, par ce qu'ils ne vouloient ny ne pouvoient les abandonner.

Voylà ce que l'on remonstra au Roy pour luy donner à entendre que les princes de la ligue ne s'estoient departis de leurs associations, quelques belles promesses et serments qu'ils eussent faits à Sa Majesté. Mais nonobstant tout ce que l'on luy dit il partit de Chartres après la Nostre-Dame de septembre, et alla coucher à Chasteau-Dun, le lendemain à Marché Noir, et le troisiesme jour de son depart de Chartres il arriva sur les trois heures après midy dans son chasteau de Blois, accompagné de M. le duc de Guise et d'une vingtaine de gentils-hommes.

Toutes les faveurs faictes par le Roy aux princes et seigneurs de la ligue en leur donnant les plus grandes et honorables charges et offices de la couronne, ne les rendoient point encores contents : ils en vouloient au conseil du Roy, et principalement à M. le chancelier de Cheverny, qui en estoit le chef. Le Roy estant à Chartres, toutes leurs remonstrances ne tendoient qu'à ce but, et disoient qu'il n'y avoit rien qui apportast tant de repos et seureté qu'un bon conseil à un roy, et qu'il en failloit establir un prez de Sa Majesté presque de toutes nouvelles personnes de l'une et l'autre robbe, pour ce, disoient-ils, qu'il n'y avoit aucun conseiller du conseil qui n'eust presté l'espaule, ou qui ne fust parrain de quelque nouvel edict de creuë d'officiers ou de daces; bref, que le Roy ne prospereroit jamais suivant son conseil accoustumé, et d'avantage, qu'il failloit que d'oresnavant les conseillers du Roy fussent de diverses provinces du royaume, affin que le Roy fust mieux conseillé, sur les affaires et difficultez qui arriveroient de plusieurs et divers endroits, par ceux qui sçauroient la maniere de vivre et façon de gouverner et negocier des pays esquels ils auroient esté nais et nourris. Le Roy jugea incontinent leur dessein, et vit bien qu'ils luy vouloient oster son conseil, qui estoit ses yeux, et ne le faire plus voir que par ceux de la ligue, et principalement quand ils luy proposerent qu'il devoit bailler les seaux à M. l'archevesque de Lyon, le plus intime confident et conseiller du duc de Guise. Il est donc contraint de donner congé aux principaux conseillers de son conseil pour complaire à la ligue, et de se priver de leur presence et de leur prudence. M. le chancelier de Cheverny se retira en sa maison d'Esclimont, M. de Bellievre, superintendant des finances, messieurs de Villeroy, Pinart et Bruslart, secretaires d'Estat, se retirerent chacun en leurs maisons. Le Roy envoya querir M. de Monthelon, advocat au parlement de Paris, lequel il n'avoit jamais veu ny cogneu; et, sur la seule reputation qu'il avoit d'estre homme de bien, il le fit garde des seaux, et messieurs de Beaulieu Ruzé et de Revol, secretaires d'Estat. En l'eslection de ces personnages, qui n'avoient autre but que le zele de la religion catholique-romaine et le service du Roy, les princes de la ligue, qui pensoient y faire introduire l'archevesque de Lyon et quelques-uns de leurs partisans, se trouverent deceus de leur intention. Voylà ce que fit le Roy dès qu'il fut arrivé à Blois.

Cependant que l'on faict les preparatifs à Blois pour tenir les estats, les deux armées royales se dressent pour aller en Dauphiné et en Poictou. Messieurs du clergé de France, ainsi que nous avons dit cy-dessus, devoient fournir un million d'or au Roy pour faire la guerre à l'heresie, ce qu'ils avoient promis faire dans dix-huict mois dès l'an 1586 qu'ils alienerent de leur bien temporel pour cinquante mil escus de rente : le Roy, suyvant la permission du Pape, veut encor qu'ils en alient pour cinquante mil escus : ils trouvent que ceste forme d'alienation leur estoit fort onereuse, et aiment mieux faire un contract avec le sieur Scipion Sardini, lequel fourniroit au Roy cinq cents mil escus, à la charge de l'erection d'un receveur alternatif et deux controlleurs des decimes hereditaires en chasque diocese; ausquels cinq cents mil escus le Roy ne voulut nullement toucher, ains ordonna qu'ils fussent baillez et departis, sçavoir : à M. de Mayenne, qui devoit conduire l'armée de Dauphiné, deux cents mil escus, qu'il receut; et mesmes Sa Majesté luy fit delivrer encor toute l'artillerie et l'equipage que ledit sieur de Mayenne luy fit demander; mais ceste armée ne fit que ruyner le plat pays du Dauphiné et du Lyonnois. L'on en attribua la cause à la mort de M. de Mandelot, gouverneur de Lyon, qui advint au mois d'octobre : car M. de Mayenne estoit à Lyon lors qu'elle advint, et M. de Nemours, son frere, avoit esté pourveu du gouvernement du Lyonnois; ce qui occasionna ledit duc de Mayenne de ne bouger de Lyon, de peur de quelque remuëment en ceste ville là, et jusques à ce que les lettres du duc de Nemours eussent esté verifiées en parlement, qui ne fut que le 22 decembre, où cependant la mort de ses freres arriva à Blois, ainsi que nous dirons cy-après. Les autres trois cents mille escus furent baillez à M. de Nevers, avec toute l'artillerie et equipage necessaire qu'il luy failloit pour l'armée de Poictou, des effets de laquelle nous parlerons cy-après.

Cependant que ces armées se preparoient le roy de Navarre visitoit toutes ses places du haut et bas Poictou, les fournissoit de ce qui leur estoit necessaire. Le duc de Mercœur, gouverneur de Bretagne, qui ne pouvoit supporter de tels voisins à Montaigu que le roy de Navarre y avoit mis, en attendant que le duc de Nevers viendroit en l'armée voulut employer huict compagnies du regiment de Sainct Paul et le regiment de Gersay, lesquels estoient passez à Saumur pour aller en Poictou, et à leur ayde chasser le sieur de Colombieres, que le roy de Navarre avoit mis dans Montaigu ; et de faict M. de Mercœur fit descendre trois canons jusques à Pontrousseau en intention de battre ceste place; mais, adverty que le roy de Navarre estoit sorty de La Rochelle en intention de secourir Montaigu, il s'en retourna à Nantes, où il fut poursuivy par le roy de Navarre jusques à deux lieuës prez, et là où il attrapa huict compagnies de deux cents hommes de pied chacune du regiment de Gersay, qu'il desfit, gaigna leurs drapeaux, et en emmena quatre cens cinquante prisonniers. Après cest exploict il s'en retourna vers Nyort, sur laquelle il avoit une entreprise; mais, ne la pouvant faire executer pour lors, il revint encor vers Nantes avec quelques troupes, et ce sur la fin du mois de septembre, tant pour tascher d'entreprendre sur quelques unes des troupes de l'armée du duc de Nevers qui s'advanceroient en Poictou, que pour executer l'entreprise qu'il avoit de prendre Beauvoir sur mer. Le quatriesme octobre il investit Beauvoir, et dans trois semaines après il print ceste place à composition. Or, de peur qu'il ne s'emparast de l'isle de Bouing, l'on avoit mis dedans ceste isle deux compagnies du regiment de Sainct Paul; mais le lendemain de la reddition de Beauvoir il donna un tel ordre aux passages de ceste isle, que ces deux compagnies luy envoyerent aussi un tambour, le suppliant de leur donner un saufconduit pour se retirer en seureté; ce qu'il leur accorda, pardonnant aux habitans de l'isle, qui, contre la promesse qu'ils luy avoient faite de ne laisser entrer dans l'isle aucunes garnisons, ains de demeurer neutres, avoient donné ayde ausdites deux compagnies pour y entrer.

Après cest exploict le roy de Navarre distribua ses troupes en garnison par toutes les villes qu'il tenoit en Poictou, et s'achemina à La Rochelle, où il se trouva à l'assemblée generale qu'il y avoit convoqué de tous ceux de la religion pretendue reformée, affin d'adviser aux moyens plus expedients de s'opposer aux deux armées qui se preparoient pour les attaquer, car ils prevoyoient que la conclusion des estats de Blois seroit totalement contre eux. Le 14 novembre l'ouverture s'en fit en la Maison de Ville de La Rochelle, où se trouverent, avec le roy de Navarre, le vicomte de Turenne et le sieur de La Trimoüille, et plusieurs seigneurs et gentils-hommes : les deputez y entrerent et y furent receus à la mode qu'ils gardent en leurs synodes, sçavoir selon les dix-huict provinces ausquelles ils ont reglé leurs eglises. Le 16 ils entrerent en matiere, et, après les contestations accoustumées entr'eux pour leurs contributions, quelques-uns du Languedoc se banderent directement contre les officiers du roy de Navarre pour les imposts des passages et pour les passe-ports, qu'ils disoient ne redonder qu'au profit de quelques particuliers, et aussi encor pour d'autres particularitez. Les beaux et gentils esprits qui estoient avec le roy de Navarre, et qui avoient des nouvelles de ce qui se passoit à Blois, disoient : « Voicy le temps que l'on veut rendre les princes serfs et esclaves. » Quelques ministres mesmes disoient qu'il falloit en chasque province qu'il y eust un protecteur de leur religion, et mesmes aucuns seigneurs de qualité sembloient tenir leur opinion. Le roy de Navarre descouvrant sagement leurs intentions, et ne voulant qu'autre que luy usast de ce tiltre de protecteur en tout son party, leur fit proposer et trouver bon d'establir des chambres particulieres, où se feroient les plaintes et où se rendroit la justice à un chacun, ès villes de Sainct Jean d'Angely, Bergerac, Montauban, Nerac, Foix et Gap en Dauphiné, et que par ce moyen ses officiers seroient contenus en tout devoir, selon les reiglements qui seroient faicts en ceste assemblée. Ceste proposition les appaisa, et suivant icelle ils firent plusieurs reiglements pour ce qui concernoit l'establissement desdites chambres pour les finances, pour les offices, les recompenses et gages, et pour la discipline militaire. Toute ceste assemblée ne dura qu'un mois entier, et la closture en fut faicte le 17 decembre ensuivant. Les longues assemblées ne sont d'ordinaire que paroles au lieu d'effects ; mais la diligence et vigilance dont ceux de la religion pretendue reformée userent lors pour faire observer ce qui fut arresté en ceste-cy, fit juger à plusieurs qu'ils rendroient la guerre immortelle si on ne leur donnoit la paix : toutesfois du depuis le roy de

Navarre, estant parvenu à la couronne de France, par edict du 10 novembre 1590 cassa toutes ces chambres particulieres, avec injonction à tous ses subjects de se retirer pour faire vuider leurs differends pardevant les juges ordinaires et cours souveraines, selon les degrez ordinaires des jurisdictions, ordonnant toutesfois que ce qui y avoit esté jugé entre gens de mesme party demeureroit en sa force et valeur.

Le degré et pouvoir de seul protecteur de tous ceux de ladite religion pretenduë reformée en France demeura au roy de Navarre, qui practiqua l'advis que la Royne mere luy donna auparavant ces derniers troubles, de se maintenir tousjours leur seul chef et protecteur, et ce à cause qu'en une assemblée tenue à Montauban en forme de synode general, quelques-uns avoient projetté d'appeller pour leur protecteur le duc Jean Casimir, prince allemand, qui avoit amené à leur secours des armées en France, et lequel cognoissoit les affaires de France pour avoir esté nourry enfant d'honneur près du roy Henry II, auquel ils promettoient par estat certain deux cents cinquante mil escus par an pour l'entretien ordinaire de ses colonels et capitaines, et outre qu'ils feroient un fonds pour le payement des reistres qu'il ameneroit, et mesmes que, pour accomplir leur dessein, Butry, chancelier dudit duc Jean Casimir, estoit venu en France avec un ministre nommé Dathenes, lequel Butry fut trouvé si laid par aucuns ministres qu'ils le desdaignerent, et principalement pour ce qu'il s'enyvra. Cest advis de la Royne mere a esté estimé un grand secret d'Estat; aussi y estoit elle plus intelligente que ne fut jamais Semiramis; car il n'y eust point eu de doute que si un tel prince estranger se fust impatronisé du tiltre de leur protection, qu'il eust rendu les guerres civiles immortelles en France; et si le roy de Navarre eust enduré du depuis que quelque autre seigneur ou prince en France eust pris ceste qualité, il n'eust jamais jouy de l'heureuse paix dont il a jouy du depuis qu'il est parvenu à la couronne de France. C'est assez sur ceste matiere. Voyons ce qui se passe à Blois, où nous avons laissé le Roy qui congedioit les premiers de son conseil et en mettoit d'autres en leur place.

Cependant donc que les deputez des provinces s'acheminent pour venir à Blois, le Roy commande au sieur de Marle de faire preparer au chasteau la sale où se tiendroit les seances des estats. A mesure que les deputez arrivoient Sa Majesté avoit donné ordre qu'ils fussent conduits pardevers luy pour les voir et recognoistre. Et pour ce qu'au quinziesme de septembre ils n'estoient tous arrivez, le commencement des estats fut prolongé encor pour quinze jours.

Le second jour d'octobre il se fit une procession generale, depuis Sainct Sauveur, qui est dans la basse court du chasteau, jusques à Nostre-Dame des Aydes, qui est au faux-bourg de Vienne delà le pont, là où le Roy, les Roynes et les princes et tous les deputez furent à pied. M. l'archevesque d'Aix portoit le Sainct Sacrement sous un poisle porté par quatre chevaliers du Sainct Esprit: messire Renault de Beaune, archevesque de Bourges, dit la messe, et M. de Sainctes, evesque d'Evreux, fit le sermon.

Le lendemain les chambres des trois ordres furent assignées, sçavoir: celles du clergé aux Jacobins, de la noblesse au Palais, et du tiers-estat en la Maison de

Ville; les presidens et secretaires de chasque chambre furent aussi esleus ceste mesme journée. Pour le clergé presidoit M. de Bourges en l'absence de messieurs les cardinaux de Bourbon et de Guise, pour la noblesse messieurs le comte de Brissac et le baron de Magnac, pour le tiers-estat La Chappelle Marteau, prevost des marchands de Paris.

La premiere seance fut remise jusques au dix-septiesme dudit mois, tant pource que messieurs les princes du sang n'estoient encores arrivez, que pour vuider le different survenu pour la preseance entre messieurs de Nemours et de Nevers, et autres differens qui survindrent aussi sur les procurations et eslections d'aucuns deputez.

Le Roy qui desire faire cognoistre à tous les deputez quel avoit esté tousjours son zele à la religion catholique-romaine, leur commande de se preparer à la saincte communion par un jeusne de trois jours entiers : tous s'y prepareront. Sa Majesté receut le Sainct Sacrement en l'eglise Sainct Sauveur, et M. le cardinal de Bourbon communia tous les deputez au couvent des Jacobins.

Le seiziesme jour d'octobre la premiere seance se tint en la grand'sale du chasteau, la description de laquelle a esté imprimée avec la disposition des seances et l'ordre comme furent appellez les deputez, avec leurs noms, où le lecteur qui sera curieux pourra voir et apprendre quels furent les deputez, et l'ordre que l'on tient aux assemblées des estats en France.

Le seiziesme jour d'octobre tous les deputez estans entrez dans la salle, et tous assis selon leur rang et dignitez, sçavoir : cent trente et quatre deputez du clergé, entre lesquels il y avoit quatre archevesques et vingt et un evesques, vestus de leurs roquets et surplis, cent quatre-vingts gentils-hommes, tous avec la tocque de velours et la cappe, et cent quatre vingts et unze deputez du tiers-estat, desquels ceux de justice portoient la robe longue et le bonet carré, et ceux de robe courte avoient le petit bonet et la robe de marchand. Sur les deux heures de relevée, après que messieurs les princes et officiers de la couronne eurent pris leurs places, et que les portes eurent esté fermées, M. le duc de Guise, grand-maistre de France, se leva, et, ayant faict une grande reverence à toute l'assemblée, suivy des capitaines des gardes du corps et des deux cents gentils hommes portans leurs haches ou becs de corbin, il alla querir le Roy.

Si tost que Sa Majesté fut apperceuë sur l'escalier par où il descendoit droict sur le grand marchepied, toute l'assemblée se leva, et chacun demeura la teste nue jusques à ce qu'il fust assis dans sa chaire, puis il commanda à messieurs les princes et à ceux de son conseil de s'asseoir.

A son costé droict, sur le grand marchepied qui estoit au dessus du grand eschaffaut, estoit la Royne mere, et à gauche la Royne sa femme. Plus bas, sur le grand eschaffaut, estoient messieurs les princes du sang, assis sur le premier banc à la main droicte proche de Sa Majesté, sçavoir : messieurs le cardinal de Vendosme, le comte de Soissons et le duc de Montpensier, et sur un autre banc plus reculé, messieurs de Nemours, de Nevers et de Rets. A costé gauche, messieurs les cardinaux de Guise, de Lenoncourt et de Gondy, et derriere eux messieurs les evesques de

Langres et de Chaalons, pairs d'Eglise. M. de Guise estoit devant le grand marchepied sur le grand eschaffaut, assis justement devant le Roy, dedans une chaire non endossée, comme grand maistre de France, le dos tourné vers le Roy, la face vers le peuple. M. le garde des seaux de Monthelon estoit aussi sur le mesme eschaffaut à costé gauche dans une chaire non endossée, le visage tourné vers messieurs les princes du sang. Au pied de l'eschaffaut estoit une table où estoient les sieurs de Beaulieu-Ruzé et de Revol, secretaires d'Estat. A chasque costé de ceste table il y avoit des bancs où estoient messieurs des affaires du Roy et messieurs du conseil d'Estat. Derriere les bancs de messieurs les conseillers d'Estat de robe longue, qui estoient à main droicte, il y avoit huict bancs où estoient les deputez du clergé. A main gauche, derriere les bancs de messieurs du conseil d'Estat de robe courte, estoient neuf bancs pour les deputez de la noblesse. De travers, près et à costé de tous ces bancs, estoit celuy de messieurs les maistres des requestes, et après eux celuy de messieurs les secretaires de la maison et couronne de France. Et les bancs des deputez du tiers-estat estoient tout à l'entour et dans l'enclos des barrieres. M. le legat et messieurs les ambassadeurs, et plusieurs seigneurs et dames de la Cour estoient sur des galleries fermées de jalousies, faictes exprès pour seoir un grand nombre de personnes.

Tous les deputez estans debout et la teste nuë, le Roy commença une très-longue et grave harangue en laquelle, avec une eloquence admirable, il monstra le grand desir qu'il avoit de restaurer son Estat par la reformation generale de toutes les parties d'iceluy. Puis il leur dit :

« Je n'ay point le remors de ma conscience des brigues ou menées que j'ay faictes, et je vous en appelle tous à tesmoin pour m'en faire rougir, comme le meriteroit quiconque auroit usé d'une si indigne façon que d'avoir voulu violer l'entiere liberté, tant de me remonstrer par les cayers tout ce qui sera à propos pour confirmer le salut des particulieres provinces et du general de mon royaume, qu'aussi d'y faire couler des articles plus propres à troubler cest Estat qu'à luy procurer ce qui luy est utile. Puis que j'ay ceste satisfaction en moy-mesmes, et qu'il ne me peut estre imputé autrement, gravez-le en vos esprits, et discernez ce que je merite d'avec ceux, si tant y en a, qui eussent procedé d'autre sorte, et notez que ce qui part de mes intentions ne peut estre recognu ny attribué, par qui que ce soit, pour me vouloir authoriser contre la raison, car je suis vostre roy donné de Dieu, et suis seul qui le puis veritablement et legitimement dire. C'est pourquoy je ne veux estre en ceste monarchie que ce que j'y suis, n'y pouvant souhaitter aussi plus d'honneur ou plus d'authorité. »

Après avoir protesté qu'il employeroit sa vie, jusques à une mort certaine, pour la deffence de la religion catholique-romaine, et qu'il ne sçavoit point un plus superbe tombeau pour s'ensevelir que les ruines de l'heresie, il toucha les maux qu'avoient apporté en France les blasphemes, la simonie, la venalité des offices, la multiplicité des juges, ausquels maux il protesta que de son propre mouvement il avoit commencé à y mettre ordre, sans le trouble qui commença par les princes de la ligue l'an 1585. Plus, il promit de ne donner plus de survivances, et recommanda l'enrichissement des arts et sciences, le reglement du commerce, le retranchement des superfluitez et du luxe, et le rafraichissement des anciennes ordonnances. Puis, continuant sur la juste crainte que ses subjects avoient de tomber après sa mort sous la domination d'un prince heretique, ce qui estoit la cause principale pourquoy il avoit faict son edict d'union, il dit : « Je suis d'advis, pour le rendre plus stable, que nous en facions une des loix fondamentales du royaume, et qu'à ce prochain jour de mardy, en ce mesme lieu et en ceste mesme et notable assemblée de tous mes estats, nous le jurions tous, à ce que jamais nul n'en puisse prendre cause d'ignorance. Et à fin que nos saincts desirs ne soient vains par faute de moyens, pourvoyez y par les conseils que vous me donnerez d'un tel ordre, que, comme le manquement ne viendra point de moy, il ne vienne aussi du peu de provision que vous y aurez apporté à ce que les effects de vostre bonne volonté reüssissent. Par mon sainct edict d'union (1) toutes autres ligues que souz mon authorité ne se doivent souffrir; et, quand il n'y seroit assez clairement porté, ny Dieu ne le devoir ne le permettent, et sont formellement contraires; car toutes ligues, associations, pratiques, menées, intelligences, levées d'hommes et d'argent, et reception d'iceluy, tant dedans que dehors le royaume, sont actes de roy, et en toute monarchie

---

(1) *Par mon sainct edict d'union.* Le duc de Guise ne permit pas que le discours de Henri III fût imprimé tel qu'il l'avoit prononcé. Il étoit surtout choqué, comme on le verra plus loin, de ce passage par lequel le Roi défendoit toute espèce de ligue.

bien ordonnée, c'est crime de leze-majesté sans la permission du souverain. Voulant bien de ma propre bouche, en tesmoignant ma bonté accoustumée, mettre souz le pied, pour ce regard, tout le passé; mais comme je suis obligé et vous tous de conserver la dignité royale, je declare aussi dès à present, et pour l'advenir, atteints et convaincus du crime de leze-majesté ceux de mes subjects qui ne s'en departiront ou y tremperont sans mon adveu; c'est en quoy je m'asseure que vous ferez reluire vostre fidelité. »

Continuant son discours sur l'honneur acquis par la noblesse françoise quand elle observoit l'ordre et la police ancienne, dont elle estoit admirée par les estrangers, il convie les François de r'aquerir cest honneur, de regler les finances, de pourvoir aux debtes des roys ses predecesseurs, à quoy la foy publique les obligeoit; mais qu'estant le tableau sur lequel ses subjects apprenoient à se former, qu'il establiroit un tel reglement en sa personne et en sa maison, qu'il serviroit de patron en son royaume; puis, pour tesmoigner par effect ce qu'on pouvoit desirer de luy, il finit sa harangue en disant : « Je veux me lier par serment solemnel sur les saincts evangiles, et tous les princes, seigneurs et gentils-hommes qui m'assistent en cest office, avec vous les deputez de mes estats, participans ensemble au bienheureux mistere de nostre redemption, d'observer toutes les choses que j'y auray arrestées comme loix sacrées, sans me reserver à moymesme la licence de m'en departir à l'advenir, pour quelque cause, pretexte ou occasion que ce soit, selon que je l'auray arresté pour chaque point, et l'envoyer aussi tost après par tous les parlemens et bailliages de mon royaume, pour estre faict le semblable, tant par les ecclesiastiques et la noblesse que le tiers estat, avec declaration que qui s'y opposera sera atteint et convaincu du mesme crime de leze-majesté.

» Que s'il semble qu'en ce faisant je me soubsmette trop volontairement aux loix dont je suis l'auther, et qui me dispensent elles-mesmes de leur empire, et que, par ce moyen, je rende la dignité royale aucunement plus bornée et limitée que mes predecesseurs, c'est en quoy la vraye generosité du bon prince se cognoist, que de dresser ses pensées et ses actions selon la bonne loy, et se bander du tout à ne la laisser corrompre. Et me suffira de respondre ce que dict ce roy, à qui on remonstroit qu'il laisseroit la royauté moindre à ses successeurs qu'il ne l'avoit receuë de ses peres, qui est qu'il la leur lairroit beaucoup plus durable et plus asseurée. »

Après que le Roy eut finy sa harangue, M. le garde des seaux declara plus amplement le bon desir du Roy pour la restauration de l'Estat, et pour la reformation des desordres advenus aux provisions des benefices, et l'ordre requis pour oster la corruption et depravation des monasteres. Puis, s'adressant à la noblesse, ayant loüé leur ordre et la vertu de l'ancienne noblesse françoise, il leur remonstra l'horreur des duëls et deffis dont ils usoient ordinairement, et la mauvaise practique d'aucuns qui tenoient des benefices en commande. Puis, ayant discouru sur l'ordre très requis contre la chicanerie des procez, et le nombre insupportable des officiers, il proposa de beaux advis pour remedier à tous les desordres de l'Estat.

M. l'archevesque de Bourges pour le clergé; M. le

baron de Senescey pour la noblesse, et La Chappelle Marteau, prevost des marchands de Paris, pour le tiers-estat, firent chacun, au nom de leur ordre, une harangue à Sa Majesté, le remercians du bon-heur et honneur qu'ils recevoient d'estre par son commandement convoquez et assemblez, sous le nom des estats generaux, pour entendre ses sainctes et salutaires intentions, loüans Dieu d'avoir mis une si bonne volonté au cœur de leur roy, de restaurer l'estat ecclesiastique, soulager son peuple, esteindre les feux des divisions qui estoient dans son royaume, le purger de l'heresie, et le remettre en sa premiere dignité et splendeur; pour à quoy parvenir ils exposeroient franchement, librement et genereusement, sous l'authorité de Sa Majesté, jusques à la derniere goutte de leur sang.

Voylà ce qui se passa en la premiere seance, où chacun sortit fort content, excepté les princes et seigneurs de la ligue, qui en sortirent faschez de ce que le Roy avoit dit en sa harangue : *Aucuns grands de mon royaume ont faict des ligues et associations; mais, tesmoignant ma bonté accoustumée, je mets sous le pied, pour ce regard, tout le passé.* Le duc de Guise raporte ces paroles à M. le cardinal de Bourbon, qui ne s'estoit peu trouver à la seance pour son indisposition. Il luy fait entendre de quelle importance elles estoient, et de ce qu'en pleine assemblée des estats le Roy les taxoit d'avoir esté rebelles; que si ceste remonstrance estoit publiée et imprimée, cela importeroit grandement à leur honneur. Ils resoudent d'en parler au Roy : ce qu'ils firent le jeudy ensuivant, sçachant que Sa Majesté l'avoit baillée pour imprimer, et que la fueille où estoient ces mots estoit desjà imprimée. Sur leur plainte, le Roy fut comme contrainct de faire tout rompre et deschirer ce qu'il y avoit d'imprimé, et faire oster ces mots de *aucuns grands de mon royaume ont faict des ligues*, etc.

Suivant ce que le Roy avoit proposé dans sa harangue, toute l'assemblée se trouva le mardy en la mesme sale et au mesme ordre pour jurer d'observer l'edit d'union comme loy fondamentale du royaume. Un des heraults, qui estoient à genoux et testes nuës devant la table de messieurs les secretaires d'Estat, ayant commandé le silence, Sa Majesté dit :

« Messieurs, je vous dis dimanche dernier, en la premiere seance, combien je desire de voir en mon royaume tous mes subjects unis en la vraye religion catholique, apostolique et romaine, sous l'obeissance et authorité qu'il a pleu à Dieu me donner sur eux; et à cest effect, j'ay ordonné mon edit de juillet dernier pour tenir lieu de loy fondamentale en ce royaume. Mais pour nous obliger, et toute la postérité, à l'observer, combien que la plus grande part de vous l'avez desjà juré et promis le garder, affin qu'un tel edict soit à jamais ferme et stable, comme deliberé du consentement de tous les estats de ce royaume, et affin que personne n'en puisse prendre cause d'ignorance, je veux qu'un si sainct edict se lise presentement à haute voix, affin d'estre escouté de tous et juré en corps d'Estat. Ce que je jureray premierement pour vous donner bonne exemple, affin que nostre saincte intention soit cognuë devant Dieu et devant les hommes. »

Le Roy ayant finy sa harangue, il commanda à M. de Beaulieu Ruzé, son premier secretaire d'Estat, de lire la declaration que Sa Majesté avoit faicte ceste mesme journée sur son edict d'union, pour estre tenu en France à l'advenir comme une loy fondamentale du royaume : ce que ledit sieur de Beaulieu Ruzé fit; puis il leut aussi tout l'edit d'union, verifié en la cour de parlement de Paris. Ce qu'ayant fait Sa Majesté, il pria Dieu de punir ceux qui faulseroient le serment qu'ils alloient faire, et commanda à M. l'archevesque de Bourges de faire une exhortation à ceste assemblée sur ce subject.

Cet illustre prelat, avec une prudente et docte oraison, exhorta toute l'assemblée à suivre l'exemple du Roy au jurement de son edict d'union, loüant Sa Majesté de ce qu'à l'exemple des bons roys d'Israël, il vouloit que l'instruction d'un serment si solemnel fust donnée à son peuple par la bouche de ses prelats, en se confirmant au dire du prophete, que les levres des prelats gardent la science et la doctrine, et que le peuple doit rechercher la loy de Dieu de leur bouche. Puis, continuant son discours sur la qualité du jurement qu'ils alloient faire au nom du Dieu vivant, il se tourna vers les deputez, et leur dit : « Jugez, messieurs, et considerez la grandeur de ce jurement que vous allez presentement faire à Dieu, affin de l'observer inviolablement et n'estre point perjures. Souvenez vous que vous allez jurer l'union chrestienne avec Dieu vostre pere, avec l'Eglise son espouse, laquelle est fondée en luy et acquise de son propre sang, et que vous avez esté regenerez par ce sang mesme et lavez d'un mesme baptesme; que vous estes appellez en un mesme heritage au ciel, nourris d'un mesme pain et de mesmes sacrements en la maison de Dieu, qui est l'Eglise catholique, apostolique-romaine. » Puis, ayant declaré qu'elle estoit l'union de l'Eglise, « Unissons nous donc, dit-il, avec nostre Seigneur Jesus-Christ, sous l'obeissance de nostre Roy, la foy duquel a tousjours esté d'un bon exemple à tous, suyvant en cela la coustume de ses predecesseurs. » Puis, ayant loüé la Royne mere d'avoir nourry et maintenu le Roy pendant son jeune aage en ceste saincte religion, et donné esperance à la Royne espouze du Roy que Dieu ne luy feroit point moins de grace qu'à Anne, mere de Samüel, et qu'il exauceroit ses prieres, luy donnant une heureuse lignée, à la consolation de toute la France, il dit :

« Jurons à nostre prince l'obeissance et submission qui luy est deue de tout droit divin et humain, embrassons la charité chrestienne, delaissons toutes haines et rancunes ouvertes et secrettes, soupçons et defiances, qui jusques icy nous ont divisé et troublé, qui ont empesché, voire rompu de si bons desseins, et sans lesquels la France fust desjà en repos. Levons les mains au ciel pour rendre à ce grand Dieu le serment que nous luy devons, qu'il en soit memoire à jamais par tous les siecles à venir, que la posterité marque la foy et loyauté de nos serments et non le parjure, par les bons et saincts effects qui s'en ensuivront. Et puis qu'il a pleu à Vostre Majesté, Sire, jurer presentement tout le premier ce serment si solemnel pour exemple à tous vos subjects, nous leverons tous d'un commun accord les mains au ciel, et jurerons à Dieu de le servir et honorer à jamais, maintenir son Eglise catholique, apostolique et romaine, et defendre aussi Vostre Majesté et vostre Estat envers et contre tous, observer et garder inviolablement ce qui est contenu en vostre edict d'union, presentement leu à la gloire de Dieu, exaltation de son sainct nóm, et conservation de son Eglise et de ce royaume. »

Ceste remonstrance finie par l'archevesque de Bourges, le Roy reprint la parole et dit :

« Messieurs, vous avez ouy la teneur de mon edict et entendu la qualité d'iceluy, et la grandeur et dignité du serment que vous allez generallement rendre. Et puis que je voy tous vos justes desirs tous conformes aux miens, je jureray, comme je jure devant Dieu, en bonne et saine conscience, l'observation de ce mien edict tant que Dieu me donnera la vie icy bas, veux et ordonne qu'il soit observé à jamais en mon royaume pour loy fondamentale, et en tesmoignage perpetuël de la correspondance et consentement universel de tous les estats de mon royaume, vous jurerez presentement l'observation de ce mien edict d'union, tous d'une voix, mettant par les ecclesiastiques les mains à la poictrine, et tous les autres levans les mains vers le ciel. »

Ce qui fut incontinent faict avec un grand contentement de toute l'assemblée. Puis le Roy commanda à M. de Beaulieu Ruzé de dresser un acte de ce jurement solemnel ; ce qu'estant faict, Sa Majesté se leva pour aller à l'eglise Sainct Sauveur, où se chanta le *Te Deum laudamus :* toute l'assemblée le suivit, et l'on n'oyoit par tout que crier *Vive le Roy!*

Le Roy en ceste joye populaire se resjoüit et dit à plusieurs, et mesmes au prevost des marchands de Paris, qu'il sçavoit estre un des premiers de la faction des Seize, qu'il oublioit la journée des Barricades et tout le ressentiment qu'il en pourroit avoir ; que jamais il ne s'en souviendroit ny de tout ce qui s'estoit passé, pourveu qu'on n'y retournast plus. Il commanda aussi à M. de Nevers de s'acheminer en l'armée de Poictou, ce qu'il fit comme nous dirons cy-après. Bref, Sa Majesté ne pensoit, nonobstant tous les advis qu'il recevoit des entreprises des princes de la ligue, qu'à unir son peuple sous son obeissance, extirper l'heresie et pourveoir aux desordres, selon les advis que luy donneroit l'assemblée des estats.

Ceste seconde seance fut tenuë le dix-septiesme octobre, et quatorze jours après, qui estoit le jour de Toussaincts, le duc de Savoye, lequel sous plusieurs pretextes entretenoit des troupes, tantost faisant semblant d'en vouloir au marquisat de Mont-ferrat pour ses pretentions (dont il ne doit manquer jamais, au dire des historiens savoyards), tantost disant que ce n'estoit que pour empescher les heretiques du Dauphiné d'entreprendre sur quelques-unes de ses places, faict monter à cheval le marquis de Sainct Sorlin, et fit advancer ses troupes vers Carmagnoles si secrettement, qu'il la surprint de nuict ledit premier jour d'octobre, sans avoir en ceste surprinse beaucoup de peine, pource que le Roy ne se doutoit nullement que le duc de Savoye deust rompre la foy qu'il luy avoit jurée de maintenir tous les traictez de paix que les ducs de Savoye avoient obtenus des roys de France, et mesmes que ledict duc luy avoit envoyé un gentil-homme d'honneur, il n'y avoit que quatre mois, lors que Sa Majesté estoit à Chartres, l'asseurer et luy offrir toute amitié et seureté; mesmes les François se doutoient si peu du duc de Savoye, que la plus-part de la garnison qui estoit dedans la ville de Carmagnolles estoient Piedmontois. La ville prise, le duc assiegea la citadelle qui se trouva despourveuë de vivres, dont elle estoit pourveuë d'ordinaire pour deux ans; lesquels vivres, par intelligence ou autrement, le duc sçavoit avoir esté ostez pour les refraischir. Bref, le duc poursuivit si chaudement son entreprise, qu'en moins de trois semaines il se rendit maistre de tout le marquisat de Salusses, et print la citadelle de Carmagnolles, dans laquelle il y avoit plus de quatre cents pieces de canon, les places de Cental, Salusses, Ravel et Chasteau-Dauphin. Les capitaines françois qui estoient dedans toutesces places se retirerent bagues sauves en France, sans avoir enduré un coup de canon.

L'advis vient au Roy, trois jours après la prise de Carmagnoles, des attentats du duc de Savoye sur le marquisat [1]; Sa Majesté envoye M. de Pongny vers le duc, pour avoir raison de son marquisat, et luy dire qu'il eust à remettre incontinent entre ses mains tout ce qu'il avoit usurpé du domaine du royaume de France. Le sieur de Pongny, arrivé vers le duc de Savoye, luy dit l'intention du Roy : le duc s'excuse de son entreprise, et dit qu'il ne s'est emparé du marquisat que de peur que le sieur Desdiguieres, chef des huguenots en Dauphiné, ne s'en rendist maistre, lequel on sçavoit assez avoir eu des entreprises sur la

[1] *Sur le marquisat.* Il s'agit du marquisat de Saluces. Henri III, se trouvant à Turin à son retour de Pologne, avoit rendu au duc de Savoie presque toutes les places du Piémont qui avoient été laissées à la France par le traité de Cateau-Cambresis : il ne s'étoit réservé que le marquisat de Saluces. Le duc, comme on le voit, profita des troubles de la France pour s'en emparer. Lorsque Henri IV fut affermi sur le trône, il en exigea la restitution à main armée, et il obtint en échange la province de Bresse, qui étoit beaucoup plus à sa convenance.

forteresse de Pignerol et sur d'autres places, ausquelles mesmes les entrepreneurs avoient esté punis; et mesmes que le sieur de La Valette, frere du duc d'Espernon, qu'il nommoit fauteur et adherent des heretiques, se vouloit aussi emparer dudit marquisat : ce qui l'avoit occasionné de s'en saisir premierement qu'eux, pour l'importance qu'il a de n'avoir de tels voisins au milieu de ses pays; qu'il ne veut toutesfois retenir les places au prejudice des traictez de paix, mais qu'il prie Sa Majesté de conferer le gouvernement des pays que la couronne de France avoit delà les monts, au marquis de Sainct Sorlin, cousin dudict duc, lequel estoit fort affectionné subject et serviteur de Sa Majesté.

M. de Pongny luy respondit qu'il avoit charge de n'accepter aucune excuse, mais au contraire de le sommer de quitter les places qu'il avoit de nouveau surprises sur la couronne de France.

Les responses du duc, qui avoit fait de l'humble jusques à l'entiere conqueste du marquisat, se rendirent incontinent hautaines, et M. de Pongny fut contraint de venir retrouver le Roy à Blois, et luy dire les responses du duc.

Les François assemblez aux estats jugerent incontinent ce qui avoit occasionné le duc de faire telle entreprise. La noblesse françoise offrit son sang au Roy pour faire reparer au duc de Savoye le tort faict à leur nation. Quelques-uns du tiers-estat, et aucuns du clergé qui estoient de la ligue des catholiques, dont ledict duc de Savoye estoit, excusoient, tacitement toutesfois, l'entreprise du duc, et la pallioient envers les simples de la crainte qu'il avoit euë d'avoir l'heresie pour voisine; mais tout cela estoit bon à dire à ceux qui ne sçavoient pas que le duc de Savoye avoit et laissoit vivre en paix des contrées et valées toutes entieres où le peuple estoit de la religion pretenduë reformée, et où il n'y avoit nul exercice de la religion catholique-romaine.

Le duc de Savoye aussi advertit le Pape, le roy d'Espagne et tous les princes et republiques d'Italie, lesquels jugeoient que ceste entreprise pourroit troubler la longue paix qu'ils avoient entr'eux, qu'il ne s'estoit asseuré dudict marquisat que pour le repos de l'Italie, et de peur qu'aucun heretique s'en emparast, davantage, qu'il avoit resolu d'assieger Geneve, qu'il appelloit la source de l'heresie. Le Pape et le roy d'Espagne approuverent et louerent ceste derniere entreprise, et mesmes le duc receut incontinent du prince de Parme, par le commandement du roy d'Espagne, quinze compagnies de soldats, sous le pretexte de les envoyer hyverner en Bresse et en Savoye.

Le Roy ayant sceu tout ce que dessus, jugea lors ceste invasion du marquisat estre des intelligences des princes de la ligue, et qu'ils le vouloient despouiller devant qu'il eust envie de se coucher, et ce principalement sur les responses du duc de Savoye à à M. de Poigny, par lesquelles il supplioit Sa Majesté de conferer au marquis de Sainct Sorlin le gouvernement du marquisat. Or le marquis de Sainct Sorlin estoit frere de mere du duc de Guise, et avoit assisté à la prise du marquisat de Salusse, comme estant cousin germain du duc de Savoye, en la cour duquel il estoit lors.

Sa Majesté eust bien voulu faire resoudre tous les François à la guerre estrangere contre le duc de Savoye, et pacifier la civile en son royaume : c'estoit aussi le desir de toutes les ames purement françoises, et qui ne respiroient que l'honneur de leur patrie et le service de leur Roy, lequel pensoit qu'il n'y auroit aucun en toute l'assemblée des estats qui ne suivist en cela sa volonté; mais il se trouva deceu. Tous les partisans de la ligue qui estoient en l'assemblée des estats parlerent d'un mesme ton : « Il faut premierement pourveoir, disoient-ils, aux entrailles du royaume, et oster l'heresie qui les travaille ; puis on chassera bien les estrangers qui auront entrepris sur les frontieres. » Le duc de Guise dit au Roy qu'il devoit asseurer les François du fruit qu'ils s'estoient promis du serment de la saincte union et de la resolution des estats, et que les huguenots extirpez, qu'il seroit le premier prest à passer les monts pour faire rendre gorge au duc de Savoye, si Sa Majesté luy en vouloit donner la commission.

En somme, chacun discouroit diversement de ceste surprise, et la pluspart fondoient leurs raisons plus sur l'apparence et le vray-semblable, qu'en l'essence de la verité, pource qu'aux desseins secrets et intentions des princes, tant plus l'on pense les entendre sur certaines conjectures, tant plus le succez de leurs desseins faict paroistre le contraire de ce que l'on en a pensé.

Le duc de Savoye fait publier par tout qu'il n'a pris le marquisat que pour esviter les grands malheurs que le Sainct Siege et mesmes toute l'Eglise catholique en general, et particulierement tous ses Estats, eussent peu recevoir si les huguenots se fussent emparez du marquisat, et qu'il estoit tout prest de le remettre entre les mains du duc de Nemours ou du marquis de Sainct Sorlin, princes de la maison de Savoye, et ses cousins, nais en France et subjects du Roy, sçavoir à celuy auquel Sa Majesté en voudroit conferer le gouvernement : et toutesfois le succez (ainsi que le lecteur pourra voir dans mon Histoire de la paix au IIIe et IVe livre) monstre assez qu'il n'avoit envahy le marquisat que pour s'en aproprier.

La ligue des catholiques en France, pour la haine qu'elle portoit au duc d'Espernon et au sieur de La Valette son frere, qui avoit esté pourveu du gouvernement du marquisat, desire que l'on tollere ceste surprise, et dit que les raisons du duc sont recevables, et qu'il faut que le Pape en soit l'arbitre et qu'il accommode ce different, puis que le duc offre remettre le marquisat entre les mains de l'un des deux freres uterins de M. de Guise, qui estoient princes catholiques. Voylà des propositions, mais les effects ont esté autres ; car au mesme temps le duc faisoit par tout le marquisat eslever les croix de Savoye en la place des fleurs de lys, changeoit les officiers royaux, et en faisoit sortir tous les François.

Le roy d'Espagne d'autre costé receut un grand contentement de n'avoir plus les François si prez de son duché de Milan, et tenoit-on que les doublons qu'il avoit baillé audit duc de Savoye son gendre avoient gaigné les doubles canons de l'Arsenal qu'avoient les roys de France de là les monts.

La plus-part des princes italiens trouverent bon que le duc de Savoye eust chassé les François de tout ce qui leur restoit en Italie. Aucuns craignoient toutesfois la grandeur de ce duc, à qui ceste invasion avoit fort haussé le courage; car les princes d'ordinaire craignent quand leurs voisins s'agrandissent.

En fin le Roy est contraint de se contenter d'envoyer vers le Pape luy dire ses plaintes contre le duc de Savoye; et toutesfois il creut que la surprise du marquisat estoit de l'advis des princes de la ligue.

Tous ceux qui ont escrit sur ce subject rapportent que dèslors Sa Majesté se resolut de se venger du duc de Guise et des princes de la ligue, et qu'il pensa n'estre plus obligé d'observer ce qu'il leur avoit promis par l'edict d'union, puis que, tout de nouveau encor, et contre tant de serments qu'ils avoient faicts, ils continuoient leurs pratiques et ligues, et que Sa Majesté dissimula lors le courroux et despit qu'il avoit contre ledit duc de Guise, et pensa qu'en continuant les estats, tous les deputez discerneroient de sa droicte intention d'avec les desseins dudict duc et desdits princes de la ligue, et qu'ils luy conseilleroient de remedier à toutes les offences qu'ils luy avoient faictes, et à la couronne de France; mais il ne luy succeda pas selon son opinion, ainsi que nous dirons cy après. Voyons maintenant quelques uns des progrez que fit l'armée de M. de Nevers au bas Poictou.

Ceste armée estoit composée de François, Suisses et Italiens. Les seigneurs de La Chastre, de Laverdin, de Sagonne, de La Chastaigneraye, et autres seigneurs, tous capitaines de renom, accompagnerent M. de Nevers, lequel, ayant aussi un appareil suffisant pour une telle armée, alla droict assieger Mauleon. Le sieur de Villiers estoit dedans pour le roy de Navarre, lequel, voyant tous les appareils prests pour battre ceste place, demanda à parlementer. Par le commandement de

M. de Nevers, le sieur de Miraumont accorda la capitulation avec le capitaine Landebris, qui estoit sorty de dedans Mauleon, à la charge qu'ils auroient la vie sauve et sortiroient sans armes. Nonobstant que la capitulation fust faicte, presque tous les assiegez furent mis au fil de l'espée par quelques troupes qui entrerent par surprise dedans ceste place, faschez que l'on donnoit une capitulation à des gens qui avoient plustost usé de temerité en attendant d'estre assiegez, que de hardiesse et prudence pour se deffendre : toutesfois les sieurs de La Chastre, de Lavardin et de Miraumont, sauverent ce qu'ils en peurent, et les firent reconduire et passer la Seurre pour se retirer ez lieux plus proches de seure retraicte pour eux.

De Mauleon l'armée tira droict à Montagu. Le roy de Navarre avoit mis dedans le sieur de Colombieres avec cinq compagnies d'infanterie du regiment du Preau et deux d'arquebusiers à cheval : par trois jours suyvans que l'on fit les approches, ils s'escarmoucherent si bien les uns les autres, que plusieurs braves soldats et capitaines de part et d'autre y moururent, et y en eut plusieurs de blessez. Mais le canon arrivé, qui pour la saison avoit demeuré plus que M. de Nevers ne pensoit, l'on commença à battre ceste place. Les assiegez, se doutans d'estre forcez, tiennent conseil pour demander composition. Estans sur ces termes, il naist une dispute entre ledit sieur de Colombieres, qui soustenoit qu'il failloit entrer en composition avec les assiegeans, et le sieur du Preau, qui soustenoit que l'on pouvoit soustenir ce siege, ayans munitions, vivres et gens assez pour conserver ceste place au roy de Navarre, auquel ils avoient promis de la deffendre jusques à la mort; mais, après plusieurs disputes, Colombieres executa son opinion, et fit sortir La Courbe, son lieutenant, pour traicter la composition qui luy fut accordée par M. de Nevers, sçavoir: que tous les soldats sortiroient avec leurs armes, mesches esteintes, les gentils hommes avec leurs armes et bagages, et qu'ils seroient conduits en lieu de seureté : ce que M. de Nevers fit executer ainsi qu'il leur avoit promis, et les fit conduire jusques à Sainct Gemme; mais M. de Sagonne, qui conduisoit en l'armée la cavallerie legere avec une diligence passionnée, alla attaquer quelques-unes de ces compagnies (et ce après que ceux qui avoient eu charge de les conduire jusques à Sainct Gemme se furent retirez), lesquels il chargea, et les ayant desvalizez il les envoya un baston blanc au poing. Quant au sieur de Colombieres, il demeura au service du Roy avec son lieutenant et quelques autres des siens.

Durant le siege de Montaigu, le sieur du Plessis Gecté, qui commandoit dans La Ganache, se doutant que l'armée royale viendroit droict à luy pour l'en chasser, il faict advancer tout ce qu'il pense estre necessaire pour la fortification de ceste place; il envoye La Sabloniere vers le roy de Navarre, qui estoit lors encor à La Rochelle, luy demander secours de munitions et de soldats. Le roy de Navarre luy envoya par mer deux compagnies de ses gardes, sous la conduite du sieur d'Aubigny et de La Robiniere, avec des munitions; et par terre il luy envoya aussi le baron de Vignoles avec deux compagnies de gens-d'armes, et cinquante harquebusiers à cheval dont estoit capitaine le sieur de Rufigny. Ce secours arrivé, le sieur du

Plessis distribua judicieusement chasque capitaine ès lieux les plus importans. Le 16 de decembre, le sieur de Sagonne, avec quelques compagnies d'hommes d'armes et d'harquebusiers à cheval, suivy des regimens de La Chastaigneraye, de Brigneux et de Lestelle, en s'advanceant pour recognoistre La Ganache, donna si vivement dans le bourg Sainct Leonard, qu'il s'en rendit le maistre, nonobstant toute la resistance du sieur de Vignoles, qui y perdit le capitaine Ruffigny. Nous laisserons pour ceste heure le duc de Nevers devant La Ganache faire ses approches, pour ce qu'il ne commença à battre ceste place que le dernier jour de l'année; aussi que les exploicts qui y furent faicts et ce qui y advint appartient d'estre dit en l'année suyvante. Voyons cependant ce qui se passe à Blois.

Le Roy se resjoüissoit des exploicts de son armée de Poictou; mais tout à coup voicy les articles secrets forgez par le conseil de la faction des Seize, dont ils avoient fourny tous leur partizans, ainsi qu'il a esté dit cy dessus, que l'on veut faire sortir effect : « A quoy servira ceste assemblée d'estats, disent les partizans de la ligue, si les remedes pour restaurer la France que nous presentons en nos cayers ne sont publiez ainsi que nous les resouldrons, sans y rien changer? Ne sçavons nous pas tous qu'aux estats de l'an 1577, la France esperoit qu'il seroit pourveu sur toutes les remonstrances qui y furent faites, et toutesfois on n'en tira pas le fruict que l'on en avoit esperé, à cause de la longueur que le conseil du Roy tint à en arrester une partie, sans rien ordonner sur la plus-part de nos plaintes? Le conseil du Roy en pourra faire autant encor à present; et par ainsi ceste presente assemblée d'estats sera infructueuse aussi bien que celle de 1577. C'est pourquoy il est très-necessaire que les remedes que nous proposerons pour la restauration de l'Estat ne passent par les longues deliberations du conseil du Roy, et que ce qui sera resoult par l'assemblée des estats soit incontinent publié. Ne sont-ce pas, disoient-ils, les estats qui ont donné aux roys l'authorité et le pouvoir qu'ils ont? Pourquoy donc faut-il que ce que nous adviserons et arresterons en ceste assemblée soit contrerollé par le conseil du Roy? Le parlement d'Angleterre, les estats de Suede, de Pologne, et tous les estats des royaumes voisins estans assemblez, ce qu'ils accordent et arrestent, leurs roys sont subjects de le faire observer sans y rien changer. Pourquoy les François n'auront ils pareil privilege? Et quand bien il faudroit que nos cayers fussent respondus et arrestez au conseil privé du Roy, il y devroit donc au moins assister un nombre de deputez de chacun ordre. »

Le Roy, qui descouvre à quoy tendent ces raisons que l'on fait courir par les chambres des estats, et que l'on veut abbattre tout à faict l'authorité royale et la faire tomber entre les mains de son peuple, et que pour ce faire on se vouloit prevaloir de l'exemple des royaumes voisins, il faict, de l'advis de ses serviteurs, imprimer les estats des Espagnes tenus à Tolede l'an 1559, et achevez l'an 1560, pour respondre et monstrer que les Espagnols mesmes (encores que ce soit une nation du tout dissemblable aux François, lesquels ne cedent à aucuns subjects d'autres royaumes en affection, respect et obeissance qu'ils ont envers leurs roys hereditaires et legitimes successeurs) faisoient leurs remonstrances et leurs requestes en toute humilité par les deputez ou procureurs desdits estats, et qu'ils ny aucun d'eux n'assiste et n'est appellé aux jugements de leurs remonstrances ou requestes, et que le Roy, assisté des gens de son conseil, faisoit ses responces sur chacun article, comme il void et cognoist estre expedient au bien de son royaume, son service et ses subjects.

Aussi tous ceux qui ont escrit de l'estat de la France disent que tenir les estats en France n'est autre chose sinon que le Roy communique, avec ses sues capables, de ses plus grands affaires, prend leur advis et conseil, oit leurs plaintes et doleances, et leur pourvoit ainsi que de raison, et que le Roy seul, selon l'ancienne observance et coustume du royaume, tient et convoque les estats quand il void en estre besoin, fait luy seul les loix et les interprete, dispose les finances et les employe où les affaires publics le requierent; bref, qu'il a toute puissance absoluë.

Les autres roys et princes estrangers se sont quelquesfois esbays de ceste grande puissance des roys de France. L'empereur Charles v demandant au roy François 1 combien valoit le revenu de quelques villes de France par où il avoit passé, *Ce que je veux,* dit le Roy; laquelle parole estant depuis raportée à l'empereur Maximilian, qui s'enquestoit en un devis particulier de la puissance et du revenu d'un roy de France, ne pouvant bien discerner ceste puissance absoluë que l'on luy representoit, lascha ce traict comme en gaussant : *Je trouve donc,* dit-il, *que le roy de France est le roy des bestes.* Cest Empereur se trompoit, pource que les roys de France ont si bien reglé et moderé par honnestes et raisonnables moyens leur puissance souveraine et monarchique, qu'un roy, quelque depravé qu'il pust estre, auroit honte de les transgresser. Et bien qu'ils ayent toute puissance absoluë, si font-ils bien peu de chose sans leur conseil, auquel ils ont donné pouvoir de casser, rescinder et revoquer ce qu'ils auroient donné et accordé qui ne seroit conforme aux ordonnances faites par les roys leurs predecesseurs. Ils ne sauroient aussi estre tyrans, pource qu'ils sçavent que leurs fils ou le premier prince de leur sang doivent leur succeder, au contraire des empereurs esleus, lesquels, pour maintenir l'empire en leur maison, font de puissance absoluë beaucoup de choses souvent. Et s'il est advenu que quelque roy de France ait fait chose autrement qu'à poinct, il y a esté depuis donné par leurs successeurs remede convenable, et les mauvais ministres, sans lesquels les princes feroient à peine mauvaises choses, ont esté punis; de sorte que ç'a esté un enseignement à ceux qui sont venus après, et une des causes principales de la longue durée de la monarchie françoise.

La ligue veut sapper ceste puissance souveraine, veut abbattre l'authorité royale, veut changer la forme anciennement gardée en la tenuë des estats, veut que les deputez jugent leurs propres requestes et demandes : bref, suivant leurs memoires faicts par le conseil de la faction des Seize, ils veulent que les estats ordonnent de la paix et de la guerre, et veulent declarer le premier prince du sang de France incapable de toute succession, contre le vouloir et authorité du Roy.

Cependant que le Roy pense deffendre son authorité par la plume, la condamnation du roy de Navarre se traictoit par toutes les trois chambres; douze de chacune chambre furent deputez vers Sa Majesté pour luy faire entendre leur resolution, et luy dirent qu'ils avoient advisé que le roy de Navarre seroit declaré heretique, chef d'iceux, relaps, excommunié, indigne de toutes successions, couronnes, royautez et gouvernements.

Le Roy leur respond qu'il trouveroit bon qu'on sommast le roy de Navarre, pour une derniere fois, de se reunir à l'Eglise catholique, apostolique-romaine, et qu'ils advisassent si cela ne seroit pas bon. Ceste procedure de sommer le roy de Navarre fut mise en deliberation en toutes les trois chambres; et depuis, M. l'archevesque d'Ambrun, accompagné comme auparavant de douze de chacune chambre, alla dire au Roy que l'advis des estats estoit de n'employer aucunes poursuittes pour sommer le roy de Navarre. Le Roy luy respondit : « Je me resoudray donc pour satisfaire à vos raisons. »

La prise du marquisat de Salluces, la proposition à ce que les estats fussent resolutifs et non deliberatifs, la condamnation du roy de Navarre demandée par les deputez des estats, et quelques autres incidents sur plusieurs remonstrances et resolutions prises aux chambres des estats, tant sur le reglement des offices de judicature et finances, que pour la vente et suppression d'iceux, fut attribuée au duc de Guyse, et mesmes le Roy creut, comme plusieurs ont escrit, qu'il ne se faisoit aucunes remonstrances ny requestes, que premierement elles n'eussent esté resoluës en un conseil qui se tenoit au cabinet dudit duc par les principaux de la ligue, qui avoient avec animosité brigué, chacun en la province d'où ils estoient, pour estre deputez aux estats, et qui, dans chacune chambre, poursuyvoient ce qu'ils avoient conclu au conseil du duc de Guise.

Toutes ces choses donc firent que le Roy eut un grand courroux contre le duc de Guise; et sur plusieurs advertissements qui luy vindrent de tous costez qu'il y avoit une grande conspiration contre sa personne et son Estat, et principalement sur un billet qui luy fut envoyé, comme pour un advis, par un des grands de son royaume, contenant ces mots : *Mors Conradini, vita Caroli; mors Caroli, vita Conradini,* il se delibera de s'asseurer du duc de Guise.

Pour l'execution de son dessein il fit tenir plusieurs conseils de nuict en son cabinet, et mesmes le duc de Guise receut plusieurs advis de ses amys que l'on entreprenoit de le faire mourir, et qu'il se gardast ; ausquels advis il respondoit seulement ce mot : *L'on n'oseroit.* Aussi tant de bruits avoient couru dès le commencement des estats, tantost que l'on l'avoit voulu tuër allant à la chasse, tantost à un souper, tantost en un autre lieu, qu'il ne faisoit point d'estat de tous ces advis.

Le jour Sainct Thomas, à ce que quelques-uns ont escrit, le Roy estant à Sainct Calais, qui est une chappelle dedans le chasteau, où Sa Majesté entendoit vespres, le duc de Guise, qui l'y accompagnoit, se mit de genoux un peu plus haut dans la galerie et assez loin de Sa Majesté, et pendant vespres il leut un petit discours libre fait sur l'estat present de la France, qu'un François, homme d'Estat, estant en Flandres, avoit envoyé à

Juste Lipse. Ce discours estoit imprimé. Le Roy avoit tousjours l'œil sur le duc et sur ses actions : au sortir de vespres le Roy luy dit : « Vous avez esté fort devotieux. — Excusez moy, Sire, dit le duc, c'est un livret qu'un huguenot a fait sur l'estat de France : ô que c'est un plaisant compteur! je vous supplie, Sire, de le voir, et vous en jugerez. » Le Roy lui dit : « L'avez vous tout leu? — Ouy, Sire, luy respond le duc. — Mais, dites moy, dit le Roy, est-ce un huguenot qui l'a faict? — Ouy, Sire, repliqua le duc. » Alors Sa Majesté luy dit : « Puis que c'est un huguenot qui l'a faict, je ne le veux pas voir. »

Le duc accompagna le Roy en sa chambre, et de là au jardin, où ils tomberent sur plusieurs propos, entr'autres sur le desir que Sa Majesté avoit que l'on sommast encores une fois le roy de Navarre, et sur la resolution des estats, laquelle le Roy vouloit estre faicte par son conseil, ainsi que l'on avoit accoustumé en France. Le duc dit lors à Sa Majesté quelques paroles un peu trop hardies pour un subject : Sa Majesté, usant de sa prudence, luy laissa continuer tout ce qu'il luy voulut dire. La fin de son discours fut qu'il voyoit bien que les choses alloient de mal en pis, ce qui l'occasionnoit de supplier Sa Majesté de reprendre le pouvoir qu'il luy avoit donné, et luy permettre de se retirer. Le Roy feint de ne s'appercevoir de la hardiesse de ses paroles, et dit au duc que Dieu luy feroit la grace de rendre à l'assemblée des estats tout le contentement qu'elle sçauroit desirer.

Le Roy se retire en son cabinet, et, la porte fermée, il ne se peut tenir qu'il ne dist, dez qu'il fut entré, quelques paroles de colere ; puis, ayant tout seul pensé à ce que le duc de Guise luy venoit de dire, il jetta son petit chapeau qu'il portoit; puis, peu après revenu à soy, il se resolut, à quelque peril qui en pust advenir, de faire mourir le duc de Guise.

Mais le duc avoit un si bon amy au cabinet, qu'il ne faillit de l'advertir incontinent de ce qu'il avoit veu faire au Roy, et que sans doute on deliberoit quelque chose contre luy.

L'on tient que l'archevesque de Lyon, en un conseil tenu le lendemain chez le duc, où les principaux de la ligue se trouverent pour resouldre aux divers advis que l'on leur donnoit de ne demeurer plus longuement aux estats, luy dit : « Monsieur, monsieur, qui quitte la partie la perd. »

Aussi tous les advis que l'on donnoit au duc n'estoient que conjectures, car celuy qui l'avoit adverty que le Roy avoit de colere jetté son chapeau, n'en avoit pas sceu au vray quelle en avoit esté l'occasion.

Or, comme nous avons dit, depuis la prise du marquisat, et dès que le Roy vid que les princes de la ligue continuoient leurs intelligences et associations, il avoit resolu de s'asseurer du duc de Guise : il avoit demandé conseil à plusieurs comme il s'y devoit comporter; aucuns luy conseillerent que l'emprisonnement estoit le plus seur, autres luy dirent que *Morta la bestia, morto il veneno*. Bref, il prit conseil de ceux qu'il sçavoit n'estre amis de la maison de Guise, lesquels ne faillirent à luy representer tellement toutes les actions de ce duc, qu'ils ne trouverent à luy dire que trop de crimes de leze-majesté pour luy estre faict son procès. Mais sur tout on luy disoit qu'il se devoit souvenir que, l'an 1584, il avoit fait tuër tous les lyons et bestes farouches qu'il faisoit nourrir au Louvre, pour avoir eu une vision qu'ils le devoroient, et, entr'autres, qu'il se souvinst qu'il luy avoit semblé avoir receu plus de mal d'un lyon le plus furieux de la troupe; que ceste vision ne se devoit point autrement expliquer sinon que c'estoit la ligue, qui, depuis l'année 1585, par la prise de leurs armes, vouloit abbatre son authorité royale, et que le jeune lyon representoit le chef de la ligue.

Quelques considerations et respects avoient retenu le Roy d'executer ses conseils et sa volonté contre le duc jusques au susdit jour de Sainct Thomas, ainsi que plusieurs ont escrit, et que la nuict de ceste journée le Roy ayant faict venir en son cabinet quelques uns en qui il se fioit, il leur avoit dit qu'il ne pouvoit plus souffrir les bravades que le duc luy faisoit, leur recitant toutes les paroles qu'il avoit euës après vespres avec luy, et comme le duc l'avoit prié de lire le discours libre, qui estoit, disoit-il, luy vouloir monstrer en un tableau toutes les bravades qu'il luy avoit faictes. Plus, que le duc l'avoit aussi prié de luy permettre de se retirer des estats, mais qu'il ne recognoissoit que trop à quel dessein il luy avoit dit cela, et de combien ceste retraicte luy importeroit, laquelle il ne luy avoit demandée sinon pour trouver subject de quelque mescontentement : au reste qu'il estoit resolu de le faire mourir, et non pas de l'emprisonner, et qu'il n'estoit question que de resouldre le poinct de l'execution.

Après plusieurs discours il fut resolu que l'execution se feroit le vendredy matin. Le lendemain de ceste resolution, le bruit court que le Roy vouloit aller à Nostre Dame de Clery prez Orleans, et mesmes il commanda à M. d'Antragues, gouverneur d'Orleans, de se tenir prest pour l'y accompagner, et qu'il partiroit le vendredy après-disner.

La ville d'Orleans estoit une des villes données pour seureté par le treiziesme des articles secrets de l'edit d'union aux princes et seigneurs de la ligue, dont ledit sieur d'Antragues estoit gouverneur. Il s'estoit monstré fort zelé à ce party, et mesmes il s'est veu des lettres de luy où, parlant du duc de Guise, il l'appelloit tousjours *nostre grand*. C'estoit aussi le tiltre d'honneur duquel tous les seigneurs de la ligue honoroient leur chef, pareil à celuy que font les subjects d'un roy quand ils l'appellent *Sa Majesté*; car le seul grand du royaume est le roy. Aussi ce mot de *nostre grand* augmenta fort le courroux que le Roy avoit contre le duc, et en fut autant fasché qu'il avoit esté de ce qu'aux Barricades de Paris on avoit crié : *Vive Guise! vive le pilier de l'Eglise!* Du depuis donc l'edict d'union, le duc de Guise ayant faict porter parole audict sieur d'Antragues qu'il desiroit que M. le prince de Ginville (¹) fust pourveu du gouvernement d'Orleans, et qu'il advisast quelle recompense il desireroit, d'Antragues, qui ne vouloit ceder ce gouvernement qu'il tenoit des biens-faicts des roys, et non du duc de Guise, eut recours de regaigner les bonnes graces de Sa Majesté, dont il s'estoit esloigné depuis l'an 1585, ce qu'il fit durant les estats de Blois. Or le Roy, par le moyen dudict sieur d'Antragues, pensoit pourveoir à la seureté d'Orleans (pource que ceste place est comme la citadelle de France); ce fut pourquoi il luy commanda expressement de se tenir prest pour partir avec luy

(¹) *Le prince de Ginville* : le prince de Joinville. Il étoit le fils aîné du duc de Guise.

le lendemain au matin. Il despescha aussi dez le jeudy au soir en plusieurs endroits où il estimoit estre de besoin pour la seureté des villes qu'il jugeoit estre les plus remplies des partizans de la ligue. Mais nous dirons l'an suivant comme les succez de ses desseins furent merveilleusement esloignez de son attente.

Tous ceux qui ont escrit comme le duc Guise fut tué se discordent tous : l'autheur qui a compilé le recueil des *Memoires de la Ligue* (1), et celuy qui a escrit l'*Histoire des cinq Roys*, s'accordent à peu prez, et disent :

« Le 23 de decembre, messieurs les cardinaux de Vendosme, de Guise et de Gondy, M. le duc de Guise, messieurs les mareschaux de Rets et d'Aumont, et autres seigneurs, viennent du matin pour tenir le conseil en une chambre proche de celle du Roy, n'y ayant qu'une petite allée entre deux, pour ce que le Roy vouloit partir l'après-disnée pour aller à Nostre-Dame de Clery. Le duc de Guise, voyant que le conseil n'estoit encores commencé, voulut aller à la chambre du Roy, et, ayant passé le long de l'allée qui y conduisoit, entrant en la chambre de Sa Majesté, il apperceut le sieur de Longnac qui estoit assis sur un coffre de bahu, les bras croisez, sans se bouger. De longue-main il avoit soupçon que ledit sieur de Longnac avoit entrepris de le tuër; et estimant qu'il estoit là pour l'attaquer, il luy voulut impetueusement courir sus, et mettant sa main sur son espée, la tira à demy; mais le sieur de Longnac et quelques autres, luy voyans entreprendre un tel effort à la porte de la chambre du Roy, le previn-

---

(1) *Le recueil des Mémoires de la Ligue.* Cette relation se trouve dans le troisième volume de ces Mémoires.

drent et à l'instant le terrasserent et le despescherent à coups d'espées, sans luy donner loisir de gueres parler. » Voylà l'opinion de ceux qui ont escrit ces histoires imprimées à Geneve; mais l'opinion de la ligue est toute contraire à celle-là. Voicy ce qu'ils en firent publier au mesme temps.

« Sur les sept heures du matin on envoya querir monseigneur de Guise pour venir au conseil; un maistre d'hostel du Roy alla querir M. le cardinal son frere sur les sept heures et demie, pource qu'il estoit logé hors du chasteau : on les prie de se haster, disant que le Roy estoit pressé parce qu'il vouloit aller disner à Clery. Estant arrivé en la salle du conseil, et y voyant le sieur de Larchant et tous ses archers, il leur dit: «C'est une chose extraordinaire que vous soyez icy; qu'y a-t-il ? — Monseigneur, dit Larchant, ces pauvres gens m'ont prié de supplier le conseil qu'ils demeurent icy jusques à la venue de Sa Majesté, pour le supplier de leur faire payer de leurs gages, et ce à cause que le thresorier leur a dit qu'il n'y a pas un sol pour eux; et toutesfois ils sortent de quartier dans quatre ou cinq jours, et seront contraints, si le conseil n'y donne ordre, de vendre leurs chevaux pour vivre, et s'en retourner à pied chacun en sa maison. » A quoy M. de Guise luy respondit: « Je leur serviray et à vous de tout mon pouvoir; » puis s'en alla s'asseoir. Et incontinent se leva M. Marcel, intendant des finances, qui alla dire au sieur de Larchant et à ses archers qu'il y avoit une partie de douze cents escus que l'on leur avoit ordonné. Larchant repliqua que cela estoit trop peu. Sur ces propos, M. de Guise, qui estoit suject à un mal de cœur, prit dedans ses chausses une petite boiste d'argent pour y penser trouver quelques raisins, et, n'y trouvant rien, demanda à Sainct Prix, valet de chambre de Sa Majesté, qu'il luy donnast quelques bagatelles du Roy. Sainct Prix luy alla querir quatre prunes de Brignolles, desquelles il en mangea une, et les trois autres il les mit dedans sadite boite. A mesme temps, parce que l'œil de son honorable playe pleuroit, cherchant un mouchoir dans ses chausses, et ne le trouvant point, il dit : « Mes gens ne m'ont pas baillé aujourd'huy mes necessitez. » Il pria M. Hotman, thresorier de l'espargne, de veoir à la porte s'il y avoit un de ses pages ou quelqu'un des siens, et leur dire qu'ils luy allassent querir un mouchoir : incontinent que Hotman fut sorty, Sainct Prix, adverty que M. de Guise avoit besoin d'un mouchoir, luy en apporta un.

« Sur les huict heures, M. de Revol, secretaire d'Estat, sortant du cabinet du Roy, vint dire à M. de Guise, qui estoit assis au conseil, que le Roy le demandoit : aussi-tost il part, et estant entré dans la chambre où estoit le cabinet du Roy, tenant son chapeau d'une main, et levant la tapisserie de la porte du cabinet de l'autre, estant panché pour y entrer pource que la porte estoit fort basse, à l'instant six des quarante-cinq, qui estoient gentils-hommes que le Roy avoit depuis quelque temps choisis pour estre auprès de sa personne, avec poignards et grandes dagasses, qu'ils avoient nuës sous leurs manteaux, le poignarderent si soudain, qu'il n'eut loisir que de dire : « Mon Dieu, ayez pitié de moy! » et attirant, d'une belle generosité, quelque pas en arriere dans la chambre ceux qui le tuoient, il alla tomber aux pieds du lict du Roy, où sans parler il rendit es derniers souspirs et sanglots de la mort. » Voylà ce que la ligue publia (¹) de la mort de M. de Guise. Voyons maintenant ce qu'en ont dit les estrangers.

Les histoires des Italiens et Alemans disent que le roy Très-Chrestien, ou pource que le duc de Guise avoit contraint le Roy de rompre les edicts de pacification en 1585, ou pour ce qu'il luy estoit advenu aux Barricades de Paris, ou pour la surprise du marquisat de Saluces, delibera de faire mourir le duc de Guise, et que, le vingt-troisiesme jour de decembre, de grand matin, le Roy envoya querir quatre conseillers qui luy estoient les plus confidents, et leur ouvrit son cœur, leur disant qu'il avoit resolu de faire mourir le duc de Guise pour plusieurs raisons qu'il leur declara, leur commandant luy donner conseil sur l'execution de sa proposition. Le premier des quatre, obeyssant à son commandement, luy dit qu'il ne doutoit point de tout ce que Sa Majesté disoit du duc de Guise, mais que, pour conserver l'honneur de Sa Majesté, et à fin que la felonie du duc, de laquelle il ne doutoit, fust plus cognuë de tout le monde, qu'il le failloit emprisonner en quelque place forte cependant que l'on luy feroit faire et parfaire son procez par des juges non

---

(¹) *Voylà ce que la ligue publia.* L'auteur de la relation citée dans la note précédente peint d'une manière très-vraie la stupeur des partisans du duc de Guise. « Ceux, dit-il, qui, le soir précédent, prenoient
« un point d'honneur pour le combat si on les appeloit *royaux* ou
« *politiques*, renioient plus que meurtre qu'ils eussent jamais esté *Guisars* ou de la ligue. Telle est l'inconstance des entreprises humaines,
« telle est la vanité de l'homme, tels et tant espouvantables sont les jugemens du ciel contre l'infidélité et aveuglement incrédule des enfans
« d'Adam corrompus ! Sur le soir tout fut à Blois aussi tranquille qu'il
« estoit auparavant, hormis le deuil caché de plusieurs, lesquels n'a-
« voient prémédité une si subite tempête sur la maison de Guise. »

suspects. Le second conseiller approuva et loüa le conseil du premier. Mais leurs conseils ne pleurent au Roy, qui leur dit : « Ne sçavez vous pas la puissance que le duc de Guise a en mon royaume? Qui seront les juges qui le voudront condamner à la mort selon ses demerites? Plus, si on le met en prison, il n'y a nulle doute que cela sera occasion de très-grands troubles, car tous les princes de la ligue et tous leurs partisans se joindront et s'armeront pour l'en tirer dehors. L'obeissance qu'ils me doivent ne les retiendra pas, puis que, sans avoir receu aucun desplaisir de moy, ains une infinité de bien-faits, auparavant et depuis mesmes qu'ils ont fait leur ligue, ils n'ont laissé de s'armer et conspirer contre ma vie, contre mon honneur et contre ma couronne, sous pretexte de la deffense de la religion catholique-romaine. La journée des Barricades où le peuple de Paris s'est eslevé si audacieusement contre moy, la deffaicte des regiments françois et suisses de ma garde, le dessein qu'ils avoient de m'assieger dans mon Louvre et me retenir prisonnier, ne sont que trop d'exemples pour conjecturer que, quand j'aurois faict mettre le duc de Guise et les principaux de son party prisonniers, il ne seroit en mon pouvoir de leur faire faire leur procez ; car, par leurs pratiques et factions couvertes du zelle de la religion, ils ont si bien desbauché mon peuple, que je ne suis plus obey comme roy, et je n'en porte plus que le tiltre. D'abondant, je suis bien adverty qu'ils continuent leurs secrettes intelligences avec le roy d'Espagne, qui les secourt de deniers. Qui peut douter aussi maintenant que la surprise du marquisat faicte par le duc de Savoye ne soit de l'intelligence du duc de Guise pour faire tomber le marquisat entre les mains de l'un de ses freres de Nemours ou de Sainct Sorlin? Ne voylà que trop de crimes de leze-majesté, que trop de conspirations descouvertes. Il n'est de besoin à un roy, pour chastier les autheurs de tels attentats, proceder par les voyes ordinaires de justice, qui ne sont ordonnées que pour tenir le simple peuple en son devoir. Mais, quand les grands d'un royaume ont conspiré contre l'Estat, contre la vie et dignité de leur roy, l'on n'a jamais regardé, en ces cas là, à y remedier par les loix et coustumes ordinaires du pays, car aux grands et dangereux maux l'on recourt tousjours aux plus prompts remedes. Je ne doy point douter aussi que les princes mes voisins ne trouvent bonne l'execution qui s'en fera, car chacun d'eux est assez adverty de l'estat miserable auquel la France se trouve maintenant reduite, laquelle est travaillée d'une part par les heretiques, et de l'autre par l'ambition des princes et seigneurs de la ligue des catholiques. Aussi ne doy-je point rendre conte à aucun prince de mes actions, et je croy qu'ils jugeront que j'auray justement usé de mon authorité royale, en chastiant mes subjects seditieux et rebelles.» Après que Sa Majesté eut mis fin à son discours, les autres deux conseillers loüans son intention, luy dirent que l'execution donc en devoit estre prompte et secrette quand le conseil en seroit pris, y ayant un très-grand peril à la dilayer, pour ce que la maison de Guise avoit un grand nombre de leurs partizans en court et aux estats, qui pourroient descouvrir ce que l'on entreprenoit contr'eux. Alors le Roy trouva ce conseil bon, et, ayant donné congé aux quatre conseillers, il manda son aumosnier pour se confesser, ainsi qu'il avoit coustume de faire tous les vendredis. Puis, ayant fait appeller quelques-uns des quarante-cinq, et leur ayant dit sa volonté, il envoya querir, par un secretaire d'Estat, le duc de Guise qui estoit au conseil; mais qu'en venant parler à luy et estant entré en l'antichambre, il vit incontinent, en regardant derriere luy, car il craignoit les embusches, sortir de derriere la tapisserie un homme armé qui venoit pour le tuër par derriere; et comme le duc estoit d'un grand courage et vaillant, se voyant en tel peril, il luy saulta au collet et le jetta par terre, prest à le tuër, quand sept autres sortirent de derriere les mesmes tapisseries, qui l'entourerent, et où d'abordade un luy donna un tel coup d'espée sur la jambe qu'on le fit tumber par terre; puis incontinent, à coups d'espées, de dagues et de pertuisanes, il fut reduit au terme de la mort, criant en vain : *A l'ayde! l'on m'assassine.* Voylà l'opinion des Alemans et Italiens touchant la mort du duc de Guise.

Plusieurs aussi ont remarqué que le duc de Guise avoit tousjours esté ennemy de tous les favorits et mignons que le Roy avoit aymez et advancez depuis son advenement à la couronne, et qu'il leur avoit suscité une infinité de querelles par des particuliers gentilshommes jaloux de n'estre les premiers aux bonnes graces du Roy; que quelques-uns mesmes de ces favorits avoient esté tuez en duël, autres d'une autre façon, plusieurs disgraciez par les plaintes qu'il trouvoit moyen de faire faire contr'eux; et mesmes, depuis que le duc d'Espernon s'estoit retiré en Angoulesme, le Roy ayant pourveu de l'estat de premier gentilhomme de sa chambre le sieur de Loignac, que ce seigneur avoit esté comme une butte où, par la persuasion du duc de Guise, tous les princes de la ligue avoient descoché leur envie. Le chevalier d'Aumalle, peu auparavant la mort du duc de Guise, s'en estoit retourné à Paris, et, devant qu'y aller, il avoit dressé audit seigneur de Loignac une querelle sur le subject de quelques passions amoureuses, ce qui advient d'ordinaire entre jeunes seigneurs. Loignac estoit hardy, homme adextre aux armes, et qui s'estoit desgagé de plusieurs duëls; sa qualité de premier gentil-homme de la chambre du Roy l'esgalloit mesme aux duëls avec les grands estrangers, et les luy deffendoit avec ceux qui n'estoient de sa qualité. Ceste simulté donc et seminaire de querelle pour l'amour, fit juger à Loignac que le duc de Guise et les princes de la ligue le vouloient oster de la bonne fortune que les bonnes graces du Roy luy donneroient. D'autre costé les quarante-cinq gentils-hommes que Sa Majesté avoit establis pour se tenir prez de sa personne, avec gages pour leur entretien honorable, par l'advis du duc de Guise, devoient, en la supplication que les estats feroient au Roy de reformer sa maison, estre cassez comme n'estans necessaires. Voylà de nouveaux ennemis pour le duc de Guise, à aucuns desquels le Roy n'eut gueres de peine à persuader, après qu'il eut resolut de le faire tuer, d'executer sa volonté.

Sur les huict heures du matin Sa Majesté fit appeller le duc de Guise pour venir parler à luy : il estoit lors au conseil. Arrivé dans la chambre où estoit le cabinet du Roy, il se trouva si soudainement chargé par sept ou huict avec dagues et espées, qu'il n'eut nul loisir de se deffendre. Aussi tost qu'il fut mort, un tapissier qui estoit dans la mesme chambre, lequel destendoit la tapisserie pour aller apprester le logis du Roy à Clery, par commandement en mit une des pièces sur le corps mort du duc.

Le trepignement et le bruit que firent ceux qui le tuërent estant entendu par le cardinal de Guise et par l'archevesque de Lyon (1), les fit sortir incontinent du conseil, pensant secourir le duc : ils furent jusques à la porte, là où ils entendirent encor ses derniers soupirs. Aucuns des gardes escossoises qui estoient là leur presenterent la pointe de leurs hallebardes, leur commandant de ne bouger et de les suivre, ce qu'ils firent; et furent mirent mis tous deux dans une petite chambre au dessus de celle du Roy.

En mesme temps le Roy fit arrester tous les princes de la ligue qui estoient logez au chasteau, chacun dans leurs chambres, et leur fit donner des gardes pour s'asseurer de leurs personnes, sçavoir à M. le cardinal de Bourbon, à madame de Nemours et à son fils le duc de Nemours, à M. d'Elbœuf et à M. le prince de Ginville (2), qui, lors que l'on tüoit son pere, oyoit la messe dans Sainct Calais, au sortir de laquelle il fut aussi arresté prisonnier.

A la mesme heure aussi furent pris Pericard, secretaire du duc de Guise, avec tous ses papiers, dans lesquels on asseure que le Roy trouva les plus secrets desseins du duc. Le sieur de Hautefort fut aussi prins

---

(1) *L'archevesque de Lyon* : Pierre d'Espinac. Il fut depuis l'un des principaux chefs de la ligue.

(2) *Le prince de Ginville.* Presque toutes les relations s'accordent à dire que le prince de Joinville, fils aîné du duc de Guise, fut conduit par le comte d'Auvergne, dès le grand matin, à une partie de paume, et que ce fut là que ceux qui l'arrêtèrent lui apprirent la mort de son père.

dans la chambre du duc de Guise, et arresté prisonnier avec Bernardin, premier valet de chambre dudit duc.

Le grand prevost, par le commandement du Roy, sortit du chasteau, et alla à l'Hostel de la ville, en la chambre des deputez du tiers-estat, se saisir du sieur de La Chapelle-Marteau, prevost des marchands de Paris, du president de Neuilly, de l'eschevin Compan, qui estoient les deputez de la ville de Paris, et du lieutenant d'Amiens, duquel nous avons desjà parlé cy-dessus, lesquels il emmena au chasteau, et furent mis prisonniers en une chambre au dessus de la garde-robbe du Roy.

En mesme temps aussi le Roy fit arrester le comte de Brissac, le sieur de Bois-Dauphin, et quelques seigneurs des plus intimes du duc de Guise.

Cependant que le Roy donne ordre à s'asseurer des plus remuans de la ligue, les princes et tous les seigneurs de qualité, advertis qu'il y avoit du trouble dans la chambre du Roy, s'y rendent incontinent; mais Sa Majesté, estant sortie de son cabinet, fit oster le corps du duc de Guise, leur disant les causes qui l'avoient induit à le faire mourir, et adjousta ce mot : *Voylà comme je puniray à l'advenir ceux qui ne me seront fidelles.*

Devant qu'aller à la messe il alla trouver la Royne sa mere, et luy declara ce qu'il avoit faict faire, dequoy l'on tient qu'elle fut de prime face esmeuë, et luy dit : « Avez vous bien donné ordre à vos affaires ? — Oüy, Madame, luy respondit-il. — Faictes advertir donc, luy dit elle, M. le legat de ce qui s'est passé, affin que Sa Sainteté sache premierement par luy vostre intention, et que ne soyez prevenu par vos ennemis. »

Le legat Morosini ayant esté adverty, de par le Roy, de la mort du duc de Guise, se trouva du commencement estonné, tant pour la familiarité qu'il avoit euë avec le duc, que pour avoir asseuré toute l'Italie de tous contraires evenements à ceux qu'il voyoit : toutesfois il se para d'un visage sans apparence aucune de tristesse, et vint trouver le Roy au sortir de la messe, sur les unze heures, là où Sa Majesté luy dit les occasions particulieres qui l'avoient meu de faire mourir le duc de Guise.

Toute la matinée les portes de la ville furent libres, il n'y eut que les portes du chasteau fermées, et l'on ne sortoit ny entroit que par le guischet de la grande porte du chasteau, laquelle est hors de la ville, proche de la porte de costé. Ceux du party du duc de Guise logez dans la ville furent incontinent advertis de sa mort; chacun d'eux pense à sa seureté : ils presument que le Roy n'arresteroit son courroux sur le seul chef de la ligue, ce qui fut cause que aucuns se retirerent et arriverent dez le soir à Orleans, et le lendemain à Paris. Quelques deputez mesmes du clergé affectionnez au duc s'en allerent, et, par hazard plus que par dessein, ils furent ramenez au Roy, qui seulement les reprint de leur opiniastreté, et leur laissa la liberté de s'en aller ou de demeurer. Toutesfois quelques portes de la ville furent fermées, plus par la volonté du peuple que par commandement qu'ils en eussent. Aussi toute ceste journée il ne fit que plouvoir depuis la pointe du jour jusques au soir, que le vent se tourna tellement à la gelée, que la riviere de Loire fut glacée trois sepmaines durant.

Les hommes ne peuvent remettre d'un moment le temps de leur fin. Le Roy avoit resolu de ne faire mourir que le duc de Guise, pource qu'il estimoit qu'il estoit seul toute la ligue, et que ceux de sa maison tous ensemble n'eussent sceu fournir à la moindre partie de ce qu'il entreprenoit; que luy mort, toute la ligue estoit morte. Il avoit seulement resolu de tenir quelque temps prisonniers aucuns princes et seigneurs de la ligue, affin de leur faire cognoistre la grandeur de leur faute : mais voicy qu'en un instant son dessein se change. M. le cardinal de Guise, d'un courage haut, ne put patienter ny ne se put contenir, que, par paroles bouillonnantes de colere, il n'usast, en la captivité où il estoit, de menaces contre le Roy, lesquelles rapportées à Sa Majesté, les ennemis de la maison de Guise ne manquerent de luy representer contre ce prelat beaucoup de ses actions passées, et luy dirent que depuis les Barricades il s'estoit meslé de plusieurs choses peu convenables à l'ordre ecclesiastique, que l'on l'avoit veu armé, accompagné de quatre cents lances, qu'il avoit surprins des places, qu'il avoit pris aussi les finances de Sa Majesté à Chasteau-Tierry et ailleurs, disant que ce qui estoit bon à prendre estoit bon à rendre, et que quand on luy avoit remonstré qu'il picquoit trop le Roy, il respondoit que Sa Majesté ne marchoit point s'il n'estoit picqué à bon escient; aussi que sur la devise des armes du Roy, *Manet ultima cœlo,* il avoit dit ces mots : *Binas qui dederat, unam aufert, altera nutat, ultima tonsori radenda ad claustra remansit,* et qu'il desiroit tenir la teste du Roy avec ses mains propres jusques à ce que le barbier (¹) luy eust faict la couronne dans les Capucins.

La qualité de ce prelat de premier pair d'Eglise en France, archevesque de Reims, cardinal et president de son ordre, retint la resolution du Roy pour le faire mourir jusques au lendemain matin, voulant voir s'il changeroit d'opinion, et ce, nonobstant tout ce que l'on luy eust dit de ce prelat, mesmes qu'il pouvoit succeder en la creance de son frere, et que les seules menaces qu'il faisoit en sa captivité monstroient assez qu'il y avoit du danger à le laisser vivre; bref il n'en voulut rien faire : mais comme on luy eut dit le lendemain matin que ledit sieur cardinal continuoit de le menacer, il dit qu'il n'en vouloit plus ouyr parler et qu'on l'executast. Plusieurs refuserent de le tuër; quatre personnes entreprirent de le faire : un d'entr'eux (²) monte en la chambre où il estoit avec l'archevesque de Lyon, et en laquelle ils avoient dormy jusques au matin, qu'estant resveillez, ne sçachans ce qu'on deliberoit de faire d'eux, ils s'estoient mis en prieres, et luy dit que le Roy vouloit parler à luy. S'estant levé, puis embrassé l'archevesque, il sortit; mais il ne fut pas à quatre pas hors la porte de la chambre, qu'il fut tué à coups d'espées et de hallebardes. Voylà ce qu'ont rapporté plusieurs historiens sur la mort de ces deux freres, princes du sang illustre de Lorraine : beaucoup d'autres particularitez en ont esté escrites selon les passions des autheurs, lesquelles meritent mieux d'estre teuës que dites, car mesmes

---

(¹) *Le barbier.* La duchesse de Montpensier, sœur des Guise, portoit habituellement une paire de ciseaux très-précieux, destinés, disoit-elle, à faire au Roi la tonsure monacale.

(²) *Un d'entr'eux* : Duguat, capitaine des gardes.

tous les ennemis de ces deux princes, en parlant d'eux, n'ont sceu taire leurs belles et rares vertus (1), principalement du duc de Guise, qu'ils loüent d'avoir esté d'une grande prudence, couvrant avec sa sagesse les secrets de son ame, prince digne du premier rang entre les princes, beau, amiable de face, grand de courage, prompt à l'execution de ses entreprises, fort advisé, et, comme recite l'autheur du discours libre, plus que tous les autres princes et seigneurs de la ligue. « Tout le monde, dit-il, a veu cela par les effects, et je l'ay veu par ses escrits, et de sa propre main, en un affaire de grande importance, où le plus grand des siens après luy, sans luy alloit faire une lourde faute. » La deffense des villes de Poictiers et de Sens, assiegées par de si puissantes armées de huguenots, les batailles et les exploits militaires où il s'est trouvé, et d'où il est sorty à son honneur, ainsi qu'il est recité dans plusieurs histoires, ont esté la cause que la pluspart des peuples de la France l'estimoient comme leur pere, et ont monstré un tel ressentiment de sa mort, qu'en plusieurs endroits ils n'ont point craint de s'eslever et de s'armer contre leur propre roy, ainsi que nous dirons cy-après.

A l'heure mesme que l'on tüoit le cardinal le Roy estoit à la messe, au sortir de laquelle il se resolut d'arrester son courroux en la mort de ces deux princes. Et comme le baron de Lux, nepveu de l'archevesque de Lyon, pensant que l'on en deust faire au-

---

(1) *N'ont sceu taire leurs belles et rares vertus.* Balzac rapporte un mot de la maréchale de Rets qui caractérise très-bien ces deux princes. « Ils avoient si bonne mine, ces princes lorrains, qu'auprès d'eux les « autres princes paroissoient peuple. »

tant à son oncle qu'au cardinal, se fust venu jetter aux pieds de Sa Majesté, le suppliant de sauver la vie à son oncle, après quelques paroles que luy tint le Roy sur les desservices que luy avoit fait l'archevesque, il luy dit : « Allez asseurer vostre oncle de sa vie, et qu'il n'aura d'autre mal que la prison. » Messieurs de Brissac et de Bois-Dauphin furent aussi dèslors mis en liberté, et tous les prisonniers furent asseurez de leur vie ; aucuns desquels, peu après, furent renvoyez ès villes d'où ils estoient pour appaiser les seditions qui y estoient esmeuës.

Le Roy fit aussi entendre en toutes les chambres de chasque ordre que son intention estoit que les estats fussent continuez, et qu'ils s'asseurassent qu'en toutes choses il suivroit leurs raisonnables conseils : si bien que sur le soir tout fut à Blois aussi tranquille qu'il estoit auparavant. Il avoit aussi fait diverses despesches par tout où il avoit pensé estre besoin ; mais, au contraire de son dessein, tous les princes, seigneurs et villes de la ligue, receurent les nouvelles de ce qui s'estoit passé à Blois premier que les serviteurs de Sa Majesté qui estoient ausdites villes et en ses armées en fussent advertis : ce qui a esté noté pour un grand accident, et qui avoit esté une des principales causes de la revolte de tant de villes, et des maux et afflictions que les serviteurs de Sa Majesté y ont receus depuis ; car les Seize de Paris, dès le soir de la veille de Noël, prirent les armes, se rendirent les maistres et s'asseurerent de ceste grande ville, et en l'armée M. de La Chastre en advertit M. de Nevers. Sa Majesté aussi desiroit sur tout de s'asseurer d'Orleans ; il avoit commandé, comme nous avons dit, au sieur d'Antragues de se tenir prest pour aller à Clery avec luy : dès que le duc de Guise fut mort, il luy commanda d'aller en diligence à Orleans, et s'asseurer de ceste place. D'Antragues s'y achemine, entre dans la citadelle qui n'estoit que le portail de la porte Bannier, où il met le plus de gens qu'il peut, esperant entrer dans la ville et disposer les habitans à l'obeissance du Roy; mais le sieur de Rossieux, qui estoit d'Orleans et serviteur du duc de Mayenne, partit de Blois, alla aussi tost que luy ; il arriva dans la ville comme d'Antragues entroit dans la citadelle, et faict deux affaires en un mesme temps qui luy reüssissent : l'une, il advertit par un courrier exprès M. le duc de Mayenne de la mort de ses freres avant qu'aucun autre en eust receu nouvelle à Lyon ; l'autre, il fit faire assemblée en la Maison de Ville d'Orleans, et leur dit ce qui estoit advenu à Blois. Or, depuis que le duc de Guise eut envie d'avoir ce gouvernement pour son fils, et qu'il en fut refusé par le sieur d'Antragues, il y avoit, par le moyen des Seize de Paris, practiqué force partizans, qui se liguerent et s'entrerecognurent par le moyen de certaines confrairies du nom de Jesus qu'ils y establirent. Plusieurs calomnies y avoient esté sous main publiées contre d'Antragues, pour le rendre odieux au peuple : si qu'en la premiere assemblée de ville qu'ils tindrent sur la nouvelle que leur apporta Rossieux, ils se resouldent de s'opposer contre d'Antragues, qui estoit dans la citadelle, et, cependant qu'ils auroient nouvelles que feroient les Parisiens, d'envoyer vers le Roy à Blois, le prier de leur donner un autre gouverneur. Leurs deputez arrivent à Blois le jour de Noël :

introduits vers Sa Majesté, ils le supplient de faire abbattre leur citadelle, pour plusieurs raisons qu'ils luy desduirent au long; mais ils eurent pour response du Roy : « Je veux que vous obeyssiez à d'Antragues vostre gouverneur; si vous ne le faites d'amitié, je le vous feray bien faire de force. » Sur ceste response les deputez s'en retournerent, et trouverent leur ville non seulement en estat de se deffendre contre la citadelle, mais qui la tenoit comme assiegée, et les partizans de la ligue resolus de secouër le joug de la puissance royale. Le Roy d'autre costé y envoya M. le mareschal d'Aumont avec les forces qu'il avoit auprès de luy. Nous dirons l'an suyvant ce qui en advint, et comme les meilleures et plus grandes villes de France se revolterent contre le Roy.

Cependant que toutes ces choses se faisoient, le roy de Navarre, depuis la closture de l'assemblée de ceux de son party, qui fut finie, comme nous avons dit, à La Rochelle le 17 decembre, s'en alla à Sainct Jean d'Angely, où il donna le rendez vous à toutes ses troupes, avec intention d'executer quelques entreprises qu'il avoit sur aucunes places d'importance, et par ce moyen faire divertir l'armée de M. de Nevers qui estoit au bas Poictou, d'où elle chassoit les huguenots, et la faire venir au secours des catholiques du hault Poictou et de l'Angoumois. Il faict en mesme temps courir le bruit qu'il vouloit assieger Coignac, mais son entreprise estoit sur Nyort, l'execution de laquelle avoit esté plusieurs fois retardée; mais en ayant meurement deliberé avec le sieur de Sainct Gelais, qui avoit de longue main manié ceste practique et recognu la facilité ou difficulté de pouvoir prendre ceste place, il se resolut d'en tenter promptement l'execution.

Le lundy vingt-sixiesme decembre, il receut à son lever la nouvelle de l'accident de messieurs le cardinal et duc de Guise; il deplore leur mort, et protesta qu'il en avoit un grand desplaisir pour ce qu'ils luy estoient parents, et que la France les devoit regretter pour leur valeur; toutesfois qu'il avoit bien fallu que le Roy eust eu de grandes occasions pour les avoir faict mourir. « Dès le commencement de la prise de leurs armes, dit-il, j'avois tousjours bien preveu et dit que messieurs de Guise n'estoient capables de remuer l'entreprise qu'ils avoient mise en leurs entendements, et en venir à fin sans le peril de leurs vies. »

Ceste nouvelle ne retarda pas son entreprise sur Nyort, ains le jour mesme il fit partir le sieur de Sainct Gelais avec le sieur de Ranques, pour aller joindre sur le soir quatre cents harquebusiers et cent gend'armes conduicts par les sieurs de Parabiere, de Rambure et du Preau, ausquels il avoit commandé de se rendre en un carrefour près le bourg Saincte Plassine, où estans tous arrivez, le sieur de Sainct Gelais conduisit ceste troupe avec le plus grand silence qu'il put. Le sieur de Ranques, suivy de quelques-uns, se separa de la troupe, et alla descouvrir de tous costez affin d'empescher qu'aucun ne donnast advertissement à ceux de Nyort, de ce qui se passoit à la campagne : approchez à une demie lieuë de la ville, on faict mettre pied à terre à plusieurs, et là laisser leurs chevaux à la garde de leurs goujats; puis, marchans à travers champs jusques à un traict d'arc des murailles de Nyort, ils y deschargerent, proche d'une vieille perriere, les mullets qui portoient les eschelles et les petards. Les eschelles furent incontinent distribuées à ceux qui s'en devoient servir, et les petards preparez et portez à un ject de pierre de la muraille, cependant que d'autres recognoissoient le fossé et les lieux où on devoit planter les eschelles, et les portes où se devoient planter les petards.

La lune, qui n'estoit encores couchée, retarda assez long-temps le point de l'execution, ce qui leur augmentoit fort la crainte d'estre descouverts; mais le silence qu'ils firent jusques à son coucher, et l'obscurité qu'elle fait d'ordinaire en se couchant, favorisa beaucoup les assaillans pour se desrober des yeux des sentinelles.

Cependant le sieur de Sainct Gelais, avec ceux qui devoient faire jouër les petards, fit appliquer un petard contre la porte du ravelin qui couvroit la porte de Sainct Gelais, laquelle estoit distante du lieu de l'escalade de cinquante pas, par laquelle il avoit esté resolu de faire entrer le plus de gens qu'on pourroit; mais comme on devaloit dans le fossé, ceux qui portoient les eschelles ne furent si tost descendus dedans, que la sentinelle ne demandast fort furieusement : *Qui va là?* Les assaillans demeurerent fermes sans bouger ny rien respondre, et mesmes entendirent que quelqu'un estoit sorty du corps de garde qui estoit à la porte Sainct Gelais, et avoit demandé à la sentinelle : *Qui est là? que veux-tu?* « Ce n'est rien, dit la sentinelle, je pensois avoir entendu quelque bruit. » Ce bruit appaisé, les assaillans s'advancerent contre les murailles, hautes de trente-six à quarante pieds, et y planterent leurs eschelles, distantes l'une de l'autre de trois ou quatre pas, lesquelles estoient emboëstées les unes dans les autres d'un artifice admirable. Aussitost qu'elles furent plantées, ils monterent tous à la file sur les murailles, et les premiers montez ayant surprins la sentinelle la tuërent. Le sieur du Preau, suivy de cinquante, donna droict au corps de garde qui estoit à la porte, lequel il surprint et entoura si soudain, que dix ou douze pauvres gens qui y faisoient la garde pour les riches qui estoient dans leurs lits, par le silence qu'ils firent, n'eurent point de mal. Un des soldats qui estoit monté, ou de peur de se voir dans une si grande ville ou autrement, s'escria : *Au petard! au petard!* A ceste voix l'on faict jouër le petard qui rompit la porte, et à l'instant l'on en mit encor un autre contre le pont de la ville faict en bascule, qui ne fit tant d'effect que le premier pour ce qu'il creva, et toutesfois il ouvrit en deux la porte de la ville, et ne fit ouverture au pont que pour passer un homme; encores falloit-il descendre par eschelles dans le fossé, et puis avec les mesmes eschelles remonter à l'ouverture du pont. Cependant que les sieurs de Sainct Gelais et Parabiere entrent par ce trou dans la ville, ceux qui estoient montez par l'escalade se coulent serrez le long de la ruë, tirans vers la halle. Le bruit des petards avoit donné l'alarme aux habitans, aucuns desquels pensans sortir furent repoulsez fermement dans leurs maisons, qui, recognoissans que c'estoit une surprise, et oyans crier partout: *Vive Navarre! vive Navarre!* prirent l'effroy, et, au commandement des assaillans, ils mirent du feu aux fenestres et par les ruës. Auprès de l'aumosnerie, le lieutenant de la ville et quelques habitans avec les gardes de M. de Malicorne, qui estoit au chasteau, s'allierent et donnerent courageusement droict aux assaillans, qui tousjours multiplioient et s'advançoient, lesquels ils repoulserent d'abordade; mais la blessure à mort du lieutenant et de quelques autres firent perdre cœur aux habitans de Niort, et lors chacun pensa à se sauver; tellement que les assaillans, en moins de trois quarts d'heure, entrerent, vainquirent et demeurerent maistres de Niort, sans perte que de cinq ou six hommes. Des habitans il en fut tué vingt-cinq. Les capitaines firent paroistre en ceste execution combien d'honneur et profit on tire de suivre l'ordre que l'on resoult de tenir en telles entreprises; et l'obeyssance que leur porterent leurs soldats, de ne se mettre au pillage qu'à la pointe du jour et après estre asseurez d'estre maistres de la place, fut la cause qu'outre la prise de ceste ville, qui est la meilleure de tout le Poictou après la capitalle qui est Poictiers, ils se saisirent de cinq canons de batterie portans demy pied et un doigt d'ouverture, montez et equipez de neuf, prests à mener en l'armée de M. de Nevers, avec vingt milliers de pouldre; plus ils trouverent aussi dans ceste ville deux coulevrines fort longues que le susdit lieutenant avoit faict fondre, ce disoit-il, pour en salluër le roy de Navarre quand il approcheroit des murailles de Nyort, avec trois autres moyennes coulevrines.

Le roy de Navarre, estant adverty que son dessein avoit reüssi, partit de Sainct Jean d'Angely avec nombre de cavalerie, et se rendit, le jeudy ensuyvant, dans Nyort, où il receut à composition M. de Malicorne, qui estoit encor dans le chasteau de Nyort, et luy permit d'en sortir avec tout son bagage. Les bleds et autres munitions qui furent trouvés dans ceste place, firent alleger à tous ceux du party du roy de Navarre le dueil de la perte de Montaigu, et haulserent tellement leur courage, qu'ils creurent de pouvoir faire lever le siege à M. de Nevers de devant La Ganache, ainsi que nous dirons au commencement de l'an 1589.

J'ay faict cest epitome ou petit recueil de l'origine de la ligue des catholiques en France, de laquelle estoient plusieurs princes, seigneurs, gentils-hommes, villes et communautez, auquel j'ay mis les principaux exploicts et entreprises depuis la prise de leurs armes en l'an 1585, jusques à la fin de l'an 1588, que le Roy fit tuër M. le duc de Guise comme estant le chef de ceste ligue, et ay esté comme contrainct d'amplifier ce recueil de plusieurs particularitez plus que ne devroit estre un epitome, affin de donner plus d'intelligence à beaucoup de matieres que nous traicterons dans les neuf années suivantes, touchant ce qui concernera la France. Regiomontanus Stoffler, Rantzovius, Nostradamus, Turellus, et autres astrologues, par leurs predictions et centuries, disoient qu'en l'an 1588 et années suyvantes, tous les empires et royaumes, mais principalement la France, seroient affligez de très-grandes guerres, et affermoient que si le monde n'abismoit, qu'au moins il y auroit de grands changements en tous les Estats souverains. Les prodiges que l'on vit au ciel en ceste année, et les monstres nays contre l'ordre de la nature en plusieurs lieux, furent comme les messagers de tant de maux et de troubles que nous dirons cy-après.

TABLE DES MATIÈRES

CONTENUES

DANS LE TRENTE-HUITIÈME VOLUME.

MÉMOIRES DE CHOISNIN.

Notice sur Choisnin. Page	3
A très-haute, très-puissante et très-vertueuse princesse Catherine de Medicis, etc.	17
Mémoires de choisnin.	21
Livre premier.	21
Livre deuxiesme.	39
Copie de la lettre de la Royne mere.	48
Copie de la lettre de l'illustre duc d'Anjou.	49
Au Roy.	174
A la Royne.	175
Au roy de Pologne.	176
Livre troisiesme.	180
Traduction de la lettre latine escripte au secretaire du lantgrafve de Hessen.	195

MÉMOIRES DE MERLE.

Notice sur le capitaine Merle.	211
Mémoires de mathieu merle.	215

CHRONOLOGIE NOVENAIRE DE CAYET.

Notice sur Cayet. Page 227
Au Roy. 233
Avant-propos. 237
Introduction. 253

   Pourquoy la ligue fut faicte à Peronne l'an 1576. 254
   Articles de la ligue de Peronne; ce qui fut escrit contre les articles de ceste ligue. 254
   De l'ancienneté du royaume de France. 259
   L'advocat David tué portant les pacquets de la ligue à Rome. 260
   Pourquoy le pape Gregoire XIII ne voulut approuver ceste ligue. 261
   Assemblée d'estats à Blois l'an 1577. 262
   Paix generale en France l'an 1581. 262
   Mort de M. le duc d'Anjou, frere unique du roy trés-chrestien Henry III, et comment peu aprés sa mort les princes et seigneurs catholiques qui avoient faict ceste ligue se saisirent de plusieurs villes, et des pretextes qu'ils prindrent. 263
   Lettres du roy Trés-Chrestien au roy de Navarre sur la prise des armes des princes de la ligue. 264
   Declaration du Roy contre le manifeste des princes de la ligue. 265
   Declaration du roy de Navarre contre ceux qui avoient faict publier ce manifeste. Du dementy qu'il leur donna, et comme il desfia le duc de Guise au combat. 265
   Comment le Roy fut contraint de rompre les edicts de pacification, et declarer la guerre à ceux de la religion pretenduë reformée. 266
   De la declaration que fit le roy de Navarre sur la rupture des edits de pacification. 268
   Comment le prince de Condé fit retirer le duc de Mercœur du Poictou, là où il estoit entré avec des troupes. 268
   De la surprise du chasteau d'Angers, et de ce qui advint au prince de Condé pensant secourir ceux qui l'avoient surpris. . . 269
   Comment le duc de Mayenne, general de l'armée du Roy, s'achemina en Guyenne. 270
   De l'edict que fit le Roy à ce que tous les huguenots eussent

à sortir dans quinze jours hors de son royaume ; et de la decla-
ration que fit le roy de Navarre contre cest edict. . . . Page   271
Comment le pape Sixte v excommunia le roy de Navarre
et le prince de Condé.   272
Qui fut le premier qui inventa la ligue des catholiques dans
Paris, que depuis l'on a appellée la ligue des Seize, le pretexte
qu'il prit, et les ceremonies qu'il practiqua.   272
Pourquoy c'est que l'on a appellé la ligue des catholiques de
Paris la ligue des Seize.   274
Conference des princes et seigneurs catholiques de la ligue
avec la ligue des Seize.   277
Deputez de la ligue des Seize envoyez par les villes de France
pour seduire le peuple, et le faire entrer dans leur ligue. . . .   277
Le cardinal de Bourbon et le duc de Guise yssus des deux
plus anciennes maisons du monde.   280
Livres que les partisans du roy de Navarre faisoient courir dans
Paris.   281
Pourquoy les roys de France ne deviennent jamais tyrans. .   285
Comment le cardinal de Bourbon quitta le droict d'aisnesse
au roy de Navarre.   286
Response que l'on fit à l'excommunication du roy de Navarre
et du prince de Condé.   287
Ce qui est advenu à deux doctes hommes qui ont escrit au com-
mencement de ceste guerre : l'un pour le roy de Navarre, l'autre
en faveur de la ligue.   289
Lettres du roy de Navarre au clergé, à la noblesse, au tiers-
estat, et à Messieurs de la ville de Paris.   290
Des exploicts de guerre du duc de Mayenne et du mareschal
de Matignon en Guyenne.   295
Comment le duc de Mayenne pensa surprendre le roy de Na-
varre à Caumont au passage de la Garonne.   297
Effects de l'armée du duc de Mayenne.   299
Exploicts des huguenots en Poictou.   299
Armée du mareschal de Biron en Poictou.   300
Armée de messieurs de Joyeuse en Auvergne et Lauraguais. .   300
Armée du duc d'Espernon en Provence.   301
Assemblée generale du clergé à Paris en l'an 1585 et 1586. .   301
Pourquoy les princes protestans allemans envoyerent une am-
bassade vers le roy Très-Chrestien.   302

Ce qui se passa en la publication de vingt-six edicts que le Roy fit veriffier au parlement. . . . . Page 304

Pourquoy le Roy rechercha une conference avec le roy de Navarre. 308

Conference à Sainct Bry près Coignac entre la Royne-mere et le roy de Navarre; et pourquoy ceste conference fut rompuë. 309

Quand et comment les pénitens blancs furent establis à Paris. 311

Pasquils contre le Roy et les princes de la ligue. 312

Le docteur Poncet prisonnier pour avoir mesdit du Roy et des penitens. 312

Pourquoy Le Breton, advocat à Poictiers, fut pendu dans la cour du Palais à Paris. Mort du docteur Poncet. Execution à mort du sieur de Sainct Laurens, et des impostures et calomnies que publierent les Seize en ce temps-là contre le Roy et le parlement. 313

Quelle response fit le roy de Navarre à M. de Rambouillet que le Roy avoit envoyé vers luy. 316

De la guerre que le duc de Guise fit à Sedan. 317

Exploicts du roy de Navarre en Poictou. 317

Armée du duc de Joyeuse en Poictou. 318

Monasteres de religieux bastis par le Roy. 318

Le duc de Guise vient trouver le Roy à Meaux; et ce que l'on escrivit pour response aux plaintes qu'il fit au Roy. 318

Memoire, projects, instruction et serment envoyez par la ligue des Seize aux autres catholiques des villes de France pour leur servir de reigle à se gouverner dans leur ligue. 320

Comment le comte de Soissons s'en alla avec ses troupes joindre le roy de Navarre à Montsoreau. 335

Seconde armée de M. de Joyeuse en Poictou. 336

Bataille de Coutras, en laquelle le roy de Navarre demeura victorieux, et où le duc de Joyeuse fut tué. 336

De l'armée des reistres et Suisses pour le roy de Navarre; comme elle entra en France, et vint jusques aux bords de la riviere de Loire, à la veuë de tous les princes de la ligue. . . 336

Comment le Roy empescha les reistres de passer la Loire, qui fut la premiere cause de leur desroute; et de la charge que le duc de Guise leur fit à Vimory. 337

Comment le duc de Nevers, par le commandement du Roy, fit l'accord des Suisses, et les separa d'avec les reistres, qui fut la seconde cause de la desroute de ceste armée. 340

De la desfaicte des reistres à Auneau par le duc de Guise, troisiesme cause de leur desroute. . . . . Page 340

Accord des reistres faict à Marsigny ; comme ils furent poursuivis par le duc de Guise jusques aux montagnes Sainct Claude ; et de la retraicte du sieur de Chastillon par le Vivarais. . . . 342

Desfaicte des Suisses en Dauphiné par les sieurs de La Valette et le colonel Alfonse d'Ornano. 344

Reprise de Montelimar par le sieur Desdiguieres. 344

De la journée de Sainct Severin, appellée l'esmeute de Crucé et de La Hasle, et des impostures et calomnies preschées et publiées contre le Roy. 345

Des articles faicts à Nancy par les princes de la ligue. . . . 347

Comment le duc de Guyse vint à Paris, quoy que le Roy luy eust mandé par le sieur de Bellievre qu'il n'y vinst point. . . 351

De la journée des Barricades de Paris. 352

Comment le Roy sortit de Paris et se retira à Chartres, et de ce que fit le duc de Guise après ceste retraicte ; et comme ceux de la faction des Seize se rendirent maistres de la Bastille et des offices et capitaineries de ceste ville. 356

Lettres du duc de Guise sur ce qui estoit advenu aux Barricades. 361

Lettres du Roy sur ladicte journées des Barricades. . . . 365

Divers jugements que l'on fit en ce temps là sur les lettres du Roy et du duc de Guise. 370

Paroles du Roy au duc de Guise à son arrivée à Paris. . . 373

Comment les Seize s'estoient preparez de longue main pour faire la journée des Barricades. 375

Comment le duc d'Espernon se retira de la Cour, et comme le duc de Montpensier fut pourveu du gouvernement de Normandie. 380

Comment la Royne-mere mena à Chartres, vers le Roy son fils, les deputez de la ville de Paris ; ce qu'ils dirent au Roy, la requeste qu'ils luy presenterent, et la response qu'il leur fit. . . 381

Comment les deputez de la cour de parlement de Paris allerent trouver le Roy à Chartres, et la response qu'il leur fit. 388

Ce que fit le roy de Navarre après la bataille de Coutras. . 392

Mort du prince de Condé. 395

Le comte de Soissons, ayant prins congé du roy de Navarre, vint trouver le Roy à Chartres. 395

TABLE

Comment le Roy estant allé à Rouën, la Royne mere accorda la paix entre le Roy et les princes de la ligue, que l'on appella l'edict de reünion, ou d'union. . . . . Page 395

Comment le Roy retourna de Rouen à Chartres pour aller tenir l'assemblée des estats à Blois où il l'avoit indicte; et comme il communiqua de ses liberalitez à tous les princes de la ligue, et satisfit à ce qu'il leur avoit promis par l'edict d'union. . . . 404

D'aucuns forçats de l'armée navale d'Espagne qui fut mise en desroute en la Manche d'Angleterre, lesquels le sieur de Gourdan, gouverneur de Calais, envoya vers le Roy à Chartres, et comme le Roy leur fit donner la liberté. 507

Des contraventions des princes de la ligue à l'edict d'union.. 410

Response des princes de la ligue et du conseil des Seize aux agents d'Espagne. 410

Des brigues que ceux de la ligue faisoient en chasque province pour estre deputez aux estats, et des memoires et instructions que ceux du conseil des Seize baillerent à tous ceux de leur faction qui y estoient deputez. 410

Histoire de Gaverston, et de la mutinerie du peuple d'Angoulesme contre le duc d'Espernon. 414

Comment la faction des Seize contraignit M. le comte de Soissons d'avoir absolution du Pape pour avoir esté avec le roy de Navarre. 415

Comment tous ceux de la ligue, ayant juré par l'edit d'union de se departir de toutes ligues, ne laisserent de la continuër; et des articles accordez entre le duc de Guise et le sieur de Balagny. 419

De plusieurs pratiques et intelligences des princes de la ligue, et comme le duc d'Aumalle voulut derechef troubler la Picardie pour en estre gouverneur. 423

Comment le Roy et le duc de Guise arriverent à Blois, et comme le Roy fut contraint de congedier le chancelier de Cheverny et les principaux de son conseil. 424

Comment le clergé de France donna encor cinq cents mil escus pour payer les armées que conduiroient le duc de Nevers en Poictou, et le duc de Mayenne en Dauphiné. 425

Comment le roy de Navarre desfit le regiment de Gersay, print Beaumont sur mer, et convoqua une assemblée de ceux de la religion pretenduë reformée à La Rochelle; et de quelques choses notables qui s'y passerent. 427

Comment le Roy fit faire une procession generale à Blois ; et de la premiere seance de l'assemblée des estats dans la grande salle du chasteau de Blois. . . . . Page 431

Plainte des princes de la ligue contre la harangue du Roy. . 439

Seconde seance des estats, où le Roy et les estats jurerent l'observation de l'edict d'union. 440

Comment le Roy promit de ne se ressouvenir de la journée des Barricades. 443

Surprinse de Carmagnoles et de tout le marquisat de Saluces par le duc de Savoye. Le sieur de Pongny de Rambouillet envoyé en Savoye pour demander la restitution dudit marquisat. . . 444

Excuses du duc de Savoye de ce qu'il avoit surpris le marquisat. 446

L'entreprise du duc de Savoye sur le marquisat rapportée estre des desseins des princes de la ligue. 447

Pourquoy le Roy pensa ne plus estre tenu d'observer l'edit d'union. 450

Comment le duc de Nevers, general de l'armée du Roy en Poictou, print Mauleon, Montagu, et assiegea La Ganache. . 450

Proposition faicte par la ligue que les estats devoient estre resolutifs, et non deliberatifs. 453

Les estats veulent que le roy de Navarre soit declaré indigne de toutes successions. 456

Les principales occasions pour lesquelles le Roy resolut de s'asseurer du duc de Guyse. 457

Le duc de Guise mesprise les advertissements des entreprises que l'on faisoit contre luy. 458

Paroles entre le Roy et le duc de Guyse. Prudence du Roy. . 459

Divers conseils donnez au Roy contre le duc de Guise. Vision ou songe du Roy. 460

Diversité des historiens sur la mort du duc de Guyse. . . . 463

Le duc de Guyse ennemy des favoris du Roy. Comme il fut tué. 469

Comment le cardinal de Guise, l'archevesque de Lyon, et les autres princes et seigneurs de la ligue furent arrestez prisonniers. 471

Comment le cardinal de Guise fut tué. 475

Louanges données au duc de Guise après sa mort par ses ennemis mesmes. 476

Revolte d'Orleans contre le Roy. 477

De la surprise de Niort par le roy de Navarre. 480

FIN DU TRENTE-HUITIÈME VOLUME.

www.ingramcontent.com/pod-product-compliance
Lightning Source LLC
Chambersburg PA
CBHW060228230426
43664CB00011B/1582